Die Fremden sehen
Ethnologie und Film

DIE FREMDEN SEHEN
Ethnologie und Film

Herausgegeben von
M. Friedrich, A. Hagemann-Doumbia, R. Kapfer
W. Petermann, R. Thoms, M.-J. van de Loo

anläßlich der Filmreihe
Die Fremden sehen. Ethnologie und Film
des Filmmuseums im Münchner Stadtmuseum
vom Januar bis April 1984

TRICKSTER VERLAG

Unser Dank gilt den Mitarbeitern des Münchner Filmmuseums, insbesondere seinem Leiter Enno Patalas, sowie Sybille Bauer, Gerhard Ullmann und Klaus Volkmann; den Beschäftigten des Fotolabors im Stadtmuseum; Frau Kleindienst-Andrée vom IWF, Göttingen.

Die Herausgeber

CIP-Kurztitelaufnahme der Deutschen Bibliothek
Die **Fremden sehen** : Ethnologie u. Film ; anlässl.
d. Filmreihe »Die Fremden sehen, Ethnologie u. Film«
d. Filmmuseums im Münchner Stadtmuseum
vom Januar – April 1984 /
hrsg. von M. Friedrich . . . –
München : Trickster, 1984.
ISBN 3-923804-03-2
NE: Friedrich, Margarete [Hrsg.]; Filmmuseum ⟨München⟩

© 1984 Trickster Verlag
Schmied-Kochel-Str. 6, D-8000 München 70
Umschlag: K. Breslau
Titelphoto: Hans Ritter (Junger Mann der Tuareg
im Air-Gebirge, Oase Timia, Niger, 1974)
Satz, Druck, Bindung: Friedrich Pustet, Regensburg
Alle Rechte vorbehalten, insbesondere das des öffentlichen Vortrags,
der Rundfunksendung, der Fernsehausstrahlung
sowie der photomechanischen Wiedergabe, auch einzelner Teile.
Printed in Germany

Inhaltsverzeichnis

Vorwort. *Enno Patalas* 7

Ethnologie und Film. Einleitende Bemerkungen. *Die Herausgeber* 9

Geschichte des ethnographischen Films. Ein Überblick.
Werner Petermann 17

Die Stärke der visuellen Anthropologie – Ein Interview mit Jean Rouch.
Dan Georgakas, Udayan Gupta und Judy Janda 55

Ein nichtprivilegierter Kamerastil. *David MacDougall* 73

Die kurze Einstellung. *Ivo Strecker* 85

Über den ›wissenschaftlichen‹ Film. Ein Gespräch mit Peter Fuchs.
Reinhard Kapfer und Ralph Thoms 91

Anschein von Wirklichkeit: Die ›Disappearing World‹-Serie und der Film aus Pond Inlet. *Hugh Brody* 101

Der ethnographische Film als Forschungsmittel. Ein Interview mit
David MacDougall. *Daniel Bickley* 109

Wie Ongka's Big Moka entstand. *Andrew Strathern* 121

First Contact. *Bob Connolly* 133

Neue Entwicklungen des ethnographischen Films in Großbritannien.
Paul Henley 145

Die bewegten Schatten – Lakandonen im Film. *Sigi Höhle, Ossi Urchs und Christian Rätsch* 161

»One small word – great big meaning!« Ian Dunlops Filme über Schwarzaustralier und Melanesier. *Martin Taureg* 175

Kommentierte Filmographie 185

Wichtige Verleiher ethnographischer Filme 217

Literaturverzeichnis 218

Quellennachweis 222

Fotonachweis 223

Zu den Autoren 223

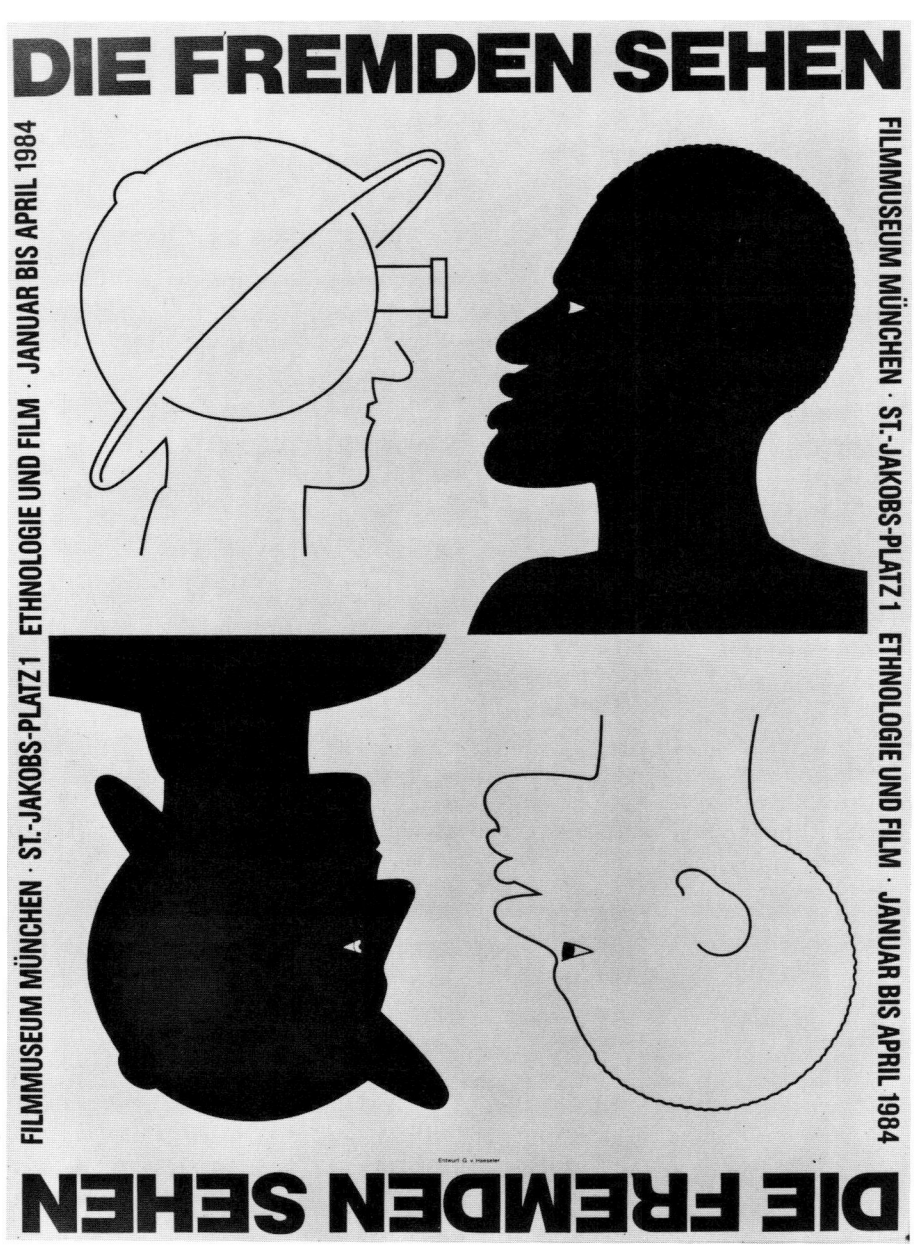

Plakat zur Filmreihe. Entwurf: Gottfried von Haeseler, München.

Vorwort

Für ihre Organisatoren ist diese Filmreihe selbst eine Forschungsreise. Ethnographische Filme sind noch kein Sammel- und Ausstellungsgegenstand für Kinematheken. Kopien ethnographischer Filme stehen für öffentliche Aufführungen, selbst in Museen, kaum zur Verfügung. Die Filmkritik überläßt die Auseinandersetzung mit ihnen den Leuten vom Fach.

Aber diese Reihe will gerade nicht das Kino zum Hörsaal machen, im Gegenteil. »Die Anthropologie wird visuell sein oder gar nicht«, sagt Rouch, der Promoter des modernen ethnographischen Films. Läßt der Satz sich umkehren, kann die Anthropologie das Kino weiterbringen? Die Russen, hat Ejzenštejn gesagt, hätten von Flahertys NANOOK – wahrscheinlich der erste wahre ethnographische Film, sagt MacDougall – mehr gelernt als von jedem anderen Film. Für mich knüpft diese Reihe an ein frühes, entscheidendes Kinoerlebnis an. 1950 brachte die französische Besatzungsmacht im Schwarzwald Cineasten und Cinephile zusammen. In einem Gasthaussaal liefen Dreyers JEANNE D'ARC und De Sicas FAHRRADDIEBE, Robert Flaherty war da, zeigte seine LOUISIANA STORY und sah mit uns FARREBIQUE, den Georges Rouquier mitgebracht hatte. Über Flaherty habe ich dann meinen ersten Filmartikel geschrieben. Flaherty verstand sich nicht als Dokumentarist, ebensowenig wie Vertov, auf den sich wiederum Rouch bezieht, der auch die Grenzen zwischen Fiktion und Dokument in beiden Richtungen überspringt. Von den Fiction-Filmern haben einige der besten die Begegnung mit fremden Kulturen gesucht. Murnau ging nach Melanesien, Ejzenštejn nach Mexiko. Buñuel mochte zwar nicht mit Leiris nach Afrika gehen, aber als er seinen surrealistischen Blick auf Estremadura richtete, entstand ein Film, den fünfzig Jahre später *Documentary Educational Resources*, die Firma von Marshall und Asch, in ihr Programm aufnehmen sollte.

Heute scheint das Bewußtsein für diese Zusammenhänge bei den Ethnologen/Filmern größer zu sein als bei den Erzählfilmautoren. David MacDougall zog schon 1969, als er seine »Prospects of the Ethnographic Film« entwarf, die Grenze nicht zwischen Dokumentar- und Erzählfilm, sondern zwischen Reproduktion und gestaltetem Film. Sein Aufsatz in diesem Buch zeigt, wie der filmische Umgang mit einer fremden Umwelt zur Reflexion auf das eigene Metier nötigt. Das ist in diesen Filmen zu sehen. Sie liefern keinen distanzierten Überblick über eine Gattung, ihre Auswahl ist bestimmt von Neugier, einer Neugier, die auf die Zukunft des Films so sehr gerichtet ist wie auf die der Wissenschaft.

Enno Patalas

Ethnologie und Film
Einleitende Bemerkungen

> »Wir (= die Ethnologen) haben die Triftigkeit unserer Erklärungen nicht nach der Anzahl uninterpretierter Daten und radikal verdünnter Beschreibungen zu beurteilen, sondern danach, inwieweit ihre wissenschaftliche Imagination uns mit dem Leben von Fremden in Berührung zu bringen vermag. Es lohnt nicht, wie Thoreau sagt, um die ganze Welt zu reisen, bloß um die Katzen auf Sansibar zu zählen.« (Clifford Geertz)

I.

Ethnologie und Film – zwei Bereiche treffen hier aufeinander, deren erste einsichtige Verbindung wohl nur darin besteht, daß beide der Schein umgibt, außergewöhnlich zu sein. Wie vage auch immer, haftet dem Filmbetrieb der Nimbus des Künstlerischen an, wie der Ethnologie der Geruch des Exotischen. Diese Zuschreibungen, könnten Ethnologen und Filmer sagen, treffen wenig, und doch begleitet das Exotische die Ethnologie, seit es sie gibt, und das Künstlerische den Film seit seinen Anfängen. Und gerade im 20. Jahrhundert gab es immer die Verbindung von Exotik und Kunst – in der Malerei, in der Plastik, im Geschriebenen und nun im Film? Mit Beginn der 60er Jahre etwa, seit leichtere, tragbare Kameras und zunehmend Synchronton zur Verfügung standen, gibt es eine stark wachsende Produktion von Filmen, deren Gegenstand *uns* fremde Völker sind. Diese Begegnung mit fremden Völkern geht zurück auf eine mindestens 400 Jahre andauernde Expansion des Westens, und erst seit wenigen Jahrzehnten ist diese spezifische Form von Begegnung, als Kolonialismus und Imperialismus bezeichnet, obsolet. Die Expansion des Westens aber geht weiter, mit besserem Gewissen denn je; sie nennt sich Entwicklung.

Seit einem Jahrhundert wird die Vereinheitlichung der Welt und die Zerstörung des Unterschiedlichen von einer wissenschaftlichen Disziplin mitgetragen, der Völkerkunde, der Ethnologie, der Anthropologie, wie immer sie auch genannt wird, deren Ziel gerade die Erforschung der Unterschiede ist. Der Ausgangspunkt aber, von dem dieser Unterschied gemessen wird, ist die eigene Gesellschaft, die Auffassung, die man von der eigenen Gesellschaft hat. Die Ethnologie muß in ihr Denken und Handeln einbeziehen, daß sie Teil einer erzwungenen Begegnung ist, des Westens mit dem »Rest der Welt«. Von daher sagt Stanley Diamond, daß die Ethnologie ebenso die Kritik der Zivilisation ist: der Zivilisation, die die Dritte Welt geschaffen hat, als Realität und als Ideologie. »Wir studieren Menschen, d. h. wir denken über uns nach, während wir andere studieren, weil wir müssen, weil der Mensch der Zivilisation das eigentliche Problem ist.«

II.
Die eigene Kultur ist der Ausgangspunkt, tatsächlich und ideell, die Konzepte und Theorien, die die Anthropologie entwickelt hat, stammen von hier; auch hierzulande wird dem jeder Ethnologe zustimmen, um dann im üblichen weiterzufahren: im Objektivieren und Verifizieren, im Bestimmen, was die primitive Kultur ist. Und, wenn er in seiner Tätigkeit unterbrochen wird, zu beteuern, daß er guten Willens sei, auch er kennt bereits die Kritik an seiner Disziplin. Was also ändert sich, wenn man die anderen beschreibt und einteilt, ohne dem nachzugehen, warum und für wen. Und wird dann nicht klar, warum das Fremde gerade so beschrieben wird: weit unter uns stehend. Kein biologischer Rassismus mehr, sondern einer, der sich hinter der Technik versteckt: sie hungern, sie sind krank, sie sind ungebildet, und ohne unsere Technik werden sie's nicht schaffen. Muß es sein, daß die Beschreibung und Erklärung der Welt deren prinzipielle Offenheit zerstört und zu einer Vermessung und Einteilung führt, die – wenn überhaupt – nur den Ansprüchen der industriellen Welt genügt. Technische Kriterien haben die Eigenschaft, universell anwendbar zu sein, ob auf braune Haut oder weiße; der Rassismus früherer Zeiten verschonte zumindest immer die eigene Gruppe; die Mangeldefinitionen, die heute im Schwange sind, machen vor niemandem halt. Aber wo steht hier die Ethnologie? Man kann der Ethnologie zugestehen, daß sie für sich arbeitet, still in den Universitäten, aber zu adäquaten Auffassungen über fremde Völker kommend, allerdings ohne dieses Wissen in der eigenen Gesellschaft zu verbreiten. Oder man behauptet, daß die Ethnologie sich nicht wesentlich von Auffassungen, die in unserer Gesellschaft existieren und nach denen gehandelt wird, unterscheidet: sie verfährt natürlich diffiziler, in systematisierenden Beschreibungen, ist aber doch dem Gleichen: daß nur der industrielle Westen zählt, verbunden. Nur wenige Ethnologen lassen sich von fremden Kulturen beeindrucken – beeindrucken wörtlich verstanden als einen Eindruck schaffend.

Wie auch immer: wenn die Ethnologie nicht gegen die Vereinheitlichung der Welt – aus ihrer Erfahrung der Vielheit – protestiert, wird sie zu einem Manipulationsinstrument verkommen. »Was zum Teil als brüderlicher Versuch begann, die Menschen in ihren konkreten Ähnlichkeiten und Unterschieden zu verstehen, und so zum Verständnis menschlicher Möglichkeiten zu gelangen, wird im zunehmenden Maße zu einer der ›politischen Wissenschaften‹, zu einer Disziplin zur Beherrschung der Menschen, zum genauen Gegenteil der Humanität.« (Eric Wolf) Sich dem zu widersetzen müßte für den Ethnologen in der Feldforschung beginnen. Es ist seine erklärte Absicht, eine bestimmte Gesellschaft zu untersuchen – verbunden mit dem Anspruch, Fremdes zu verstehen. Das Rüstzeug, mit dem er arbeitet, bzw. den Rahmen, auf den er das Unbekannte spannt und so zum Erkannten machen will, entnimmt er seiner Wissenschaft. Noch bevor sich der Forscher für den Ort entschieden hat, an dem er versuchsweise leben und forschen wird, hat er die Struktur, nach der das Fremde zu gliedern und zu studieren sei, vor Augen. So verschwindet die fremde Kultur hinter der wissenschaftlichen Klassifikation. Wie ist es möglich, die Erfahrung fremder Kulturen zu vermitteln, ohne die Menschen noch weiter der Beherrschung und Vereinheitlichung auszusetzen? – Es gibt

Aus Im Deutschen Sudan, 1913/14.

beeindruckende ethnographische Beschreibungen, die den weitreichenden Implikationen der Begegnung gerecht werden wollen und im Einbringen der eigenen Person die Nähe zum Fremden suchen. Sie riskieren den sicheren Boden traditioneller Wissenschaft und verweisen damit auf Möglichkeiten, den wissenschaftlichen Status quo aufzubrechen.

III.
Die Ethnologie ist eine Wissenschaft, die aus der Anschauung schöpft. Wo es etwas zu sehen gibt, können einem die Augen aufgehen. Ohne andere Lebenszusammenhänge geschaut zu haben, würde sie nicht existieren. In dem deutschen Begriff Völkerkunde klingt auch schon das Anliegen an, von dem Geschauten Kunde zu tun. Was und wie vermittelt wird, orientiert sich an der Gesellschaft, aus der der Forscher kommt: Der Ethnologe stimmt nicht die Gesänge der Aborigines an, um auf diese Weise daheim von ihnen zu berichten. Für die Ethnologie und auch für den Dokumentarfilm gibt die Anschauung einer spezifischen Wirklichkeit das Material für ihr Schaffen; beide haben das Ziel zu vermitteln. Das filmische Bild erzeugt eine filmische Konkretion, wie sie z. B. der ethnographischen Exposition im Museum und anderen Illustrationsweisen versagt ist. Der Film kann uns (manches) bereits auf den ersten Blick sichtbar machen, was durch die Beschreibung in Worten vage und undurchsichtig bleibt. So trifft man z. B. in der Literatur über Ackerbau treibende Gesellschaften immer wieder auf den Begriff »Garten« – für diese Gesellschaften die wesentliche Quelle ihres Lebensunterhaltes. Trotz detaillierter Beschreibungen mischt sich in unsere Vorstellung unser einheimisches Bild vom Garten – dem kleinen Gemüsegarten hinterm Haus. Die Sichtbarmachung eines tropischen Subsistenzgartens im Film läßt diesen plastisch werden und revidiert unsere diffusen Vorstellungen.

»Dokumentarfilme erweitern den Bildervorrat, den jeder mit sich in seinem Kopf herumträgt. Sie schaffen Fixpunkte der Konkretion, die das, was man sonst nur aus Büchern kennt, mit Anschauung füllen.« (Wilhelm Roth) Der filmisch vorgeführte Garten ist allerdings im Gegensatz zum Wort auf diese Konkretion beschränkt: fixiert auf bestimmte Blickwinkel, eine Jahreszeit, eine Stimmung.

Die naturalistische Konvention, besonders im Dokumentarfilm, verleitet aber auch dazu, die filmische Realität mit »der« Realität gleichzusetzen. Gerade Ethnologen gehen häufig von einer objektiven Reproduktionsfähigkeit des Films aus, d. h. sie negieren die Eigenständigkeit der filmischen Wirklichkeit.

IV.
»Es kommt darauf an, den Film als ein Medium zu akzeptieren, das der intellektuellen Artikulation fähig ist.« (David MacDougall) Für die schriftliche Abhandlung stand nie in Frage, was der ethnographische Film erst einholen muß: ein Medium für Erkenntnisse über und Erfahrungen der fremden Kulturen zu sein. Die Monographie ist der traditionelle Ort, an dem eine fremde Kultur uns vorgestellt, erklärt und oft auch begraben wird. Daß gerade die Schrift der adäquate Ausdruck sein sollte für ein Wissen über fremde Gesellschaften, die die Schrift in den

allermeisten Fällen nicht kennen, mutet erst dann paradox an, wenn man den Schein der Realität im Kino erlebt. Der Schein oder die Illusion der Realität – wenig Gedanken darüber hat sich eine klassische Ethnologie gemacht, deren Ausgangspunkt die Realität an sich war, in der Feldforschung erfahren und im Buch zur Wissenschaft gemacht. Also ging es nicht so sehr um die Realität, als um Tatsachen in einem Beweisverfahren, was sich auch anders ausdrücken läßt als: die Realität auf den Begriff bringen. Man könnte sagen, daß dies eine naive Darstellung ist, aber diesen Vorwurf kann man tragen, gerade auch wenn man weiß, daß sehr wohl interessante erkenntnistheoretische Diskussionen in der Ethnologie stattfanden und -finden, der Großteil der ethnologischen Bibliotheken aber aus »Kulturen auf den Begriff gebracht« besteht. Und wozu Evans-Pritchard, der es ja wissen muß, schreibt: »... ich möchte hier Protest erheben gegen Bücher, die von Ethnologen über Menschen geschrieben werden. Zweifellos ist ein gewisses Maß an Abstraktion nötig, sonst würden wir nichts erreichen, aber ist es wirklich notwendig, aus Menschen ein Buch zu machen? Die üblichen Feldforschungsberichte finde ich so langweilig, daß sie oft nicht lesbar sind – Verwandtschaftssysteme, politische Systeme, rituelle Systeme, alle Arten von Systemen, Strukturen und Funktionen, aber kaum Fleisch und Blut. Selten nur erhält man den Eindruck, daß der Ethnologe sich mit den Menschen, über die er schreibt, eins fühlt. Sollte das romantisch und sentimental sein, stelle ich mich diesen Bezeichnungen.«

V.
Aber bleiben wir bei der Wirklichkeit und ihrem Schein und dem Film. Uns scheint es müßig, nach einer Legitimation des ethnographischen Films außerhalb der Filme selbst zu suchen. Das Betrachten der Filme selbst soll es ermöglichen, eine Vorstellung und ein Wissen über eine fremde Kultur zu gewinnen. Daß das nicht den Linien der schriftlichen Ethnologie folgen kann, ist offensichtlich: Das Schriftliche hat seine eigenen – lange nicht ausgeschöpften – Bereiche, wie auch das Filmische. In Gary Kildeas Film, CELSO AND CORA erfahren wir – und wissen dann – mehr über Lebensumstände in einem Slum von Manila als ... Und hier stocken wir, weil hier stehen sollte: als in einem Buch. Aber man erkennt sofort, das wäre falsch, es geht nicht um Alternativen. Der ethnographische Film und das ethnographische Buch können nebeneinander stehen, sich ergänzen oder für sich jenes Bild einer fremden Kultur vermitteln.

Wie gelingt das dem ethnographischen Film? In dem die Kamera aufnimmt, was vorgeht? Was auch so gewesen wäre, ohne die Kamera? – Das scheint leicht zu beantworten, aber es ist trotzdem schwer zu verstehen: Der Film zeigt nicht, wie es war, er gibt ein Bild davon, er ist ein Konstrukt. Wenn der Film sich aus bedeutenden Zeichen aufbaut, dann ist das Sehen des Films die Entzifferung dieser Zeichen: im Mann, der im Film über die Straße geht, erinnern wir uns an den Mann, der über die Straße geht; so erkennen wir im Film. Aber diese spezifische Verbindung von Zeichen und Gegenstand, an die unser Erkennen gebunden ist, läßt oft vergessen, daß wir es nicht mit einer Verdoppelung der Realität zu tun haben – doch wir erlauben uns gerne diese Illusion. Und sehen wir wirklich, was gewesen ist

Aus N!AI, THE STORY OF A !KUNG WOMAN.

und was auch gewesen wäre, wenn niemand beobachtet hätte? Eine nicht zu beantwortende Frage, sicher, aber sie bringt wieder die Realität ins Spiel: so war es wirklich?

1970 erschien der Film THE NUER von H. Harris, G. Breidenbach und R. Gardner. Die Nuer, nomadisierende Viehzüchter, waren seit der Arbeit von E. E. Evans-Pritchard – *The Nuer: A Description of the Modes of Livelihood and Political Institutions of a Nilotic People* erschien 1940 – Gegenstand ausführlicher Debatten in der Ethnologie: nicht nur, daß ihre monographische Darstellung höchstes Interesse erregte; ihre Form der politischen Organisation – oder besser, was Evans-Pritchard daraus machte – beeinflußte und bestimmte jahrelang die Diskussion über die Organisationsformen von Stammesgesellschaften. Die *Nuer* nehmen jedenfalls einen festen Platz in der Ethnologie ein. 1972 bespricht Evans-Pritchard den Film THE NUER im *American Anthropologist:* »Ich hatte die schlimmsten Befürchtungen«, schreibt er. »Unbegründeterweise. Ich glaube sagen zu können, daß die Bilder eines Nuer-Dorfes (...), die der Film zeigt, *wahr* sind, wobei ich mich auf meine Erfahrung als Ethnograph verlasse, der unter schwierigen Bedingungen ein Jahr bei den Nuer-Hirten verbracht hat.« (Unsere Hervorhebung) Und Karl G. Heidner in seinem *Ethnographic Film* meint: »Es ist einer der visuell schönsten Filme, die je gemacht wurden, und er zeigt den Rhythmus und den Fluß des Nuer-Lebens, wie es kein Ethnograph mit Worten jemals fertig brächte.«

Evans-Pritchards »Die Bilder sind wahr« heißt doch wohl, daß es dem Film gelungen ist, dem Beschauer das Verstehen bestimmter Aspekte der Nuer-Kultur zu ermöglichen. Er bezieht sich auf eine Realität, die er erfahren hat, und die der entspricht, die der Film vermittelt. Und meint Heider nicht etwas Ähnliches, wenn er sagt, der Film zeige Rhythmus und Fluß des Nuer-Lebens? Aber er fährt fort: »Doch ist der Film fast ohne ethnographische Ehrlichkeit. Damit meine ich, daß seine Prinzipien kino-ästhetischer Art sind; seine Kadrierung, Montage und Abfolge von Bildern erfolgen ohne Bezugnahme auf eine ethnographische Realität.« Heider wie Evans-Pritchard beziehen ihr Verständnis des Films aus dem Verweis auf etwas, das außerhalb des Films liegt: Evans-Pritchard findet Übereinstimmung mit seinen Erfahrungen als Ethnologe, wogegen für Heider der Bezug zur »ethnographischen Realität« fehlt. Aber was ist »ethnographische Realität«? Ethnographische Realität, sagt Heider, entsteht durch größtmögliches ethnographisches Verstehen. Kann man dem zustimmen, soll man dem zustimmen? Heiders normativer Gebrauch von »ethnographischem Verstehen« erstaunt eher; er bezieht sich auf das, was schriftlich vorliegt, und macht es zur Richtschnur: Der ethnographische Film kann danach nie weiter sein als die schriftliche Ethnographie. Der ideale Seher des ethnographischen Films ist letztlich derjenige, der die Ethnographie in Buchform kennt und in Bildern gezeigt bekommt, was er bereits weiß. So kommen wir auch auf diesem Weg nur dazu, den Film als Repräsentation der Wirklichkeit zu sehen, zwar einer ethnographischen Wirklichkeit, aber doch in ihr gefangen. Kraft Konvention werden Bilder »wahr«; was außerhalb steht, wird der Ästhetik, dem Experiment zugeschlagen.

VI.

Robert Gardner sagt, seine Filme seien Erfahrungen: seine Erfahrungen mit den Erfahrungen anderer Leute. David MacDougall schreibt, der Filmer als Mittler zwischen zwei Gesellschaften müsse Wege finden, sein Verständnis auf jene auszuweiten, die nur seinen Film als Quelle haben. Die Intention ist, dieses Andere zu vermitteln, und nicht, bestimmten Standards zu genügen. Das heißt nicht, daß die Ethnographie unberücksichtigt bleibt; mehr oder weniger können Filmer wie Betrachter nicht mehr ohne Ethnologie sehen, eben weil die Ethnologie jener privilegierte Ort ist, an dem die intellektuelle (und ideologische) Auseinandersetzung mit *primitiven* Gesellschaften stattfindet. Bereits wenn wir von *primitiver Gesellschaft* sprechen, ist selbst dem Nicht-Ethnologen klar, daß sich dahinter Konzepte von Wirklichkeit ausdrücken: als primitive Gesellschaften bezeichnet man *sie* nicht mehr gerne, es klingt zu negativ; und wenn man darunter – nicht abwertend, ohne Mangeldefinition – jene ersten Gesellschaften versteht, muß man doch auf den Gebrauch und die Geschichte solcher Konzepte eingehen. Die Frage also »Wie wird im ethnographischen Film Wirklichkeit erzeugt?« läßt sich nicht ohne die Ethnologie beantworten. Doch kann man die Ethnologie nicht einfach als Ansammlung von Wissen *über* andere Gesellschaften sehen, hier Theorie und dort Praxis, hier auf den Begriff Gebrachtes von dort Gelebtem. Ohne allzuweit auszuholen, läßt sich wohl sagen, daß Ethnologie ebensosehr Praxis wie Theorie darstellt: Praxis gerade dann, wenn sie über die Bedingungen und Möglichkeiten ihres theoretischen Tuns nachdenkt. Verschafft man sich einen Überblick über die Filmrezensionen, die Ethnologen verfaßt haben, stößt man allzuoft auf jene Auffassung der Ethnologie, die ihren Gegenstand als Objekt in Theorie überführt hat und die als Referenzpunkt für das, was man auf der Leinwand sieht, gilt. Wie der Film Bedeutung erzeugt, erklärt solch eine Kritik nicht einfach in dem Hinweis auf die Ethnologie, sie konstruiert vielmehr ein hierarchisches Verhältnis: der Film ist nicht Ethnographie, er dient ihr. Aber warum soll man das Verhältnis von Film und Ethnologie so festschreiben, auch wenn traditionell die schriftliche Darlegung der Ort der Wissenschaft ist?

VII.

David MacDougall sagt, der Widerstand von Ethnologen gegen den Film als analytisches Werkzeug läßt sich nicht einfach als konservatives Zögern gegenüber neuen technischen Mitteln begreifen, sondern markiert gerade die fehlende Bereitschaft, eine Form der Wissenschaft aufzugeben, in der der Beobachter und die Beobachteten in getrennten Welten existieren. Natürlich gibt es auch genügend Filme, in denen die Kamera als Datenaufnahmegerät verwendet wird, Wirklichkeit abbildend. Jene ethnographischen Filme aber, die mit und im Anschluß an die Dokumentarfilmbewegung der späten 50er Jahre entstanden, haben die Diskussion über *Beobachtung* in der Ethnologie in eine andere Richtung gelenkt: nicht zuletzt, weil sie das *Machen* vor Augen führen. Indem Sehkonventionen gestört werden – und manchmal stören schon die ethnographischen Inhalte –, kann nach der Wirklichkeit von Wirklichkeit gefragt werden.

VIII.
Wo der Akt der Aneignung gewaltsam ist und zwischen dem Menschen mit der Kamera und dem Dargestellten kein austauschendes Verhältnis besteht, sondern das eines, wenn auch sanften, Raubes, wenn also das Bild zur Beute wird, schauen wir mit dem Bild auch den Beutezug an: Wir erkennen heute in den kolonialen Aufnahmen von den Wilden durch die Bewegungen der dargestellten Personen in der ihnen vertrauten Umgebung hindurch diese vergegenständlichende und meist dem anderen gegenüber verständnislose Aneignung. Dargestellt und nicht sich darstellend. Das liegt nicht an der Kameraeinstellung oder an technischen Grenzen. Die Bilder setzen diese Wirklichkeit in Umlauf, und es ist die Art ihrer Konkretion, die sie einer anderen Wirklichkeit so täuschend annähert: Als seien die Aufnahmen nicht das Produkt einer vielfältigen Beziehung, sondern die zu Zelluloid gewordenen Repräsentanten der Dargestellten. Dabei, könnte man einwenden, sind sie gerade das umso weniger, je mehr der Film das Produkt einer einseitigen Aneignung ist.

Anthropologen, die sich der Differenz zwischen Wirklichkeit und filmischer Wirklichkeit bewußt sind, weisen deshalb auf den Mißbrauch hin, der mit Filmaufnahmen zuungunsten der Stammesgesellschaften geschehen kann. Wenn Stammesbevölkerungen, bei denen gefilmt wurde, die fertigen Filme zu sehen bekommen wollen, so gerade deshalb, weil sie sich über die Bilder, die, von Fremden erzeugt, über sie kursieren, im klaren sein möchten. Deshalb auch bedauern sie, wie häufig sich das Resultat – der Film – als Ware des westlichen Wissenschafts- oder Unterhaltungsbetriebs völlig ihrer Kontrolle entzieht.

Die Herausgeber

Aus A WIFE AMONG WIVES. Arwoto probiert neue Perlenketten an.

Werner Petermann

Geschichte des ethnographischen Films
Ein Überblick

>»Sie sehen nicht, sie *verifizieren*«
>(der französische Ethnologe und Filmemacher
>Jean Monod über seine Kollegen)

Hierzulande ist der ethnographische Film eine weitgehend unbekannte Größe. Zwar gibt es das *Institut für den Wissenschaftlichen Film* (IWF) in Göttingen, das in seine *Encyclopaedia Cinematographica* auch an die mittlerweile 1500 ›ethnographische Filme‹ aufgenommen hat. Doch haben die einen naturwissenschaftlichen Anspruch behauptenden Richtlinien des IWF, die Gebrauchsanweisungen eines positivistischen Wissenschaftsbegriffs sind, Entwicklungen, wie sie andernorts stattgefunden haben, verhindert. Die offensichtliche Scheu der Ethnologen vor dem Umgang mit technischen Apparaturen wie Filmkameras, Tonaufnahmegeräten und Schneidetischen mag neben der mangelnden Finanzierung dazu geführt haben, daß sich viele mit der kategorisierenden Programmatik des IWF zufrieden gegeben haben; allerdings zeigt die deutschsprachige Ethnographie schon immer eine seltsame, wenn auch nicht unerklärliche Vorliebe für den *dinglichen Kulturbesitz,* und so dürfte die in Göttingen angebotene zweiwöchige Grundausbildung an der 16mm-Kamera für solch reduktionistische Vorhaben wie das Abfilmen der Herstellung von Pfeilspitzen auch genügen. Aber ich bin ungerecht: Wer Ethnologie unter lexikalischen Gesichtspunkten betreibt oder einfach nur einen Beleg sucht, für den ist eine solche filmische Enzyklopädie sicherlich von Wert. Ich bezweifle allerdings, daß sie für eine Ethnologie maßgebend sein kann, die den ganzen Menschen ins Auge faßt.

Aus dieser Einschätzung heraus wird verständlich, warum im Folgenden vom deutschen ethnographischen Film nur selten die Rede ist. Zudem arbeitet der Hamburger Ethnologe Martin Taureg zur Zeit an einer Dissertation »zur Geschichte und Theorie des ethnographischen Films in Deutschland« (Taureg 1983).

Die Frage der Definition

Ethnographie heißt ›Volksbeschreibung‹ und meint für gewöhnlich die Darstellung menschlicher Lebensweise (Kultur) am Beispiel einzelner ›Völker‹ oder Ethnien. Über die Art und Weise der Schilderung ist damit noch nichts gesagt: »Ethnographie kann von wilden Erfindungen und halbmythischen Erzählungen über sachlich-pragmatische Berichte für bestimmte Zwecke bis zu methodisch geplanten, in theoretischen Zusammenhängen stehenden Untersuchungen reichen« (Fischer 1983: 11–12). Film ist ein soziokulturelles Ereignis wie Kleidung, Umgangsformen, Institutionen, Mythen etc. Somit wäre für einen wissenschaftlichen Betrachter jeder Film als ethnographische Quelle zu begreifen und ein Film, der Untersuchungsobjekt ist, wäre selbst Teil der anthropologischen Wirklichkeit.

Das bezieht den Film, der sich die ethnographische Darstellung bewußt zum Thema macht, der also intentional *ethnographisch* sein will, selbstverständlich mit ein. Auch wenn der Blick der Kamera nur auf das Fremde gerichtet ist, so macht gerade das Arrangement dieses Blicks – die Wahl, die der Filmemacher trifft, die Einstellung, die ihn leitet, die Art des Zeigens – und der Töne, die ihn begleiten, auch den ethnographischen Film, der sich als solcher versteht, der ethnographischen Untersuchung zugänglich.

Nun ist dies eingestandenermaßen kein Ausgangspunkt für eine Definition des ethnographischen Films. Die meisten Abgrenzungsversuche haben diese Überlegungen auch gar nicht berücksichtigt, sondern haben mehr oder weniger nur damit gespielt, wie die Kategorie des ethnographischen Films zu fassen – und das hieß noch allemal zu untergliedern – sei. Einer der ersten, die sich in dieser Hinsicht geäußert haben, war Leroi-Gourhan, der 1948 eine Differenzierung des *film ethnologique* vorschlug: Er unterschied den »Forschungsfilm«, den oberflächlichen, auf Sensationen bedachten »exotischen Reisefilm« und den »die Umwelt einbeziehenden Film«, worunter hauptsächlich narrative Filme zu verstehen sind, die nicht im Studio, sondern am Schauplatz ihrer Geschichten gedreht werden. Griaule (1957) hatte einen weit rigoroseren, d. h. exklusiveren Standpunkt. Für ihn kamen dem ethnographischen Film folgende Funktionen zu: 1. als Archivmaterial für die Forschung, 2. als Ausbildungsfilm für die Lehre und 3. als Film für die Allgemeinbildung. Wie zeitgebunden derlei Abgrenzungen sind, zeigt sich u. a. daran, daß es den »exotischen Reisefilm« Leroi-Gourhans mittlerweile nicht mehr gibt bzw. daß er, mit Griaules »Volksbildungsfilm« verschmolzen, als geschwätziges Fernsehfeature fröhliche Urständ feiert. Luc de Heusch (1962) und später auch Jean Rouch (1975) sprachen sich gegen strikte Abgrenzungsversuche aus, da diese eine gegenseitige Befruchtung verschiedener Ansätze verhinderten. Es sei noch eine weitere Definition angeführt, die bezeichnenderweise wie ihre Vorgängerinnen zu einer dreiteiligen, wenn auch z. T. anders gelagerten Gliederung kommt: In »Ethnographic Film: Structure and Function« (1973) unterscheiden Asch, Marshall und Spier zwischen »objektiver Aufzeichnung«, »Filmen nach Skript« und »Reportage«, eine Unterteilung, die nicht weniger problematisch ist als frühere.

Grundlegendes Manko jeder Zuordnung nach einem bestimmten Schema ist, daß die gelungensten und wichtigsten Filme sich ihr entziehen, da sie auf mehreren, manchmal sogar widersprüchlichen Ebenen funktionieren. Sie sind wie die Welt, die sie zeigen, nicht eindimensional. Das Unbefriedigende der Definitionsversuche hat einige Autoren dazu gebracht, das Problem anders anzugehen. Worth (1969 u. 1972) meinte, jegliche Definition des ethnographischen Films müsse letztendlich tautologisch bleiben; ethnographisch werde ein Film allein durch seine Verwendung. Heider (1976) prägte den Begriff der *ethnographicness*. Ausgehend von der

Aus Im Deutschen Sudan, 1913/14.

Beobachtung, daß einige Filme »ethnographischer« seien als andere, zieht er es vor, einen Film danach zu beurteilen, in welchem Maße er »Ethnographisches« enthält. Ansonsten solle man einen Unterschied machen zwischen intentionaler und nicht intentionaler Ethnographie im Film.

Blicke, Bilder

Vor einer Geschichte des Films wäre eine (Kultur-)Geschichte des Sehens zu schreiben (Ansätze dazu, von unterschiedlichen Positionen aus, etwa bei Färber und Chanan; vgl. Hohenberger 1983). Was wir sehen, gerät uns zur Ansicht. In der doppelten Bedeutung des Wortes scheint die Differenz auf zwischen der äußeren Erscheinung der Realität und dem Bild, das wir in uns entstehen lassen (vgl. Brauen 1982). Jedes Bild, das wir uns von der Welt machen, hat somit eine Vor-Geschichte, in der wir Ansichten und Anschauungen entwickelt haben und die uns in unzähligen Einflüssen geprägt hat. Wenn wir abbilden und was wir abbilden, ist Ergebnis einer Vor-Auswahl, die wir getroffen haben, lange bevor wir auf Motivsuche gehen. Die entstehenden Bilder tragen, egal welcher Technik wir uns bedienen, die Spuren davon. In ihnen werden die Vor-Urteile sichtbar.

Mit der Photographie kam es erstmals zu einer mechanischen, automatischen Reproduktion der sichtbaren Realität. Das unterscheidet sie z. B. von der Malerei und anderen Produktionsweisen des Sehens. Aber: »die Welt mit automatischen Mitteln zu reproduzieren, bedeutet noch nicht, sie auch wahrheitsgetreu oder objektiv zu reproduzieren, und die automatische Reproduktion ist die *einzige* Fähigkeit der Kamera, die nicht eine Funktion menschlicher Wahl und damit des subjektiven (...) Standpunkts des Filmemachers ist« (Chanan 1980: 33, meine Übersetzung). Das automatisch gewonnene Bild vermittelt den Charakter des Neutralen und Objektiven, was nicht von ungefähr in der Benennung des optischen Systems (Linse) der Kamera – dem *Objektiv* – mitschwingt. Die perzeptuelle Ähnlichkeit des von einer Kamera erzeugten Bildes mit dem Abgebildeten, wie es der menschliche Blick erfaßt, ist jedoch nicht allein auf die ›naturgetreue‹ Wiedergabe zurückzuführen. Sie hat auch viel mit der Veränderung des Blicks selbst zu tun. Der photochemische Abdruck eines Baumes entspricht der physischen Realität dieses Baumes so viel oder so wenig wie ein gemaltes Bild. Die naturalistische Illusion photographischer und noch mehr kinematographischer Bilder verdrängte die Tatsache aus dem Bewußtsein, daß die Kamera nicht die objektive Wirklichkeit reproduziert, sondern ihrerseits eine subjektive Wirklichkeit produziert, die sich aus Zeichen zusammensetzt, die der Betrachter wiedererkennt, d. h. als Repräsentationen der außerfilmischen Realität verstehen lernt. Die ›Gutgläubigkeit‹, filmische Repräsentationen mit der äußeren Realität gleichzusetzen, wird um so größer, je unvertrauter, fremder diese Realität für den Betrachter ist. Dies scheint mir eine der spezifischen Gefahren filmischer Ethnographie zu sein: daß sie ungeachtet ihrer Möglichkeiten, Verstehen herbeizuführen, auch den gegenteiligen Effekt haben kann, nämlich Vorurteile und Ethnozentrismen zu bestätigen, wenn sie einem unreflektierten Oberflächenrealismus huldigt.

Vor Nanook

Die Anfänge der Filmgeschichte sind viel zu lange in den Konventionen früherer Filmgeschichtsschreibung gefangen gewesen, etwa in der Verengung auf die beiden Namen Louis Lumière und Georges Méliès, in denen man den Beginn der Dichotomie des Kinos in einen dokumentarisch-realistischen und einen fiktiv-illusionistischen Zweig gefunden zu haben glaubte. Das hat, auf den kleinsten Nenner gebracht, sogar seine Richtigkeit. Nur erwies sich die Beschreibung des Dokumentarischen mit dem Attribut ›realistisch‹ und die Gegenübersetzung von Begriffen wie ›fiktiv‹, ›narrativ‹ im Nachhinein als weniger klärend denn Verwirrung schaffend. Gerade am Beispiel der frühesten Kinematographie hat sich gezeigt, zu welchen Blickverlagerungen und Fehleinschätzungen es kommen kann, wenn man mit der Seherfahrung von einigen Jahrzehnten Filmgeschichte die Anfänge beurteilt: Nichts dürfte phantastischer gewesen sein als der Realismus des auf die Zuschauer zufahrenden, Dampf ausstoßenden Lokomotivenmonster in Lumières L'ARRIVÉE D'UN TRAIN (1895), nichts dokumentarischer als die abgefilmten Zauber- und Verwandlungskunststücke des frühen Méliès und kaum etwas realistischer, als die raumfahrenden Kleinbürger in LE VOYAGE DANS LA LUNE (1902), gerade auf dem Mond angekommen, ein Nickerchen machen zu sehen. Was ich damit sagen will: der Anfang war nicht so sehr durch sichtbare Antinomien gekennzeichnet, die getrennte Entwicklungen ankündigten, als durch ein Hin und Her, ein großes Durcheinander der Bilder und der von ihnen angesogenen Blicke, die in verschiedenen Traditionen standen. Denn daß es sich dabei um den Anfang einer neuen Entwicklung handelte, wurde nicht sogleich klar. Die Wahrnehmung der ersten Filmbetrachter war bereits strukturiert, vor allem durch das idealisierte Paradigma des *tableau vivant*, der lebenden Bilder nachgestellter Ereignisse. Theatralische Rekonstruktionen der neuesten Aktualitäten fanden ihre Entsprechung in der kinematographischen Inszenierung. *Authentizität* war noch keine gefragte Größe oder gar Qualität. Noch 1901 wurde ein Film Méliès', der die Krönung Edward VII. im Studio nachstellte (LE SACRÉ D' ÉDOUARD VII, 1902) in England als »Aktualität« begrüßt, obwohl der inszenierte Charakter des Films offensichtlich war. Ein anderer Punkt, den es zu beachten gilt, da in ihm vorkinematographische Traditionen wirksam werden, sind die Totaleinstellungen, aus denen frühe Filme häufig bestehen und die einen an Dioramen, Panoramen und Laterna-Magica-Vorführungen geschulten Blick verraten. Auch bedurfte es noch verhältnismäßig lange eines Vortragenden, der auf Details hinweist, da die Kamera noch nicht gelernt hatte, die Aufmerksamkeit des Betrachters auf Hervorzuhebendes zu richten (Chanan 1980; für Hinweise möchte ich mich bei H. Färber bedanken). Weitere Einflüsse sind sowohl in den Abbildungsprinzipien der noch recht jungen illustrierten Nachrichtenblätter zu finden, als auch in den wissenschaftlichen Unternehmungen der seriellen Photographie eines Muybridge, Anschütz oder Marey, die direkt zum »ersten« ethnographischen Film führen, den Félix-Louis Regnault, ein französischer Arzt, mit einer neuen Kamera Mareys im Frühjahr 1895, dem Geburtsjahr des auf eine Leinwand projizierten Films, auf der *Exposition Ethnographique de l'Afrique*

Occidentale in Paris dreht. Eine töpfernde Wolof-Frau ist das Objekt (Lajard & Regnault 1895). Regnault sah in der Filmkamera ein wissenschaftliches Instrument, das der unweigerlich mit subjektiven Zügen behafteten Soziologie und Ethnologie zu ›Exaktheit‹ verhelfen könnte. Er war der erste, der der filmischen Aufnahme Dokumentcharakter und Objektivität zuschrieb und darin wesentliche Voraussetzungen für die vergleichende Analyse erfüllt sah. Solche filmischen Dokumente seien als notwendige Ergänzungen zu gesammelten Ethnographika zu fordern. Regnault verlangte deshalb die Einrichtung von Filmarchiven in Völkerkundemuseen. Regnaults ›Filme‹, die hauptsächlich zwischen 1895 und 1900 entstanden, waren der *chronophotographie* Mareys näher als die Kinematographie Lumières und Méliès', und auch sein Interesse beschränkte sich weitgehend auf Bewegungsphysiologie und physische Anthropologie, so daß Taureg zuzustimmen ist, der seine Stellung als »Vater des ethnographischen Films« (De Brigard) für anfechtbar hält. Andererseits fielen seine Ideen eines wissenschaftlichen Films noch fünfzig Jahre später bei der Gründung des IWF auf fruchtbaren Boden. »Wie Regnault baut das Institut seine Position auf dem Paradigma der positiven Wissenschaft und des Empirismus auf« (Taureg 1983: 33; vgl. Regnaults zahlreiche Artikel zwischen 1896 und 1931).

Ich gehe hier so relativ ausführlich auf Regnault ein, weil sich anhand seiner filmischen Hervorbringungen auf eine in der Diskussion des ethnographischen Films häufig auftauchende Unterscheidung hinweisen läßt, wie sie zuletzt MacDougall (1978) als »praktisch« empfohlen hat: Es geht um die Differenzierung zwischen ethnographischer *footage*, also weitgehend unbearbeitetem Filmmaterial (etwa in Analogie zu ethnographischen Feldaufzeichnungen), und dem ethnographischen *Film*, der für die öffentliche Vorführung bestimmt ist (und somit der ausgearbeiteten Publikation zu vergleichen). Ethnographische *footage* diene vor allem der wissenschaftlichen Auswertung (*research footage*), der Dokumentation (*record footage*) und zu Unterrichtszwecken; dies sind Anwendungsprinzipien, die besonders in einigen Nachbardisziplinen der Ethnologie (Physische Anthropologie, Psychologie, Ethologie) verwirklicht worden sind (MacDougall 1978: 407ff.).[1] Wer also Regnault in der Rolle des ›Gründervaters‹ sehen will, sollte es unter diesen Gesichtspunkten tun.

Häufig ist wissenschaftliche *footage* das Ausgangsmaterial für ethnographische *Filme*. Ein gutes Beispiel dafür sind die Buschmann-Filme von John Marshall, die erst in den 60er und 70er Jahren aus Kilometern von Film montiert wurden, die bereits in den 50er Jahren aufgenommen worden waren.

Wie vielen Erstmaligkeiten gebührt auch Regnaults filmischer Dokumentation einer töpfernden Wolof-Frau nur bedingt dieser Platz, da bereits 1894 »echte Indianerszenen« für Edisons Guckkastenkino (Kinetoskop) gedreht wurden – im Rahmen von Buffalo Bills Wildwestshow.[2] Wie ›echt‹ die Szenen gewesen sind, entzieht sich meiner Kenntnis; wichtiger als diese Frage scheint mir die Tatsache zu sein, daß hier erstmals Indigene in Zusammenhängen außerhalb ihrer Kultur filmisch festgehalten wurden.

Als 1898 die Cambridge Anthropological Expedition, zu deren Teilnehmern u. a.

W. H. R. Rivers und C. G. Seligman gehörten, nach den Inseln der Torres-Straße (zwischen Neuguinea und der australischen Cape-York-Halbinsel) aufbrach, wurde zum erstenmal eine Filmkamera zu einer Feldforschung mitgenommen. Dies war dem Umstand zu verdanken, daß zum Zwecke einer möglichst lückenlosen wissenschaftlichen Dokumentation auch noch kaum erprobte Aufnahmeapparaturen herangezogen wurden (es wurden auch Tonaufnahmen gemacht). Leider sind von dem von Alfred C. Haddon gedrehten Material nur wenige Minuten erhalten geblieben, die uns u. a. tanzende Männer zeigen und den Vorgang des Feuermachens (De Brigard 1975).

Der Einsatz der Kinematographie zu Feldforschungszwecken ist ohne das Ausschwärmen der Lumièreschen Kameramänner über die ganze Welt in den Jahren nach 1895 kaum vorstellbar. Lumières *Cinématographe* war sowohl Kamera als auch Projektionsgerät. Die Kameraleute stellten nicht nur unter Beweis, daß die ganze Welt als Rohstoff herhalten konnte, sie waren in der Lage, was sie aufgenommen hatten, auch zu zeigen. 1896 machte Maurice Sestier die ersten kinematographischen Aufnahmen in Australien. Haddons Tätigkeit auf den Inseln der Torres-Straße und sein Drängen scheinen Walter Baldwin Spencer davon überzeugt zu haben, es seinerseits mit der filmischen Ethnographie zu versuchen. Zwischen dem 3. April und dem 11. Mai 1901, zu Beginn einer Expedition nach Zentral- und Nordaustralien, nahm er bei den Aranda von Charlotte Waters und Alice Springs ca. 15 Rollen Film (à 3 Minuten) auf. Die allererste Rolle zeigt eine Regenzeremonie. Spencers Filmmaterial galt Jahrzehnte lang als verschollen, bis es Mitte der 60er Jahre in einem Verschlag des Melbourne Museum wiederentdeckt und konserviert wurde. »Was in diesen Filmen am bemerkenswertesten erscheint, ist ihre Bildqualität, die reiche tonale Abstufung, die Lebensnähe der Menschen in den Riten, die die Bilder bevölkern und mittlerweile längst tot sind« (Baxter 1970: 78, meine Übersetzung). Für den normalen Kinogänger, meint Baxter, böten Spencers Filme nur wenig Interessantes. Technisch seien sie absolut statisch, da Spencer an seiner Kamera keinerlei Schwenkvorrichtung hatte und so den Bewegungen von Tänzern nicht folgen konnte, so daß die Aborigines häufig aus dem Bild verschwinden. Jedoch war sich Spencer seiner begrenzten Möglichkeiten offensichtlich bewußt. Die australischen Filmemacher Arthur und Corinne Cantrill, in deren avantgardistischen Arbeiten das ›primitive Kino‹ der Anfänge eine wichtige Rolle spielt, weisen zurecht darauf hin, daß sich in seiner Arbeit durchaus eine Entwicklung feststellen läßt: »Besonders bemerkenswert ist seine wachsende Fertigkeit in der kompositionellen Handhabung der Raumtiefe« (Cantrill & Cantrill 1981: 28, meine Übersetzung). 1912 brachte Spencer noch ein weiteres Mal Filmaufnahmen von einer Feldforschung zurück, wobei insbesondere eine Begräbnissequenz der Bugamini von Bathurst Island bemerkenswert erscheint.

Es gab mit großer Wahrscheinlichkeit wesentlich mehr Feldforschungsfilme, als wir heute wissen. Zu den wenigen erhaltenen frühen Dokumenten gehören Filme, die der österreichische Ethnologe Rudolf Pöch 1904–06 unter großen technischen Schwierigkeiten auf Neuguinea drehte und die 1960 in Wien restauriert werden konnten (Pöch 1907; Spindler 1975). Von der Hamburger Südsee-Expedition

(1908–10) sind ein ca. 20minütiger Film und andere filmische Materialien erhalten (Tischner 1941; Heider 1976; zu diesem Großunternehmen der Feldforschung insgesamt siehe Fischer 1981). Ein anderer Ethnologe, der bis 1918 auf Neuguinea filmte, war Paul Wirz (MacDougall 1978).

Die Südsee lockte aber schon früh auch kommerzielle Filmemacher an. Wie alles hatte das seine Vorgeschichte, und die begann im entgegengesetzten Teil der Welt. 1910 schickte die Kalem Company Filmteams nach Irland und auf den europäischen Kontinent, im Sommer 1912 gar in den Vorderen Orient. Sie sollten ›vor Ort‹ handelnde Geschichten verfilmen. Lokalkolorit würde den Filmen ihren besonderen Reiz geben. 1912/13 sandte die Vitagraph ihren Star Maurice Costello auf eine Weltreise (Slide 1978). Dies war der Auslöser für die sogenannten »dokumentarischen Romanzen«, zu denen besonders Gaston Méliès, der Bruder von Georges, beitrug, der am 24. Juli 1912 mit einem Team von 22 Personen in die Südsee abreiste. »In Briefen an seinen Sohn Paul, der in New York zurückgeblieben war, um die Filme seines Vaters zu verleihen, beklagte er sich, ... daß die Tahitianer zu zivilisiert wären, um sich für ethnographische Filme zu eignen ...« (Hammond 1974: 76, m. Ü.). Die Reise führte die Filmer nach Bora Bora, Rarotonga, Neuseeland, Australien, Java, Kambodscha und Japan. Bei Filmen wie A Tale Of Old Tahiti, Unmasked By A Kanaka, A Ballad Of The South Seas, How Chief Te Ponga Won His Bride, Loved By A Maori Chieftainess und Captured By Boomerang Throwers dürfte es sich um die ersten Exemplare der Gattung ethnographischer Spielfilme gehandelt haben: d. h. authentische Einzelszenen aus dem Eingeborenenleben werden als Staffage und Ambiente einer Spielhandlung verwendet, die in der Regel europäischen Mustern folgt.[3] Der Katalog der Star Film (so hieß die Filmgesellschaft der Brüder Méliès) verzeichnet aber auch einige rein ethnographisch angelegte Filme wie The Upa Upa Dance, A Tahitian Fish Drive und Javanese Dancers.

Im Spätherbst 1914 wurde in New York und Seattle der Film In The Land Of The Head Hunters von Edward Sheriff Curtis uraufgeführt. Obwohl der Film zum Teil enthusiastische Kritiken erhielt, wurde er kein Erfolg und verschwand bald aus den Kinos und dies mit so nachhaltigem Erfolg, daß er lange Zeit als verschollen gelten mußte, bis 1947 ein Sammler dem Field Museum in Chicago eine Kopie schenkte. Da die alte Nitratkopie bei einer Vorführung zu verbrennen drohte, wurde sie 1948 auf 16mm-Sicherheitsfilm übertragen. In den 60er Jahren führte der Ethnologe Bill Holm den Film zum erstenmal den Kwakiutl vor, bei denen er gedreht worden war. Es lebten noch zahlreiche Personen, die bei seiner Entstehung dabei gewesen waren. Sie konnten wertvolle Informationen geben. Mithilfe des Filmemachers David Gerth und der Kwakiutl wurde 1972 eine Tonspur hergestellt, die Geräusche, Lieder und Dialoge enthielt. Drei alte Kwakiutl, die im Film mitspielten, waren jetzt auch an den Tonaufnahmen beteiligt. Danach wurde der Film optisch gestreckt, d. h. jedes zweite Filmkader doppelt kopiert, damit eine Vorführung in Tonfilmgeschwindigkeit (24 Bilder statt 16 Bilder pro sec wie im Stummfilm) möglich wurde. »Die Kombination von Bild und Ton bewahrte die künstlerische Integrität des Photographen Edward Curtis und das glorreiche kulturelle Erbe der Kwakiutl-

Indianer. Der restaurierte Film, der durch den Ton gewinnt, hat eine opernhafte Qualität, die W. Stephen Buschs Sicht des Films in Erinnerung ruft, als er ihn 1914 bei seiner New Yorker Uraufführung besprach« (Holm & Quimby 1980: 17, m. Ü.). In der wiederhergestellten Fassung trägt der Film den Titel IN THE LAND OF THE WAR CANOES.

Edward Sheriff Curtis (1868–1952) war, als er den Film machte, bereits eine bekannte Persönlichkeit, anerkannt für seine photographische Kunst wie den wissenschaftlichen Wert seiner Aufnahmen. Seine photographische Tätigkeit wurde gekrönt durch die Herausgabe des Monumentalwerkes *The North American Indian*, das zwischen 1907 und 1930 in zwanzig Prachtbänden erschien. Jeder Band enthielt ca. 300 Seiten Text und Abbildungen und zu jedem Band gehörte ein Portfolio mit 36 und mehr Photogravüren – ein einmaliges Werk. Von 1887 bis 1920 hielt sich Curtis immer wieder im amerikanischen Nordwesten auf. Er kannte die Kwakiutl bereits gut, als er beschloß, mit ihnen einen Film zu drehen. Vermutlich gehen seine kinematographischen Anfänge bis ins Jahr 1906 zurück. Curtis benutzt eine fiktive Geschichte, doch sind die agierenden Personen ausschließlich Kwakiutl. Wie nach ihm Flaherty rekonstruiert er einen Zustand, wie er vor dem Zusammentreffen mit der weißen Zivilisation existiert haben könnte, was verhältnismäßig einfach war, da die Kwakiutl trotz eines hundertjährigen »Akkulturations«-Prozesses erstaunlich viel von ihrer traditionellen Kultur bewahrt hatten. Aber: »Immer der Künstler, hätte Curtis sich nie damit zufrieden gegeben, einen richtigen Dokumentarfilm zu machen. Er glaubte, und nicht ohne Grund, daß die Handlung inszeniert werden müßte, um den vollen dramatischen Charakter der Menschen und ihres Lebens einzufangen« (Hold & Quimby 1980: 34, m. Ü.).[4] So erhielt die Geschichte einen Helden, der gefährliche Abenteuer zu bestehen hat, ein Mädchen, das er heiraten will, und einen bösen Zauberer, der es ihm streitig macht.[5] Personenkombination und Handlungsgerüst erwiesen sich als erfolgreicher als der Film selbst und tauchen in den 20er und 30er Jahren immer wieder auf (z. B. in KIVALINA OF THE ICELANDS und THE SILENT ENEMY).

In visueller Hinsicht ist Curtis' Film bis auf den heutigen Tag beeindruckend geblieben. Die konventionelle Geschichte wird betont über die Bilder erzählt. Andererseits zeigt sich in der ästhetischen Komposition einzelner Bilder die dominierende Hand des Photographen gegenüber dem Filmemacher.

Curtis' Film kann – da er erhalten ist – als Beispiel für zahlreiche Filme hergenommen werden, deren fiktive, meist der schlechten Literatur des 19. und beginnenden 20. Jahrhunderts entnommene Geschichten vor einem ›ethnischen‹ Hintergrund spielend, die Frage aufwarfen, was denn, von einem künstlerischen oder Unterhaltungswert einmal abgesehen, an solchen »nichtwissenschaftlichen Filmen über fremde Völker und ihre Sitten« ethnographisch dran sei. Wie die Ausklammerung von künstlerisch und unterhaltend vermuten läßt, waren die Antworten meist negativ. Den Filmen fehle es an ergänzenden Informationen. Die falschen (da europäischen) Geschichten vermittelten einen falschen Gesamteindruck, die Dramatik der Erzählung lenke die Aufmerksamkeit des Betrachters von der dokumentierten Wirklichkeit ab, überhaupt entstünden durch die kommerzielle

Hinwendung auf reißerische Elemente (wie Kannibalismus, Kopfjagd, Zauberwesen, Rituale, Opferhandlungen und nicht zuletzt Nacktheit, die nirgendwo sonst so leicht ohne Legitimation vorzeigbar war) die schlimmsten Verzerrungen. Die ethnologische Kritik vermerkt es oft nur mit herablassender Zustimmung, wenn zwischen all der *action* auch ethnographische Authentizität zu finden ist. Es wird den Indianern, Eskimo, Papua, Maori oder Afrikanern immerhin zugestanden, daß sie sich selbst spielen und ethnisch spezifische Kulturzüge, gesellschaftlich spezifisches Verhalten zeigen, auch wenn das alles in einen wissenschaftlich nicht akzeptablen Kontext eingebettet ist (vgl. Heider 1976: 56–57).

Meines Erachtens geht diese Diskussion von einer falschen Prämisse aus. Nicht nur ist die Trennung von Wissenschaft und Kunst/Unterhaltung fragwürdig. Ethnographische Faktizität, soll sagen Verwertbarkeit des Dargestellten zu Zwekken wissenschaftlicher Analyse, ist schließlich kein Wert in sich, und das positivistische Festhalten an präzisen Kriterien filmischer Objektivität führt auf einer anderen Ebene gleichfalls zu Verzerrungen der Realität. Es geht mir hier nicht um eine Ehrenrettung des exotischen Spielfilms. Die meisten verdienen ihren schlechten Ruf. Ich möchte jedoch darauf hinweisen, daß es weniger die Illusion der Erscheinungen ist, die das Kino zu einem ideologischen Apparat macht, als vielmehr die Ausschließung bestimmter Elemente der Realität, die sich der Sichtbarmachung aufgrund von Konventionen entziehen. Am kennzeichnendsten dafür ist das Fehlen des Produktionsprozesses des Films in der filmischen Darstellung. Kommerzielle Filme verleugnen zumindest die Voraussetzungen ihrer Produktion nicht, wohingegen in so manchen wissenschaftlichen Filmen bis auf den heutigen Tag gegenteilige Prinzipien vorherrschen (cf. Chanan 1980).

Curtis' Film war vielleicht, was seine Qualität anbelangt, eine Ausnahme zu seiner Entstehungszeit, er war aber nur ein Film unter vielen mit indianischer Thematik. Neben den zahllosen Spielfilmen[6] sind auch reine Dokumentationen entstanden, etwa LIFE AND CUSTOMS OF THE WINNEBAGO INDIANS (1912, produziert von der Selig Company) oder INDIAN DANCES AND PASTIMES (1912, ein Film der Bison Company über die Pueblo). Am wichtigsten ist sicherlich der 1915 entstandene, für seine Zeit und vor allem für einen Nichtspielfilm ungewöhnlich lange – 13 Akte – HISTORY OF THE AMERICAN INDIAN von Rollin S. Dixon, der traditionelle Szenen mit zeitgenössischem Reservatsleben konfrontierte. Er wurde hauptsächlich mit Crow-Indianern gedreht. Im Anschluß daran entstand 1918 unter der Regie von Paul Powell ein insgesamt einstündiger Film über die Crow Reservation in Wyoming: INDIAN LIFE. »Jeder Akt war als Einheit konzipiert, so daß die Dokumentation ein Kinoprogramm als Vorfilmserie begleiten konnte« (Brownlow 1979: 337, m. Ü.). Es scheint, daß beide Filme verloren sind. Erhalten geblieben ist dagegen der nur z. T. dokumentarische BEFORE THE WHITE MAN COMES, 1919 inszeniert von John E. Maple, dem Produzenten von INDIAN LIFE, der sich als völlig uninspirierter und untalentierter Regisseur herausstellt. Maple behandelt seine indianischen Darsteller nicht als Individuen, sondern als Statisten. Selten sind sie der Kamera nahe genug, um sie erkennen und wiedererkennen zu können.

Anders als diese Filme, die den Indianern mit Sympathie, aber auch viel Romantizismus begegnen, zeigt ein Film bereits in seinem Titel die krasse Wirklichkeit der Jahrzehnte nach dem Ende der Indianerkriege. Es ist der Film DE-INDIANIZING THE RED MAN (1917). Aus der Inhaltsangabe des Streifens, der das Sherman Institute in Riverside (Calif.) dokumentiert: »Dies ist eine der größten und besten Regierungsschulen für Indianer, wo durch sorgfältiges Vorgehen die Regierung darum bemüht ist, die indianische Natur von ihren Lasten zu befreien« (Motion Picture World, 6 Oct. 1917, p. 81, zit. n. Brownlow 1979: 338, m. Ü.).

Leonard Donaldson berichtet in seinem interessanten Buch *The Cinematograph and Natural Science* (1912) über die erste Verwendung der Kinematographie im Rahmen einer *applied anthropology* (auch wenn es den Begriff damals noch nicht gab). Schauplatz waren die Philippinen, wo die US-amerikanische Regierung bei ihrem Programm zur Gesundheitserziehung auch Filme einsetzte, die Eingeborenenleben und westliche Zivilisation zeigten, wobei ersteres deutlich schlechter wegkam. Das Programm hatte laut Donaldson den erwünschten Erfolg: als die Igorot die besseren Lebensbedingungen des Weißen sahen, hätten sie stärkere Bereitschaft zum Wandel gezeigt. Weniger ›Glück‹ hatte da der Regisseur Carlyle Ellis 1920 bei den Dreharbeiten zu seinem Film NURSE AMONG THE TEPEES, der ebenfalls für das Gesundheitsprogramm der Regierung produziert wurde. Der Film blieb mehr oder weniger Stückwerk, da viele der Arapaho-Indianer, auf deren Reservation gedreht wurde, sich weigerten gefilmt zu werden.

In den zehner Jahren wurden auch die ersten Filmexpeditionen in entlegene Weltgegenden, zu Sensationen versprechenden ›wilden‹ Völkern durchgeführt, d. h. Unternehmungen, die ausdrücklich dazu bestimmt waren, kommerziell verwertbare *footage* zurückzubringen. Ein frühes Beispiel ist der Streifen HEART OF AFRICA von 1915, den der spätere Griffith-Kameramann Hal Sintzenich aufnahm. Spektakulär war dann schon – zumindest versprach es der Titel – SHIPWRECKED AMONG CANNIBALS (1919, Edward Laemmle), der auf Neuguinea zustandekam. 1912 begann die Karriere von Martin Johnson, der in den 20er und 30er Jahren zum bekanntesten Regisseur von Expeditions- und Reisefilmen wurde. Johnson war von Jack London für seine Südsee-Kreuzfahrt als Koch angeheuert worden. Pathé-Kameramänner, die in Sydney die Ankunft der amerikanischen Flotte gekurbelt hatten, kamen auf die Idee, über Jack Londons Abenteuer einen Film zu drehen. Den Film photographierte M. Johnson auf der Salomonen-Insel Penduffryn – nachdem ihm die Pathé-Leute, die das Klima nicht vertrugen, beigebracht hatten, wie man eine Kamera bedient. In den USA lief das Material unter dem großsprecherischen Titel JACK LONDON'S ADVENTURES IN THE SOUTH SEAS – die Zeit der Dreharbeiten hatte der Schriftsteller krank in seiner Kajüte verbracht (Brownlow 1979).

Der ethnographische Film zwischen den Weltkriegen

Martin Johnson, der eher durch Zufall zum Filmemacher geworden war, setzte einige Jahre später zusammen mit seiner Frau Osa die filmischen Unternehmungen »am Rande der Zivilisation« fort. Von allen Filmen des Paares scheinen aber nur die auf den Neuen Hebriden gedrehten von ehtnographischem Interesse gewesen zu sein – leider sind sie nicht erhalten. Bei ihrem ersten Aufenthalt auf Malekula zeigten sich die Big Namba erst neugierig, aber zurückhaltend, dann eher abgeneigt und unfreundlich. Der Film CAPTURED BY CANNIBALS (oder CANNIBALS OF THE SOUTH SEAS) – »unter Einsatz des Lebens photographiert« – wurde ein Erfolg in den Kinos, und die Johnsons kehrten nach Malekula zurück, den Film und einen Projektor im Gepäck. Die Vorführung des Films machte die Big Namba zu Freunden. »So wie ein jeder auf der Leinwand erschien, kreischten die Zuschauer seinen Namen und brüllten vor Lachen. Plötzlich wurde aus dem Getöse ein gedämpftes Murmeln, als die Gestalt eines Mannes gezeigt wurde, der seit einem Jahr tot war. Martins ›Magie‹ hatte einen Toten aus dem Grab zurückgebracht« (Johnson 1940: 135). Laut Synopsis war diese Szene der Filmvorführung in dem neuen Film, HEAD HUNTERS OF THE SOUTH SEAS (auch THE WILD MEN OF MALEKULA) (1922) enthalten (cf. American Film Institute Catalog, Feature Films, 1921–1930).[7] Die weiteren Filme der Johnsons zeigten hauptsächlich Natur- und Tierszenen, ›Primitive‹ kamen darin nur noch am Rande vor, so etwa in dem in Nord-Borneo aufgenommenen JUNGLE ADVENTURES (1921).

Der abenteuerliche Expeditions- und exotische Reisefilm wurde in den Jahren nach dem Ersten Weltkrieg zu einem populären Genre. Wären sie erhalten geblieben, so dürfte die Bedeutung der meisten dieser Filme heute allerdings nur darin liegen, daß sie Menschen in ihrer Welt zeigten, die sich seither stark verwandelt hat – und daß sie unwillkürlich ihren eigenen imperialistischen Zugriff auf diese Welt dokumentierten. Einige Titel sollen genügen: THE ISLE OF VANISHING MEN (1924, William F. Adler), in Niederländisch-Neuguinea bei den Kia Kia gedreht; BY AEROPLANE TO PYGMYLAND (1927, Matthew W. Stirling, A. Hedberg, Richard A. Peck), gleichfalls in West-Irian entstanden; BLACK SHADOWS (1923, E. A. Salisbury), mit den Schauplätzen Marquesas, Samoa, Fiji, Salomonen; GOW, THE HEAD HUNTER (1928, E. A. Salisbury), zeigte die Auswirkungen von 75 Jahren westlicher Einflüsse und Kolonisation in Teilen Melanesiens (Fiji, Salomonen, Neue Hebriden);[8] SOUTH SEAS (1929, Gifford Pinchot). Auch französische Filmemacher waren nicht untätig. Léon Poirier begleitete eine ›Rallye‹ von Citroen-Kettenfahrzeugen quer durch Afrika. LA CROISIÈRE NOIRE (1924) war der erste französische Film von Spielfilmlänge, der in Afrika gedreht wurde. »Léon Poirier montierte die am Wegrand aufgenommenen Bilder, gesehen eher mit einem am Technischen geschulten Verstand, der alles außerhalb des Automobils betrachtet, als wolle er verstehen, wie es funktioniert. Daraus wurde ein kühler, besonnener Dokumentarfilm« (Burzlaff 1983: 46). 1930 inszenierte Poirier einen ethnographischen Spielfilm auf Madagaskar: CAIN. Melanesien, *das* Land von Kannibalen und Kopfjägern, lieferte die Szenerie für Jean Mugelis RAPT DANS LA JUNGLE (1932) und für LES MANGEURS D'HOMMES (1930) von André-Paul Antoine und Robert Lugeon, die ein ganzes Dorf von Small Namba auf Malekula in den ›Dienst der Filmkunst‹ stellten – zum wohligen Schaudern der Europäer, denen hier »völlig unzivilisierte Wilde« vorgeführt wurden. In eine nicht minder ›gefährliche‹ Weltgegend führte der Film AU PAYS DU SCALP (1932) des Marquis de Wavrin, nämlich ins Amazonasgebiet, aber auch hier verrät bereits der Titel, worum es den Produzenten ging (Leprohon 1960). Man fragt sich unwillkürlich, wieso nicht ein einziger von den vielen Filmemachern, die bei den Dreharbeiten unter Kopfjägern und Kannibalen ihr Leben ›riskierten‹, tatsächlich den Kopf verlor. Up The Congo (1929) ging die Reise von Alice M. O'Brien, die u. a. Bilder von den Bambuti-Pygmäen zurückbrachte. Ein deutscher Expeditionsfilm mit größerem Anspruch war Amazonia (1937/38). Wieder bei Kopfjägern, diesmal in Ecuador, spielte George M. Dyotts Savage Gold (1933), eine Mischung aus ethnographischen Fakten über die Jivaro und wilder Abenteuerstory. ». . . der Film gibt offen zu, daß eine Story hinzugefügt wurde, um die authentischen Szenen aufregender zu machen. Es ist ein spannendes Melodram, . . ., außergewöhnlich gut photographiert und mit schockierenden Szenen – wie dem Schrumpfen eines Kopfes« (Turner & Price 1979: 97–98, m. Ü.). Dagegen scheint der 1929 hauptsächlich bei den Tariano-Indianern entstandene Red Majesty von Harald Noice einer der wenigen kommerziellen Filme gewesen zu sein, der ohne *exploitation* auskam. Auch Voodo (sic!) von Faustin Wirkus, ein 36minütiger Film aus dem Jahre 1932, gilt trotz einiger fantastischer Elemente als bemerkenswerte Studie. »Wirkus' Kameraarbeit ist überraschend gut, und sein Kommentar ist weniger überzogen, als dies in ähnlichen Filmen oft der Fall ist« (Turner & Price 1979: 84).

Zu den bekanntesten deutschen Beispielen der Kategorie Expeditionsfilm zählen die des Barons Victor von Plessen, vor allem der unter der Regie von Friedrich Dahlsheim entstandene Bali-Film Die Insel Der Dämonen (1932), der sich durch eine fast expressionistische Bildwirkung auszeichnet, und Die Kopfjäger Von Borneo (1935/36), dessen Aufnahmen von den bekannten Kameramännern Richard Angst, Walter Traut und Hannes Staudinger stammen. Ein weiterer Bali-Film (Expeditionsleitung Victor von Plessen) kam 1939 zustande: Bali – Kleinod Der Südsee (Regie: Ernst R. Müller, Gerd Philipp).

Auf zwei Filme möchte ich gesondert hinweisen. Der erste, Frank Hurleys Pearls and savages (1920), ist ein australischer Film, der in in seiner Thematik – Reise in Kopfjägerterritorium; und in seinen Intentionen, möglichst Sensationelles zu zeigen – ohne weiteres an obige Produktionen angeschlossen werden kann, der die meisten von ihnen aber, was filmische Qualitäten betrifft, weit hinter sich läßt. »In einem Land, das von den Weißen noch weitgehend unberührt geblieben war, erwies sich Hurleys Ankunft mit einer Filmkamera im Wasserflugzeug als explosiv, und die natürlichen Reaktionen der Eingeborenen sowie die brilliante Photographie machen Pearls And Savages zu einem denkwürdigen Film« (Baxter 1970: 34 m. Ü.). – Bei dem zweiten Film handelt es sich um eine ›französische Reise‹. 1926 begleitete der spätere Spielfilmregisseur Marc Allégret den Schriftsteller André Gide auf eine Voyage Au Congo. Der Film ist nicht nach Sensationen aus, sondern ein eher nüchterner Reisebericht, in dem die gescheiten Kommentare (Zwischentitel) Gides überzeugen.

Robert Flaherty (1884–1951)

Unter den vielen ›Dokumentaristen‹, die sich in der Stummfilmzeit ethnographischen Themen verschrieben, gilt Robert Flaherty als der einzige ›Künstler‹, obwohl er in diesen Jahren nur zwei Langfilme, Nanook Of The North (1920/21) und Moana: A Romance Of The Golden Age (1923/25) fertigstellen konnte und an zwei anderen (White Shadows In The South Seas, 1927/28, Regie: W. S. Van Dyke, und Tabu, 1929/30, Regie: Friedrich Wilhelm Murnau), unter eher unglücklichen Umständen, beteiligt war. Der Künstler gereichte ihm bei den Wissenschaftlern meist zum Nachteil. »Als Künstler ist Flaherty erstrangig; als Anthropologe (der zu sein er aber überhaupt nicht vorgab) läßt er viel zu wünschen übrig« (De Brigard 1975: 10, m. Ü.).

Robert Flaherty, gelernter Bergbauingenieur, hatte schon jahrelang mit seinem Vater die kanadische Wildnis durchstreift, bevor er zwischen 1910 und 1916 vier Expeditionen in die Arktis leitete.[9] Auf seine dritte Expedition nahm er eine Filmausrüstung mit. Er begann im Februar 1914 auf Baffin Island zu filmen, »wobei er sich auf die Errichtung von Iglus, auf Hundeschlittenfahrten, Seehundjagd und Zaubertänze der Eskimos konzentrierte. Der letzte Teil war eine Karibujagd, für die er Kamera und Stativ auf einen Hundeschlitten lud und die Jagd vom Schlitten aus, der von ›galoppierenden Hunden‹ gezogen wurde, filmte« (Holm & Quimby 1980: 29, m. Ü.). Dieser Film, den Flaherty selbst als »zu unfertig, um interessant zu sein« (Flaherty 1924: 26) betrachtete, ist zusammen mit anderem, im Winter und Frühjahr 1916 gedrehten Material verbrannt, weil Flaherty im Schneideraum eine brennende Zigarre fallen ließ (1924).

Doch Flaherty wollte *seinen Film* über die Eskimos machen und kehrte im Juni 1920 mit finanzieller Unterstützung der Revillon Frères-Pelzhandelsgesellschaft zurück. Der Film Nanook Of The North wurde in 12 Monaten an der nordöstlichen Hudson Bay (Gegend von Cape Dufferin) gedreht. Nanook ist ein Film der Rekonstruktion.[10] »Historisch gesehen war Nanook ein Kostümfilm, wie es in viel gröberer Weise auch die Wildwestshows von Buffalo Bill Cody waren« (Calder-Marshall 1963: 85, m. Ü.). »Ich gehe nicht daran, darüber Filme zu machen, was der weiße Mann den primitiven Völkern angetan hat. Was ich will, ist, die frühere Großartigkeit und das Wesen dieser Menschen zu zeigen, solange es noch möglich ist – bevor der weiße Mann nicht nur ihren Charakter, sondern auch die Menschen vernichtet hat« und »Daß ich Nanook machen mußte, rührte davon her, was ich für diese Menschen fühlte, von meiner Bewunderung für sie; ich wollte anderen von ihnen erzählen« (Flaherty Papers, zit. n. Brownlow 1979: 476, m. Ü.).

Das Thema von Nanook ist der Kampf des Menschen gegen die Natur, das Überleben in einer feindlichen Umwelt. Der Film ist, da er sich einer eingängigen Geschichte verweigert, eine Erforschung des Lebens eines fremden Volkes, auch wenn er sich auf nur wenige Personen beschränkt. Indem er gesellschaftstypischen Aktivitäten Nanooks und seiner Familie folgt, vermeidet er einen distanzierenden Standpunkt und schafft Identifikationsmöglichkeiten, obwohl es sich um »exotische Primitive« handelt. »Das ist vielleicht Flahertys bedeutendster Beitrag zum ethno-

Nyla in Nanook Of The North.

Nanook.

Nanook baut eine Eisplatte als Fenster in das Iglu ein. *(rechts)*

graphischen Film« (Heider 1976: 22, m. Ü.). Flahertys Eskimos sind handelnde Subjekte, keine ethnographischen Objekte. Der Vorwurf des Nicht-Authentischen fällt auf die zurück, die ihn erheben, da der Film sich seine eigene Authentizität errichtet. Vieles in NANOOK, wie die Walroßjagd, ging von den Eskimo selbst aus. Von mangelnder Spontaneität kann nur derjenige reden, der seine Anwesenheit am liebsten verbergen würde. Wenn Flaherty mit seiner Kamera ein Geschehen Schritt für Schritt verfolgt, ohne im voraus zu verraten, worum es eigentlich geht, so erzeugt er auf ganz visuelle Art und Weise beträchtliche Spannung – vorausgesetzt, man vertraut sich seiner Beobachtungsgabe an. NANOOK ist ein außergewöhnlicher Film, auch weil er die Zuschauer auf eine völlig neuartige Weise mit einbezieht. Es entsteht ein konzeptueller Raum zwischen gefilmtem Subjekt, Filmemacher und Publikum; der Film ist die Begegnung der drei. »NANOOK hat eine methodologische und strukturelle Komplexität, die es ihm gestattet, Flahertys besondere Neigung zum Romantizismus zu durchdringen. Mehr als alle seine späteren Filme stellt er eine kollaborative Bemühung zwischen dem Filmemacher und seinen Subjekten dar, ein reiches und offenes kulturelles Dokument zu schaffen« (Mac Dougall 1978: 422, m. Ü.). NANOOK OF THE NORTH ist moderner als zahllose ethnographische Filme, die nach ihm kamen.

MOANA war als Südsee-Entsprechung zu NANOOK geplant. Der ursprüngliche Titel sollte MOANA OF THE SOUTH lauten. Der Erfolgt von NANOOK hatte die Hollywood-Gesellschaften auf Flaherty aufmerksam gemacht. Doch hatte Flaherty von der Südsee, ganz im Gegensatz zur Arktis und den Eskimo, keine Ahnung. Daß hier alles fast das genaue Gegenteil war, bereitete ihm große kreative Probleme. An einem aber hielt er fest: ein Leben einzufangen, das unbeeinflußt ist vom Elend der weißen Zivilisation. So entstand eine Verherrlichung ›primitiven‹ Lebens im Einklang mit der Natur, die detailgetreue Schilderung des Alltags der Samoaner von Savai'i. Diese gewünschte Nähe setzte Flaherty mit Großaufnahmen und dynamischer Kameraführung um. Die langen Schatten, die man durch das Drehen am frühen Morgen und späten Nachmittag erreichte, verliehen den Szenen Tiefe. Auf seine Weise findet sich sogar der Kampf ums Überlegen, die Krisis, in MOANA wieder, nämlich ins Individuum verlagert. Flaherty konnte einen jungen Samoaner dazu überreden, die nicht mehr ausgeübte kunstvolle Tortur der Tatauierung über sich ergehen zu lassen, die im Film für den Sieg über die menschliche Natur steht.

MOANA ist durch sein antithetisches Konzept zu NANOOK, das von den Samoanern ebenso bewundernswert (und von Flaherty sichtlich bewundert) verwirklicht wurde, ein weniger konzentrierter Film geworden. Der Film fließt in seiner Schönheit dahin, und er ist zweifellos von einem romantischen Kunstverständnis geprägt, das hier viel stärker zum Ausdruck kommen konnte als in dem Eskimo-Film. Unweigerliche Folge: dem Film wurde Eskapismus vorgeworfen. Die ungewöhnliche Schönheit, der differenzierte Reichtum der Bilder von MOANA ist zum Teil darauf zurückzuführen, daß Flaherty – nicht als erster, wie häufig zu lesen ist, aber erfolgreicher als andere vor ihm – panchromatischen Film verwendete, der für alle Farben empfindlich ist, im Gegensatz zu dem damals noch allgemein üblichen orthochromatischen Film, der z. B. auf Rot überhaupt nicht reagiert. Leider ist das

Originalnegativ zerstört; heutige, von einem Dup-Negativ[11] gezogene Kopien dürften nur noch einen annähernden Eindruck von der ursprünglichen Schönheit des Werkes vermitteln können.

Bei zwei weiteren Südseefilmen, WHITE SHADOWS IN THE SOUTH SEAS und TABU, vertrugen sich Flahertys Vorstellungen nicht mit denen der Produktion bzw. der Regisseure. Für WHITE SHADOWS war er als Regisseur vorgesehen; da es sich dabei um eine Spielfilmproduktion (für MGM) handelte, mit drei Hollywoodschauspielern in den Hauptrollen, wurde ihm ein *associate director*, W. S. Van Dyke, mitgegeben: Flaherty sollte sich um die Ethnographie, die Eingeborenen, das Südseeflair und das künstlerische Konzept im allgemeinen kümmern, Van Dyke, der große Erfahrungen mit Dreharbeiten *on location* hatte, um die Schauspielerszenen und die produktionstechnische Organisation. »Ohne die gewohnte Zeit der vorbereitenden Erforschung, gezwungen, einem festen Drehbuch zu folgen, zeigte sich Flaherty schöpferisch blockiert« (Brownlow 1979: 494, m. Ü.). Er wurde krank, und man ließ ihn nach Hause fahren. Van Dyke drehte den Film. Flaherty ließ sich seltsamerweise noch ein weiteres Mal zu einer Zusammenarbeit überreden, diesmal mit Friedrich Wilhelm Murnau, dem deutschen Regisseur von NOSFERATU, DER LETZTE MANN und FAUST, der seit 1926 in den Vereinigten Staaten weilte und dort mit SUNRISE eines der unsterblichen Werke der Filmgeschichte geschaffen hatte. Es kam auch in diesem Fall zum Konflikt. Murnau setzte sich durch. Flaherty gab auf. Trotzdem wurde TABU zu einem der letzten Höhepunkte des stummen Films, wie ja auch WHITE SHADOWS eindeutig vom Einfluß Flahertys profitierte und als einfühlsamer und kompromißloser Film – so weit dies im Rahmen einer Hollywoodproduktion möglich war – gelten kann. Vielleicht liegt der tiefere Grund für Flahertys Schiffbruch weniger darin, daß Flaherty mit ›Stories‹ konfrontiert wurde, als in der Tatsache, daß in beiden Fällen nicht die Rekonstruktion alter Zeiten das Anliegen war: Sowohl WHITE SHADOWS als auch TABU sind Filme über die Auswirkungen der westlichen Zivilisation, die Folgen des Zusammenpralls, die Korruption des ›edlen Wilden‹ durch Geldgier und Alkohol. In dieser Hinsicht sind sie trotz ihres offen fiktiven Charakters – mit den bekannten Stereotypen und Klischees der zeitgenössischen Trivialliteratur – ›wirklichkeitsnäher‹ als NANOOK oder MOANA. »Tatsächlich sollten die Filme Van Dykes und Murnaus Anthropologen eher ansprechen, da sie zumindest auf wirkliche Probleme in wirklichen Situationen eingehen« (Heider 1976: 26, m. Ü.). Flahertys nächstem Projekt, einem Film über die Pueblo-Indianer von Acoma, war kein besseres Schicksal als den Vorgängern beschieden. Das wenige Material, das 1930 gedreht wurde und gerade für einen Kurzfilm ausreichte (ACOMA – THE SKY CITY), fiel einem Brand zum Opfer (!).

Während Flaherty also mit seinen Vorhaben seit MOANA scheiterte und erst 1932–33 mit MAN OF ARAN einen neuen Langfilm verwirklichen konnte, hatten der Erfolg von NANOOK, aber auch das Konzept der dokumentarisch angereicherten Fiktion bzw. des fiktionalisierten Dokumentarfilms große Auswirkungen für die amerikanische und seit Beginn des Tonfilms auch die europäische Filmproduktion.

Zahlreiche Eskimo- und Südseefilme wurden gedreht, von denen die meisten heute vergessen sind; ob zurecht, läßt sich in vielen Fällen auch nicht mehr überprüfen, weil die Filme verloren gegangen sind. Die bekanntesten Eskimofilme waren: 1925 KIVALINA OF THE ICELANDS von Earl Rossman, 1927 PRIMITIVE LOVE von Frank E. Kleinschmidt, 1929 FROZEN JUSTICE von Allan Dwan, 1930 ESKIMO des Dänen George Schneevoigt, von dem auch noch zwei Spielfilme im Sami (Lappen)-Milieu stammen (LAILA, 1930 und 1936), ein weiterer ESKIMO 1933 von dem uns schon bekannten W. S. Van Dyke, nach den Büchern »Der Eskimo« und »Die Flucht ins weiße Land« von Peter Freuchen, der auch mitspielte. 1937 schließlich gelangte PALOS BRUDEFÄRD (Regie: Friedrich Dahlsheim) zur Aufführung, der Anfang der 30er Jahre bei den Angmagssalik-Eskimo im östlichen Grönland entstanden war – unter fachlicher Beratung des dänischen Ethnologen Knud Rasmussen, der auch das Drehbuch verfaßte. Dennoch: »Dies ist der einzige je gedrehte Eskimo-Western« (Kiefer 1974: 209). Eine Liebesgeschichte, aber offensichtlich der Eskimotradition entnommen und von Eskimo gespielt. Von einem ethnologischen Standpunkt aus »liegt der wahre Wert des Films (...) in der Art und Weise, wie einzelne Sequenzen ein ›Gefühl‹ für die Eskimokultur, ihre spezifische Prägung, vermitteln« (Kiefer ebd., m. Ü.).[12]

W. S. Van Dyke drehte vor seinem Eskimofilm noch einen zweiten Spielfilm in der Südsee, THE PAGAN (1928). Die melodramatische Geschichte handelt auf den Tuamotu-Inseln, doch ist die polynesische Welt hier bereits zur Staffage verkommen. Interessanter ist eine australische Produktion, THE ADORABLE OUTCAST (1927) von Norman Dawn, die eine Abenteuergeschichte über ein unter Eingeborenen aufwachsendes weißes Mädchen auf den Fiji-Inseln ansiedelte. (Ein weiterer australischer Film, Charles Chauvels UNCIVILIZED von 1936 behandelte ein ähnliches Thema. Diesmal wird ein Weißer von Aborigines aufgezogen und später zu ihrem Anführer!) (Baxter 1970). Schließlich sei noch ein auf Neuseeland mit Maori inszenierter Spielfilm genannt, UNDER THE SOUTHERN CROSS (in einer Tonfassung: THE DEVIL'S PIT) (1929, Regie: Lew Collins), in dem ein Vulkan als deus ex machina in Aktion tritt. In die Gruppe ethnographischer Spielfilme gehört auch der in letzter Zeit zu neuen Ehren gekommene Film THE SILENT ENEMY (1929) von H. P. Carver, der von Ojibwa-Indianern gespielt wird und dessen Handlung (angeblich den »Berichten der Jesuiten (1610–1791)« entnommen) zwischen einer konventionelleuropäischen Dreiecksgeschichte mit Held, Mädchen, bösem Medizinmann und dem Überlebenskampf des Stammes gegen den Hungertod hin- und herschwankt.

Der Mann, der Ernest B. Schoedsack, einen ehemaligen Kriegsberichterstatter, und Merian C. Cooper, auch er Weltkriegsteilnehmer, zusammenbrachte, war der ›Entdecker‹ und Expeditionsfilmer Captain Edward Salisbury. Cooper nahm 1923 auf seinem Schiff an einer Weltreise teil und ließ, als der Kameramann nach einem Taifun entnervt von Bord ging, seinen Freund Schoedsack nachkommen (Brownlow 1979). Der Film, für den Cooper die Titel schrieb und den Schnitt besorgte, sollte den Namen IN QUEST OF THE GOLDEN PRINCE heißen, wurde aber offenbar erst 1929 unter dem Titel THE LOST EMPIRE aufgeführt. Cooper und Schoedsack, davon überzeugt, besseres als Reisefilme leisten zu können, beschlossen, einen Film nach dem Vorbild von NANOOK zu machen: des Menschen Kampf gegen die Natur sollte auch hier das Thema sein, ein Sujet, das die Amerikaner in den 20er Jahren augenscheinlich beeindruckte (Betrachtet man die vielen Filme dieser Zeit, in denen der Überlebenskampf innergesellschaftlich stattfindet, so scheint es nicht falsch, in der ›Natur‹ der ethnographischen Filme auch eine Metapher zu sehen). Cooper brachte eine Bekannte mit, Marguerite Harrison, die 5 000 Dollar zu dem Unterfangen beisteuerte. Irgendwoher hatten sie gehört, daß asiatische Bergvölker alljährlich mühselige Wanderungen unternehmen, »um zu überleben« – was in der modernen Ethnologie als Transhumanz bekannt ist, der Wechsel von den Winter- auf die Sommerweiden und umgekehrt. Filmen wollte man bei den Kurden. Schwierigkeiten mit den türkischen Behörden machten dies unmöglich. So kamen die drei über Syrien und den Irak nach Persien und realisierten ihren Film mit den Bachtyari. Der große Zug über die Berge, insbesondere den schneebedeckten Zardeh Kuh, begann am 17. April 1924 (cf. Cooper 1925). Der Film GRASS, der daraus resultierte, wurde zu einem der sensationellsten Erfolge des dokumentarischen Genres. »Was als routinemäßiger Reisefilm beginnt, wird fast zufällig zu einem unübertroffenen spontanen Drama«, in dem nur die Zwischentitel stören (Heider 1976: 25, m. Ü.). Daß der Zug über die Berge jedes Jahr stattfindet, erfährt man aus dem Film allerdings nicht – es hätte dem Einmaligen des Gezeigten wohl zu sehr Abbruch getan. Geldmangel verhinderte – glücklicherweise, vielleicht – die ›Fertigstellung‹ des Films. Schoedsack und Cooper hatten gehofft, »einen langen Film mit jeder Menge *human interest*, Action und Spektakel« herzustellen. So blieb es bei dem dokumentarischen Bericht, der von der Paramount gekauft wurde und – als einer der wenigen Fälle im nichtnarrativen Film – sogar Geld einspielte.[13] GRASS gehört neben NANOOK zu den bedeutendsten ethnographischen Dokumenten, die die Stummfilmzeit hervorgebracht hat.

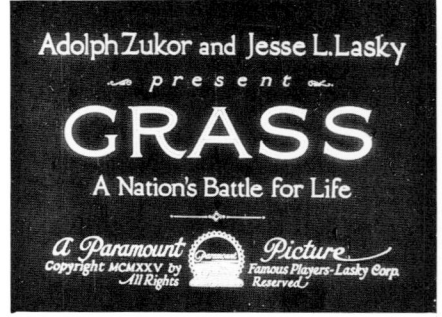

Von NANOOK unterscheidet sich GRASS durch das Fehlen des Individuellen. GRASS schildert eine kollektive Leistung und macht daraus ein Epos. Die Bachtyari werden uns aber deshalb nicht näher gebracht. Wir erfahren wenig über sie, was sicherlich damit zusammenhängt, daß keiner der Filmer besonders viel über die Menschen wußte, mit denen sie über die Berge gingen. »Die Photographie in GRASS ist atemberaubend; das ist jedoch kein Ersatz für die Ethnographie. Das Grundthema von GRASS kommt mehr oder weniger hinter der Leinwand zum Vorschein; es liegt in der grandiosen Konzeption des Filmemachers als des neuen Forschertyps, des wagemutigen Reisenden und Entdeckers exotischer Länder, und das ist der Mythos des Filmemachers als eines Helden!« (Balikci 1980: 230, m. Ü.).

Was GRASS nicht sein konnte, wurde CHANG (gedreht 1926 in Nord-Thailand), ein weiteres Drama der Natur, in dessen Mittelpunkt eine Familie in ihrer ständigen Auseinandersetzung (Drehbuch!) mit dem Dschungel stand. Im Grunde genommen sollte man trotz ihrer frühen Filme Schoedsack und Cooper nach dem Film beurteilen, der sie *wirklich* berühmt machte: KING KONG (1932/33), denn was in diesem Film der fantastische Riesenaffe ist, waren in CHANG der Urwald – mit einem Tiger, der direkt auf die Kamera zuspringt – und in GRASS die Schneeberge: das Monster Natur, das überwunden werden muß und vom Menschen ständig aufs

Aus GRASS: Der Aufstieg zum Zardeh Kuh.

Neue überwunden wird. Zudem ist KING KONG eine Parodie der dokumentarischen (und eben auch pseudodokumentarischen) Methoden ihrer früheren Filme. – Aufgrund seiner thematischen Ähnlichkeit mit GRASS, der Wanderung einer Volksgruppe, sei ein anderer Dokumentarfilm hier angeführt: STAMPEDE (1928), eine britische Produktion, die im damaligen anglo-ägyptischen Sudan bei den Habbaniya-Arabern gedreht wurde (Regie: Major Court Treatt mit seiner Frau Stella) (Brownlow 1979).[14]

Neben all diesen Produktionen führte der ›streng wissenschaftliche‹ ethnographische Film in den 20er Jahren ein Schattendasein. Dies war selbstverständlich, da er sich all dessen enthielt, was die oben geschilderten Filme gleichermaßen auszeichnete wie fragwürdig machte. Sein Publikum war außerdem ein gänzlich anderes. Dieser ethnographische Film entwickelte sich in den Kategorien des wissenschaftlichen Lehrfilms. »Mitte der 20er Jahre hatte der anthropologische Lehrfilm seine kanonischen Formen ausgebildet: den *Film, der eine singuläre Tätigkeit abbildet* – eine Zeremonie, ein Handwerk und dgl., und die *filmische Bestandsaufnahme einer Kultur*, die mehr oder weniger vollständig ist. Eine andere Form, der *vergleichende Film* (...), war weniger üblich« (De Brigard 1976: 20, m. Ü.). So wurden Mitte der 20er Jahre Filme produziert wie LAND OF THE ZUNI AND COMMUNITY WORK (Kamera: Owen Cattell, Produktion: Heye Foundation of the American Indian), der alltägliche Tätigkeiten zeigt, spielende Kinder, Erwachsene; in anderen Beispielen dieser Produktion wurden zeremonielle Tänze, Hausbau, Brotbacken u. ä. m. auf Film festgehalten (De Brigard ebd.). 1928 startete man in den USA einen Versuch, anthropologische Erkenntnisse in populärer Form an die Leute zu bringen: die Serie der Harvard-Pathé-Kurzfilme, die als Vorfilme in die Kinos kamen, mit Titeln wie MONGOLS OF CENTRAL ASIA, BATTACKS OF SUMATRA oder WANDERERS OF THE ARABIAN DESERT.

Man kann insgesamt davon ausgehen, daß die Jahre zwischen dem 1. und 2. Weltkrieg, was den wissenschaftlich-ethnographischen Film betrifft, noch weitgehend eine *terra incognita* sind, da nur verhältnismäßig wenige Filme aus dieser Zeit überhaupt bekannt geworden sind. Ich erwähne hier nur THE AINU BEAR CEREMONY (1931) von Neil Gordon Munro; das Kwakiutl-Material, das der siebzigjährige Franz Boas mit einer 16mm-Kamera aufgenommen hat (1930), das aber erst von Bill Holm 1961 zu einem zweiteiligen Film (Teil 1: Spiele und Technologie, Teil 2: Tänze und Zeremonien) montiert worden ist, Titel: THE KWAKIUTL OF BRITISH COLUMBIA; die Filme, die Norman Tindale in den 30er Jahren bei australischen Aborigines aufgenommen hat, oder Marcel Griaules Dogon-Filme von seinen zwei Feldforschungen 1935 und 1938 (AU PAYS DOGON und SUR LES MASQUES NOIRES), die sich durch zum Teil »hervorragende Aufnahmen« auszeichnen, die allerdings »von der Kulturfilmindustrie vereinnahmt und durch reißerische Musik- und Montageeffekte verdorben« wurden (Kreimeier 1983: 13).

Von vielen Ethnologen, insbesondere amerikanischen Anthropologen, wird die Feldforschung, die Gregory Bateson und Margaret Mead 1936–39 auf Bali und Neuguinea durchführten und bei der zum erstenmal Photographie und Film in einem bislang unüblichen Maße als Mittel der Ethnographie eingesetzt wurden, methodologisch zumindest als Meilenstein angesehen. »Bateson und Mead versuchten mit ihrer Feldforschung erstmals herauszuarbeiten, was die Anwendung von Film als integraler Teil anthropologischer Forschung und Berichterstattung alles impliziert ... Sie benutzten den Film absichtlich dazu, visuelle Bewegung und holistische Beziehungsstrukturen in komplexen Szenen vorzuführen, die viel besser filmisch dargestellt als mit bloßen Worten beschrieben werden konnten. Auf diese Weise sollte ihre Anwendung von Film voll in die geschriebene Ethnographie integriert werden und sie ergänzen« (Heider 1976: 29, m. Ü.). Im Mittelpunkt der Filmaufnahmen stand das spontane Verhalten von Kindern im Umgang untereinander und mit Erwachsenen. Bateson war der Kameramann (16mm, ohne Ton), Mead und ihr balinesischer Sekretär hielten die Ereignisse unter Zuhilfenahme einer Uhr fest, die genaue Querverweise zwischen Film und schriftlichen Aufzeichnungen erlaubte (vgl. Bateson & Mead 1942). Insgesamt wurden an die 22000 Fuß Film abgedreht. Das Material konnte allerdings erst nach dem Krieg gesichtet und zu sechs Filmen montiert werden, die 1951 unter dem Sammeltitel CHARACTER FORMATION IN DIFFERENT CULTURES zur Aufführung kamen (Die einzelnen Filme: TRANCE AND DANCE IN BALI; KARBA'S FIRST YEARS; CHILDHOOD RIVALRY IN BALI AND NEW GUINEA; BATHING BABIES IN THREE CULTURES; FIRST DAYS IN THE LIFE OF A NEW GUINEA BABY; A BALINESE FAMILIY).[15] Wie selten zuvor oder danach wurde an diesen Filmen ihre wissenschaftliche Verwertbarkeit gerühmt. »Trotz ihrer technischen Primitivität sind sie selbst nach heutigen Maßstäben insofern anspruchsvoll, als sie Film nicht zur ethnographischen Illustration verwenden, sondern als machtvolles Werkzeug im Rahmen einer systematischen kulturellen

Aus Learning To Dance In Bali.

Untersuchung. Jeder dieser Filme stellt eine wissenschaftliche Hypothese dar, und die visuellen Bilder und Ereignisse sind nach streng theoretischen Belangen geordnet, nicht nach ästhetischen oder dramatischen Konventionen oder der simplen beschreibenden linearen Logik des gezeigten Ereignisflusses« (Geertz 1976: 725, m. Ü.). Wenn überhaupt etwas kritisiert wird, ist es die Technik. Heider etwa bemängelt, daß bei der Hinzufügung eines gesprochenen Kommentars nicht darauf geachtet wurde, die Aufnahmegeschwindigkeit (16 Bilder/Sekunde) und die Projektionsgeschwindigkeit (für einen Tonfilm 24 Bilder/Sekunde) aufeinander abzustimmen, was die Folge hat, daß die Bilder um 50% zu schnell laufen. Er sieht aber auch ein schwerwiegenderes Problem: Meads Kommentar behaupte zu oft nur, was bei dieser Art wissenschaftlichen Anspruchs im Film einfach zu sehen sein müßte (Heider 1976). Ich muß gestehen, daß mich die Kurzsichtigkeit der anthropologischen Filmkritik verwundert, die den Film als Werkzeug sieht. Die Kamera mag man als Werkzeug hernehmen, der Film ist keines. »Filme erweisen sich als armselige Enzyklopädien, weil sie besondere und begrenzte Ereignisse hervorheben, die aus einer eingeengten Perspektive gesehen werden ... Die Genauigkeit des fotografischen Bildes führt zu einem kritiklosen Glauben an die Fähigkeit der Kamera, nicht Bilder von Ereignissen, sondern die Ereignisse selbst wiederzugeben ... Der Trugschluß über die magische Fähigkeit der Kamera gleicht dem Trugschluß über die allwissende Beobachtung« (MacDougall 1982: 21–22).

Besondere Erwähnung verdient der ungarische Regisseur Pál (Paul) Fejös, der nach zig Spielfilmen in Ungarn, Hollywood, Frankreich, wieder Ungarn, Österreich und Dänemark die Lust verlor, im Studio und mit Schauspielern zu arbeiten, der nach Madagaskar ging und, von den Einheimischen fasziniert, neun Monate blieb und Ethnographisches filmte. Daraus wurde die sechsteilige Dokumentarfilmserie Svarta Horisonter (1935/36). Danach begannen sich die Völkerkundler für Fejös zu interessieren, was wiederum die Rückwirkung hatte, daß sich Fejös für die Ethnologie als Wissenschaft zu interessieren begann. Er drehte weiterhin Filme, so 1937/38 mindestens sieben kurze Dokumentarstreifen in Indonesien, 1938, gleichfalls in schwedischer Produktion, in Thailand En Handfull Ris, einen dokumentarischen Spielfilm, und schließlich 1940/41 in Peru den einstündigen Film Yagua, eine Art filmischer Monographie des gleichnamigen Indianerstammes. En Handfull Ris hat einen Vorspann, in dem gezeigt wird, daß ein schwedisches Ehepaar bedenkenlos wegwirft, wofür in Thailand (und in vielen Teilen der Welt) jemand ein Jahr lang arbeiten und kämpfen muß (vgl. Nau 1979; Dodds 1973).

Die Entwicklung seit dem Zweiten Weltkrieg

Ethnographische Filme scheinen viel häufiger als andere Gefahr zu laufen, bloßes Anschauungsmaterial zu bleiben, auch wenn dies nicht intendiert war, bzw. erst Jahre nach den Dreharbeiten ›Film‹ zu werden. Wurden schon die Bateson-Mead-Filme erst 12 Jahre nach den Aufnahmen veröffentlicht, so dauerte es mit dem von Maya Deren 1947 und 1951 auf Haiti gefilmten Material noch viel länger: Der Film Divine Horsemen: The Living Gods Of Haiti kam erst 1977 zustande, 16 Jahre nach Maya Derens Tod; er wurde montiert, mit einer Tonspur und einem Kommentar (aus Derens gleichnamigem Buch von 1953) versehen von Cherel und Teiji Ito. Thematisch gesehen zeigt der Film die wesentlichen Aspekte der Vodun (Voodoo)-Religion, doch dürften Ethnologen den Kontext der einzelnen Sequenzen vermissen. Der Film bietet in dieser Hinsicht sicherlich zu wenig ›Information‹, doch bleibt er ein »wunderbar aufregendes und seltenes visuelles Dokument über Haiti« (Epple 1982: 980, m. Ü.). Trotzdem der Film nicht von Maya Deren fertiggestellt werden konnte, bewahrt er eine Primärqualität des Bildes, die ihn ihren anderen avantgardistischen Filmen (MESHES IN THE AFTERNOON etwa) vergleichbar macht.

Der Zweite Weltkrieg sah eine Entwicklung der 16mm-Kameras zum professionellen Gerät. Zwar gab es den 16mm-Film schon seit 1923, doch war er von Eastman-Kodak zunächst ausdrücklich für das Unterrichtswesen bestimmt worden und hatte bis in die 40er Jahre hinein Amateurstatus.[16] Fehlende Möglichkeiten bzw. erschwerte Bedingungen der Vertonung verstärkten diese Charakterisierung. Es wurden deshalb auch nur wenige ethnographische Filme (u. a. von Boas, Bateson, Tindale) in diesem Format gedreht. Als qualitätsvoll galt nur der 35mm-Film, der eine umfangreiche Technik erfordert, mit einem großen Team – was viele Ethnologen abgeschreckt hat und außerdem viel zu kostspielig war (cf. De Brigard 1975).

Der ethnographische Film ist in den 50er und 60er Jahren durch drei Namen geprägt, die alle auf ihre Weise Wesentliches zu seiner Entwicklung beigetragen haben, deren Œuvre aber nicht unterschiedlicher sein könnten: Jean Rouch, John Marshall und Robert Gardner. Um die Erneuerung, die Mitte der 50er Jahre erstmals in einigen Filmen von Rouch, 1958 in Marshalls THE HUNTERS und 1963 mit Gardners DEAD BIRDS sichtbar und hörbar wurde, richtig einzuschätzen, ist es nötig, sie in den richtigen Relationen zu sehen. Die Jahre nach dem Zweiten Weltkrieg waren die letzte Blütezeit des exotischen Reisefilms, der in Deutschland schon immer *Kulturfilm* hieß, damit ja niemand in den Glauben verfiel, es wären bei dieser Gattung vordergründigere Motive ausschlaggebend, und der sich mit so verschiedenen Produktionen wie END OF THE RIVER (Großbritannien 1949, Regie: Derek Twist) über das Amazonasgebiet, CONTINENTE PERDUTO (Italien 1955, Regie: Leonardo Bonzi/Mario Craveri/Enrico Gras) über die Inselwelten der Südsee und Indonesiens, L'IMPERO DEL SOLE (Italien 1956, Regie: Enrico Gras/Mario Craveri) über die Nachfahren des Inca-Reiches in Peru und Bolivien oder PARADIS TERRESTRES (Frankreich 1958, Regie: Luciano Emmer/Robert Enrico) über die Kirdi-Gruppen Nordkameruns von den Kinoleinwänden verabschiedete – um ins Fernsehen abzuwandern.[17] Hin und wieder ragte ein einzelnes Werk aus der Menge des Belanglosen oder Sensationellen heraus, etwa als der große schwedische Dokumentarist Arne Sucksdorff seine Heimat verließ und in Indien einen Film über die Muria machte. Das Resultat war EN DJUNGELSAGA (1955–57), eine zweifellos von ästhetischem Interesse getragene romantische Hymne an die Schönheit von Mensch und Natur, mit Elementen einer fiktiven Handlung: ein Muria wird verstoßen, weil er eine Fremde heiratet, und rehabilitiert sich, indem er einen gefährlichen Leoparden tötet. 1957 entstanden, von Burmah-Shell in Auftrag gegeben, zwei visuell außergewöhnliche Kurzfilme über Indien, A VILLAGE IN TRAVANCORE von Fali Bilimoria und MARTIAL DANCES OF MALABAR von Paul Zils.

Ein exzeptionelles Werk in ganz anderer Hinsicht ist der Film LES STATUES MEURENT AUSSI von Alain Resnais und Chris Marker, der, 1950 entstanden, seine öffentliche Aufführung erst Anfang der 60er Jahre in verstümmelter Form erlebte. Der Film ist in seiner originalen Version eine vehemente Anklage gegen Kolonialismus und Rassismus anhand einer ›Besichtigung‹ schwarzafrikanischer Kunst im Museum. »Wenn Menschen gestorben sind, treten sie in die Geschichte ein. Wenn Statuen gestorben sind, treten sie in die Kunst ein. Diese Botanik des Todes ist es, was wir Kultur nennen« (aus dem Kommentar des Films).

Ein wiederum ganz anders gelagertes Beispiel ist der Film MOKIL (1948) von Conrad Bentzen, aus heutiger Sicht ein traditioneller ethnographischer Film ohne kommerzielle Absichten, aber in seiner Art – der Kommentar spielt eine tragende Rolle – »der beste ethnographische Film, der je aus Mikronesien gekommen ist«, einer der wenigen ansprechenden *surveys* über eine Gesellschaft, der »genau die Alltagsaktivitäten, den jährlichen Lebenszyklus, Kindererziehung, geschlechtliche und altersbedingte Arbeitsteilung und den allgemeinen Charakter der sozialen Beziehungen in der Gemeinschaft zeigt« (Kiste & Schaefer 1974: 715, m. Ü.). Der Film war seit seiner Entstehung nahezu unbekannt geblieben und wurde erst Anfang der 70er Jahre ›wiederentdeckt‹.

Jean-Luc Godard verglich 1959 Jean Rouch enthusiastisch mit Jeanne d'Arc: wenn schon nicht Frankreich, so sei er doch aufgebrochen, das französische Kino zu retten.

Nichts könnte besser verdeutlichen, welche Stellung der Filmemacher Rouch in der neueren Filmgeschichte einnimmt.

Jean Rouch, geboren 1917, kam 1941 als Ingenieur zum erstenmal nach Afrika (Niger), wo er sein Interesse für die Ethnologie entdeckte. Bei Kriegsende kehrte er nach Frankreich zurück und studierte am Musée de l'Homme. Lehrer waren u. a. Marcel Griaule, Marcel Mauss und Paul Rivet. Griaule und Mauss waren es vor allem, die ihm vorschlugen, seinen nächsten Afrika-Aufenthalt mit Kamera und Tonband zu dokumentieren. Mit einer auf dem Flohmarkt erstandenen 16mm-Bell & Howell-Kamera, deren Gebrauch Rouch auf dem Flug über die Sahara erlernte, hat seine kinematographische Laufbahn begonnen. Der Verlust des Kamerastativs gleich zu Beginn der Reise nigerabwärts habe ihn gelehrt, wieviel vielseitiger verwendbar eine nichtstatische Kamera sei, auch wenn dies anfangs auf Kosten der Einstellungsstabilität ging (cf. Rouch 1978). Rouchs Erstlingswerk wurde von der französischen Wochenschau *Actualités Françaises* angekauft, auf 35mm aufgeblasen und unter dem Titel AU PAYS DES MAGES NOIRS 1947 in die Kinos gebracht (Es ist dies die erste Fassung von LA CHASSE A L'HIPPOPOTAME). Zwar stammte der Kommentar von Rouch selbst, »eingesprochen wurde er dann von einem renommierten Sportjournalisten, der im Stil der Tour-de-France-Berichte das Auftauchen der Flußpferde ankündigte wie den Sprint des Spitzenreiters im Gelben Trikot.

Diesem Kommentar unterlegt war eine schreckliche Musik, eine Art persischer Tanz, wie man ihn damals überall für ›exotische Filme‹ einsetzte« (Rouch 1978: 9–10). Es war eine Lehre, die Rouch für die Zukunft beherzigte. 1949 stieß er mit drei weiteren Kurzfilmen (CIRCONCISION, INITIATION A LA DANSE DES POSSEDES und LES MAGICIENS DE WANZERBE) auf dem *Festival du Film Maudit*, das von Cocteau in Biarritz organisiert wurde, auf die Anerkennung professioneller Filmemacher. 1952 ermöglichte dann der Produzent Pierre Braunberger die Zusammenfassung von Filmen aus den Jahren 1949–52 zu einem programmfüllenden Langfilm mit dem Titel LES FILS DE L'EAU, der jedoch erst 1958, im Sog von MOI, UN NOIR, regulär in französischen Kinos gezeigt wurde. Auffällig an den kurzen Filmen Rouchs, den frühen wie späteren, ist eine Vorliebe für das Ritual und die Zeremonie, für dramatische Aktion. Sie fand ihren unbestreitbaren Höhepunkt in LES MAITRES FOUS (1954/55), einem Werk, das für Rouchs weitere Arbeit (Praxis und Theorie) von entscheidender Bedeutung wurde. Rouch zeigt in diesem Film die jährlichen Zeremonien des *hauka*-Kults, wie ihn Wanderarbeiter aus dem Niger-Gebiet in Ghana seit den 20er Jahren ausübten. Es handelt sich dabei um einen Besessenheitskult, bei dem die Besitz ergreifenden Geister Vertreter der Kolonialverwaltung repräsentierten. Die Besessenen nahmen dann in Trance diese Rollen an. »Der Film hält eine Hauka-Zeremonie fest, während der die Teilnehmer besessen werden; ein Hund wird rituell geopfert und verspeist. Der Film enthält auch Material von den Europäern, deren Macht die Hauka-Geister personifizieren. Rouchs im Kommentar des Films vorgetragene These war, daß das Ritual im Leben marginalisierter und unterdrückter Gruppen eine therapeutische Rolle spiele, indem es ihnen gestattete, sich den durch die kolonialen Verhältnisse hervorgerufenen Zertrennungen anzupassen. Am Ende des Films sehen wir die Hauka-Priester an ihren Arbeitsplätzen auf den Straßen und Märkten von Accra. Der Kommentar versucht eine rationale anthropologische Erklärung für das ›Bizarre‹ oder ›Exotische‹ zu geben, das einen Großteil des Films einnimmt, wobei er die Gewichtung verlagert, so daß am Schluß die Kolonialverwaltung als bizarr und irrational dasteht« (Eaton 1979: 6, m. Ü.). Der Film wurde nach seiner Aufführung von schwarzen Intellektuellen angefeindet, denen er dazu angetan schien, das Klischee vom »wilden Afrikaner« zu perpetuieren; in den britischen Kolonien dagegen wurde er auf Grund seines aufrührerischen Inhalts verboten. Er beeinflußte Jean Genet, dessen Stück *Les nègres* sich in seiner Rollenumkehrung – Kolonisierte spielen Kolonisatoren – deutlich an ihn anlehnt. Rouch arbeitete zur Zeit, als LES MAITRES FOUS entstand, bereits an einem Buch über Migrationsstrukturen in Westafrika[18], aus dessen Thematik er die Idee zu einem ethnographischen Spielfilm schöpfte. Das war der Anfang von JAGUAR. Seit 1951 waren Damouré Zika und Lam Ibrahim Dia in unterschiedlichen Funktionen – Berater, Darsteller, Techniker – an Rouch-Filmen beteiligt. Damouré Zika war bei LES MAITRES FOUS für den Ton verantwortlich – schon früh war es für Rouch von entscheidender Bedeutung, daß der Tontechniker verstand, was er aufnahm –, mit Lam zusammen spielte er nun die Hauptrollen in JAGUAR, die Geschichte zweier Wanderarbeiter aus dem Norden, die nach Accra an die Küste ziehen. Ihnen gesellt sich ein Dritter, Illo Gaoudel. »Der

Weg durch den Busch nach Süden war der Weg des Abenteuers und des Films«
(Rouch 1978: 13). Die Fiktion wurde der Wirklichkeit ausgesetzt und somit einer
spontanen Verwandlung unterzogen. Rouch mußte noch stumm drehen. 1956
zeichnete er in Accra einen Kommentar auf, den Damouré und Lam beim Sehen des
Films improvisierten. Der Film erwies sich mit seinen drei Stunden Länge für die
Zeit als nicht aufführbar. So konnte er erst 1967 fertiggestellt werden (wobei der
Kommentar erneuert werden mußte). 1957 inszenierte Rouch in Treichville/
Abidjan MOI, UN NOIR, der das Leben junger afrikanischer Arbeiter schildert. Sie
haben sich Namen zugelegt wie Edward G. Robinson – ihn spielt der spätere
Filmemacher Oumarou Ganda –, Eddie Constantine oder Tarzan und sie kommentieren wie die Akteure von JAGUAR ihre eigenen Bilder. Der Film erhielt 1959 den
begehrten *Prix Delluc* und machte Rouch erstmals einer breiteren Öffentlichkeit
bekannt. Besonders von den einflußreichen Kritikern der Zeitschrift *Cahiers du
Cinéma* wurde Rouch als *autheur* verstanden und gefeiert.

Mitte der 50er Jahre hat Rouch den entscheidenden Schritt zu einer »teilhabenden« Filmarbeit getan. »Grundsätzlich heißt das: nie mit versteckter Kamera
drehen, nie Bilder stehlen, sondern immer den anderen in Kenntnis des Vorgangs
setzen, mit allem, was dazugehört. Und eben auch, daß die Menschen, die ich
gefilmt habe, später diese Filme zu sehen bekommen, . . .« (Rouch 1978: 11). Wie
nicht anders zu erwarten, hat ihm das den Vorwurf eingebracht, er mache gutes
Kino, ethnographisch gesehen gäben seine Filme jedoch nicht viel her. Rouchs
Antwort darauf macht klar, worauf es ihm ankommt: nicht filmisch noch einmal
einzufangen, was schriftlich besser beschrieben worden ist oder werden kann. »Was
man schriftlich nicht festhalten kann, ist das Drama des Rituals. Schreiben kann
diese Wirkung nicht haben. Das ist der springende Punkt visueller Anthropologie«
(siehe unten S. 62).

1959–61 waren für Rouch weitere Jahre des Experimentierens, der Suche nach
neuen Ausdrucksmöglichkeiten, aber auch der Bemühungen um eine verbesserte
Aufnahmeapparatur. LA PYRAMIDE HUMAINE (1959/60), gedreht in und mit der
Abschlußklasse eines gemischtrassigen Gymnasiums in Abidjan, ist eine Untersuchung zum Rassismus. Erstmals bedient sich Rouch hier des Mittels der *cinéprovocation*: Der Film enthält eine Sequenz, in der Rouch und die Schüler sich gemeinsam
Filmmuster anschauen, von denen ausgehend sie das weitere Fortschreiten der
Dreharbeiten diskutieren und festlegen. Die Kamera fungiert nicht länger als
bloßes Aufnahmegerät, sie agiert als Katalysator; ihre Anwesenheit bewirkt die
Reaktionen, die sie filmt. Diese Methode wird in CHRONIQUE D'UN ÉTÉ (1960) zur
vollen Ausbildung gebracht. Rouch dreht diesen Film zusammen mit dem Soziologen Edgar Morin in Paris. Morin wollte ein »soziologisches Fresko« über das Paris
des Sommers 1960 verwirklichen, die Kamera war dazu ausersehen Reaktionen
auszulösen, die Interviewtechnik dahingehend zu verstärken, daß die angesprochenen Personen aus sich herausgingen.[19] Rouch benutzte eine sehr leichte, neue
Eclair-Kamera, die sich vorzüglich als Handkamera eignete und die während der
Dreharbeiten von dem Techniker Coutant ständig verbessert wurde. Sie war der
Prototyp der KMT Coutant-Mathot Eclair, der ersten leicht tragbaren 16mm-

Kamera mit Synchronton und ohne Eigengeräusch, die eine technische Revolution im Filmemachen darstellte. CHRONIQUE D'UN ÉTÉ hatte den Untertitel »une expérience de cinéma-vérité«. Rouchs Begriff des *cinéma-vérité* mußte bei seiner Methode der Einmischung Mißverständnisse herausfordern. Doch wie er es ausdrückte: Nicht *die* Wahrheit könne filmisch festgehalten werden, wohl aber die Wahrheit des Filmes, wie sie durch das Hinhalten der Kamera erst ausgelöst werde. Der Filmemacher mit der Synchrontonkamera bildet ein in sich geschlossenes System, an das sich die Gefilmten wenden, in das sie miteinbezogen werden. Rouch hat für diese Situation den Ausdruck *ciné-trance* geprägt (cf. Rouch 1978).

Der nächste Film, LA PUNITION (1960), war der Versuch, die Methoden der *cinéprovocation* auf eine fiktive Geschichte anzuwenden. Nach zwei gleichfalls fiktional angelegten Beiträgen zu Episodenfilmen wandte sich Rouchs Interesse wieder Afrika zu. 1965 erschien LA CHASSE AU LION A L'ARC, an dem sieben Jahre lang kontinuierlich gedreht worden war. Der Film zeigt die technologischen Aspekte einer Löwenjagd, aber auch die rituellen – etwa die Beziehungen zwischen Jägern und Beute –, darüberhinaus wird jedoch sichtbar, was die Jagd beim Filmemacher selbst bewirkte und welchen Anteil er daran hatte. So entstand ein konzeptuelles und spirituelles Dreieck zwischen den Jägern, den Löwen, den Filmemachern. Der Kommentar des Films ist an die Kinder der Jäger gerichtet, die, wenn sie erwachsen sein werden, nicht mehr jagen könnten.

Seit Mitte der 60er Jahre entstanden zahlreiche kurze und mittellange Filme, von denen die acht Filme der SIGUI-Serie (1966–74) über den nur alle 60 Jahre stattfindenden Festezyklus der Dogon von Bandiagara die bedeutendsten sein dürften. Die SIGUI-Filme veranschaulichen in ihrer Abfolge, wie wichtig der Zeitfaktor bei filmisch-ethnographischen Untersuchungen ist (vgl. Dubini 1983). Ein Kurzfilm, TOUROU ET BITTI (1967) gilt als besonders aufschlußreiches »Exempel des teilhabenden Kinos, bei dem die Kamera ins vorfilmische Geschehen vollständig integriert wird: die Anwesenheit der Kamera bei den Vorbereitungen zu einem Besessenheitsritual löst die Besessenheit aus« (Eaton 1979: 23, m. Ü.). 1968/69 entsteht, wieder in Paris, der lange PETIT A PETIT, eine Art Fortsetzung von JAGUAR und zugleich ein Beispiel umgekehrter Ethnologie: Damouré kommt nach Paris, wo er beobachtet wie die europäischen Ethnologen in Afrika. Der Film ist erneut ein Beispiel für Rouchs Ansatz, einer Fiktion zu dokumentarischer Realität zu verhelfen. Alle der bekanntesten langen Filme der 70er Jahre sind nach diesem Prinzip verwirklicht worden: COCORICO, MONSIEUR POULET (1974), die Geschichte dreier Freunde und einer Zauberin, die mit ihrem 2CV durch die Gegend fahren und Hühner verkaufen, der »Versuch einer kollektiven Improvisation anhand einer populären Volkserzählung aus Niger« – mit Damouré und Lam als Co-Regisseuren. BABATOU OU LES TROIS CONSEILS (1976, zusammen mit Boubou Hama) beruht auf alten Chroniken und behandelt den Krieg des Babatou gegen die Songhay von Gurunsi. In allen fiktiven Filmen Jean Rouchs spielen die Darsteller Rollen, die ihren eigenen Lebenserfahrungen entsprungen sein könnten und, indem sie spielen, ein Teil derselben werden. Der Filmemacher initiiert diesen Teil ihres Lebens, indem er daran teilnimmt.

1951 beginnen Laurence K. und Lorna Marshall, zusammen mit ihren Kindern Elizabeth und John, ihre ausgedehnten Aufenthalte bei den !Kung- und G/wi-Buschmann(San)-Gruppen der Kalahari. John Marshalls Aufgabe ist es zu filmen – was er wahrhaft extensiv erledigt. Allein zwischen 1951 und 1954 dreht er mehr als 30 Kilometer Film ab, ohne daß die Marshalls genau wußten, was sie damit anstellen sollten. John Marshall nahm schließlich mit J. O. Brew vom Peabody Museum in Harvard Kontakt auf. Brew war sichtlich beeindruckt und rief ein *Film Study Center* am Museum ins Leben, das unter die Leitung eines graduierten Anthropologen gestellt wurde, der in eigener Produktion zwei kleine Dokumentarfilme über die Kwakiutl gemacht hatte (BLUNDEN HARBOR und DANCES OF THE KWAKIUTL). Er hieß Robert Gardner, begleitete die Marshalls 1955 in die Kalahari und half danach John beim Schnitt des neugedrehten Materials. Daraus wurde THE HUNTERS (1955/56), der, als er 1958 einer größeren Öffentlichkeit vorgestellt wurde, eine mittlere Sensation auslöste. »In vielerlei Hinsicht war das reiner Flaherty. Basierend auf einer ausgedehnten, aber nicht professionellen Untersuchung einer Ethnie, folgte der Film vier Individuen durch eine entscheidende Krise Mensch gegen die Natur, auf der Jagd nach Fleisch, die in der Tötung einer Giraffe endete« (Heider 1976: 31, m. Ü.). Die Film-Jagd wurde aus Szenen montiert, die bei verschiedenen Real-Jagden photographiert worden waren. Dies und das Fehlen von Originalton verleihen dem Film einen eher generalisierenden als konkreten Charakter, man erkennt (wenn man will) Strukturen eines universellen Konfliktmodells, und der »lakonische, an Hemingway erinnernde Kommentar« evoziert mythopoetische Zusammenhänge, die auf einer falschen Grundannahme beruhen: Weder sind die San hauptsächlich Jäger – die Sammeltätigkeit der Frauen überwiegt –, noch stehen sie, wie der Film suggeriert, ständig im Existenzkampf. Aber das sind Erkenntnisse, die sich in der Ethnologie erst in den letzten fünfzehn Jahren durchgesetzt haben.

Gemeinsam mit dem Photographen und Anthropologen Timothy Asch gründeten die Marshalls 1968 das *Documentary Educational Resources*-Zentrum (D. E. R.), das sich zunächst um die Auswertung des seit 1951 angesammelten San-Materials kümmern sollte. In Zusammenarbeit mit dem *editor* Frank Galvin wurden seit 1966 mehr als zwanzig kurze Filme fertig, die sich jeweils einem einzigen Thema zuwandten. Der erste Film war N/UM TCHAI: THE CEREMONIAL DANCE OF THE !KUNG BUSHMEN (1966), über eine Trance-Zeremonie. Formal bediente sich John Marshall hier einer innovativen Methode: Er zeigt die Zeremonie nämlich zweimal. Zuerst sieht man aneinander montierte Standfotos, über die ein erklärender Kommentar gelegt ist; die zweite Hälfte des Films besteht aus den Originalmustern, mit Ton, aber ohne Kommentar. Bei einem anderen Film, AN ARGUMENT ABOUT MARRIAGE (1969) funktioniert dieses Schema weniger gut, da das Sujet zu komplex ist. Wie in diesem Film geht es auch in MEN BATHING (1973) und A JOKING RELATIONSHIP (1962) um Einzelheiten sozialer Interaktion. Die Dialoge in diesen Filmen werden durch Untertitel übersetzt. BITTER MELONS, 1955 gefilmt, 1971 herausgebracht, stellt einen G/wi vor, der Lieder und Melodien für den einsaitigen Musikbogen ›komponiert‹. Der Film ist möglicherweise der erste ethnographische

N!ai, 1957/58. Aus N!ai, The Story Of A !Kung Woman.

N!ai, 1978. Aus N!ai, The Story Of A !Kung Woman.

Streifen, der mit Synchronton aufgenommen wurde. »Mithilfe der Konstruktion, jede Sequenz mit Musik – in Synchronisation mit den Bildern – zu beginnen und daran Aufnahmen zu schneiden, die die in den Liedern behandelten Themen veranschaulichen, gelingt es dem Film, einen großen Bereich der Buschmannkultur darzustellen« (Heider 1976: 139, m. Ü.; vgl. Lomax 1972). 1980 kam N!ai, The Story Of A !Kung Woman heraus, den John Marshall mit Adrienne Miesmer realisierte. Die frühesten Szenen stammen aus dem Jahr 1952, als N!ai noch jung war, und seitdem hat die Kamera sie in ihrem Leben begleitet. Aber der Film ist kein isoliertes Porträt, »... der Film zeigt nämlich auch, wie aus N!ais Gruppe von relativ autonomen Jägern und Sammlern halbabhängige, rechtlose Siedler werden, die in eine Reservation eingesperrt sind, die in der offiziellen Sprache der südafrikanischen Regierung als ›Buschmannland‹ bekannt ist, und wie diese koloniale Durchsetzung sich auf N!ais Leben auswirkte« (Gordon 1982: 740, m. Ü.).

In der zweiten Hälfte der 60er Jahre wandte sich Marshall der Soziologie der eigenen Gesellschaft zu. Er war Kameramann bei Fred Wisemans Titicut Follies (1967), einem aufsehenerregenden, heftig umstrittenen Film über eine psychiatrische Klinik, und drehte danach für das *Lemberg Center for the Study of Violence* eine Serie von kurzen Filmen über die Polizei von Pittsburgh (The Police).

Robert Gardner, Mitarbeiter Marshalls bei The Hunters, leitete 1961 die Harvard Peabody Expedition nach West-Irian. Ziel der ethnologischen Aufmerksamkeit waren die Dani. Gardner ließ sich von den Anthropologen Jan Broekhuijse und Karl Heider beraten, als er den Film drehte und schnitt; er kam 1963 als Dead Birds in den Verleih. Ähnlich wie The Hunters ist auch dies ein Film in der Tradition Flahertys: »... ein langer, einbeziehender Film, der Weyak dem Krieger und Pua dem kleinen Schweinehirten folgt, während die Gesellschaft eine Reihe von kriegerischen Auseinandersetzungen durchmacht...« (Heider 1976: 33, m. Ü.). Gardners Thema in diesem Film ist der Tod. Es wurde ihm dann auch vorgeworfen, daß der philosophisch-reflektierende Kommentar wohl kaum wiedergebe, was die Dani dächten, doch bleibt er, wie Heider betont, im Rahmen einer diskutablen ethnographischen Interpretation. Die oft intuitive Art Gardners machte es leicht, den Film als wissenschaftlich unbefriedigend hinzustellen. Doch wie Flaherty und Rouch gelingen ihm Ansichten und Einsichten, die jede noch so korrekte Verwertbarkeit nebensächlich erscheinen lassen; was da stattfindet, ist eine Kommunikation, in der die Leinwand zu einer Öffnung wird durch kulturelle Grenzen hindurch. Diese stark expressiven Momente des Films, emotionale Kulminationen, heben die Distanz nicht auf, die uns von den Dani trennt, aber sie vermögen vorübergehend die starre Perspektive aufzulösen, aus der heraus wir unseren Blick auf sie richten; in diesen Augenblicken können wir mit ihnen schauen.

1970 entstand mit Gardners Unterstützung der Film The Nuer von Hilary Harris und George Breidenbach. Das Werk hinterläßt einen starken Eindruck von den Menschen, ihrem Vieh, der Umwelt, in der sie leben. Heider nennt ihn einen der visuell schönsten ethnographischen Filme, die je produziert wurden. Man sollte jedoch nicht übersehen, daß seine Wirkung im wesentlichen durch die Montage erzielt wird, die dem Betrachter keine Wahl läßt. »Es gibt in dem Film keine einzige

Sequenz, die es uns erlaubte, ein Ereignis sich ohne Unterbrechung entwickeln zu sehen« (Young 1976: 69, m. Ü.). In dieser Kritik kommt eine prinzipielle Auffassung zum Ausdruck, die in den letzten zwanzig Jahren auch im ethnographischen Film eine wesentliche Rolle gespielt hat: das Plädoyer für Realzeit, die lange Einstellung, die den Blick nicht fragmentiert. DEAD BIRDS war noch ohne Synchronton gefilmt worden. Bei RIVERS OF SAND (1974) war die Verwendung von Originalton strukturelle Vorbedingung. Der Film unternimmt das Porträt einer Hamar-Frau namens Duka (die Hamar sind ein südäthiopisches Volk von Rinderhirten und Ackerbauern), indem er sie ausführlich über ihr Leben erzählen und sich dabei über die eigene Kultur Gedanken machen läßt. Diese monologischen Sequenzen wechseln mit Szenen der Hamar-Kultur, wobei die Erfahrungen von Frauen und Männer kontrapunktisch montiert sind. Der Diskurs der Frau macht den Film zu einem Diskurs über die ausgebeutete und untergeordnete Stellung der Frau in der Hamar-Gesellschaft. Darüber ist sich der Film im klaren – und ist dennoch auf seine Weise ambivalent, wenn Bild und Wort zusammenstoßen wie in der Szene der rituellen Auspeitschung junger Mädchen durch initiierte Männer: der Schmerz, von dem die *Rede* ist, trifft auf das *sichtbare* Lächeln (vgl. Bender 1977; Heider 1976)[20].

In RIVERS OF SAND spricht Duka (auch Omaleinda genannt) über das Frau-Sein bei den Hamar. R. Gardner setzt den erzählten Mann-Frau-Gegensatz in Bilder um, wobei er arbeitende Frauen und meist nicht arbeitende Männer kontrastiert. *(rechts)*

ALTAR OF FIRE (1975/76) ist die Dokumentation des »ältesten, bis auf den heutigen Tag durchgeführten Rituals«, nämlich des zwölf Tage dauernden *agnicayana*, das bis in vedische Zeit zurückreicht und im südindischen Bundesstaat Kerala gefilmt wurde. 1979 erschien DEEP HEARTS, der das Schönheitsritual der jungen Männer der Bororo (das sind nomadische Fulbe) im Sahelgebiet von Niger zum Thema hat. Wie immer setzt Gardner Kulturzüge und -ereignisse bildhaft faszinierend um; zum Leidwesen exakter Anthropologen begreift er diese aber in seinem Kommentar oft als Ausdruck der *conditio humana*. Dementsprechend unterstützen die Bilder dann häufig nicht, was die Erzählung behauptet. Man kann dies aber auch anders sehen: Gardners zugegebenermaßen »essayistischer« Kommentar vermeidet eine Verdopplung, er stellt sich den Bildern, indem er sie interpretiert, bewußt entgegen. Aus diesem nicht aufzulösenden Widerspruch erwächst den Filmen Gardners ihre produktive Spannung (cf. Lieber 1980).

Wie Gardner begann auch Timothy Asch als ethnographischer Filmemacher im Umkreis John Marshalls. Er war Mitbegründer des D.E.R. Sequenzeinstellungen (mit Synchronton), wie sie am D.E.R. konzipiert wurden, sollten Aschs filmische Arbeit bestimmen, die er von 1968 an mit dem Anthropologen Napoleon Chagnon bei den Yanomamö verwirklichte. Im Sommer jenes Jahres entstand THE FEAST, ein Film über Geschenkaustausch und Festefeiern zwischen zwei vormals befeindeten Siedlungen, mit dem gleichen methodischen Ansatz, den John Marshall in N/UM TCHAI und AN ARGUMENT ABOUT MARRIAGE ausprobiert hatte: zuerst der erklärende Teil, dann die mit Synchronton gefilmten Ereignisse, die gelegentlich untertitelt sind. Von den vielen nach 1970 realisierten Yanomamö-Filmen (an die 20 Titel) nimmt THE AX FIGHT (1975) eine besondere Stellung ein. Es ist ein ethnographischer Film – in der Darstellung einer Konfliktsituation –, zugleich aber auch ein Film über die *ethnographische Methode* selbst, wenn er in fünf Abschnitten

das Geschehen in jeweils verschiedenen Perspektiven zeigt und die entsprechenden ethnographischen ›Übersetzungen‹ liefert. »Zuerst sehen wir die ungeschnittenen Muster des gefilmten Kampfes. Darauf folgt Schwarzfilm mit dem Originalton, der aufgenommen wurde, als der Film in der Kamera zuende war, einschließlich Aschs und Chagnons Unterhaltung über das, was gerade geschehen war – wobei sie sich nicht nur unschlüssig zeigen, sondern zu Schlußfolgerungen kommen, die sie später revidieren müssen. In zwei weiteren Abschnitten wird der Kampf interpretiert, durch Manipulation der Original*footage* und mithilfe des Kommentars, zu dem ein Verwandtschaftsdiagramm zu sehen ist. Der Film endet mit einer konventionell geschnittenen Version des Kampfes, bei der das Material manchmal um der Kontinuität willen umgeordnet wurde. Obwohl uns der Film nur einen Teil der gesammelten Information vorführt, unterstreicht er mit dramatischer Entschiedenheit, wie prekär und zweifelhaft der Verstehensprozeß bei einer anthropologischen Feldforschung ist« (Mac Dougall 1978: 424, m. Ü.). In jüngster Zeit hat Timothy Asch einige Filme über Bali fertiggestellt, darunter A BALINESE TRANCE SEANCE (1980, zusammen mit Linda Connor).

Mit den 60er Jahren begann eine neue Ära im ethnographischen Film. Die verbesserte Technik ermöglichte es, daß Aufnahmeteams nicht mehr als zwei Personen zu umfassen brauchten. Die neugewonnene Beweglichkeit erlaubte spontanes Reagieren und ungeahnte filmische Operationen. Zudem war die neue Technik relativ billig. An Universitäten wurden Filmkurse für Anthropologiestudenten eingerichtet. Mittlerweile ist die Zahl der in den letzten zwanzig Jahren entstandenen Filme schon nicht mehr zu überschauen. Ich muß mich deshalb auf mehr oder weniger ausführliche Hinweise beschränken.

Noch in den 50er Jahren wurden unter der Ägide von Samuel A. Barrett die Filme der AMERICAN INDIAN SERIES gedreht, aufgeführt allerdings erst in den Jahren 1961–65. Die Filme zeigen hauptsächlich kalifornische Indianer (insbesondere Kashia Pomo) in thematisch ganz eng gehaltenen Rekonstruktionen handwerklicher Tätigkeiten oder in umfassenden Berichten. Der wohl bekannteste Film der Serie ist THE SUCKING DOCTOR (1963), die Dokumentation einer Heilsitzung der Pomo-Schamanin Essie Parrish (vgl. Heider 1976). Das ehrgeizigste Projekt filmisch-ethnographischer Rekonstruktion war jedoch die NETSILIK ESKIMO SERIES, eine Coproduktion des Educational Development Center und des National Film Board of Canada, mitfinanziert von der National Science Foundation und der Ford Foundation. Die Filmreihe war vorgesehen als Teil eines Grundkurses für den Sozialkundeunterricht an Hauptschulen (*Man: A Course of Study*), wobei die Anthropologie die Basiskonzepte liefern sollte. Die NETSILIK ESKIMO Serie umfaßt neun filmische Einheiten. Gefilmt wurde zwischen 1963 und 1965 an der Pelly Bay (anthropologische Beratung: Asen Balikci, Guy Mary-Rousselière). Schwerpunkt der Filme ist die Technologie, gesehen nicht nur unter dem Blickpunkt der Herstellung von Gerätschaften, etc., sondern auch im Hinblick auf ihre Verwendung, als Produkt einer ökologischen Anpassung an eine extreme Umwelt. Die Filme wurden zu den verschiedenen Jahreszeiten, an verschiedenen Plätzen aufge-

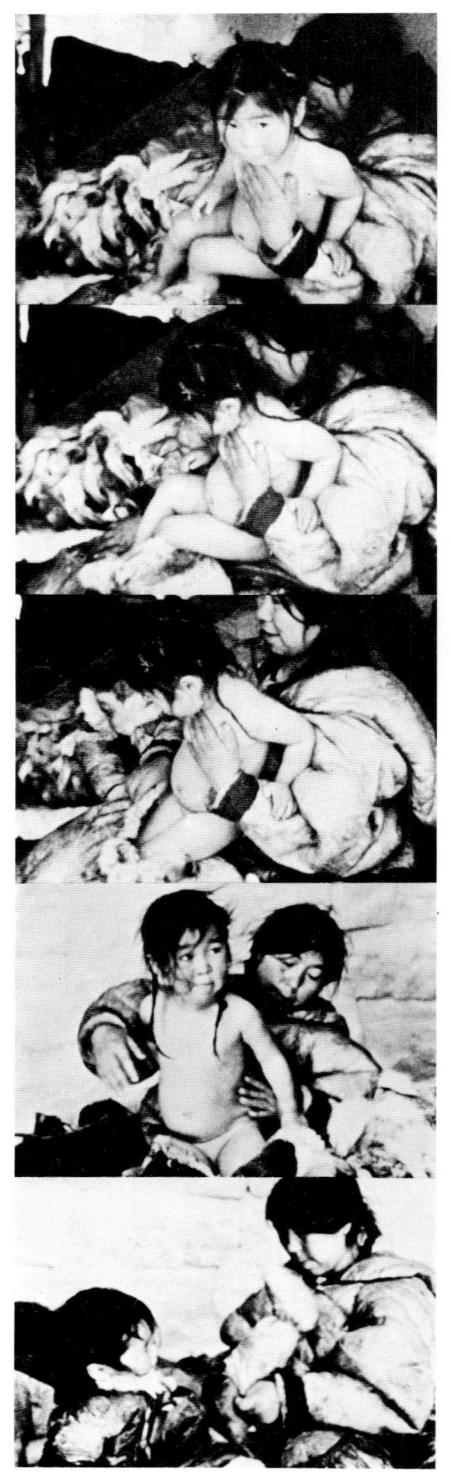

nommen und kommen gänzlich ohne Kommentar aus. Doch trotz dieser freiwilligen Nähe zu ethnographischem Rohmaterial verstehen sie die Aufmerksamkeit des Zuschauers auf sich zu lenken, wenn sie sich Flahertys Methode der visuellen Spannungserzeugung bedienen: Die Kamera verfolgt eine Tätigkeit vom Anfang bis zum Schluß, aber einem mit der Eskimokultur unvertrauten Betrachter wird erst nach geraumer Zeit klar, worum es geht (Heider 1976).

Ein Filmemacher, der seit 1954 filmt, dessen Werk aber erst nach 1970 seine Würdigung fand, ist der Argentinier Jorge Prelorán. Vor allem sein Film HERMOGENES CAYO (auch IMAGINERO) (1969) über einen alten Bildermacher bei den Coya-Indianern Nordwest-Argentiniens wird immer wieder als beispielhaft genannt und in seiner Herausstellung eines einzelnen Menschen mit NANOOK verglichen. Von seinen weiteren Filmen möchte ich ARAUCANOS DE RUCA CHOROY (1971/72) und den mit Ana Montes de Gonzales und der Ethnologin Anne Chapman realisierten, 1977 erstaufgeführten THE ONA PEOPLE: LIFE AND DEATH IN TIERRA DEL FUEGO erwähnen (cf. Suber 1971; Volkman 1982).

Neben den Vereinigten Staaten ist es vor allem Australien, das seit den frühen 60er Jahren zahlreiche wichtige Filme und Regisseure hervorgebracht hat, so etwa Roger Sandall, dessen bester Film vielleicht EMU RITUAL AT RUGURI (1966/67) ist, von dem aber auch Filme wie GUNABIBI: AN ABORIGINAL FERTILITY CULT (1968), CAMELS AND THE PITJANTJARA (1969) und LARWARI AND WALKARA (1972–76) stammen; oder Ian Dunlop und seine zehnteilige Serie PEOPLE OF THE AUSTRALIAN WESTERN DESERT (1965), in ihrer komprimierten Fassung – DESERT PEOPLE – international mit Beifall bedacht. 1969 drehte Dunlop eine weitere Serie, diesmal in Neuguinea unter der ethnologischen Beratung von Maurice Godelier[21]; sie dokumentiert die Initiationsriten der Baruya-Männer – daher der Titel TOWARDS BARUYA MANHOOD –, setzt sich aus neun Einzelfilmen zusammen und dauert insgesamt 7 3/4 Stunden. Die Baruya gaben nur unter der Bedingung ihre Zustimmung zum Filmen, daß die Filme in Neuguinea nicht gezeigt werden dürfen (siehe Mitchell 1975). Ein bemerkenswerter Streifen ist TIDIKAWA AND FRIENDS (1971) von Jef und Su Doring, einem Ehepaar, das zur technischen Crew eines bei den Bedamini auf Neuguinea gedrehten TV-Films zählte, Gefallen an Land und Leuten fand und zurückkehrte, um selber einen Film zu drehen.

Als zweifellos wichtigste ethnographische Filmemacher der USA und Australiens haben sich David und Judith MacDougall erwiesen, von deren neunzigminütigem Film TO LIVE WITH HERDS (1968 bei den Jie in Uganda gedreht, 1972 aufgeführt) Colin Young sagte: Wenn man diesen Film gesehen habe, werde man sehr ungeduldig gegenüber anderen, die einen nicht *sehen* ließen. »Mir scheint es, daß die MacDougalls kein dokumentarisches Kino machen, das in erster Linie ›beobachtend‹ und von Natur aus narrativ ist, wie man übertrieben behauptet hat; sondern daß sie eher verschiedene Elemente (darunter beobachtende wie nicht beobachtende) in einem *collage-* oder mosaikartigen Muster vereinen, dessen generelle Logik weniger narrativ als von der Art eines *audiovisuellen Essays in der ersten Person* ist« (MacBean 1983: 37–38, m. Ü.). Die wichtigsten Filme: KENYA BORAN (1972, mit James Blue), die Trilogie der TURKANA CONVERSATIONS (THE WEDDING CAMELS,

Aus der NETSILIK ESKIMO-Serie.

Lorang's Way und A Wife Among Wives), 1973/74 gefilmt, zwischen 1976 und 1981 montiert; Filme über australische Aborigines (Takeover, Familiar Places, The House-Opening, alle 1980 fertiggeworden), vor allem Goodbye Old Man (1975). Letztere verstehen sich weniger als ethnographische Essays denn als Parteinahme im Kampf der Aborigines um die Erhaltung ihrer Kultur.

In diese Kategorie gehört auch der Film Two Laws (1981) von Alessandro Cavadini, Caroline Strachan und der Borroloola-Aborigine-Gemeinde am Carpentaria-Golf (Northern Territory), der bestimmte historische Ereignisse aus der Sicht der Aborigines nachzeichnet, nachinszeniert. Ein weiterer Film historischer Forschung ist Tom Haydons The Last Tasmanian: Extinction (1978). An dieser Stelle sei auch First Contact (1982) von Bob Connolly und Robin Anderson genannt, in dem alte Filmaufnahmen (1930–34 von Goldgräbern im Innern Neuguineas gedreht) den Aussagen und Erinnerungen einiger Überlebender kontrastiert werden.

Von spezifischem Interesse sind die ca. 20 Filme der Navajo Film Series, die 1966 auf Anregung des Kommunikationswissenschaftlers Sol Worth und des Anthropologen John Adair zustande gekommen sind. Ausgehend von der These, daß Film eine der Sprache analoge Ausdrucksform sei, daß deshalb Filme gleichermaßen kulturspezifisch sein könnten, ließen sie acht junge Navajo selbstständig Filme machen. Tatsächlich weisen die Filme spezifische Merkmale auf, die sich aus der Navajo-Kultur erklären lassen (so etwa fehlen Großaufnahmen von Menschen: die Navajo meiden direkten Blickkontakt) (siehe Worth & Adair 1970).

Aus The Navajo Silversmith. Nicht die Darstellung der Technik steht im Vordergrund: 10 Minuten dieses 15minütigen Films sieht man den Silberschmied gehen. Dieses Gehen, das der Beschaffung von Rohmaterialien dient, bezeichnet über den Arbeitsprozeß hinaus den geographischen wie geistigen Raum, der für das Handwerk des Silberschmieds nötig ist.

Ende der 60er Jahre entdeckte das Fernsehen den seriösen ethnographischen Film, allen voran die *Disappearing World*-Serie der britischen Granada Television, die 1968 konzipiert wurde. Die ersten Filme wurden 1970–73 ausgestrahlt, im November und Dezember 1974 lief die 2. Serie, und insgesamt wurden bis 1977 24 Filme gezeigt. Denis Forman: »Unser Ziel ist es, andere Kulturen so zu zeigen, daß man sie verstehen kann« (zit. n. Hancock 1975). *Series Editor* war Brian Moser, von dem auch einige der besten Beiträge stammen (The Last Of The Cuiva, anthropologische Beratung: Bernard Arcand; Embera: End Of The Road, A: Ariane Deluz; War Of The Gods, A: Peter Silverwood-Cope, Stephen und Christine Hugh-Jones, alle 1970/71). Ihm ist auch der allgemeine Erfolg von *Disappearing World* zu verdanken, obwohl die Filme von unterschiedlicher Qualität sind. Einige weitere wichtige Titel: The Kawelka: Ongka's Big Moka (1974, Charlie Nairn, A: Andrew Strathern), The Shilluk (1975, Chris Curling, A: André Singer), The Mursi (1974, Leslie Woodhead, A: David Turton), The Eskimos Of Pond Inlet (1975, Mike Grigsby, A: Hugh Brody) (cf. Hancock 1975, Loizos 1980). BBC II zog später mit der Reihe *Worlds Apart* nach. Der Erfolg der *Disappearing World*-Serie ermutigte weltweit Fernsehanstalten, ähnliche Programme zu produzieren.

1973–79 filmte der kanadische Regisseur Arthur Lamothe mit den Montagnais die Chronique Des Indiens Du Nord-Est Du Quebec. Sie besteht aus zwei Teilen: Kauapishit Miam Kuakuatsheu Etentakuess oder Carcajou Et Le Péril Blanc und Innu Asi oder La Terre De L'homme, die ihrerseits wieder aus

mehreren Einzelfilmen sich zusammensetzen. Gesamtlänge: 533 Minuten. In dieser monumentalen Arbeit »wird die Kamera zum lebensnotwendigen und allmächtigen Mittel für den Indianer, um sich unverhüllt darzustellen, um Schmerz und Groll zu offenbaren und um seine Bindung an das kulturelle Erbe zu zeigen« (zit. n. Freunde der Deutschen Kinemathek, Verleihkatalog 1982, S. 76). ETNOCIDIO. NOTAS SOBRE EL MEZQUITAL (1976) ist eine mexikanisch-kanadische Coproduktion von Paul Leduc, die in Kapiteln von A–Z den Völkermord an den Otomi anprangert. NUESTRA VOZ DE TIERRA, MEMORIA Y FUTURO (Kolumbien 1977–81) von Marta Rodriguez und Jorge Silva entstand mit Unterstützung der Indio-Gemeinde Coconuco im Cauca-Tal, deren Kampf um die Rückgewinnung des Landes – »Das Land ist die Mutter, die Wurzel unserer Kultur« – der Film zum Thema hat. Die beiden kolumbianischen Filmemacher hatten bereits 1971 mit PLANAS – TESTIMONIO DE UN ETNOCIDIO eine ethnohistorische Untersuchung (über die Guahibo) vorgelegt.

Den Kampf der brasilianischen Indianer zeigt Zelito Vianas TERRAS DOS INDIOS (1979).

Aus dem unabhängigen Angola kommt eine sechsstündige Serie von Ruy Duarte de Carvalho: PRESENTE ANGOLANO, TEMPO MUMUILA (1979/80), die, in zehn Filme unterteilt, eine umfassende Einführung in das gegenwärtige Leben der Mumuila (Südost-Angola) darstellt.

An den Schluß dieses letzthin nur noch kursorischen Überblicks über die Geschichte des ethnographischen Films möchte ich einen deutschen Film stellen, Michael Oppitz' SCHAMANEN IM BLINDEN LAND (1978–80). Der Film ist ein epischer Bericht von schamanistischen Heilverfahren und rituellen Handlungen der Nördlichen Magar in Westnepal. Aus den kurzen Einstellungen des Anfangs, die erst später ihre Erklärung finden, werden immer längere, bis die Zeit des Films und die Realzeit sich angenähert haben, ein Versuch, »die grundlegende Erfahrung des Ethnographen – die allmähliche Entdeckung von Bedeutung – in den Film zu übertragen«. Sprachlich arbeitet der Film auf vier Ebenen: der der mythischen Sprache (der Erzähler erzählt Geschichten); der der ethnographischen Sprache (der Erzähler erklärt, interpretiert); der der direkten Sprache (Untertitel übersetzen den Originalton) und der der Zwischentitel, die Informationen geben, wo der Eingriff eines Erzählers stören würde (Oppitz 1981).

Anmerkungen

1 Vgl. die filmischen Tanzstudien (Choreometrien) von Alan Lomax (etwa DANCE AND HUMAN HISTORY, 1975, zusammen mit Forrestine Paulay), Ray T. Birdwhistells Untersuchungen zur Kinesik (MICROCULTURAL INCIDENTS IN TEN ZOOS, 1971), Filme von Edward T. Hall über Proxemik, Verhaltensstudien von Ekman und Eibl-Eibesfeldt, kinderpsychologische Aufzeichnungen und Analysen, wie sie etwa E. R. Sorenson in den 60er Jahren bei den Fore auf Neuguinea betrieb (z. B. die Reihe SOUTH FORE CHILDREN, 1963).

2 W. K. L. Dickson drehte diese etwa 15 Meter (= 30 Sekunden) langen Streifen, darunter INDIAN WAR COUNCIL und SIOUX GHOST DANCE (Dickson 1895). Die Edison Company ließ später ihre Kameraleute auch samoanische Tänzer filmen, die im Zirkus Barnum & Bailey auftraten, oder Schlangentänzer im Walapai-Pueblo (De Brigard 1975).

3 Stellvertretend für diese Filme sei hier der Inhalt von Loved By A Maori Chieftainess kurz skizziert: In den 70er Jahren des vorigen Jahrhunderts! Ein englischer Forscher hat sich in Kopfjägerterritorium gewagt und wird gefangen genommen. Mit Hilfe einer schönen Häuptlingstochter entflieht er auf eine Insel, wo er die Geliebte heiratet (!) und daraufhin von den Maori als ihr Mann anerkannt wird. »Die Handlung spielte sich vor einem Hintergrund echten Dorflebens, von Tänzen und Kriegskanus ab« (O'Reilly 1970: 289–90, m. Ü.).

4 Die Kwakiutl waren als ›Schauspieler‹ erfahren, da ihr zeremonielles Leben aus zahlreichen dramatischen Festen bestand, deren bedeutendstes, die Winterzeremonie, *tseyka* heißt, ein Wort, das auf die Dramatisierung der Macht und der Aktivitäten der Geister Bezug nimmt, die das Fest hervorrufen, und das man mit »darstellen« übersetzen kann (Holm & Quimby 1980: 14).

5 Inhaltsangaben siehe Filmographie.

6 Einige Titel: Hiawatha (1913, Regie: F. E. Moore), mit 150 indianischen Darstellern, ein Film, der selbst von Alanson Skinner vom Department of Anthropology am American Museum of Natural History (New York), einem der schärfsten Kritiker verfälschender Darstellung indianischen Lebens im Film, erstaunliches Lob erfuhr; The Indian Wars Refought, auch The Last Indian Battles Or From The Warpath To The Peace Pipe (1913/14, Theodore Wharton), produziert von der Buffalo Bill and Pawnee Bill Film Company und mit William ›Buffalo Bill‹ Cody in der Hauptrolle – als er selbst; The Friendless Indian (1913), über das Reservatsleben; Last Of The Line (1914, Jay Hunt); Lone Star (1916, Edward Sloman); Her Own People (1917).

7 1897 hatten Burton Holmes und Oscar Depue den Schlangentanz der Hopi in Oraibi gefilmt. Depue kehrte im nächsten Jahr zurück und führte den Film den Indianern vor: meines Wissens das erste Mal, daß diese Art der ›Rückkopplung‹, die für die Ethnologie ganz allgemein, den ethnographischen Film im besonderen zu fordern ist, belegt ist (Brownlow 1979).

8 Dieser Film ist auch dadurch interessant, daß Merian C. Cooper und Ernest B. Schoedsack, die Schöpfer von Grass, an der Kamera standen.

9 Heute ist die größte Insel des Belcher-Archipels in der Hudson Bay nach ihm benannt.

10 In ihrem Buch *Edward S. Curtis in the Land of the War Canoes* können Bill Holm und George Quimby glaubhaft machen, daß das Konzept der Rekonstruktion von Curtis' In The Land Of The Head Hunters beeinflußt ist, der bereits eine Kultur vor dem Kontakt mit den Weißen schildert. Auf alle Fälle hat Flaherty Curtis' Film 1915 in New York gesehen (Holm & Quimby 1980).

11 Das ist eine Kopie oder ein Duplikatfilm vom Originalnegativ, erstellt über eine sogenannte Farbzwischenpositiv- oder Lavendelkopie. Der Film verliert, insbesondere was Schärfe, Kontraste und Körnung anbelangt.

12 Spätere Nachfolger sind Filme wie Ombre Bianche/The Savage Innocents (1959, Nicholas Ray), mit Anthony Quinn in der Hauptrolle, und White Dawn (1973) von Philip Kaufman.

13 1956 drehte Lowell Farrell eine Art Remake, produziert von Cooper. 1971 entstand in der Regie von Anthony Howarth und David Koff Bakhtiari: A Persian Odyssey, eine Produktion des britischen Fernsehens, die auch unter den Titeln The Bakhtiari Migration und People Of The Wind bekannt wurde.

14 Aus praktischen Erwägungen (Platz- und Zeitmangel) kann auf eine Reihe von Filmen nur ganz am Rande eingegangen werden. Sie behandeln entweder Themen der europäischen Ethnographie (Volkskunde) oder sind andernorts – in nichtspezifischen Filmgeschichten und Monographien – ausreichend vorgestellt worden. Es sind Filme wie Luis Buñuels Terre Sans Pain/Los Hurdes (1932), Mihail Kalatozovs Dzim Šuante (russisch: Sol Svanetij) (1929/30) und Basil Wrights Song Of Ceylon (1934). Die Bergbewohner Swanetiens (in Georgien) waren bereits 1927 Thema eines sowjetrussischen Dokumentarfilms (Svanetija von Jurij Željabužskij und Jalovoj). Der Film Dzim Šuante, das »Salz Swanetiens«, geht auf die Georgienreise Tret'jakovs zurück und schildert eine Bevölkerung, die in ihrer Abgeschiedenheit uraltes Brauchtum bewahrt hat. In den letzten Einstellungen wird gezeigt, wie die Svani mit Hilfe der sowjetischen Behörden den Weg aus der Armut und der Rückständigkeit beschreiten (vgl. Leyda 1973). Die Aussage, daß rückständige Gebiete – und dazu zählen traditionelle Ethnien allemal – aus ihrer ›Isolierung‹ herausgeholt und an die moderne Welt angeschlossen werden müssen, findet sich auch in anderen sowjetischen Dokumentarfilmen

der Zeit, etwa in Viktor Turins Turksib (1929) oder in Dziga Vertovs Šestaja Čast' Mira (1926), der sich mit seinen litaneiartigen Zwischentiteln direkt an die Regionen, Völker, Berufsgruppen der Sowjetunion wendet und in einer Sequenz den durch die Oktoberrevolution eingeleiteten Wandel preist (Barnouw 1974). Man vergleiche auch desselben Regisseurs Tri Pesni O Lenine von 1934, der »mit einem lyrischen Abschnitt über den Fortschritt . . . der zentralasiatischen ethnischen Minderheiten der Sowjetunion endet« (De Brigard 1975: 11, m. Ü.). In die Reihe der ethnographisch erwähnenswerten Filme gehört auch der gescheiterte Mexico-Film von Sergej Ejzenštejn (1930–32). Erst 1981 konnte sein einstiger Co-Regisseur Grigorij Aleksandrov aus dem in den USA zurückbehaltenen Material eine den Intentionen Ejzenštejns nahekommende Fassung von Que viva mexico! erstellen.

Ein interessanter Film ist Song of ceylon, der in den beiden ersten Teilen Land und Leute in bewundernswerten Bildern einfängt und als Kommentar Auszüge aus einem Reisebericht von Robert Knox aus dem Jahre 1680 verwendet, bevor er die imperiale Einbindung Ceylons ins britische Commonwealth und den Weltmarkt deutlich macht. Wrights Verwendung des Kommentars war innovativ: Er legte den Text nicht ›über‹ die Bilder, er stellte vielmehr die vorgefundenen Bilder einem vorgefundenen Text gegenüber.

1932–33 entstand Robert Flahertys Man Of Aran, in dem er sowohl seinen Prinzipien (Rekonstruktion) wie seiner Thematik (der Mensch im Kampf gegen die Natur) und seinem Stil treublieb.

Es sollte auch die Rede sein von dem Belgier Henri Storck, der 1935 zusammen mit John Ferno einen Film über die Osterinsel machte – L'ile De Paques – und in den Jahren 1942–44 mit Symphonie Pastorale ein lyrisches Meisterwerk über bäuerliches Leben schuf.

15 Ein Großteil des Materials blieb ungeschnitten, reine *research footage*. Doch konnte 1978 ein neuer Film aus dem alten Material fertiggestellt werden: Learning To Dance In Bali (siehe Volkman 1983).

16 Zu solchen ›Amateurfilmen‹ gehören die vielen Tanzszenen, die Rolf de Maré in den Jahren 1937 und 1938 auf Sumatra, Java, Bali und Celebes aufgenommen hat. Dem frühen Amateurstatus des 16mm-Films entspricht in den 60er und 70er Jahren die Verbreitung von Super-8.

17 Ein deutsches Beispiel wäre der Kompilationsfilm Frauen, Masken Und Dämonen (1948) von Hans Schomburgk, ein »Querschnitt durch 30 Jahre Forscherleben« – die frühesten Aufnahmen stammen von 1913/14 (Im Deutschen Sudan), die letzten von 1931/32 (Das Letzte Paradies).

18 1956 als »Migrations au Ghana (Gold Coast) – Enquête 1953–55« im *Journal de la Société des Africanistes*, no. 26 veröffentlicht.

19 Zu den Interviewten gehörten Marceline Loridan, spätere Frau und Mitarbeiterin von Joris Ivens, und Régis Debray.

20 Ivo Strecker und Jean Lydall, die bei Rivers of sand als ethnographische Berater/Übersetzer tätig waren, haben ihrerseits die filmische Arbeit bei den Hamar fortgesetzt (etwa mit Der Sprung Über Die Rinder, 1979).

21 Über Godeliers Feldforschung bei den Baruya gibt es zwei Filme von Allison Jablonko und Stephan Olsson (USA 1982), To Find The Baruya Story und Her Name Came On Arrows, entlarvende Dokumente, die drastisch vor Augen führen, daß auch ein engagierter und nicht distanzierter Ethnologe wie Godelier ein Eindringling ist.

Die Stärke der visuellen Anthropologie
Ein Interview mit Jean Rouch von D. Georgakas, U. Gupta und J. Janda

Ihr bekanntester Film in den Vereinigten Staaten ist Chronique d'un Eté. *Je mehr wir über den Film, der das* cinéma vérité *begründete, erfahren, desto umstrittener und zugleich faszinierender wird er. So lösten beispielsweise einige Ihrer eigenen Kommentare nach der Aufführung des Films hier in New York im Museum of Natural History (1977) Fragen über seine grundlegende* vérité *aus. Sie haben erzählt, daß die Büroszenen in den Räumlichkeiten der* Cahiers du Cinéma *gedreht worden sind. Sie haben im übrigen ausführlich über die in dem Film vorkommenden Personen gesprochen, von denen viele später Filmemacher geworden sind und andere, wie beispielsweise Régis Debray, prominente Marxisten. Die* Chronique d'un Eté *liefert eigentlich eher Porträts bestimmter Figuren aus der damaligen politischen und künstlerischen Avantgarde, als daß sie die Stimmung innerhalb der Pariser »Ethnie« am Ende der fünfziger Jahre beschreiben würde. Zugleich gibt es in dem Film wenig Material, das die Außergewöhnlichkeit dieser Leute belegen würde. Nebenbei bemerkt kommen die Worte Sozialismus oder Kommunismus in den Gesprächen überhaupt nicht vor. Können Sie ausführen, wie Sie Ihre ursprüngliche Konzeption in dem Film umgesetzt haben?*

Als wir anfingen, über einen solchen Film nachzudenken, sagte ich zu Edgar Morin, meinem Mitarbeiter, daß ich eigentlich kaum Industriearbeiter kenne. Edgar sagte, er werde sich schon darum kümmern. Ich habe erst später erfahren, daß die Leute, die er ausgesucht hatte, alle der gleichen Gruppe angehörten wie er selbst; die Gruppe nannte sich *Socialisme ou Barbarie* (Sozialismus oder Barbarei). Das hatte für den Film einige kritische Konsequenzen. Ich glaube, Sie täuschen sich, wenn Sie behaupten, es sei in dem Film nicht von Kommunismus die Rede. An einer Stelle ist einer der Arbeiter unglücklich, weil er nichts anderes tut, als Zeitungen zu verkaufen. Morin sagt: »Weißt du noch, wie wir als militante Kämpfer in der gleichen Partei waren? Da taten wir wenigstens etwas. Und wo stehen wir jetzt?« Das ist ein Hinweis darauf, daß sie beide in der kommunistischen Partei gewesen waren. Morin und die andern hatten die Partei angewidert verlassen, nachdem sie die Niederschlagung des Volksaufstands in Ungarn gutgeheißen hatte.

Das kommt so deutlich nicht rüber, aber Sie geben zu, daß es jedenfalls dabei nicht um einen ›Stamm‹ der Pariser geht.

Es ist ein Stamm, aber doch ein ganz spezieller [Gelächter].

Vielleicht eine Untergruppe?

Ja, das gefällt mir. Glücklicherweise war es ein Stamm mit Substanz. In der Haltung dieser Menschen kommt schon etwas von dem zum Vorschein, was im Mai 1968 überall in Frankreich explodiert ist.

Es gibt in diesem Zusammenhang einiges, was Dokumentarfilmern, insbesondere Anthropologen, Kopfzerbrechen bereiten dürfte. Wenn jemand ein fremdes Land bereist, und der Führer sagt: ›Ich würde Sie gerne mit einer Gruppe typischer Arbeiter bekanntmachen«

oder: »Ich möchte Ihnen ein wichtiges Ritual zeigen«, woher wissen wir dann, was wir da überhaupt zu sehen bekommen? Sie waren immerhin in Ihrem eigenen Land und haben mit einem Freund zusammengearbeitet, und trotzdem hat er Sie bis zu einem gewissen Grad hereingelegt. Er sagte: »Hier sind ein paar Arbeiter«, und sie erwiesen sich als einer politischen Richtung zugehörig, die sich gerade dadurch auszeichnete, daß sie nicht im geringsten typisch war.

Sie haben vollkommen recht. Vielleicht sollten wir durch Untertitel kenntlich machen, daß mit der ›Partei‹ die kommunistische Partei gemeint ist.

Das dürfte kaum genügen.

Ich würde sagen, einem französischen Publikum war klar, wer sie waren. Diese Gruppe war zwar nicht direkt illegal, aber ihre Mitglieder mußten vorsichtig sein. Damals war der Algerienkrieg das wichtigste politische Ereignis, und diese Leute unterstützten die Revolutionäre. Wir konnten über diese Frage aus Gründen ihrer eigenen Sicherheit und jener der Algerier nicht sprechen. Das französische Publikum jener Zeit hatte keine Schwierigkeiten zu verstehen, wofür die Gesprächsteilnehmer standen. Wenn man den Film heute oder in einem anderen Land zeigt, so tauchen Probleme auf, die damals nicht bestanden.

Lassen Sie uns nun ein wenig über die von Ihnen angewandten Techniken sprechen. Eine der eindrucksvollsten Szenen haben Sie eindeutig als ›Regisseur‹ inszeniert, obwohl die ›Schauspieler‹ nicht wußten, was kommen würde. Wir meinen damit die Szene, wo Sie die afrikanischen Studenten bitten, die Bedeutung der Tätowierung auf Marcelines Handgelenk zu interpretieren.

Das war eine Provokation. Als ich den Film das erste Mal sah, fiel mir auf, daß ich ziemlich grausam gelächelt habe, als ich mich einschaltete. Jenes Lächeln beschämt mich noch heute gelegentlich. Wissen Sie, wir aßen gerade in der Nähe des Musée d'Art zu Mittag, und das Gespräch kam auf Antisemitismus. Sobald das Gespräch darauf kam, wußte ich, daß ich die Frage über die Tätowierung, die Marceline den Nazis verdankte, stellen würde, weil ich wußte, daß die Afrikaner unsere Betroffenheit über den Antisemitismus nicht verstanden. Als ich die Frage vorbrachte, zeigten sich sogleich aufs dramatischste die gegenseitige Fremdheit und die unterschiedlichen Voraussetzungen der Kulturen. Plötzlich fingen die Europäer zu weinen an, und die Afrikaner waren völlig perplex. Sie hatten geglaubt, die Tätowierung sei eine Art von Schmuck. Wir alle waren tief getroffen. Der Kameramann, einer der besten Dokumentaristen überhaupt, war derart verwirrt, daß das Ende der Szene unscharf geworden ist. Ich schlug eine Pause vor, damit sich alle erholen konnten. Handelt es sich nun also um eine ›authentische‹ Szene oder um eine ›gestellte‹? Spielt das überhaupt eine Rolle?

Die lange Szene, in der Marceline ganz allein dahinschlendert und in ein Tonbandgerät spricht, das ihr an den Körper gebunden ist, könnte man als die filmische Version der Bewußtseinsstrom-Technik bezeichnen. Es gibt viele derartige Experimente in dem Film. Woher stammen Ihre Ideen?

In dieser Hinsicht habe ich Morin viel zu verdanken. Von ihm stammt der Vorschlag für den ersten soziologischen Fresko-Film, einen Film ohne konventionelle Stars oder Hauptdarsteller. Er wollte sich so intensiv wie möglich mit anonymen Menschen auseinandersetzen. Ich erklärte ihm, das sei unmöglich. Wenn man anfängt, mit irgendeinem Menschen zu sprechen, und sei es auch ein Polizist, dann ist der Mann nicht mehr einfach Polizist, sondern *ein* Polizist. Daran kommt man nicht vorbei. Während wir also dem Star-System und seinen Implikationen entgegenarbeiten können, ist es unmöglich, Individuen ihre spezifische Menschlichkeit und Persönlichkeit abzusprechen. Darüber haben wir oft diskutiert. Wir haben uns zunächst einmal täglich die Muster angesehen, bevor wir weitergedreht haben. Es gab viele heiße Diskussionen zwischen uns und dem Produzenten Dauman und den Mitwirkenden des Films. Wir hatten so viele Ideen, mit denen wir uns beschäftigen wollten, mehr als wir schließlich in dem Film unterbringen konnten.

Da gab es beispielsweise eine wunderschöne Szenenfolge, in der wir einen Tag mit dem Fabrikarbeiter Angelo verbrachten. Wir konnten nicht in der Fabrik drehen, weil Angelos politische Einstellung wohlbekannt war und sowohl die Firma als auch die Gewerkschaft gegen ihn waren. Die Männer, die bei uns mitmachten, mußten das heimlich tun. Wir drehten nur am Werkstor. Dann fuhren wir mit Angelo in seine Wohnung in einem Arbeiterviertel. Wir filmten ihn zwanzig Minuten lang dabei, wie er ein Bad nahm. Das wäre für sich genommen schon ein guter Kurzfilm gewesen, eine fünfundzwanzig Minuten lange Studie über einen Mann, der von der Arbeit nach Hause kommt und ein heißes Bad nimmt. Aber wir mußten die Szene herausschneiden. Nebenbei bemerkt, seit ich jenen Film gemacht habe, darf ich keine Fabrik mehr mit der Kamera betreten. Ich stehe sowohl bei den Arbeitgebern als auch bei den Gewerkschaften auf der schwarzen Liste.

In der Diskussion im Museum nach der Vorführung Ihres Films haben Sie angedeutet, daß gleichzeitig mit dem Film auch eine neue Kamera entstanden sei.

Oh ja, das war sogar eines der besten Resultate der Dreharbeiten. Wir sprechen hier von den späten fünfziger Jahren, als die Kameras noch schwer und unbeweglich waren. Ich besuchte damals ein Treffen von Filmemachern in Kalifornien, wo ich Michel Brault kennenlernte, der dort seinen Film LES RAQUETTEURS zeigte. Er lud mich ein, ihn auf dem Rückweg in Montréal zu besuchen. Ich nahm die Einladung an und sah bei der Gelegenheit die ersten Filme der jungen Filmemacher aus Québec. Sie benutzten eine neue Art von Weitwinkellinsen. Bis dahin hatte es immer Probleme mit der Schärfe gegeben. Sie hatten auch erstmals die Kamera vom Stativ heruntergenommen und gingen frei damit herum. Mir gefiel das. Die Kameras waren zwar immer noch ziemlich laut, aber wenn man sie in einen Trenchcoat wickelte, ließ sich schon einiges damit anfangen.

Wieder in Frankreich, trat Morin mit seiner Idee für einen Film an mich heran. Ich fing mit einem ausgezeichneten Kameramann zu drehen an, aber als ich wollte, daß er mit der Kamera ›durch die Straßen ging‹, weigerte sich der arme Mann. Das war eine zu große Herausforderung für ihn. Ich sagte dann zu Dauman, unserem Produzenten, daß Michel Brault der einzige sei, der tun könne, was wir verlangten. Welch ein Urteil über das erhabene französische Kino! Einen kompetenten Mann mußten wir extra aus Montréal kommen lassen. Etwa zur gleichen Zeit sprach ich mit Raoul Coutard, dem Vater der Eclair-Cameflex-35 mm-Kamera. Er sagte, es gebe eine neue Kamera, die vielleicht interessant für mich sei. Es handelte sich dabei um einen für das Militär entwickelten Prototyp, der von Satelliten aus zum Einsatz kommen sollte. Das heißt, die Kamera war sehr leicht und zuverlässig. Unglücklicherweise faßte das Magazin nur Filmmaterial für drei Minuten. Ich fragte ihn, ob er ein Modell mit größerer Kapazität bauen könne. Er sagte, er wolle es versuchen. Daher fingen wir an, unseren Film mit einer Kamera zu drehen, die eigentlich noch gar nicht richtig existierte. Wir hatten einen Vertrag mit dem Hersteller, daß er für eventuelle Kratzer auf dem Film nicht haftbar sei, aber Coutard erklärte sich bereit, jeden Abend persönlich die Kamera zu reparieren. Nach Drehschluß brachten Edgar und ich sie jeweils zu ihm und erklärten ihm, welche Probleme wir gehabt hatten und was man daran noch verbessern könne. Die Entstehung der Kamera vollzog sich parallel zur Entstehung des Films. Das Ergebnis machte mich überglücklich. Es war in doppelter Hinsicht wundervoll, weil ich ständig vor diesen Leuten stand, die immer so ernst waren, und ich war froh, die Geburt der Kamera zu erleben. Das war eines meiner Probleme mit ihnen, speziell mit Morin: sie sahen einfach nicht die Freude, die man am Leben haben kann.

Eines wird ganz klar, wenn man an drei aufeinanderfolgenden Abenden eine ganze Reihe Ihrer Filme gesehen hat. Die CHRONIQUE *unterscheidet sich erheblich von den anderen Filmen. Ganz allgemein sieht man in ihren Afrikafilmen Totaleinstellungen von Menschen, die ein Ritual ausüben oder irgendeinen Ritus, der nicht-rationalistische Werte zum Inhalt hat. In der* CHRONIQUE *reden die darin mitwirkenden Personen hauptsächlich – und zwar über komplexe philosophische und psychologische Zusammenhänge. Das Geschehen spielt sich meistens in Häusern ab, und es gibt darin viele Nahaufnahmen.*

Zum Teil lag das an der Kamera. Als wir mit dem Film anfingen, war die Kamera noch auf das Stativ montiert. Ich hatte das Gefühl, daß die Wirkung zu statisch sei, deshalb bewegte ich die Kamera hin und wieder, wenn die Mitwirkenden etwas sagten. Wie sie aussahen und was sie mit ihren Händen anfingen, erschien mir wichtig, deshalb machte ich Naheinstellungen. Nach einiger Zeit nahmen wir die Kamera vom Stativ und drehten im Freien. Am Ende des Films gibt es wiederum keine Naheinstellungen. Selbst als wir den darin Mitwirkenden die bis dahin fertiggestellten Teile des Films vorführten und sie dabei filmten, haben wir keine Nahaufnahmen von Marilou, Marceline oder einem der anderen gemacht. Ich akzeptiere allerdings schon die in Ihrer Frage enthaltene Kritik. Sie müssen jedoch bedenken, ich kannte diese Leute nicht persönlich, und sie sprachen vor mir über sehr persönliche Probleme. Das hat mich ein wenig verlegen gemacht. Die erste Marilou-Szene haben wir gedreht, gleich nachdem ich sie das erste Mal gesehen habe. In der zweiten waren wir nach dem Abendessen allein in Marcelines Wohnung. Sie sprach so nervös, daß ich irgendwie reagieren mußte. Deshalb habe ich die Großaufnahmen gemacht, um irgendeinen Zugang zu gewinnen. Die Situation hat mich sehr verwirrt. Sie haben recht. Solche Nahaufnahmen habe ich in anderen Filmen nie gemacht, aber das gilt auch für andere Filme über Frankreich.

Uns ist aufgefallen, daß Ihr Film über Frankreich die Betonung darauf legt, wie der Europäer denkt, *während Sie in Ihren Afrikafilmen zeigen, wie der Afrikaner sich* verhält.

Aus Chronique d'un Été.

Das ist eine interessante Feststellung, und ich muß sagen, daß mir noch nie jemand diese Frage gestellt hat. Normalerweise sehe ich nicht so viele Filme hintereinander. Wie ich schon gesagt habe, andere Filme, die ich in Frankreich gemacht habe, enthalten nicht so viele Naheinstellungen. Aber abgesehen davon haben wir am Anfang irgendwelche Leute aus hundert Metern Entfernung aufgenommen, und sie wußten gar nicht, daß wir sie filmten. Sie glaubten, wir seien eine Gruppe von Leuten mit einer Kamera. Das mißfiel mir sehr. Wir wollten zwar spontane Dinge filmen, aber das hier war beinahe wie die Arbeit mit einer versteckten Kamera und deshalb irgendwie anrüchig. Unsere Vorsicht lag darin begründet, daß Angelo und seine Freunde so viele Feinde hatten und daß wir die in unserem Film Mitwirkenden irgendwie schützen mußten. Vielleicht waren die Naheinstellungen eine Art Rückwirkung davon.

Das liefert aber immer noch keine Erklärung dafür, warum in den Afrikafilmen nie jemand direkt mit Ihnen spricht. Ist das wissenschaftlich vertretbar angesichts der großen Bedeutung der mündlichen Tradition für die afrikanische Kultur? Was man in den Filmen sieht, ist eine Art von Hommage an das Primitive, das Vergangene und Exotische. Sind Afrikaner sprachlich gesehen weniger ausdrucksfähig als Europäer? Gibt es nicht eine moderne afrikanische Gesellschaft mit Elementen, die genauso kreativ sind, wie jene Gruppe, die sich »Sozialismus oder Barbarei« nannte?

Sie stellen gute Fragen. Die Antworten liegen auf verschiedenen Ebenen. Eine unmittelbare Antwort lautet, daß ich beschlossen habe, keine politischen Filme über das Afrika der Nach-Unabhängigkeitszeit zu machen. Schließlich bin ich ein Fremder in diesen Ländern. Ich halte es für imperialistisch, unsere politischen Werte auf Afrika zu projizieren. Solche Filme müssen von Afrikanern gemacht werden. Ich war gelegentlich in Versuchung, mit meinen Grundsätzen zu brechen. Ich hatte gute Beziehungen zu Kwame Nkrumah und fing an, einen Film über ihn zu drehen. In Jaguar können Sie einen Teil des Staatsstreichs sehen. Nach dem Putsch wurde alles, was an Nkrumah erinnerte, zerstört. Ich hatte die Idee, einen Film über seine Zeit im Exil zu machen. Nach drei Monaten sah ich ein, daß das falsch für ihn wäre. Es wäre unmöglich gewesen, einen solchen Film ausgerechnet in dem Land zu zeigen, wo es am notwendigsten gewesen wäre. Und wer war ich schon, einen solchen Film zu machen? Das wäre für ihn wie für sie nur beschämend gewesen.

Und was ist mit dem Dialog in den frühen Filmen vor der Unabhängigkeit der afrikanischen Länder?

Damals ging es technisch noch nicht. Als wir Chronique d'un Eté gemacht haben, war schon drei Jahre früher mit Ghana der erste unabhängige Staat entstanden. Ich verstehe, worauf Sie hinauswollen, aber die Arbeit in Afrika ist mit schlimmen Problemen verbunden. Wenn man einen Film über die politischen Regime in Afrika drehen würde, so wäre das eine Chronik der Katastrophen. Für einen Europäer ist es peinlich, einen solchen Film zu machen. Ich glaube auch nicht, daß das an meiner Feigheit liegt, obwohl manche Leute mir mangelnden Mut vorgeworfen haben. Ich weiß es nicht. Ich zensiere mich ständig. In Monsieur Poulet gab es eine Szene, in der einige Polizisten den Bestechungspreis von zwei auf drei Hühner hochtrieben. Als wir die Muster sahen, beschlossen wir, die Szene herauszunehmen, obwohl sie das Geschehen ehrlich und akkurat wiedergab. Wie man sich mit solcher Korruption auseinandersetzt, ist ein wirkliches Dilemma für Leute, die in Afrika Filme machen, selbst für afrikanische Filmemacher.

Lassen Sie uns die Frage noch einmal aus einem anderen Blickwinkel behandeln. Was halten Sie vom Kommentar, und zwar besonders in strikt anthropologischen Filmen? Ihre Kommentare in L'enterrement Du Hogon und in Les Maitres Fous haben uns sehr viel Aufschluß über Ihre Ziele und die Thematik der Filme gegeben. Als wir uns die Filme vorher angesehen hatten, gaben uns viele der Bilder Rätsel auf. Wir befanden uns in der Position jener Afrikaner, die keinerlei Verständnis für die in der Tätowierung auf Marcelines Handgelenk zum Ausdruck kommende Qual hatten.

Aber die Alternative ist so langweilig – wenn man zum Beispiel sagt: »In dem Dorf so-und-so blah, blah, blah . . . ereignete sich . . .« Mein Ideal wäre ein Film, den jeder auch ohne Kommentar verstehen könnte. Die Sprache ist wirklich ein Problem. Wir können nicht einmal genau übersetzen, was die Menschen in einer anderen Sprache sagen. Im übrigen achte ich zunehmend auf die Reaktion der Leute. Wenn man den darin Mitwirkenden später den fertigen Film zeigt, sind sie über lange Kommentierungen verärgert. Trotzdem habe ich Verständnis für Ihre Frage. Es ist fast so, als seien die Filme noch nicht fertig. Irgend etwas muß noch mit ihnen geschehen. Ich habe einen neuen Film über das Trommeln gemacht, wo ich eine andere Art der Kommentierung eingeführt habe. Ich gebe dabei nur meine unmittelbare Reaktion auf das wieder, was ich filme.

Uns ist aber noch immer nicht klar, ob Sie einen Kommentar grundsätzlich für gut oder für schlecht halten.

Mein Traum ist es, in einem Film das zu erzählen, was sich direkt ohne Kommentar verstehen läßt, alles, was einer Erklärung bedarf, mit filmischen Mitteln zu erzählen. Aber ich stehe da vor einem anscheinend unlösbaren Problem. Wenn die Leute etwas sagen, braucht man eine Übersetzung. Für einen meiner Filme habe ich eine sehr genaue Übersetzung gemacht, die ich auf der Tonspur, unmittelbar nachdem die Leute jeweils gesprochen hatten, eingeblendet habe. Ich habe dabei versucht, die Übersetzung genauso zu sprechen, wie die Leute wirklich sprechen. Das kommt einer Simultanübersetzung so nahe, wie es nur möglich ist. Vielleicht wäre Stereoton eine bessere Lösung. Auf dem einen Kanal könnte man die Originalsprache abspielen und auf dem anderen die Übersetzung.

Eine andere Teillösung hat uns einiges Kopfzerbrechen bereitet. Kurz vor dem Ende von Les Maitres Fous *sagen Sie in einem Kommentar, daß das dort gezeigte Ritual den Menschen hilft, gute Arbeiter zu sein und den Kolonialismus mit Würde zu ertragen, daß es ihnen seelische Erleichterung verschafft. Sicher richtete sich diese Aussage an die Zuschauer, die beim Anblick von Leuten, die Hundeblut trinken, gewiß erschrecken würden. Sie wollten auf die positiven seelischen Wirkungen für die betroffenen Menschen verweisen. Unsere Reaktion jedoch war, daß man die Menschen eben n i c h t dahingehend anpassen sollte, daß sie den Kolonialismus ertragen. Ist es nicht viel besser, wenn die am Arbeitsplatz aufgestaute Wut explodiert, als wenn sie in einem harmlosen religiösen Ritual abgelassen wird? Wäre es nicht besser, wenn es ›schlechte‹ Arbeiter gäbe, die ›versehentlich‹ ihr Werkzeug kaputtmachen und ›faul‹ wären?*

Ganz richtig. Ich identifiziere mich nicht mehr mit dem Schluß dieses Films. Ursprünglich war diese Kommentierung ein spontaner Einfall. Ich wollte erklären, daß dieses Ritual für die betroffenen Menschen eine Methode sei, in der normalen Gesellschaft weniger Schmerz zu empfinden. Ich wollte deutlich machen, daß sie nicht geistesgestört sind. Ein wichtiger Punkt, den ich allerdings nicht klar genug herausgearbeitet habe, war, daß eine solche ›Therapie‹ für Afrikaner keine individuelle Behandlung ist wie in der Psychoanalyse und in den meisten westlichen Therapien. Die von uns gefilmte Therapie war ein in hellem Sonnenschein stattfindendes öffentliches Ritual. Diese Betrachtungsweise sollten wir uns im Westen ebenfalls dringend zu eigen machen. Aber an dem Kommentar kann ich jetzt wohl kaum noch rütteln. Der Film existiert schließlich in dieser Form schon seit über zwanzig Jahren.

Wir sind zu der Schlußfolgerung gelangt, daß Ihr Werk für die Entwicklung des Kinos wichtiger ist als für die Anthropologie. In jedem Ihrer Filme experimentieren Sie mit etwas Neuem. Meistens gibt es wie in La Chasse Au Lion A L'arc *eine dem Geschehen übergestülpte dramatische Struktur. Das Geschehen steuert im traditionellen Sinn auf einen Höhepunkt zu. Das ist wirkungsvolles Kino, aber liefert es auch eine genaue Beschreibung des in dem Film gezeigten Stammes? Geht da nicht um des dramatischen Effektes willen eine ganze Menge verloren?*

In diesem Punkt stimme ich mit Ihnen ganz und gar nicht überein. Gute Anthropologie darf man nicht mit einer langwierigen Beschreibung aller Einzelheiten gleichsetzen, sondern sie ist vielmehr ein genaues Eingehen auf eine Technik oder ein Ritual. Rituale sind ihrem Wesen nach dramatische Ereignisse. Sie sind Schöpfungen der Menschen, und die verlangen, daß dabei etwas Interessantes und Aufregendes passiert. Aus LA CHASSE AU LION A L'ARC habe ich zwanzig Minuten herausgeschnitten. Jene Szenen behandelten solche Fragen wie die Aufstellung der Falle, warum sie Fallen benutzen und warum sie überhaupt jagen. Aber solche Dinge kann man auch schriftlich sehr gut erklären. Was man schriftlich nicht festhalten kann, ist das Drama des Rituals. Schreiben kann diese Wirkung nicht haben. Das ist der springende Punkt visueller Anthropologie.

AUS LA CHASSE AU LION À L'ARC.

Und was ist mit verzerrenden Darstellungen. Ihre Filme beschäftigen sich beispielsweise überhaupt nicht mit der Rolle der Frau.

Um über afrikanische Frauen Filme zu machen, muß man eine Frau sein. Ein Mann ist aus der Gesellschaft der Frauen ausgeschlossen. Er hat dazu einfach keinen Zutritt. Es ist verboten. Wenn eine Jagd bevorsteht, dürfen die Männer nicht mal mit ihren eigenen Frauen Geschlechtsverkehr haben. Ich kann nur Teil der Männergesellschaft sein und deshalb behandle ich diese Gesellschaft auch in meinen Filmen. Es gibt viele Dinge, die mit den Frauen zu tun haben, die ich niemals zeigen könnte.

Wenn es Ihnen möglich war, in LES MAITRES FOUS sogar richtige Kolonialbeamte zu zeigen, warum können Sie dann nicht ähnliche Techniken entwickeln, um über Frauen zu sprechen?

Das ist leichter gesagt als getan. Wenn ich zeige, daß das Wasser von den bösen Frauen aus dem Brunnen geschöpft worden ist, wie hätte ich da visuell eingreifen sollen? Oder wenn wir sagen, daß das Gift der Frauen stärker ist als das der Männer, würde eine noch ausführlichere Exposition alles nur verkomplizieren, weil das ja nicht das eigentliche Thema des Films ist. Sie müssen wissen, daß es wundervolle Zeremonien der Frauen gibt, bei denen Männer nicht zusehen dürfen. Ganz sicher würden sie nicht einmal eine Frau einen Film darüber machen lassen, wenn sie wüßten, daß später irgendwelche Männer den Film sehen könnten. Ich kenne da eine sehr alte Frau, die mir bestimmte Dinge erzählt, aber sie genießt wegen ihres hohen Alters gewisse Privilegien. Wegen solcher Vorschriften habe ich eine Menge Probleme mit meinen Studenten! Ich muß den Frauen immer wieder erklären, daß sie während der Menstruation sich an bestimmten Orten nicht aufhalten dürfen. Es gibt sogar ganze Dörfer, von denen sie sich während dieser Zeit fernhalten müssen. Welch ein Dilemma für eine Europäerin, die in Afrika arbeiten möchte.

Da wir darüber gesprochen haben, wie verschieden die Menschen häufig die gleichen Bilder interpretieren, bietet es sich an dieser Stelle vielleicht an, einmal über den Einfluß Ihrer Arbeit auf andere zu sprechen. Den meisten Leuten in den USA ist beispielsweise nicht bekannt, daß Jean Genet von LES MAITRES FOUS tief beeindruckt war.

Jetzt bringen Sie mich auf eine andere Weise in Verlegenheit, aber Genets *Les Noirs* war unmittelbar von LES MAITRES FOUS beeinflußt. Die Grundidee seines Stückes war, daß die Schwarzen – genau wie in dem Ritual – die Herren spielen. Schließlich liegen in der Besessenheit, in der Idee der Katharsis, die Anfänge des Theaters überhaupt. Genet griff die Idee der Farce und der vertauschten Identität auf. Das entsprach zwar nicht genau den Intentionen des Rituals, aber Genet verarbeitete das Material in der ihm angemessen erscheinenden Weise.

Was denken sich Afrikaner dabei, wenn sie an dem Ritual teilnehmen?

Sie bestehen darauf, daß es sich bei dem Ritual weder um eine Farce noch um einen Racheakt handelt. Ich glaube, das ist richtig, jedenfalls auf der bewußten Ebene. Die Geschichte des Kults ist sehr kompliziert. Er geht auf Afrikaner zurück, die Mekka besucht hatten. Der gesamte Ritus, das Schäumen vor dem Mund, die Opferung des Hundes und das ganze Geschrei gelten als Aktivitäten der Geister, von denen die Mitwirkenden besessen sind. Dabei handelt es sich um mächtige neue Götter, die man ganz gewiß nicht durch Spott gegen sich aufbringen will. Schon bald nach der Entstehung des Kults betrachteten die islamischen Priester seine Anhänger als Ketzer und verfolgten sie. Die französische Kolonialverwaltung unterstützte diese Unterdrückung, weil sie das Wiederaufleben starker animistischer Glaubenshaltungen nicht gerne sah, weil daraus leicht eine politische Bewegung entstehen konnte. Deshalb war der Kult praktisch von Anfang an verboten. Viele seiner ursprünglichen Anhänger, allesamt Hauka, wurden Wanderarbeiter und mußten ihre Heimat verlassen. Überall wurden sie mit einem Bann belegt, und wie es so üblich ist, gedieh der Kult um so besser, je mehr er unterdrückt wurde. Der erste Kompromiß bestand darin, den Kult nur noch einmal in der Woche, am Sonntag, an einem speziellen Ort auszuüben. Später erlebte der Kult dann einen Niedergang und wurde nur noch ein- bis zweimal jährlich praktiziert. Die Hauka-Bewegung brach verschiedene Tabus, ob die Kultanhänger nun einen Hund aßen oder ob sie in ihrem Verhalten die weißen Kolonialisten imitierten. Ihre Haltung war Buñuels Einstellung zur Kirche vergleichbar. Man kann kein Sakrileg begehen, wenn man die Gegenseite nicht ernst nimmt. Was die Hauka taten, war sehr kreativ und implizit auch revolutionär, genau wie es die Autoritäten befürchtet hatten.

Ich habe Genet nur zweimal getroffen, aber ich kannte die Schauspieler, die sein Stück aufgeführt haben, und mit ihnen habe ich auch ziemlich viel über den Film diskutiert. Genet war ein Ex-Häftling, daher kannte er sich auch mit Systemen innerhalb von Systemen aus und wußte, wie man Widerstand leistet. Ich glaube, der Film hat ihm eine Möglichkeit gezeigt, wie er mit einigen seiner widersprüchlichen Gefühle fertig werden könne. Unser Film zeigt den Kult kurz vor seinem Verschwinden. Nach der Unabhängigkeit gab es keine Kolonialmacht und folglich auch kein Modell mehr. Aber an ihrem Ritual ist irgendetwas Außergewöhnliches. Alle möglichen Gruppierungen haben sie und mich wegen des Films angegriffen – die Kolonialisten, weil ihnen das Porträt nicht paßt, die afrikanischen Revolutionäre, weil ihnen das Archaische des Rituals nicht paßt, und die Tierschutzverbände, weil sie etwas gegen die rituelle Tötung des Hundes haben und so weiter und so weiter.

Peter Brook hat sich ebenfalls sehr intensiv mit dem Film auseinandergesetzt.

Er hat völlig anders reagiert als Genet. Er hat den Film während der Proben zu *Marat/Sade* gesehen und seine Schauspieler gebeten, sich den Film anzusehen und ihn sich für ihre jeweiligen Rollen zum Vorbild zu nehmen. Später haben wir uns dann häufig unterhalten, und er ist mit mir nach Afrika gefahren. Er versuchte, eine neue Art von Theater ohne einen verständlichen Text zu schaffen. Er war von den Hauka fasziniert, weil sie eine künstliche Sprache erfunden hatten, teils Pidgin-Englisch, teils gebrochenes Französisch, teils was weiß ich. Trotzdem verstanden die Menschen die Sprache. Ich habe die Prophezeiung aufgestellt, daß noch vor Ende dieses Jahrhunderts sich unter den Schwarzen in den Vereinigten Staaten eine ähnliche Sprache ausbreiten wird. Peter Brooks Ziele waren nicht politisch, ihn interessierte vor allem das Theater. Sein Stück beschäftigte sich mit einer revolutionären Periode, in der die Macht vom Thema her dazugehörte. Er wollte, daß die Schauspieler agierten, als ob sie besessen seien, obwohl sie es nicht waren. Ein Freund hat mir mal gesagt, daß die Sache schiefgeht, wenn man auf der Bühne innerlich bewegt ist. Man muß spielen, um innerlich bewegt zu werden; während man seine Rolle spielt, darf man jedoch nicht innerlich betroffen sein. Man muß an die Rollen glauben, die man spielt. Bei den Hauka handelt es sich jedoch nicht um Schauspieler. Solange sie im Zustand der Besessenheit sind, glauben sie, daß sie die Geister *sind*. Ich habe zu Brook gesagt, daß Schauspieler, die allzu erfolgreich ihre Identität aufgeben, möglicherweise wirklich besessen werden. Was würde er dann tun? Er war weder Arzt noch Priester. Ich war der Ansicht, daß er mit dem Feuer spielte.

Was wir abschließend noch erwähnen sollten, ist, daß die Hauka nicht mehr in Ghana leben. Man hat sie vertrieben, als man sie nicht mehr als Arbeiter brauchte. Sie sind nach Niger zurückgekehrt und haben in den dortigen Dörfern eine ganz spezifische Funktion. Weil es inzwischen keine Kolonialmacht mehr gibt, haben sie kein Modell mehr und wenden sich wieder traditionellen Kulturen mit islamischem Einschlag zu. Sie und der Film, den ich über sie gemacht habe, waren trotzdem von großer Bedeutung. Die Reaktion auf den Film war einer der Anstöße für meine Idee, afrikanische Anthropologen nach Frankreich einzuladen, damit sie dort Filme über unsere Stämme und Rituale machen.

Sie waren einer Reihe von Afrikanern dabei behilflich, Filmemacher zu werden. Könnten Sie uns ein bißchen über diese Leute erzählen?

Also, da ist zum Beispiel Oumarou Ganda, die Hauptfigur des Filmes Moi, Un Noir. Er hat für den Film eine eigene Art von Kommentierung entwickelt, die auf drei Ebenen funktioniert. Die erste beschreibt, was der Zuschauer sieht, die zweite ist eine Art Dialog, die dritte besteht aus Feststellungen zu seinem eigenen Befinden. Er hat dann in der Folge eigene Filme gemacht. Ein weiterer Afrikaner, mit dem ich gearbeitet habe, ist Mustapha Alassane, der eine Art Renaissance-Typ ist. Ich glaube, einige seiner Filme sind auch in den Vereinigten Staaten erhältlich.

Wir haben schon weiter oben angedeutet, daß Ihre Filme unserer Meinung nach filmästhetisch gesehen sehr interessant sind, wir jedoch an ihre anthropologisch-wissenschaftlichen Werte einige Zweifel hegen. Dabei steht für uns die Frage im Vordergrund, was ein anthropologischer Film leisten kann und was nicht. Speichert er nur Rohdaten oder interpretiert er sie auch? Die Arbeit an einem Film ist immer auch ein Selektionsvorgang und bewußtes Eingreifen an bestimmten Punkten. Das muß doch mit dem Versuch, anthropologische Fakten zu präsentieren, kollidieren.

Die meisten Leute weigern sich anzuerkennen, daß *jede* Anthropologie zerstören

Jean Rouch filmt.

muß, was sie erforscht. Selbst wenn man aus großer Entfernung eine stillende Mutter filmt, so stört man sie und ihr Kind dennoch, auch wenn man es nicht glaubt. Das grundlegende Problem jeglicher Sozialwissenschaft ist es, daß die Fakten durch die Gegenwart des fragenden Wissenschaftlers immer entstellt werden. Man entstellt die Antwort schon allein dadurch, daß man fragt.

Wenn schon die bloße Gegenwart eines Beobachters eine solche Entstellung bewirkt, so muß doch die Gegenwart einer Kamera diese Verzerrung noch potenzieren?

Ganz eindeutig! Aber ich glaube, diese neue Verzerrung kann auch positiv sein. Lassen Sie mich einen Vergleich anstellen zwischen klassischer und visueller Anthropologie. Da kommt im ersten Fall ein Wissenschaftler von einer angesehenen Universität daher und reist in eine abgelegene Weltgegend, wo die Menschen gewöhnlich noch keine Schriftsprache besitzen. Durch seine Forschungen behindert dieser Mann nur die Routine der Menschen, bei denen er sich aufhält, und stört ihr normales Leben. Wenn er seine Forschungen abgeschlossen hat, geht der Anthropologe an seine Universität zurück, veröffentlicht seine Ergebnisse und gewinnt möglicherweise wissenschaftliche Anerkennung. Und was haben die ›Objekte‹ seiner Studien von alledem? Gar nichts. Sie bekommen nichts zurück für die Unannehmlichkeiten, die sie auf sich genommen haben. Sie werden auch niemals die Veröffentlichung jenes Mannes lesen. Wenn man jedoch einen Film macht, kann das Ganze wesentlich fruchtbarer sein. Einen Film kann man auch den darin Mitwirkenden zeigen. Dann können sie darüber diskutieren und haben Zugang zu dem, was mit ihnen geschehen ist. Sie können sich selbst dann noch mit dem in dem Film Gezeigten auseinandersetzen, wenn der Film völlig mißlungen ist, weil es die Stimulation jenes Gesamtbildes gibt, das der Filmemacher von ihnen entwirft und das sie sich aus einer gewissen Distanz dort oben auf der Leinwand ansehen können. Eine solche Art der ›Entstellung‹ von Fakten ändert alles. Im ersten Beispiel lohnt sich das Ganze vielleicht für den einzelnen Forscher und im abstrakten Sinne vielleicht auch noch für die Wissenschaft. Im zweiten ist all das auch gegeben, und die betroffenen Menschen können zugleich auch noch von der Arbeit profitieren.

Es gibt da in diesem Zusammenhang noch ein anderes Problem, das für Ihre Leser wahrscheinlich besonders interessant ist. Vor sechs oder sieben Jahren habe ich einmal an einer von Afrikanisten der *American Anthropological Association* ausgerichteten Tagung in Montréal teilgenommen. Die Versammlung wurde von einigen Leuten unterbrochen, die mit der Black Panther Party sympathisierten. Sie behaupteten, wir seien die neuen Sklavenhändler. Sie sagten, daß man als Anthropologe durch die Erforschung eines beliebigen Stammes zum Experten werde und als Konsequenz davon Anerkennung genieße und Lehraufträge und Verträge über Buch- und Zeitschriftenveröffentlichungen an Land ziehen könne, die einem lebenslänglich ein gutes Auskommen sicherten. Sie argumentierten weiter, daß viele Anthropologen der Feldforschung nur wenige Jahre widmeten. Ein amerikanischer Schwarzer hielt dem entgegen, daß er unter eine andere Kategorie falle, weil er gerade eine Untersuchung über Arbeiter anstelle. Er erhielt darauf die Erwiderung, seine Arbeit sei vielleicht sogar noch schädlicher. Das Argument dafür lautete, daß Geschäftsleute und Regierungen von seinen Ergebnissen am meisten profitierten, weil die Ausbeuter seine Daten nur dazu benutzen würden, um weiterhin die Arbeiten zu unterdrücken. Ich stimme dieser Argumentation in einer Hinsicht zu, aber die Lösung des Problems ist nicht ganz so einfach, wie jene Leute uns glauben machen wollten. Sollen wir etwa jegliche Forschung einstellen, nur weil wir die Verwertung unserer Ergebnisse nicht kontrollieren können?

Dann gibt es noch eine andere Spielart der Ausbeutung. Vor ungefähr zehn Jahren hat ein Musikwissenschaftler ein wunderschönes Lied der Watusi aufgenommen. Es wurde von einem kleinen Verlag für wissenschaftliche Platten herausgebracht. Irgendwann hörten die Rolling Stones die Melodie. Sie gefiel ihnen so sehr, daß sie daraus eine Platte machten und viel Geld damit verdienten. Natürlich haben die Watusi niemals auch nur einen Pfennig daran verdient. Der Musikwissenschaftler hatte die ursprüngliche Aufnahme in bester Absicht gemacht, und die Stones fanden offensichtlich Gefallen an der Musik, und trotzdem wurden die Watusi ausgenommen. Wenn man eine mündliche Tradition mit dem Tonband aufzeichnet, gibt es kein Copyright und häufig auch keinen benennbaren Schöpfer der Musik. Das gleiche gilt für Geschichten. Wenn man einen anthropologischen Film macht, taucht dieses Problem ebenfalls auf. Die Leute gestatten uns, einen Film über sie zu machen, aber sobald der Film fertig ist, geht er in den Westen, und die betroffenen Menschen haben keinerlei Kontrolle mehr darüber, was mit den Bildern von ihrem Leben alles angestellt wird. Häufig haben die Leute, die solche Fime machen, finanzielle Unterstützung erhalten, oder sie können sich beruflich profilieren. Die Frage ist, ob man den in solchen Filmen mitwirkenden Menschen ebenfalls Geld geben sollte? Oder wäre das nur wieder eine neue Beleidigung?

Sie gehen das Problem wiederum wie ein Künstler an, wenn Sie die Frage nach dem Urheberrecht stellen.

Na ja, immerhin hat mich dies Problem auch schon ziemlich lange beschäftigt. Bei MOI, UN NOIR habe ich darauf bestanden, daß sechzig Prozent der Einnahmen den Schauspielern zufließen, weil sie ja auch das Drehbuch geschrieben haben. Sie haben in dem Film die ganze Arbeit gemacht. Aber selbst wenn der Vertrag eingehalten wird, haben wir damit zur Verbreitung der Vorstellung beigetragen, daß Kultur käuflich beziehungsweise verkäuflich ist, eine Idee, die den Afrikanern an sich völlig fremd ist. Sie wird auf lange Sicht zu einem zunehmend wichtigeren ›Entstellungs‹-Faktor werden. Das scheint jedoch niemanden zu interessieren. Stellen Sie sich einmal die folgende Möglichkeit vor: wir machen heute einen Film in einer ›rückständigen‹ Weltgegend. In zehn Jahren sehen die Bewohner dieser Gegend den Film vielleicht im Fernsehen, vielleicht via Satellit. Höchst wahrscheinlich werden sie dann immer noch arm sein. Was haben sie nun von der ganzen Sache gehabt? Und jetzt schaffen die afrikanischen Nationalregierungen noch eine zusätzliche Begriffsverwirrung. Sie sagen, daß ein Film, der innerhalb ihrer Grenzen gemacht wird, ihre ›National‹-Kultur zum Gegenstand hat. Das ist wirklich absurd, weil ein Stamm durchaus dreigeteilt sein kann, wobei seine Mitglieder zu Bürgern von drei verschiedenen Staaten werden. Die Menschen, die wir in dem

Film über die Löwenjagd gezeigt haben, waren Bürger der Staaten Obervolta, Mali und Niger. Die Studenten an den verschiedenen nationalen Universitäten betrachten die Kultur der Stämme in ihrem jeweiligen Land als Teil ihrer ›National‹-Kultur. Ich glaube, daß an solchen Universitäten ausgebildete afrikanische Anthropologen sich letztlich als noch destruktiver erweisen werden als die Europäer.

Eine Lösungsmöglichkeit, die ich sehe, besteht darin, die Menschen, mit denen man arbeitet, selbst zu Filmemachern auszubilden. Das ist gewiß nicht die letzte Antwort, aber immerhin haben diese Menschen etwas davon und sind nicht nur die Gebenden. Das würde bedeuten, daß Anthropologen nicht nur als Filmemacher ausgebildet sein müssen, sondern auch darin, wie man dieses Wissen weitervermittelt. Natürlich dürfen wir davon keine Wunder erwarten. Ein afrikanischer Student hat mich mal gefragt, ob man mit Filmen viel Geld machen könne. Ich habe ihm gesagt, ich könne jemandem zwar beibringen, wie man einen Schreibstift hält, das bedeute jedoch noch lange nicht, daß jeder, der schreiben kann, deshalb schon Victor Hugo sei.

Diese Frage der Urheberrechte hat in vielen Diskussionen über das cinéma vérité *in den Vereinigten Staaten eine wichtige Rolle gespielt. So macht zum Beispiel Fred Wiseman einen Film über Sozialhilfeempfänger und kommt im Fernsehen damit groß raus. Und was ist mit den verzweifelten Menschen, die er gefilmt hat? Für sie bleibt alles beim alten, nur daß sie wieder einmal einem Dokumentaristen zu einer erfolgreichen Karriere verholfen haben.*

Das ist genau das Problem. Lassen Sie mich noch einmal auf die CHRONIQUE D'UN ETÉ zurückkommen. Genau dieses Problem habe ich damals Dauman vorgetragen. Er hat es nach Art eines Geschäftsmannes gelöst und zwar nicht schlecht. Marceline bekam beispielsweise sechs Monate lang ein Gehalt und hatte damit ihren ersten Job beim Film. Ihre Geschichte hatte ein wirkliches Happy-End. Sie blieb beim Film, heiratete Joris Ivens und hat seither Filme in Kuba und Vietnam gemacht. Angelo konnte gerade wegen des Films keine Arbeit mehr finden, und Dauman half ihm dabei, einen Laden zu kaufen, weil er sich dafür verantwortlich fühlte. Solche Sachen haben wir damals immerhin getan. Nächstes Jahr wird der Film achtzehn Jahre alt, und die meisten der darin Mitwirkenden haben in der Folge von ihrer Mitwirkung profitiert.

Würden Sie uns ein wenig über den Film erzählen, der hier im Museum seine amerikanische Premiere gehabt hat – COCORICO! MONSIEUR POULET?

Der Film handelt von gesellschaftlichen ›Randfiguren‹ in Afrika. Ich bin zu der Überzeugung gelangt, daß gesellschaftliche Veränderungen in erster Linie auf jene wenigen Menschen zurückzuführen sind, die am Rande der Gesellschaft leben. Ich halte sie für eine Art von populistischer Avantgarde. Sie müssen einen Weg finden, auf der einen Seite zu überleben, ohne andererseits jedoch in die Fallstricke des Systems zu geraten. Sie sind ›Randfiguren‹. Der Film erzählt die Geschichte von drei Männern, die mit ihrem Auto aufs Land hinausfahren, um Hühnchen für den Verkauf in einer großen Stadt einzukaufen. Die drei in dem Film mitwirkenden Männer haben mir auch bei der Abfassung des Drehbuchs geholfen. Das Auto in dem Film gehört Lam, der Hauptfigur. Er kauft in einem Umkreis von fünfzig Meilen von der Stadt Hühnchen, Fisch und Hirse ein. Der Wagen hatte kein

Kennzeichen, keine Bremsen und kein Licht. Ich fand es sehr interessant, den Alltag einer solchen Randökonomie zu zeigen.

Die Hühnchen, die er in dem Film einkauft, stammen aus einer verseuchten Gegend. Heißen Sie diese Art von Rand-Ökonomie etwa gut?

Das mit der Verseuchung stimmt nicht. Das Problem hatte zwei Jahre früher bestanden, als es dort eine Epidemie gegeben hatte. Das Gebiet war damals etwa einen Monat lang verseucht gewesen. Das Schild in dem Film haben wir selbst gemacht. Wir haben es am Schluß nur so zum Spaß gezeigt.

Für all diejenigen unter uns, die mit der Situation nicht vertraut waren, ergab sich daraus ein wirkliches Problem. Was wir zu sehen bekommen, bestätigt sämtliche gängigen Vorurteile über Afrika. Die Frauen murmeln Zauberformeln. Die Polizei ist unfähig. Die Kaufleute fahren mit einem Auto herum, das von Spucke und Leim zusammengehalten scheint. Die Leute handeln mit verseuchten Hühnchen. Ihre Idee, die ›Hippies‹ Afrikas zu zeigen, wird in dem Film nicht recht deutlich.

Vielleicht ist das Ihr eigenes westliches Vorurteil.

Das mag sein, aber COCORICO *wird als fiktionaler Film präsentiert und nicht als Anthropologie. Uns allen ist klar, daß Afrika sich im Umbruch befindet, und in diesem fiktionalen Werk passiert überhaupt nichts Positives, weder konkret noch auf der Bewußtseinsebene.*

Aus meiner Sicht ist es ein absolut positiver Film. Die Afrikaner kennen es nun schon sehr lange, daß einheimische und internationale Experten zu ihnen kommen und ihnen erzählen, ihr Familienleben sei nicht in Ordnung und daß sie nicht effizient genug arbeiten. Lam und die anderen hatten schon ziemlich viele Leute dieser Art kommen und gehen sehen. Sie wußten, daß die meisten dieser Experten die Bauern niemals fragen, warum sie eine spezielle Technik anwenden. Ich sehe nicht, wie man Veränderungen herbeiführen kann, wenn man nicht einmal die Gewohnheiten dieser Menschen kennt. Ich glaube, es gibt ein Vorurteil gegenüber der eingeborenen afrikanischen Kultur. Man muß fast den Eindruck haben, daß dort noch nie ein Feld bestellt worden ist, geschweige denn, daß es dort je fortgeschrittene Kulturen gegeben hat. Wenn Sie die afrikanischen Ackerbautechniken reformieren wollen, müssen Sie mindestens zwanzig Jahre Arbeit investieren. Wie viele Ingenieure, Spezialisten und Experten sind schon bereit, eine so lange Zeit in einem einzigen afrikanischen Land zu verbringen? Nicht viele jedenfalls. Die meisten stellen lieber eine kurze Untersuchung an, schreiben ihren Bericht und fahren wieder nach Hause. COCORICO zeigt ein paar von den Überlebenstechniken und Strategien der gewöhnlichen Afrikaner.

Ich glaube, daß Afrikaner zu ihren Maschinen eine viel positivere Beziehung haben als Europäer. Lam ist ein sehr guter Mechaniker. Er kann von seinem Auto alles verlangen. Es war für ihn keinerlei Problem, den Wagen vor der Überquerung des Niger auseinanderzunehmen. Er hat das ganz allein gemacht. Er hat einige Vorsorge getroffen, daß das Wasser nicht mit dem Öl und mit dem Zylinder in Berührung kam, aber er wußte, was zu tun war. Er konnte den Wagen ohne weiteres auseinandernehmen, weil er wußte, wie er ihn mit den simplen im Film sichtbaren Werkzeugen wieder zusammenbauen konnte. Ich könnte auch einen

Film über einen Afrikaner drehen, der Transistorradios repariert. Er hat keinerlei Fachausbildung, aber er hat ein System mit einem kleinen Lautsprecher, wie sie in Tonbandgeräte eingebaut sind. Dieser Lautsprecher läuft mit Batterie und summt, wenn es eine Unterbrechung im Stromkreislauf gibt. Das ist eine spontane Art der Auseinandersetzung mit Problemen der Elektronik. Man braucht die Grundzüge der Physik nicht zu kennen, um sich mit einem Automotor zu beschäftigen oder ein Transistorradio zu reparieren.

In dem Film wirkt es so, als behandelten die Afrikaner ihr Auto wie die stereotypen ›dummen Hinterwäldler‹ aus den Appalachen, die in Hollywood-Filmen und im amerikanischen Fernsehen der allgemeinen Belustigung ausgesetzt sind.

Ich weiß nicht, welche Beziehung die Menschen in den Vereinigten Staaten zum Auto haben, aber in Frankreich bedeuten ein liegengebliebenes Auto oder eine einfache Reifenpanne geradezu eine Katastrophe. In Afrika hingegen ist so etwas ein Anlaß zur Freude, weil man noch ein bißchen bleiben kann. Dort würde man sagen: »Gut, wir sind liegengeblieben. Jetzt können wir noch ein paar Tage bleiben und Leute treffen, die wir noch nie gesehen haben und wohl auch kaum je wiedersehen werden.« In den frühen vierziger Jahren haben wir die Autos mit einer Art Holzkohlegas angetrieben, weil es kein Benzin gab. Wir hatten damals ständig Schwierigkeiten mit den Autos. Früher wurde ich bei solchen Gelegenheiten wütend, aber inzwischen habe ich mir die afrikanische Sicht der Dinge angewöhnt, und solche Vorkommnisse sind mir egal. Ich trage nicht einmal eine Uhr. Das ist in etwa die Perspektive, die ich in dem Film aufzeigen wollte.

Wie ist der Film in Frankreich angekommen?

Als der Film in Paris anlief, war ich zufällig gerade in Afrika. Folglich gab es keine Pressekonferenz und keine Publizität für den Film. Dennoch lief er gleichzeitig in drei Kinos an und hatte innerhalb von zwei Monaten fünfzigtausend zahlende Zuschauer. Die einzigen Kopien des Films waren schlechte 16 mm-Kopien ohne Untertitel. Eine davon wurde hier gezeigt. Der Verleih bekam danach Ambitionen und ließ den Film auf 35 mm aufblasen. Davon wurden fünf Kopien gezogen. Unglücklicherweise ging der Verleih dann pleite, ohne dem Kopierwerk die Kopien bezahlt zu haben. Die Kopien sind augenblicklich blokiert, und ich versuche, mit dem Kopierwerk zu einer Einigung zu kommen. Wir bemühen uns auch darum, einen kommerziellen Verleih für Afrika zu finden.

Sie sprachen vorhin über die Entstehung einer Kamera während der Dreharbeiten zur CHRONIQUE. *Da klangen Sie wie Lam, während er an seinem Auto herumbastelt. Im Laufe der Jahre hat sich doch sicher Ihre technische Ausrüstung ziemlich verändert, nicht wahr?*

Am Anfang habe ich 16 mm-Filme gemacht, weil ich mir 35 mm nicht leisten konnte. Das war 1946, als nur Amateure 16 mm benutzten. Später geriet ich dann an eine alte amerikanische Wochenschaukamera von der Armee mit einem exzellenten Objektiv. Ich habe alle meine frühen Filme mit jener Kamera gedreht. Was war das nur für eine Zeit. Wir hatten damals weder einen Schneidetisch noch eine Klebepresse. Man mußte den Film montieren, indem man ihn mit dem Finger zusammenpreßte. Es gab keinen Bildbetrachter, daher projizierte ich den Film mit einem regulären Projektor und schnitt und schnitt. Ton gab es nur bei 35 mm. Als ich meinen zweiten Film beendet hatte, bat ich einige afrikanische Arbeiter in Paris, Musik zu machen, während sie sich eine Vorführung davon ansahen. Das war zwar eine dumme Idee, aber immerhin bekam ich auf diese Weise echte afrikanische Musik zur Untermalung, und das war schließlich besser als gar nichts.

Bei meinem dritten Film benutzte ich ein ein Nagragerät der ersten Generation. Angeblich war es tragbar, aber man mußte einen Hebel bedienen, und das Gerät wog über fünfzig Pfund. Der Film hatte keinen Synchronton, aber es gab ein zusätzliches Band, um Musik aufzuzeichnen. Dann mußte man den Ton von dem Band auf eine der damals in Rundfunkanstalten gebräuchlichen Schallplatten überspielen. Manchmal sprach ich einen improvisierten Kommentar und übernahm auch noch die Tonmischung. Glücklicherweise benutzte das Fernsehen die 16 mm-Technik, und die rapide Ausbreitung dieses Mediums brachte auch uns erhebliche Erleichterungen – die erste gute Klebepresse, den ersten Bildbetrachter, das erste Mischpult für den Ton. Aber uns fehlte noch immer ein tragbares Tonbandgerät für Synchronton. Unsere technische Ausrüstung wog nach wie vor eine Tonne, und wir brauchten ein Team von fünf Leuten, wenn wir Synchronton haben wollten. Wir versuchten alle möglichen Tricks, um das Problem zu lösen. In einem Film mit dem Titel LA PYRAMIDE HUMAINE haben wir eine komische Technik angewandt. Die Kamera stand auf einem Stativ in einem Schallschutzgehäuse, und alle Mitwirkenden standen im Kreis um sie herum, so daß die Kamera ohne Probleme mit der Schärfe von einer Person zur nächsten übergehen konnte. Auf diese Weise konnten wir die Leute zur Kamera sprechen lassen. Wir haben diese Technik noch häufiger angewandt, aber sie war von begrenztem Wert. Ich spreche jetzt von den fünfziger Jahren. Während ich diesen Film geschnitten habe, beschlossen wir, CHRONIQUE D'UN ETÉ zu drehen.

Und dabei haben Sie dann die Eclair gebaut, nicht wahr?

Ja genau, daran denke ich sehr gerne zurück. Als wir den Film abgedreht hatten, fuhr Michel mit einer neuen Technik nach Montréal zurück, und wir alle hatten eine neue Kamera. Alle haben so viel aus dieser Erfahrung gelernt. Ich lernte, »mit der Kamera zu gehen«. Ich erlernte den Umgang mit dem Weitwinkelobjektiv. Dieser Film hat das französische Kino verändert. Alle wollten nun plötzlich mit der Kamera gehen, auch wenn sie die Kamera auf einem Stativ hatten oder in einem kleinen Wagen bewegten. Wir brachten sie dazu, erneut über die ›Wahrheit‹ des Mediums Film nachzudenken. In der Folge entwickelte Coutard die Kamera weiter, und wir erhielten die kleine Eclair. Unglücklicherweise mußten die wichtigsten Ingenieure wegen einiger Todesfälle Paris verlassen und nach Grenoble zurückkehren. Dort gründeten sie dann eine eigene Firma und bauten weiterhin Kameras. Coutard ist noch immer ein junger Mann, und er steckt ständig voll von neuen Ideen – verrückten, wunderbaren Ideen. Er arbeitet mit Godard.

Unter uns gibt es keine Geheimnisse. Jeder kann lernen, was es zu lernen gibt. Wenn man mit einer Kamera arbeiten will, sollte man sie auch reparieren können. Deshalb sollte man vor der Benutzung einer neuen Kamera, sich wenigstens einen Tag lang in der Fabrik, aus der sie stammt, mit ihr vertraut machen. Man sollte sie selbst drei- oder viermal zusammengesetzt und auseinandergenommen haben, bevor man perfekt damit umgehen kann. Man weiß, was man filmen will. Man weiß, wie man die Kamera nachstellt und wie man sie fixiert. Man weiß, daß es sich dabei um eine Maschine handelt, deren Innenleben nichts Magisches an sich hat. Wenn etwas kaputtgeht, so kann man es auswechseln wie einen platten Reifen. Es gibt noch viele Filme, die es sich zu machen lohnt, und noch genügend Verbesserungsmöglichkeiten an Kameras. Coutard schwebt ein Dreijahresplan vor mit einem technischen Durchbruch pro Jahr. Er würde gerne eine Kamera mit der Tonqualität der Nagra 4 entwickeln – eine Kamera ohne Kabel mit einem Richtmikrophon, das mit der Schärfeneinstellung der Linse koordiniert werden könnte – und eine dreistufige Zoom-Linse mit einem korrespondierenden Richttonsystem. Was an meiner bisherigen Arbeit wichtig gewesen ist, war die Aufzeichnung von Ritualen und Lebensformen, die schon in kürzester Zeit verschwunden sein werden. Mit den neuen technischen Möglichkeiten werden wir wesentlich bessere Filme machen können, und die in den Filmen Mitwirkenden werden danach selbst ebenfalls Filme machen können. Ich sehe alledem mit großer Freude entgegen.

David McDougall

Ein nichtprivilegierter Kamerastil

Die Entstehung eines Films kann ein langwieriger Prozeß sein – mit langen Verzögerungen zwischen den Dreharbeiten und der Fertigstellung des geschnittenen Films. Deshalb unterliegen Filmemacher gelegentlich der Gefahr, ihre Entdeckungen zum ungeeignetsten Zeitpunkt zu machen, das heißt, wenn der Film zwar noch nicht fertig ist, es andererseits jedoch zu spät dazu ist, ihn noch einmal zu drehen. Derartige Entdeckungen bieten möglicherweise eine Erklärung dafür, weshalb so viele Filme wie halbherzige Kompromisse wirken oder wie Zusammenschnitte vorgefundenen Materials.

Als wir 1968 die Dreharbeiten zu To Live With Herds in Uganda abgeschlossen hatten, machten wir eine nicht unbedingt neue Entdeckung, die uns jedoch auf einige der Ideen gebracht hat, von denen ich an dieser Stelle sprechen möchte. Wir hatten in einigen Siedlungen der Jie gedreht, die von schweren Palisaden aus geflochtenem Stockwerk umgeben waren. In ihren Innenraum gelangte man, indem man gebückt durch einen niedrigen Eingang trat. Das Innere dieser Umzäunung war wie ein geschlossener Raum ohne Dach mit einem sauber gefegten Lehmfußboden. Jedesmal wenn wir unsere Filmausrüstung glücklich in einen solchen Hof geschafft hatten, richteten wir uns dankbar an einer bestimmten Stelle

Aus To Live With Herds.

ein. Ein solcher Standort schien uns auch für die Dreharbeiten von Nutzen. Gewöhnlich hatte man von diesem Punkt aus einen ungehinderten Blick, und auch die Jie, die selbst einen Großteil ihrer Zeit an ganz bestimmten Stellen innerhalb des jeweiligen Gehöfts verbringen, waren mit unserer Ortswahl immer einverstanden.

Mit zunehmender Erfahrung achteten wir immer mehr darauf, uns die für unsere Zwecke jeweils optimale Position auszusuchen. Das war jene Stelle, von der aus wir unbehindert einen Großteil der sozialen Aktivitäten verfolgen konnten. Häufig behielten wir diese Position während der gesamten Dreharbeiten bei, aber manchmal veränderten wir auch den Standort der Kamera, und zwar weil sich das Zentrum der sozialen Interaktion verschoben hatte oder aus dem gänzlich anderen Motiv heraus, daß ein zweiter Kamerawinkel für den Filmausschnitt von Vorteil wäre. Oftmals wirkte beispielsweise ein aus nur einer Position aufgenommenes Gespräch unbefriedigend, weil bestimmte Personen auf Kosten anderer Teilnehmer, die der Kamera den Rücken zuwandten, in den Vordergrund traten. Im übrigen war es schwierig, die einzelnen Schritte eines Arbeitsvorgangs, wie zum Beispiel der Herstellung von Bier, aus einer Position adäquat zu filmen, wenn für jeden einzelnen Schritt ein besonderer Kamerawinkel notwendig schien. Schließlich wußten wir, wenn die Kamera in einer bestimmten Einstellung sehr lange gelaufen war, daß wir eine andere Einstellung in den Film einbauen konnten, ohne uns später handwerkliche Unfähigkeit und formale Unstimmigkeit vorwerfen zu müssen. Jedenfalls waren wir damals dieser Meinung.

An dieser Vorstellung hielten wir auch noch fest, als wir Ton- und Filmmaterial zusammengeschnitten hatten und uns anschließend die Muster ansahen. Wir waren mit dem Material zufrieden und zuversichtlich, den besten Teil davon für einen Film benutzen zu können. Aber als wir mit dem Schnitt anfingen, tauchten die ersten Zweifel auf. Der Anlaß dazu war eine lange Einstellung von einem Gespräch, auf die wir eine Einstellung aus einem anderen Winkel folgen ließen, um anschließend zu der ersten Einstellung zurückzukehren. Aus irgendeinem Grund funktionierte das Ganze nicht, und das trotz der Tatsache, daß die meisten Filme, die wir bis dahin gesehen hatten, mit eben dieser Schnittechnik arbeiteten.

Widerwillig gaben wir diese Arbeitsweise auf. Bei vielen Szenen verzichteten wir schließlich auf alles Material aus dem einen oder dem andern Blickwinkel, obwohl beide Einstellungen wertvolle Bilder enthielten.

Als wir uns fragten, was geschehen war, meinten wir zunächst, daß die Bildeinstellung schuld sei. Später begriffen wir allmählich, daß es daran nicht lag. Das Problem lag vielmehr in zwei unvereinbaren Voraussetzungen begründet: wir leugneten vor dem Zuschauer, was wir ihn auf der andern Seite gerade glauben machen wollten.

Wir wollten dem Zuschauer eigentlich den Eindruck vermitteln, er befinde sich in einer Jie-Siedlung, eine Situation, die nur sehr wenige der Zuschauer jemals real erleben würden. Für diese Absicht gab es vielerlei Gründe – wir wollten der vorherrschenden Darstellung »exotischer« Völker entgegenwirken, die Situation des Feldforschers realistisch wiedergeben, gewisse nicht formalisierte Aspekte von Kultur verfügbar machen und das Augenmerk stärker auf Individuen als auf Typen richten. Eine Reihe von Faktoren ermöglichte uns die Realisierung dieser Zielsetzung: die Menschen, die wir filmten, wußten von unserer Anwesenheit und akzeptierten sie; wir machten sehr lange und statische Kameraeinstellungen, und schließlich filmten wir sehr viel »banales«, unspektakuläres Alltagsleben. Wir rückten nicht irgendwelche dramatischen Personen in den Brennpunkt der Aufmerksamkeit, sondern öffneten den Film für die allgemeinen, eher »beiläufigen« Aspekte des Geschehens: das waren wenig folgenreiche Ereignisse, wie man sie im Alltag erlebt, die jedoch nur selten ausdrücklich Gegenstand eines Films sind.

Durch das Zusammenschneiden verschiedener Kameraeinstellungen hätten wir nach unserem Empfinden dem gefilmten Geschehen seine Unmittelbarkeit genommen und statt dessen die Illusion eines fiktionalen Films vermittelt, was sich mit der Vorstellung von wirklichen Menschen, die sich in einer Siedlung aufhalten und reale andere Menschen filmen, nicht vereinbaren läßt. Wir waren uns durchaus der Tatsache bewußt gewesen, daß die Konventionen des Spielfilms den Dokumentarfilm erheblich beeinflußt haben, aber wir hatten ihre Bedeutung unterschätzt und auch das Ausmaß, in welchem wir und auch andere Filmemacher diese Konventionen als schlechthin gültig akzeptiert hatten.

*

Der Terminus *privilegierte Kameraposition* ist häufig in Diskussionen über Hollywoodfilme verwendet worden, um eine Kameraposition zu bezeichnen, die in der alltäglichen Seherfahrung nicht vorkommt – zum Beispiel ein aus einem Kamin durch die Flammen hindurch aufgenommenes Bild oder ein Blick durch einen Spiegel oder eine Wand oder vielleicht eine verzerrte oder surrealistische Aufnahme, wie beispielsweise eine Einstellung vom Schoß eines dicken Mannes aus mit Blickrichtung auf seine Nasenlöcher. Solche Einstellungen waren in den Thrillern und psychologischen Dramen der vierziger Jahre durchaus üblich und gingen auf den deutschen Expressionismus zurück. Aber privilegierte Kameraeinstellungen gehören tatsächlich zum alltäglichen Repertoire des Spielfilms, und sie fallen überhaupt nur auf, wenn das Vorstellungsvermögen des Zuschauers überstrapaziert wird. Ein bißchen weiter getrieben, werden sie zu Witzen, wie zum Beispiel der Anfang der BLECHTROMMEL, wo wir gemeinsam mit dem kleinen Oskar durch den Geburtskanal seiner Mutter in eine Welt blicken, die er mit Schrecken betrachtet.

Die meisten Einstellungen in Spielfilmen sind in diesem Sinn privilegiert, weil es keinen irgendwie greifbaren Beobachter gibt, und im übrigen kann man sich auch gar nicht vorstellen, wie eine unbekannte Person einen derart tiefen Einblick in das Leben anderer Menschen haben sollte. Solche Filme geben einen unsichtbaren Beobachter mit außergewöhnlichen Fähigkeiten vor, die das Bewußtsein des Drehbuchautors und des Publikums in eins verschmelzen. Der eingenommene Blickwinkel deckt sich nur selten mit dem Standpunkt einer der Figuren. Einzelbildvergrößerungen aus Spielfilmen zeigen sehr deutlich, daß die meisten subjektiven Einstellungen tatsächlich nur Analoge zu dem Standpunkt einer der fiktionalen Figuren sind. Die Augen der Schauspieler sehen nur selten direkt durch die Kamera, was der

Fall sein müßte, wenn sie im Wortsinn die Stellung eines der Gesprächspartner einnehmen würde. Daher können Dokumentarfilme die Arbeitsweise des Spielfilms übernehmen, ohne den Widerspruch, daß die Kamera zu einer nichtfiktionalen Person »geworden« ist.

Die Montage des Spielfilms basiert ebenfalls auf einer Täuschung des Zuschauers, aber diese Täuschung betrifft mehr die Raum-Zeit-Dimension als die Konventionen der Privatsphäre. Es ist selbstverständlich, daß innerhalb einer dramatischen Sequenz bei einem Schnitt keine reale Zeit zu verstreichen braucht, weil diese Wirkung durch die Kontinuität des akustischen Ablaufs gewährleistet ist. Aus diesem Grund kann das Auge des Beobachters – unvermittelt – neue Positionen einnehmen, ohne daß die Notwendigkeit einer räumlichen Veränderung bestünde. Fernsehregisseure wechseln heute gleich von einer Kamera zur nächsten, aber die Wirkung dieses augenblicksschnellen Standortwechsels ist nicht ein Produkt der Technik, sondern eine generelle Möglichkeit der menschlichen Phantasie. Obwohl seit den frühen Tagen des Kinos Mehrfach-Kameras zum Einsatz gekommen sind, erzielt man den hier beschriebenen Effekt in der Regel mit Hilfe einer ganzen Reihe von gleichzeitig an verschiedenen Punkten aufgebauten Kameras. Die Idee ist älter als das Medium Film, welches lediglich die Bilder zu einer erfundenen Geschichte liefert.

Spielfilme vermitteln die Erfahrung einer magischen Beobachtung und setzen sich über die alltäglichen physikalischen Gesetze und die üblichen Begründungen hinweg. Wenn sie häufig mit Träumen verglichen werden, so deshalb, weil sie uns den Eindruck eines unbehindert schaltenden Willens vermitteln.

*

Als man kurz vor der Jahrhundertwende anfing, Schnappschüsse zu machen, hieß es immer: »Schauen Sie in die Kamera.« Später hieß es dann als Reaktion auf einen neuen Einfluß: »Schauen Sie nicht in die Kamera, tun Sie einfach so, als sei die Kamera gar nicht da.« Jetzt wollte man lebensechte Photographien, die jedoch wirken sollten, als seien sie gar nicht photographiert. Diese Wirkung brachte das neue Medium unwiderruflich in einen engen Zusammenhang mit fiktionalem Geschehen.

Etwas Ähnliches geschah mit dem Film. Die Direktheit vieler der zwischen 1895 und 1920 entstandenen »primitiven« Filme resultiert aus der Anerkennung des Aktes des Filmens selbst. Johnsons und Gibsons LIVING HAWTHORN (1906), einer der außergewöhnlichsten frühen Filme, zeigt Menschen, die mit Werkzeugen und den Produkten ihrer jeweiligen Tätigkeit ihren Arbeitsplatz verlassen. Sie stellen dabei allerlei Unsinn an. Sie rempeln und stoßen sich gegenseitig, während im Vordergrund Kinder herumspringen und tanzen und der Kamera Gesichter schneiden. Der Film hat sein Thema, aber er handelt auch von dem spezifischen historischen Augenblick, da erstmals ein Kinematograph in die Stadt kam.

Später verschwanden solche Szenen aus dem Kino, da ein neuer Professionalismus jeden impliziten Verweis auf den Akt des Filmemachens selbst als ästhetischen Irrtum verwarf. »Wie Sie wissen«, sagte Basil Wright 1969, »hat man in den frühen

Tagen des Dokumentarfilms, sobald jemand in die Kamera geschaut hat, die ganze Einstellung rausgeworfen, weil dadurch die Illusion eines wirklichen Geschehens verloren gegangen war« (Levin 1971:41). Dokumentarfilme sollten damals Destillate der Wahrheit sein und die menschliche Tatkraft, der sie ihre Entstehung verdankten, transzendieren. Einen solchen Film zu machen erforderte ein hohes Maß an Ernst und eine sorgfältige Komposition der einzelnen Elemente. Außer im Fall von Ereignissen, die selbst noch dramatischer waren als die Dreharbeiten, kam das Leben gänzlich zum Erliegen, sobald die Kameras auftauchten. Es mußte wieder künstlich in Gang gebracht werden, wenn die Kameras liefen, und auf diese Weise kam von vornherein eine weitere fiktionale Komponente hinzu: Die Menschen wurden zu Schauspielern, die sich selbst verkörperten.

Ved Mehta hat beschrieben, wie das Fernsehen mit dem sogenannten intimen Porträt eine Form des fiktionalisierten Dokumentarfilms festschreibt, indem dieses Genre die Menschen, die es angeblich porträtiert, erbarmungslos nach seinen eigenen Bedürfnissen formt. Als Beispiel dafür zieht er den Film CHACHAJI, MY POOR RELATION: A MEMOIR BY VED MEHTA über seinen Cousin Bahali Ram heran, für den er selbst als Drehbuchautor engagiert war.

»Sag Daddy Chopra, er soll die Fliegengittertür aufstoßen und Chacha hereinrufen und ihn zum Einkaufen schicken«, sagt Bill. »Sag Chacha, er soll so lange in dem Haushaltsbuch herumblättern, bis er gerufen wird.«

Ich sage Chopra und Chachaji, was sie zu tun haben, und Bill ruft: »Kamera ab!«

Chopra stößt abmachungsgemäß die Fliegengittertür auf und ruft: »Lalaji, komm herein und bring das Buch.«

Bevor Chopra seinen Text zu Ende sprechen kann, schreit Bill: »Schluß!« Chachaji hatte die Einstellung verdorben, weil er schon aufgesprungen war, als Chopra die Tür aufstieß, und nicht gewartet hatte, bis Chopra ihn rief.

Und so vergeht der Vormittag, bis wir schließlich meinen, wir hätten genügend Material zusammen, um daraus eine Szene zusammenzuschneiden, wie Chachaji zum Einkaufen geschickt wird. (1980:63–4)

Jeder Kamerastil enthält implizit eine Erkenntnistheorie. Die britischen Dokumentarfilme der dreißiger und vierziger Jahre beschäftigten sich hauptsächlich mit der Vermittlung von bestimmten Botschaften, und die Kamera war nur eines von mehreren Mitteln zur Übermittlung dessen, was man ohnehin schon über das Leben wußte. Colin Young hat festgestellt, daß für die Produktion von Griersons DRIFTERS (1929) sogar ein Art Director engagiert war. Bei den Dreharbeiten zu NIGHT MAIL (1936) sah man keinen Widerspruch darin, das Sortieren von Briefen auf dem Weg nach Edinburgh im Studio nachzustellen. Zu diesem Zweck transportierte man einen Eisenbahnwagen ins Studio und ließ ihn von Hilfskräften rhythmisch hin- und herschaukeln.

Eine Erklärung für solche Manipulationen ist, daß die Ziele des Dokumentarfilms mit den damals verfügbaren technischen Mitteln nicht einzulösen waren, die Filmemacher jedoch nicht warten wollten. Die synchrone Tonaufzeichnung außerhalb des Studios war noch ein abenteuerliches Unterfangen, auf das man sich nur in wenigen Filmen, darunter HOUSING PROBLEMS (1935), einließ. Dokumentarfilme hatten es schwer, mit der unmittelbaren Erfahrung zu konkurrieren, noch gefährlicher war ihnen jedoch die konzentrierte Energie des Spielfilms. Authentizität wurde zunehmend mit Wirkung gleichgesetzt, wie auch in dem 1953 von Karel Reisz im Auftrag der British Film Academy geschriebenen und zusammengestellten Buch *The Technique of Film Editing* nachzulesen ist:

»Die Unabdingbarkeit von geeignetem mitreißendem ›Rohmaterial‹ zeigt sich am deutlichsten bei der Produktion der einfachsten Form des Dokumentarfilms – nämlich der Reportage ... Dabei interessieren allein die Tatsachen, und Aufgabe der Regie ist es, diese Fakten so authentisch wie möglich zu präsentieren.

Auf den ersten Blick scheint nichts einfacher, als ein aufregendes Ereignis auch aufregend zu präsentieren. Tatsächlich bedarf es aber, wie wir noch sehen werden, einer sehr differenzierten Schnittechnik, um einen überzeugenden Eindruck von einer tatsächlich beobachteten Szene zu vermitteln.« (1953:125–6).

*

Wenn man nach einer Wendemarke in der Geschichte der Unterwerfung des Dokumentarfilms unter die Stilmittel des Spielfilms sucht, würde sich jener Zeitpunkt anbieten, da die Filmemacher aufhörten, sich nur der Suggestivkraft des Mediums Film zu bedienen, und anfingen, die ideologischen Implikationen ihres Handwerks zu untersuchen. Dziga Vertov beschäftigte sich als einer der ersten mit dieser Problematik, aber erst in den sechziger Jahren erwuchs daraus eine nennenswerte Bewegung. Die Revolution des British Free Cinema, des Direct Cinema und des cinéma vérité richtete sich gegen zwei Arten des »Privilegs«: das Privileg einer Ästhetik, welche die in Filmen in Erscheinung tretenden realen Menschen einem anonymen Schöpfer unterordnet, und das Privileg der Studios, Fernsehgesellschaften, Hersteller der technischen Ausrüstungen und Verleiher, den Stil und die intellektuelle Grundhaltung des Filmemachens zu institutionalisieren. Die leichten Tonkameras von Ricky Leacock, Michel Brault und Albert Maysles waren die ersten derartigen Geräte, mit denen eine Person alleine arbeiten konnte. Vorher hatte man den Ton den Bildern entweder im Schneideraum hinzugefügt, oder man war auf riesige Kameras angewiesen gewesen, die nur mit Unterstützung eines ganzen Technikerstabs eingesetzt werden konnten. Nach der ersten Begeisterung darüber, daß man mit derart handlichen Kameras praktisch überall alles filmen konnte, fingen die Filmemacher an, sich mit den Implikationen ihres Mediums als einer persönlichen Form der Aufzeichnung von Ereignissen auseinanderzusetzen. Solche Filme mußten notwendig die Interessen und Voraussetzungen des beobachtenden Filmemachers unmittelbarer reflektieren, und es war nun nicht mehr möglich, wie in der Vergangenheit, einem Film unumstößliche Autorität zuzuschreiben. Die neue Situation veränderte grundlegend das Verhältnis des Zuschauers zum Gegenstand des Films, und damit verschob sich auch die Beziehung zwischen dem Filmemacher und seinem Publikum.

Das Ergebnis dieser Verschiebung war der Begriff des nichtprivilegierten Kamerastils: die in diesem Begriff implizierte Arbeitsweise basiert auf der Annahme, daß ein Film ein Kunstprodukt ist, in dem die soziale und physische Begegnung des

Filemachers mit seinem Stoff zur Erscheinung gelangt. Um diese Qualität zu erreichen, fingen einige Filmemacher an, auf jene formalen Privilegien zu verzichten, auf denen die olympische Allwissenheit von Geschichtenerzählern basiert. Für andere handelte es sich bei der ganzen Problematik mehr um eine prinzipielle Entscheidung: daß es nämlich unsittlich sei, das Leben wirklicher Menschen unter Zuhilfenahme solcher Mittel zu präsentieren, wie man sie sonst zur Erzeugung fiktionaler Figuren verwendet. Lebende Menschen sind nach dieser Auffassung nicht bloß das Rohmaterial für Geschichten und sind auch nicht zur Illustration bestimmter geistiger Konzepte da. Sie existieren unabhängig von einem möglichen Dokumentarfilm, den man über sie machen könnte, und deshalb haben sie ein Recht darauf, in einer diesem Umstand angemessenen Weise behandelt zu werden.

Natürlich unterlag dieser Enthusiasmus auch einer ihm immanenten Blindheit. Direct cinema gab dem einzelnen Filmemacher andere Mittel der Machtausübung in die Hand, die auf eine andere Weise gegenüber dem Gegenstand seiner Filme und gegenüber dem Publikum nicht weniger rücksichtslos zu sein brauchten. Im übrigen beließ auch die neue Haltung genügend Raum für Selbsttäuschung, die sich beispielsweise in der Überzeugung ausdrückte, der innere Gehalt eines Geschehens komme in den Bildern zum Vorschein, die die Kamera des Filmemachers festhält, oder daß eine Sache interessanter wird, wenn man sie filmt, oder daß es den heutigen Menschen nichts mehr ausmacht, gefilmt zu werden, oder daß das Filmemachen eine mystische oder philanthropische Aktivität und gänzlich frei von jeglicher kreativen Ambition ist.

Der ethnographische Film war innerhalb des Genres des Dokumentarfilms wiederum ein Sonderfall. Die Konventionen des Filmes erlangten unter diesem Gesichtspunkt eine besondere Bedeutung, und zwar weil sie selbst Ausdruck einer bestimmten Kultur waren und wegen der von Jean Rouch, Colin Young, Jay Ruby und anderen angeregten Debatte darüber, wie man den Film zur Sicherung anthropologisch relevanten Beweismaterials heranziehen könne. Die Debatte verlagerte sich bald auf die Frage, wie man den Film als Medium anthropologischer Forschung benutzen könne. Aber das Bewußtsein der stilistischen Revolution innerhalb des Dokumentarfilms fand nur langsam Eingang in die Arbeitsweise des anthropologischen Films, obwohl zwei der führenden Neuerer auf dem Dokumentarsektor, Jean Rouch und John Marshall, Ethnographen waren. Die meisten Filme waren Lehrfilme, welche die Autorität des Kommentators unterstrichen, nicht jedoch die des angebotenen Materials selbst. In anderen Dokumentationen, angefangen von Lehrfilmen bis hin zu Reiseberichten für das Fernsehen, wurden die darin Mitwirkenden weiterhin mehr dirigiert als beobachtet und die Macher solcher Filme wandten nach wie vor die Aufnahme- und Schnitttechniken des Spielfilms an.

Zwei Filme über Jäger sind dafür charakteristisch. Sie entstanden mehr als fünfzig Jahre nach Flahertys berühmter Dokumentation einer Walroßjagd, die André Bazin als eine echte Alternative zur damals verbreiteten Inszenierung solcher Ereignisse bezeichnet hat. In CREE HUNTERS OF MISTASSINI (1974) und THE PYGMIES – HUNTERS IN THE FOREST (1972) sieht der Zuschauer, kurz bevor die Jäger die Tiere töten, wie sie mit ihren Waffen in die allgemeine Richtung der Kamera zielen. Folglich muß man entweder akzeptieren, daß die Jäger es dem Filmteam gestattet haben, zwischen sie und ihre Beute zu treten, oder daß diese Einstellungen zu einem andern Zeitpunkt gemacht worden sind, wahrscheinlich nach dem Ende der Jagd.

*

In den fünfziger Jahren drehte John Marshall, nur mit einer mechanisch aufziehbaren Kamera und einem nicht synchronen Tonbandgerät ausgerüstet, einen Film über den täglichen persönlichen Umgang zwischen den in der Kalahari lebenden !Kung. Er filmte sie so, als ob der Zuschauer ihre Stimmen hören könnte, und erweckte den Eindruck, die einzelnen Einstellungen seien ohne Unterbrechung aufgenommen – ein recht seltsamer Stil zu einer Zeit, da Dokumentarfilme geradezu ein Mosaik von Einstellungen waren. Den meisten Kameraleuten war bewußt, daß, selbst wenn sie ein kontinuierliches Geschehen filmten, ihre Einstellungen auseinandergeschnitten und die Fragmente zu einem neuen Gesamtbild zusammengefügt würden. Die ursprünglichen zeitlichen und räumlichen Bezüge gingen auf diese Weise verloren. Unter diesen Umständen war praktisch jeder Kameramann mehr auf die erwähnten Fragmente als auf kontinuierliche Einstellungen aus. Aber Marshall war noch sehr jung, und man hatte ihn mit der Aufgabe hinausgeschickt, eine ethnographische Dokumentation zu machen und nicht, um Dokumentarfilme zu drehen. Wie es am Anfang einer neuen Entwicklung so oft der Fall ist, glaubte er, daß sein Stil ganz normal sei, obwohl sein Experiment die Arbeitsweise der Zukunft vorwegnahm. Seine Sequenzeinstellungen, bei denen der Ton dem Bild durch entsprechende Schnitte sorgfältig angepaßt ist, lassen sich heute als ein frühes Beispiel für den Versuch ansehen, den Zuschauer in eine, der Stellung des Filmemachers vergleichbare, Beziehung zum Gegenstand des Films zu bringen.

Sequenz-Einstellungen vermitteln dem Zuschauer einen der Kontinuität der Wahrnehmung eines einzelnen Beobachters ähnlichen Eindruck. Sie sind wahrscheinlich ebenfalls das Hauptcharakteristikum eines Kamerastils, der sich von fiktionaler Bildhaftigkeit abzugrenzen sucht, um eine um so engere Verbindung mit dem spezifischen historischen Akt des Filmens einzugehen. Gewisse andere Aspekte dieses Stils können nur in Kontrast zu solchen Stilen als »nichtprivilegiert« bezeichnet werden, die sich nicht dem Risiko und den Konsequenzen jenes Aktes aussetzen; denn ganz offensichtlich erfreut sich jeder, der mit einer Kamera ausgerüstet ist, als Beobachter gewisser Privilegien. Der Terminus »nichtprivilegierter Kamerastil« ist ein negativer, ein korrektiver Begriff. Er ist eine Hervorhebung des Offensichtlichen: daß nämlich Filmemacher menschlich fehlbar, im physischen Raum und in der Gesellschaft verwurzelt sind, vom Zufall gelenkt und von begrenzter Wahrnehmung – und daß man Filme in diesem Bewußtsein entschlüsseln muß. Der Verzicht auf gewisse stilistische Privilegien ist ganz gewiß nicht der Weg zur Erleuchtung, aber er bietet der Kommunikation einen Bezugspunkt. Er stellt den Versuch dar, die Distanz zwischen der Person, die den Film macht, und jener Person, die ihn sich ansieht, zu verringern. Es besteht daher heute kein Zwang mehr, um jeden Preis eine möglichst vorteilhafte Kameraposition einzunehmen; eine »schlechte« Einstellung, die aber dennoch nützliche Informationen enthält und die man früher als »unprofessionell« ausgesondert hätte, hat heute durchaus eine Daseinsberechtigung.

*

Ein soeben von Gary Kildea fertiggestellter Film enthält viele der genannten Stilelemente. Er beschäftigt sich mit dem Leben von Cora und Celso, zwei Straßenverkäufern in Manila. Kildea hat am Anfang ganz alleine gearbeitet, ein Einmannunternehmen mit Kamera, Mikrophon und Tonbandgerät. Er war der Meinung, diese Arbeitsweise sei notwendig, um die Verpflichtungen einzuhalten, die er gegenüber der Familie eingegangen war, aber später erschien es ihm dann zu schwierig, und er drehte den Film gemeinsam mit einer philippinischen Assistentin zu Ende. Er hat den Film selbst geschnitten und lehnt in seiner Arbeit viele Aspekte des konventionellen Schnitts ab. Er vermeidet die Illusion eines kontinuierlichen Zeitflusses – außer innerhalb einzelner Einstellungen. Man könnte sogar sagen, daß er den Eindruck des ungebrochenen Zeitflusses bewußt zerstört – und zwar durch die Einblendung kurzer Zwischenspannen, den Zwischenräumen oder Zwischentiteln vergleichbar, die in alten Stummfilmen die Einstellungen voneinander trennten und die aus den gleichen Gründen wie bei Kildea in einigen ethnographischen, aber auch in Spielfilmen der siebziger und achtziger Jahre wieder aufgetaucht sind.

Auf diese Weise lenkt Kildea unsere Aufmerksamkeit auf die Tatsache, daß der Film aus Fragmenten zusammengesetzt ist, die dem Leben der von ihm gefilmten Personen entnommen sind. Die Vermutung liegt nahe, daß die Pro-

Celso und Cora mit ihren Kindern. Aus CELSO AND CORA.

Filmer und Gefilmte: Celso und Cora außen, in der Mitte Gary Kildea und seine Assistentin Rowena Katalingkasan.

grammgestalter des Fernsehens diese Arbeitsweise mit einem Bannstrahl belegen werden.

Einmal hatte Kildea eine Einstellung aus dem Führerhaus eines der Züge gedreht, die tagein tagaus durch Kahilom, den Stadtteil, in dem die Familie lebt, donnern. Letzten Endes sah er sich jedoch außerstande, diese Einstellung zu verwenden, weil die Hauptpersonen seines Films ihr Viertel niemals aus dieser Perspektive gesehen hatten noch sehen würden.

Natürlich ist auch Kildea ein eindeutig privilegierter Beobachter, ein weißer Filmemacher aus der Mittelschicht in einem der unzähligen Mikrokosmen der Dritten Welt, aber in seinem Kamerastil rückt er den Gegenstand seines Films und die potentiellen Zuschauer in den Vordergrund und versucht, uns einen wirklichen Einblick in seine Arbeitsweise zu geben. Er verwendet lange Sequenz-Einstellungen. In einer dieser relativ am Anfang der Dreharbeiten entstandenen Einstellungen sieht sich Celso eine neue Wohnung an, in die er gerne mit der Familie einziehen möchte. Nachdem er den Raum ziemlich gründlich inspiziert hat, fragt er, wann Kildea anfangen will zu filmen. Als er merkt, daß die Kamera schon die ganze Zeit gelaufen ist, wendet er sich anscheinend gleichgültig wieder der Inspektion des Zimmers zu. Die Einstellung erschließt dem Zuschauer Celsos Reaktionen in doppelter Hinsicht, und obwohl nichts definitiv konstatiert wird, erfährt der Zuschauer dennoch sehr viel über die Beziehung, die Kildea zu den Hauptpersonen seines Films aufgebaut hat.

An anderer Stelle in dem Film gibt es eine Einstellung, die uns mehr über diese Beziehung und auch über Kildeas Haltung dem Publikum gegenüber verrät. Cora und Celso hatten einen Streit, und haben sich getrennt. Zu alledem hat man Celso auch noch den Verkauf von Zigaretten vor dem Tower Hotel untersagt, wo er immerhin genug Geld zusammenbekommen hat, um sich über Wasser zu halten. Er hat die ganze Nacht gemeinsam mit seiner kleinen Tochter Maricel an einem neuen Verkaufsplatz neben der Straße verbracht. In der Morgendämmerung ist er schließlich mit Maricel zum Strand in der Bucht von Manila hinuntergegangen, um, wie er es ausdrückt, ihr »ein wenig Sonne und eine Meeresbrise« zukommen zu lassen. Er ist vollauf mit seinen eigenen Problemen beschäftigt, aber dann fängt er an, Kildea von den fremden Menschen in der Nähe zu erzählen. Eine der Frauen, sagt er und sieht dabei direkt an der Kamera vorbei, versucht wahrscheinlich den Husten ihres Babys in der Meeresluft zu kurieren. Man sollte annehmen, daß Kildea in diesem Augenblick seine ganze Aufmerksamkeit auf Celso richtet, aber die Kamera macht einen langsamen Schwenk und zeigt, was Celso beschrieben hat, um dann zu ihm zurückzukehren. In Anbetracht ihrer Schwierigkeit ist die Einstellung sehr gelungen, aber die Frau ist weit entfernt, und der Zuschauer hat nur einen flüchtigen Blick von ihr. Viele Filmemacher wären mit der Kamera bei Celso geblieben und hätten später eine eigene Einstellung von der Frau gemacht und in den Film hineingeschnitten. Kildea hingegen konfrontiert uns lieber mit seinem Problem: er muß Celso aus den Augen verlieren, um den Forderungen des Augenblicks zu genügen.

*

Nicht alle Dinge, die wir vielleicht gern über andere Menschen wüßten, gelten ihnen als akzeptierbare oder gar statthafte Gegenstände unseres Interesses. Häufig sind gerade solche Probleme, die sie am tiefsten berühren und die am meisten Aufschluß über ihre Situation geben würden, ihr tiefst gehütetes Geheimnis. Die Mysterien der Filmtechnik haben gelegentlich den Filmemachern einen besonders tiefen Einblick in das Leben der von ihnen gefilmten Menschen verschafft, und das besonders in solchen Kulturen, wo man die Implikationen des Mediums Film kaum verstand. Die rapide Ausbreitung der elektronischen Medien setzt diesem Privileg nun ein Ende. Die Menschen werden sich zunehmend der Gefahren und des potentiellen Nutzens von Filmen bewußt, die über sie gedreht werden, und die Filmemacher müssen besonders darauf achten, die von ihnen gefilmten Menschen nicht offiziellen Repressionen oder einem Scherbengericht ihrer Nachbarn auszusetzen.

Daher steht der Dokumentarfilmer vor zwei Möglichkeiten: entweder enthält er sich in seiner Arbeit der Auseinandersetzung mit ganzen Bereichen zwischenmenschlicher Beziehungen, oder er entwickelt gemeinsam mit den von ihm gefilmten Menschen neue Arbeitsweisen, die eine Objektivierung brisanter Themen ermöglichen und so eine Auseinandersetzung mit ihnen gestatten.

Damit er die entsprechenden Filme richtig interpretiert, muß der Zuschauer Sinn und Funktion solcher Absprachen verstehen. Immer häufiger thematisieren moderne Dokumentarfilmer in ihren Filmen ihre Beziehung zu den von ihnen gefilmten Menschen. Aus derartigen Begegnungen entwickelt sich dann gelegentlich ein zwangloser Gedankenaustausch, der sich erheblich von einem klassischen Interview unterscheidet. In dem Maße wie die Filmer sich auf die von ihnen gefilmten Menschen einlassen, gerät der Zuschauer in die ursprünglich vom Filmemacher eingenommene Position.

Dieser Vorgang ist kennzeichnend sowohl für die generelle Struktur entsprechender Filme wie auch für den Kamerastil. Die CHRONIQUE D'UN ÉTÉ von Rouch und Morin war von beiden ausdrücklich als experimenteller Dokumentarfilm konzipiert, wobei Rouch und Morin selbst im Mittelpunkt des Geschehens stehen. Andere Filme, darunter Chris Markers LETTRES DE SIBÉRIE an das Publikum, Mike Rubbos WAITING FOR FIDEL und A FEW NOTES ON OUR FOOD PROBLEM von James Blue, zeigen dem Zuschauer den Dokumentaristen als einen Mittelsmann, der sich mit seinem Thema herumschlägt. Als wir TO LIVE WITH HERDS gemacht haben, gaben wir uns damit zufrieden, Sequenzen einzublenden, in denen gelegentlich unsere Anwesenheit eingestanden wurde. Als wir dann THE WEDDING CAMELS gedreht haben, versuchten wir ganz bewußt, durch das Medium Film zu zeigen, in welcher Situation sich ein Beobachter innerhalb eines komplexen Geschehens befindet, wenn er versucht, den Sinn dieses Geschehens zu ermitteln. Dieser Film verdankt seine Struktur dem Gang der Untersuchung. Es ist ganz klar, daß uns vieles entgeht. Ein Großteil dessen, was uns dennoch verbleibt, sind durch die innere Zensur gegangene Aussagen am Film Mitwirkender, deren selbstverständliche Interessen wir in Betracht ziehen müssen. Jedes Verständnis des Geschehens bleibt letztlich provisorisch, und in diesem Sinne handelt der Film von dem, was man wissen beziehungsweise nicht wissen kann.

Ivo Strecker

Die kurze Einstellung

Die Kinarri, gebaut in den 20er Jahren, 35 mm, Handkurbel, bei 18 Bildern/sek ca. 44 Sekunden Laufzeit, universell einsetzbar.

Die Arriflex 35 BL III ist eine bild- und tonsynchrone Kamera, 35 mm, mit einer 120 m-Kassette, das sind ca. 4 Minuten Laufzeit, bei einer 300 m-Kassette ca. 20 Minuten Laufzeit.

In diesem Aufsatz möchte ich darlegen, warum trotz der weit fortgeschrittenen Kameratechnik die einfache Kamera im ethnographischen Film nach wie vor ihre Daseinsberechtigung hat.

So mancher Ethnograph träumt von einer elektronischen 16 mm Synchronton-Kamera wie der Eclair, der Arriflex oder der Aaton. Diese Kameras hocken dem Filmer wie eine Katze auf der Schulter, betrachten die Welt mit unglaublich wendigen Zoom-Linsen-Augen und schnurren leise dahin, während sie aus ihren 120 m Kassetten Filmmaterial in Hülle und Fülle abspulen. Aber wer kann sich diese teuren Kameras schon leisten beziehungsweise seine Geldgeber davon überzeugen, daß sie zur notwendigen Ausrüstung für die Feldforschung gehören? Ich habe Jahre gebraucht, bis es mir – erst ganz kürzlich – gelungen ist, mir eine Synchronton-Kamera zu sichern, und eine Zeitlang mußte ich mit einer sehr einfachen (und billigen) Kamera arbeiten, der Blech-Bolex.

Als ich die Blech-Bolex benutzte, gaben mir immer wieder sowohl Profis als auch Nicht-Profis zu verstehen, es müsse doch frustrierend sein, mit einem derart primitiven Gerät zu arbeiten. Aber ich habe genau die entgegengesetzte Erfahrung gemacht. Ich fand ihre Einfachheit inspirierend, und ihre begrenzten technischen Möglichkeiten haben mir geholfen, die Logik des Filmens zu verstehen und meinen Filmen eine Struktur zu geben.

In den vergangenen Jahren hat es auf seiten der Ethnographen die Tendenz gegeben, das Filmen ganz und gar den Kino- und Fernsehprofis zu überlassen. Die Ethnographen scheinen davon auszugehen, daß ihre Filme im Vergleich zu solchen Produkten, die mit einer komplizierten technischen Ausrüstung hergestellt werden, primitiv wirken müssen. Dennoch meine ich, daß jeder, der gerne einen Film machen möchte, diese Befürchtung überwinden und die einfache Kamera in die Hand nehmen sollte. Ich bin zuversichtlich, daß Ethnographen noch immer gute Filme machen können. Natürlich gibt es eine Reihe von Problemen, aber diese Probleme sind nicht so unlösbar, wie es uns bestimmte ›Profis‹ weismachen möchten, die gerne die Kunst des Filmens mystifizieren. Das Problem der kurzen Einstellung, das ich weiter unten diskutieren werde, gehört auch hierher.

Die Eclair, Aaton und Arri gestatten Aufnahmen von bis zu zwölf Minuten Länge, während die mit Hilfe einer manuell aufgezogenen Feder arbeitende Blech-Bolex höchstens Aufnahmen von vierundzwanzig Sekunden Länge zuläßt. Für jemanden, der die Kunst des Filmens lernen möchte, hält die Blech-Bolex eine sehr heilsame Ernüchterung bereit. Sie lehrt ihn, die filmische Repräsentation nicht mit der Wirklichkeit zu verwechseln und von Anfang an sich darüber im klaren zu sein, daß sein Film eine Reduktion, eine ikonische Ähnlichkeit, ein Modell ist.

Die Idee einer Reduktion war schon von jeher elementarer Bestandteil einer jeden Ästhetik des Films, und sie findet natürlich ihre Verkörperung in der Existenz des Schneidetisches. Aber gerade dann, wenn man mit einer hoch entwickelten technischen Ausrüstung arbeitet, die Aufnahmen von fast unbegrenzter Länge ermöglicht, läuft man Gefahr, den letztlich reduktionistischen Charakter der Kunst des Filmens zu vergessen.

Was dem Film (und ähnlichem Bildmaterial wie Tabellen, Plänen, Schaubildern, Diagrammen etc.) seinen Wert verleiht, ist unter anderem die Ökonomie, mittels derer er zeigt, »wie die Dinge sind«. Diese Ökonomie kann nicht erst im Endstadium des Schnitts in die Arbeit hineingetragen werden, sondern muß schon in der frühen Phase der Dreharbeiten wirksam sein.

Es fällt mir schwer zu erklären, warum das so sein sollte, aber es hat etwas mit dem zu tun, was man vielleicht als die Intensität einer Einstellung bezeichnen könnte. Eine Einstellung ist dann »intensiv«, wenn sie, was sie zeigen will, optimal zeigt. Solche Intensität ist Ergebnis der Geistesgegenwart des Filmers. Auf die eine oder andere Weise spürt er, wie er diese oder jene Szene optimal aufnehmen kann. Dabei teilt er Geschehnisse intuitiv in Segmente ein. Diese Segmente filmt er so lange und nur so lange, wie er braucht, um die in ihnen verkörperte Bedeutung aufzudecken und sich anzueignen. Hat er dann die einzelnen Segmente auf diese Weise schrumpfen lassen, fügt er sie wieder zusammen, um ein Modell des Gesamtgeschehens vorzuführen.

Wenn man sich nun einen ethnographischen Film als Modell vorstellt, gewinnt die technische Begrenztheit der Bolex unmittelbar eine andere Qualität. Die Kurzaufnahme von nur vierundzwanzig Sekunden Länge verliert dann ihr Stigma und erscheint plötzlich in einem positiven Licht. Die Bolex wird nun zu einem Werkzeug zur Herstellung eines aus Kurzaufnahmen bzw. kurzen Einstellungen bestehenden Modells, während die Arri, Aaton und Eclair aus kurzen und langen Einstellungen zusammengesetzte Modelle ermöglichen. Wenn man die beiden Kameratypen in dieser Weise miteinander vergleicht, werden sie ganz einfach zu verschiedenen Werkzeugen, mit denen man die gleiche Arbeit tun kann. Oder vielleicht sollte ich sagen, mit denen man die gleiche Arbeit verschieden tun kann, weil jetzt unter Umständen die Möglichkeit besteht, dieses oder jenes der beiden Werkzeuge bewußt einzusetzen.

Ich kann mir jemanden vorstellen, der mit der Bolex auf der Ebene des Films das gleiche tut, was andere schon früher in der Malerei getan haben. Er stünde vor der gleichen Wahl wie im neunzehnten Jahrhundert Monet oder Sisley und nach ihnen Seurat, van Gogh und andere Pointillisten. Er würde damit in gewisser Hinsicht ganz einfach der zutiefst pointillistischen Logik der Bolex folgen: ihre Filme müssen aus einer großen Anzahl kurzer Einstellungen zusammengesetzt werden, genau wie die Bilder der Pointillisten aus einer Vielzahl kleiner Farbtupfer bestehen.

Theoretisch kann man natürlich auch mit einer elektronischen Kamera pointillistische Filme machen. Aber warum eine teure Kamera benutzen, wenn es auch eine billige tut? Warum Elektrizität benutzen, wenn ein mechanischer Antrieb ausreicht? Und, was am wichtigsten ist, warum sollte man sich nicht die von dem mechanischen Antriebssystem der Bolex bereitgestellte eingebaute »Erinnerungsvorrichtung« zunutze machen?

Wenn man mit der Bolex arbeitet, passiert es am Anfang häufig, daß die Antriebskraft der Feder zu früh erschöpft ist und die Kamera stehenbleibt, bevor die Einstellung eigentlich abgedreht ist. Das ist ein harter, aber wirksamer Hinweis darauf, daß man die Kunst der Kurzaufnahme noch nicht beherrscht. Man hätte näher am *Punkt* sein sollen und innerhalb der vierundzwanzig Sekunden fertig sein müssen. Keine elektronische Kamera erteilt einem eine solch drastische Lektion. Im Gegenteil, sie verleitet zu immer längeren Einstellungen und nährt das Gefühl, daß man nie genug Material abdrehen kann.

Nun erhebt sich die Frage, ob die Kurzaufnahme tatsächlich eine Technik ist, die man nur bei einer begrenzten Zahl von Themen anwenden kann. Die Antwort lautet: »ja«. Gewisse Themen kommen der Kurzaufnahme mehr entgegen als andere. Ein gutes Beispiel dafür bietet das Ritual.

In diesem Zusammenhang ist Malinowskis Devise angebracht: »Studieren Sie das Ritual und nicht den Glauben!« Rituale sind im Gegensatz zu Glaubenshaltungen sichtbar. Sie sind eine Manifestation, und deshalb geben sie einen idealen Filmstoff ab. Außerdem sind sie expressiv, dramatisch, stilisiert, und – nicht zu vergessen – sie wiederholen sich.

Alle diese Eigenschaften lassen das Ritual als geeigneten Gegenstand eines Films erscheinen. Das gilt nicht nur für das Medium Film schlechthin, sondern speziell für den Einsatz der Kurzaufnahme-Technik. Lassen Sie mich das anhand meines eigenen Films erläutern. Der Initiationsritus der Hamar, dessen Höhepunkt der

Aus OCHSTANZ, einem neuen Film Streckers (1984), mit einer modernen Synchrontonkamera aufgenommen.

Aus Der Sprung über die Rinder.

Sprung eines Jugendlichen über eine Anzahl von Rindern ist, setzt sich aus mehr als fünfzig verschiedenen Episoden zusammen, die sich über einen Zeitraum von Monaten verteilt abspielen. Jeder Film über dieses Geschehen muß daher notwendig eine Reduktion beziehungsweise ein Modell in dem oben beschriebenen Sinn sein. Darüber hinaus sind die verschiedenen Episoden so zahlreich, daß die Dokumentation jeder einzelnen kurz sein muß, besonders wenn der fertige Film für den Unterricht gedacht ist und die Dauer einer Unterrichtsstunde, das heißt fünfundvierzig Minuten, nicht überschreiten sollte.

Als ich daher anfing, das Ritual mit der Bolex, die mir als einzige Kamera zur Verfügung stand, in kurzen Einstellungen zu filmen, war mir diese Behinderung tatsächlich nicht so unangenehm, wie es vielleicht erscheinen mag. Eher war das Gegenteil der Fall: die Technik der kurzen Einstellung half mir dabei, ökonomisch zu arbeiten und mich auf die wirklich wesentlichen Aufnahmen zu beschränken. Was wesentlich und was unwesentlich war, wurde mir von der standardisierten Abfolge der rituellen Ereignisse diktiert.

Wenn man ein Ritual filmt, zeichnet man in gewisser Hinsicht Theater auf. Der Text existiert schon und ebenso die Besetzung und die Bühne. Die Aufgabe der Kamera besteht ganz einfach darin, die Schauspieler dabei zu filmen, wie sie ihre öffentlich vorgeschriebenen Rollen in dem Ritual ausagieren.

Offensichtlich verträgt sich solch selektives oder punktuelles Filmen durchaus mit den Einschränkungen der Kurzaufnahme.

Ich frage mich, ob ich mit einer anderen Kamera einen anderen Film gemacht hätte. Ich glaube nicht. Was ein Film über den Rindersprung zeigen soll, ist, aus meiner Sicht, die symbolische Verwandlung des Jugendlichen. Diese Transformation findet im Rahmen einer Reihe kurzer Ereignisse statt, von denen sich wiederum jedes einzelne in besonders wichtige Segmente unterteilen läßt, die man ihrerseits in Kurzaufnahmen filmen kann. Lange Einstellungen hätten nicht der Aufgabe gedient, das Ganze darzustellen und wären mit der Struktur des Films insgesamt unvereinbar gewesen.

Ich glaube deshalb, daß man mit der kurzen Einstellung eine ganze Menge ausrichten kann. Aber diese Technik hat auch ihre Grenzen. Ich habe das besonders stark bei Einstellungen wie der folgenden festgestellt, die ich vor nicht allzu langer Zeit gemacht habe.

Als die ersten warmen Strahlen der Morgensonne in das Ziegengatter des Hamar-Gehöfts fielen, richtete ich meine Blech-Bolex auf eine kleine weiße Ziege. Die Ziege machte ein paar Körperübungen, um sich nach einer langen, kühlen Nacht aufzuwärmen. Sie erhob sich und schlug mit den Vorderhufen gegen die Umzäunung. Dann rieb sie ihre Flanke an einem Pfahl und sprang in einem plötzlichen Anfall von Lebensfreude – alle Viere von sich gestreckt – in die Luft. Als sie wieder auf dem Boden gelandet war, rannte sie los und war einen Augenblick später wieder an ihrem Ausgangspunkt angelangt.

Jetzt fing ich an zu filmen. Wieder spielte die Ziege an der Umzäunung herum. Nach Ablauf einiger Sekunden verfing sie sich plötzlich mit einem ihrer Vorderbeine zwischen zwei Holzstäben. Zunächst versuchte die Ziege, sich zu befreien, dann fing sie zu meckern an. Ich ließ die Kamera weiterlaufen und sah dann, wie die Hand eines Mädchens das Vorderbein der Ziege befreite. In dem Augenblick, als die Ziege wieder frei war, waren auch meine vierundzwanzig Sekunden vorüber, und die Kamera blieb stehen.

Derartige Einstellungen bereiten mir am meisten Genugtuung. Ich finde sie deshalb so aufregend, weil sie ein wirkliches Ereignis zeigen. Ich meine, ein Ereignis, das nicht vorhersehbar gewesen ist. In diesem Fall war etwas geschehen, was ich unmöglich mit Sicherheit hätte vorhersehen können und was sich nicht schon allein durch die Tatsache angekündigt hatte, daß ich mit der Kamera in jene Richtung zielte beziehungsweise sie in dieser oder jener Manier hielt und diese oder jene Linse benutzte.

Aber die kurze Laufdauer der einfachen Kamera macht es schwierig, solche Ereignisse zu filmen. Da man immer damit rechnen muß, daß die Aufnahme vor dem Ereignis zu Ende ist, kann man sich den Luxus einer Einstellung mit offenem Ausgang nicht leisten. Um das Beste aus der Kurzaufnahme zu machen, filmt man nur, wovon man sicher ist, daß es innerhalb dieser oder jener Zeitspanne passiert und innerhalb der maximalen Laufzeit von vierundzwanzig Sekunden vorüber ist.

Darin liegt die Stärke dieser Filmtechnik. Zugleich ist das jedoch auch ihre Schwäche, weil man unter diesen Bedingungen in der Regel nur standardisierte und normierte Abläufe filmen kann, also eher sich regelmäßig wiederholende Vorgänge als einmalige Situationen.

Deshalb ist diese Arbeitsweise der alten ethnographischen Methode der »apt illustration« nicht unähnlich. Die »apt illustration« hat durchaus ihren Wert, wenn man ein Modell bauen will und wenn man schon weiß, was die Dinge bedeuten.

Aber wie findet man denn überhaupt erst einmal heraus, was die Dinge bedeuten? Ist nicht der Akt der *Erkundung* selbst schon ein Erkenntnisprozeß? Hat nicht die Kamera deshalb in eben diesem Erkundungsprozeß ihren eigenen Platz? Ganz offensichtlich braucht man für eine derart erkundende Verwendung der Kamera lange Einstellungen und eine Menge Filmmaterial. Aber kann man sich das leisten? Was mich wieder zum Ausgangspunkt zurückführt.

Über den ›wissenschaftlichen‹ Film
Ein Gespräch mit Peter Fuchs von R. Kapfer und R. Thoms

Herr Fuchs, Sie sind Professor am Institut für Völkerkunde in Göttingen, daneben sind Sie Mitherausgeber der Encyclopaedia Cinematographica (E.C.) *im Institut für den Wissenschaftlichen Film (IWF). Sprechen wir zunächst darüber: Was ist das IWF, was ist die E.C.?*

Aufgabe des IWF ist es mal ganz vereinfacht gesagt, Wissenschaftlern, die bestimmte Erkenntnisse mit Hilfe des Films gewinnen wollen, in die Lage zu versetzen, ein solches Projekt durchzuführen, indem das IWF technische Einrichtungen zur Verfügung stellt, ebenso Kameraleute oder sonstiges Personal. Die Wissenschaftler machen die Filme, stellen sie fertig und wenn der Autor es wünscht, und das Thema auch, sagen wir, ergiebig genug ist, dann werden solche Filme publiziert. Nun ist ja bei der Ethnologie die Situation etwas anders als in der Medizin oder der Biologie. Bei der Ethnologie sind Filmaufnahmen immer auch Menschheitsdokumente. Deshalb wird man sich beim ethnographischen Film sehr schwer entschließen, einen Film nicht zu publizieren, weil es meistens Aufnahmen sind, die unwiederholbar sind; selbst wenn sie technisch vollkommen sein sollten, selbst wenn sie vielleicht auch vom Inhalt her manche Probleme haben, so sind es doch Dokumente einer Kultur, die sich wandelt, die wir vielleicht in 20 oder 30 Jahren vollkommen anders sehen als heute; das sind also Kulturdokumente und nicht zuletzt auch Geschichtsdokumente.

Und zur E.C. möchte ich sagen, daß es nicht richtig ist, beziehungsweise nur teilweise, wenn man diese E.C. mit dem IWF identifiziert. Im Grunde ist die E.C. eine internationale Herausgebergruppe für wissenschaftliche Filme. Diese Filmenzyklopädie ist eigentlich von Verhaltensforschern, von Biologen gegründet worden, u. a. von Konrad Lorenz, die das Verhalten ihrer Tiere filmisch festhalten, entsprechend analysieren wollten und eine Art enzyklopädisches Verhaltensinventar anstrebten. Das ist eigentlich der Ursprung der E.C. gewesen. Da stießen aber ziemlich in den Anfängen die Ethnologen hinzu. Die Ethnologie spielt deshalb eine große Rolle, weil den ethnologischen Dokumenten nicht nur der reine Forschungsaspekt zukommt, sondern weil eben dieser historische Aspekt eine ganz große Rolle spielt. Man muß sich nur einmal vorstellen, was es für uns bedeuten würde, wenn wir zum Beispiel aus dem Mittelalter Filme hätten, in denen man sieht, wie die Menschen damals gelebt, gearbeitet usw. haben, was dies für die Geschichtswissenschaft heute bedeuten würde, was für eine großartige Quelle. Und dieser ethnologische Teil der Filmenzyklopädie, den muß man eigentlich so sehen, daß seine wirkliche Bedeutung in 50 oder 100 oder vielleicht in 300 Jahren erst voll zum Tragen kommt.

An der E.C. sind ein gutes Dutzend Länder beteiligt, in der Form, daß entweder aus diesen Ländern Beiträge in die Enzyklopädie hineingeliefert werden oder daß es in den verschiedenen Mitgliedsländern Archive gibt. Da gibt es Vollarchive, aber auch Teilarchive, die nur ganz bestimmte Teile dieser Filmenzyklopädie haben. Zum Beispiel gibt es ein spezielles E.C.-Teilarchiv nur für Ethnologie in Osaka.

Enzyklopädie würde doch beinhalten, daß man Vollständigkeit anstrebt. Gibt es von Seiten der Verantwortlichen in der E.C. Bestrebungen, diese Vollständigkeit zu erreichen?

Natürlich strebt die E.C. Vollständigkeit an, und natürlich ist dem Herausgebergremium völlig klar, daß diese Vollständigkeit nie erreichbar sein wird. Trotzdem ist das Bestreben da, das, was schon vorhanden ist, und es ist schon eine ganze Menge da, immer weiter auszubauen und zu ergänzen. Die Enzyklopädie selbst macht aber keine Filmprojekte, sondern nichts anderes, als die Filme, die von Wissenschaftlern der E.C. angeboten werden, zu sichten und zu sagen, dieser Film ist geeignet für die E.C. bzw. jener nicht. Das heißt, dieses Unternehmen wird immer so lückenhaft bleiben oder so vollständig werden, wie die Beiträge der Ethnologen dazu ausfallen, heute und in Zukunft.

Die E.C. versteht sich sozusagen als Sammler?

Ja, sie ist eine Sammlung. Man kann diese ganze E.C. vergleichen mit einer Zeitschrift. Was von den Autoren hereinkommt, liegt einem Redaktionskollegium vor und dieses entscheidet, ob der jeweilige Beitrag publiziert werden soll oder nicht.

Aufgrund bestimmter Kriterien. Welche sind das?

Bei der E.C. ist es vor allem das Kriterium der Vollständigkeit, das heißt, wenn ein Film über ein bestimmtes Thema angeboten wird, dann soll dieses Thema möglichst umfassend, möglichst vollständig filmisch dokumentiert sein. Natürlich ist das auch relativ zu sehen. Bei einem Film über Töpferei geht das noch. Wenn man einen Film über Initiation dreht, dann wird das schon bedeutend schwieriger. Oder gar ein Film über ein Ereignis, das sich über längere Zeit hinzieht. Da kommt es darauf an, daß die wichtigsten Phasen dieses langandauernden Vorgangs im Film enthalten sind.

Der Ethnologe muß also den Ablauf bereits kennen, bevor er ihn filmt. Wenn er den Ablauf genauestens kennen muß, um alles Wichtige auf den Film zu bekommen, dann kann ja eigentlich dieser Film nicht mehr als Forschungsfilm dienen, sondern nur noch als Dokumentationsfilm.

Ja, das kommt darauf an. Einerseits ist die reine Dokumentation sehr oft ein Anliegen der Ethnologen. Es ist ja ganz allgemein ein Problem der Ethnologie, daß man den Feldforschern im Grunde erst einmal alles glauben muß, weil man gar keine Möglichkeit der Überprüfung hat. Der Film ist eine Möglichkeit zu sagen, also hier, das ist mein Beweismittel dafür, daß sich das und das auch tatsächlich so abspielt. Das ist der eine Grund, und es gibt nicht wenige Ethnologen, und ich gehöre auch dazu, die ihre Filme unter diesem Gesichtspunkt gedreht haben, Beweismittel für ihre Aussagen zu haben.

Zum anderen ist es fast immer so, daß, selbst wenn man einen Vorgang gut kennt und diesen Vorgang nachher im Film, wie das ja zum Beispiel beim Schnitt passiert, oft und oft in der Projektion sieht, plötzlich Dinge klar werden oder ins Auge fallen, die man bisher übersehen hat, von denen man gar nicht gewußt hat, daß sie überhaupt da sind. Das ist nicht nur mir so ergangen, sondern es geht vielen so, und die Leute am IWF, für die ist es tägliches Brot, diese Aha-Erlebnisse der Forscher. Plötzlich entdecken sie da wirklich neue Dinge. Es ist natürlich ein Unterschied, ob man einen Vorgang, vor allem, wenn er komplizierter ist, ob man den nun gesehen und versucht hat, ihn möglichst vollständig zu drehen, oder ob man diesen Vorgang 10 oder 20mal sich immer wieder anschauen kann. Also insofern ist jeder Film, auch wenn er unter dem Gesichtspunkt der Dokumentation aufgenommen wurde, immer auch irgendwo ein Forschungsfilm. Weil neue Erkenntnisse dadurch herauskommen.

Aber nach meiner Meinung ist es die Sehweise des Ethnologen, die der Film enthält. Dem Selbstverständnis der E.C. nach soll versucht werden, Realität, oder, wie gesagt wird, eine zweite Realität im Film abzubilden, die Realität reproduzierbar zu machen. Das scheint mir doch eine Idee zu sein, die nicht einzulösen ist, die ...

Nein, in einem absoluten Sinne ist da überhaupt nichts einzulösen, weil jede Art der Wiedergabe von kultureller Realität, sagen wir mal durch einen Feldforscher, subjektiv gesehen und gefärbt ist. Es wird im Film immer nur das zu sehen sein, was der Forscher eben zeigen will, worauf es ihm ankommt in diesem Augenblick. In diesem Sinne ist natürlich auch ein Film von der Subjektivität, mit der alle ethnographischen Aussagen verbunden sind, nicht ausgenommen. Und zu glauben, daß der Film eine zweite Wirklichkeit bringt, ist nie einzulösen.

Hat sich in dieser Hinsicht dann die Vorstellung und die Politik des IWF, der E.C. geändert: in früheren Publikationen war ja sehr wohl gerade in Bezug auf die Regeln, die für das Filmschaffen ausgegeben wurden, davon die Rede, Vollständigkeit und Reproduzierbarkeit von Realität zu erzielen.

Natürlich, das ist ganz klar, schauen Sie, diese Filmenzyklopädie ist jetzt dreißig Jahre alt, also eine Generation, und in dreißig Jahren haben alle, die damit zu tun haben, eine ganze Menge gelernt und da hat auch eine Entwicklung stattgefunden. Es war wirklich ein Start von unten, das mußte alles erst gelernt werden. Ich selber war an diesem Lernprozeß auch beteiligt, denn ich war zum Beispiel der erste, der versucht hat, Tonfilmdokumente im Feld herzustellen. Bestimmte Dinge mal aufzunehmen, bei denen auch der Ton eine ganz entscheidende Rolle spielt. Dies alles hängt auch mit der Entwicklung der Technik zusammen. Aber als wir damals im Tschad versucht haben, die ersten Tonfilmdokumente zu machen, da gab es überhaupt keine theoretischen Überlegungen oder irgendetwas darüber, sondern das mußte ich mir damals erst an Ort und Stelle überlegen, wie man derartiges eigentlich macht, worauf es denn dabei ankommt.

Sie würden also der Technik einen bestimmten Anteil zuschreiben, daß die Auffassung, was der Film dokumentieren kann, daß das Postulat, eine zweite Realität zu schaffen, geändert wurde.

Das ist wieder etwas anderes. Diese Erkenntnisse, die man in der Richtung gewonnen hat, das waren eigentlich Erkenntnisse, die hat man hier in Europa gewonnen, meistens an den Schneidetischen. Da haben die Ethnologen dann selber angefangen, über das zu reflektieren, was sie machen und was sie gemacht haben. Und da kam eine Diskussion in Gang, eine Diskussion, bei der damals zum Beispiel Jochen Koloß eine Rolle spielte, der ja eine Zeitlang am IWF tätig gewesen ist.

Aber gerade der Herr Koloß, der sagt doch, daß der Film Abbild der Wirklichkeit sei. Er schreibt zum Beispiel: »Der Film zeichnet einen raumzeitlich begrenzten Ausschnitt der Wirklichkeit total auf. Innerhalb dieser Grenzen liefert er keine Interpretation und bleibt eindeutig im Rezeptiven. Die Informationen, die er enthält, werden konserviert und können jederzeit abgerufen werden. Demgegenüber stellt ein verbaler Bericht eine Interpretation, eine Deutung dar.«[1] Ich glaube im Gegensatz dazu, daß genauso auch der Film eine Interpretation ist, eine Deutung, ebenso wie der verbale oder der schriftliche Bericht. In dem Aufsatz von Herrn Koloß ist gerade die Position vertreten: Film ist Abbild der Wirklichkeit und stellt keine Interpretation und Deutung dar.

Auch seither sind schon viele Jahre vergangen. Meiner Ansicht nach ist jeder ethnographische Film, jede ethnographische Filmaufnahme schon mit einer bestimmten Sicht dieser bestimmten Kultur durch den Ethnographen verbunden. Wenn Sie wollen, können Sie das schon als Interpretation nehmen.

Nicht so sehr als Interpretation, sondern ich würde sagen, sehen ist ein aktiver Prozeß, es ist nicht nur aufnehmen, es ist gerichtete Aktivität.

Aber wie gesagt, ich meine nicht, daß der Film – auch der wissenschaftlichste Film nicht – so etwas wie eine zweite Wirklichkeit reproduziert. Er macht aber eines möglich. Er macht möglich, bestimmte Bewegungsvorgänge immer wieder reproduzierbar zu machen.

Da muß man aber fragen, inwieweit hat es die Ethnologie mit bestimmten Bewegungsvorgängen zu tun, oder ...

Sehr oft. Deswegen ist ja der Film so wichtig für die ethnologische Forschung. Es gibt Vorgänge, die sich in Worten einfach nicht adäquat beschreiben lassen, und das sind gar nicht so wenige. Auch das Tonbandgerät kann diese Lücken füllen, aber oft reicht eben das Tonbandgerät auch nicht aus, oder die Photographie, die ist ja genauso wichtig, die setzt man ja auch ein, weil man meint, das läßt sich besser durch ein Bild darstellen als durch ein Wort.

Aber nur den Bewegungsvorgang zu dokumentieren ist nur der halbe Ausdruck, weil die Äußerung der Leute zu diesem Bewegungsausdruck, zum Beispiel zum Töpfern oder zum Tanzen usw., die gehört dazu, die bildet eigentlich das Ganze. In den Filmen der E.C. fehlt mir das sehr oft.

Daß so viele ethnographische Filme ohne Ton sind, ist ganz eindeutig ein Mangel, aber Sie können ja auch die Feldforscher, die Ethnologen nicht überfordern. Wir müssen mal sehen, was es überhaupt bedeutet zu filmen, und was es bedeutet, Tonfilme zu machen. Es gibt nun heute schon sehr kleine und leicht zu transportierende Tonfilmgeräte, aber seit wann? Die gibt es vielleicht seit drei, vier Jahren. Wie ich die ersten Tonfilme im Tschad [1964] gemacht habe, hatten wir noch eine Ausrüstung notwendig, die etwa 1000 kg Gewicht hatte. Jetzt hat die Deutsche Forschungsgemeinschaft vor ca. zwei Jahren eine solche teure Tonfilmausrüstung speziell für Ethnographen angeschafft. Das hat viel Geld gekostet, und der erste, der damit ins Feld gegangen ist und gearbeitet hat, war Ivo Strecker. Der hat vorher schon einen Film über die Hamar[2] gedreht und wollte eben auch gern Tonfilm machen.

Ändern sich neben den ›technischen‹ Angelegenheiten auch inhaltliche Konzeptionen? Die bisherige Auffassung ist ja, daß Dokumentationsfilme, Forschungsfilme nicht die Möglichkeit bieten – ohne oberflächlich zu werden –, monographische Themen zu verarbeiten, so daß immer davon ausgegangen wird, Filme herzustellen nach dem Prinzip der kleinsten thematischen Einheit.

Diese Konzeption der kleinsten Einheit hat sich, wenn man die Anfänge vergleicht mit dem was heute gemacht wird, ganz wesentlich geändert. Es macht heute niemand einen ethnographischen Film in der Richtung, auch in die Enzyklopädie würde ein solcher gar nicht mehr hineinkommen, der die kleinste thematische Einheit so einengt, daß man sagt, wir zeigen, wie ein Schild bemalt wird, aber dann schneiden wir alles ab, was vorne und hinten ist, weil unsere Einheit heißt: Bemalen eines Schildes. Solche Filme sind am Anfang der E.C. gemacht worden, weil man dachte, daß man so einem enzyklopädischen Schema am nächsten kommt. Möglichst wurden bei diesen ersten Filmen alle Leute, die da eventuell dazukommen und zuschauen usw., die wurden möglichst nicht aufgenommen, weil das als störend empfunden wurde. Insofern hat sich das ganz radikal gewandelt, eine Entwicklung, die von den Ethnologen, die Filmaufnahmen machten, ausging: die sagten, ein solcher Vorgang ist nicht isoliert. Da wird nicht nur ein Schild bemalt, sondern da passiert alles mögliche.

Die andere Seite des Problems ist, mit dem sich gerade auch die Redaktion der E.C. immer wieder beschäftigen muß, daß die Filme nun so komplex und dadurch so lang werden, daß man sich fragt, wo setzen wir denn da eine Grenze. Ein langer Film hat eine ganze Reihe von Problemen. Erstens einmal die Kostenfrage. Ein anderer Punkt ist der, daß die Hochschullehrer kommen und sagen, hört bloß auf mit diesen

Jeden Freitag bringen Frauen sauberen Sand von den Dünen, der auf den Fußböden der Innenräume aufgeschüttet wird.

Fachi: Blick auf die Stadt-Häuser aus Salz und Lehm.

langen Filmen, die kann ich in die Vorlesungen nicht mehr einbauen. Dies sind Probleme für den Redaktionsausschuß, der ja andererseits die Themen vollständig haben möchte, ich meine nicht nur im technischen Sinne, sondern auch im sozialen Sinne vollständig, so weit das eben geht. Aber die Ethnologie ist nur eines von mehreren Fächern und die anderen werden sich dagegen wehren, wenn die Ethnologen durch ihre Forderung nach komplexen Filmen vielleicht das ganze Schema zu sprengen drohen. Da muß man versuchen, irgendwo Auswege zu finden.

Also ändert sich an der Konzeption der thematischen Einheit nichts.

Man versucht in der E.C. nicht, so etwas wie einen Überblick über die Kultur in *einem* Film zu bringen. Das ist überhaupt nicht Aufgabe, das ist nicht das Konzept. Es sollen Themen sein, die in sich geschlossen sind und die mit einem möglichst großen Ausmaß an Vollständigkeit dokumentiert sind. Das ist nach wie vor das Grundprinzip der E.C. Das heißt aber nicht, daß dies das Grundprinzip des IWF ist, was den ethnologischen Film betrifft. Da muß ganz klar unterschieden werden. Das IWF ist zwar einer der Träger dieser Filmenzyklopädie, vielleicht im Augenblick der aktivste und potenteste, aber die E.C. ist nicht das IWF.

Ist die Aktivität der anderen, der ausländischen Mitglieder der E.C. einfach so zurückgegangen, oder wie ist das?

Das hängt mit dem Geld zusammen. Nur mit dem Geld. Die BRD ist nun mal ein Land, das im Vergleich zu anderen reich ist und imstande ist, Dinge zu finanzieren, bei denen andere Länder Probleme haben.

Kann das auch damit zusammenhängen, daß die Vorstellung von Film oder welche Filme man machen soll, zum Beispiel in Frankreich oder in angelsächsischen Ländern, anders ist? So wird in Frankreich versucht, mehr eine monographische Darstellung zu finden, auf bestimmte Probleme hin ausgerichtet. Die E.C. dagegen ist ja stark ausgerichtet – sie kann ihren Hersprung aus der deutschen Ethnologie nicht verleugnen – auf die materielle Kultur: Tätigkeiten, verbunden mit materiellen Gegenständen, Herstellung von bestimmten Gerätschaften usw.

Das war aber schon immer so, das ist keine neue Entwicklung. Es gab immer schon Ethnologen, die ganz andere Filme gemacht haben und die auch nicht den Wunsch hatten, in der E.C. zu publizieren. Das ist durchaus legitim. Es gibt ja nicht nur eine Möglichkeit, ethnographische Filme zu machen, es gibt derer eine ganze Menge. Die E.C. ist eine dieser Möglichkeiten und hat also ihre Gründe, wenn sie glaubt, daß ihr Konzept, auf lange Sicht doch eine Sammlung von Kulturdokumenten und damit Menschheits- und Geschichtsdokumenten zu sein, auch in 100 oder 200 Jahren den Ansprüchen, die die Wissenschaft an diese Filme stellt – die *Wissenschaft* wohlgemerkt –, genügen kann, ebenso wie andere Konzepte.

Aber eine uns fragwürdige Möglichkeit. Wir haben vor kurzem Filme über die Eipo gesehen.[3] Die Blickrichtung, die ein Gutteil dieser Filme hat, war die eines Herrenmenschen gegenüber seinem Objekt, das tief unter ihm steht. Das ist die Aussage des Filmers. Wird bei der Annahme eines Filmes darüber gesprochen?

Natürlich wird auch darüber gesprochen. Nur muß man sich klar sein, daß einem solchen Redaktionsstab enge Grenzen gesetzt sind, denn verantwortlich für den Film ist der Autor. Der Redaktionsausschuß kann auf die Richtung nur einen, ich

Ein Wohnraum in Fachi.

sage das aus Erfahrung, nur einen sehr geringen Einfluß ausüben, eben wegen des enzyklopädischen Charakters. Sie können ja sagen, dieser Film gefällt mir aus diesem und diesem Grund nicht – aber er enthält vielleicht wichtige Informationen gerade im Vergleich zu einem anderen Film. Es ist schon sehr schwierig, zu sagen, wir nehmen einen Film nicht, weil die Art, wie die Menschen photographiert werden, irgendwie Unbehagen bereitet. Das können Sie nicht machen.

Es geht mir nicht ums Gefallen, sondern um Verantwortung: natürlich sind das die Aussagen des Filmers, aber in dem Moment, wo das E.C. die Filme aufnimmt und ausleiht, übernimmt sie ein Stück dieser Verantwortung. Ich kann das nicht so begreifen: wir stellen uns nur zur Verfügung und die Verantwortung bleibt bei den jeweiligen Filmern.

Ich verstehe, und es ist auch ein Dilemma, das sag ich ganz offen. Bei vielen Filmen ist das ein Dilemma. Ich habe auch selber ein paar Filme gedreht, bei denen es für mich eine große Belastung ist, zu wissen, daß man diese Filme ausleihen kann. Aber was ist die Alternative? Die Alternative ist, die Dinge eben unter Verschluß zu halten: für wen, bis wann? Es gibt einen Fall, wo das gemacht wurde, und der hat gerade unter Ethnologen eine ganz vehemente Kritik hervorgerufen. Sie wissen ja vielleicht, daß einiges Filmmaterial des Smithsonian Instituts nie veröffentlicht und gezeigt wurde. Ich kenne keinen Kongreß, wo dieses Problem nicht auftaucht und man denen die bittersten Vorwürfe macht, daß sie Filme unter Verschluß halten.

Aber dieses Dilemma wird gemildert – es wird nicht aus der Welt geschafft –, dadurch, daß ein jeder E.C.-Film mit einer Begleit-Veröffentlichung ausgestattet ist, ausgestattet sein muß, in der nicht nur der gesamte kulturelle Kontext, sondern auch, wann der Film aufgenommen wurde usw., dargestellt wird. Film und Text bilden eine Einheit, dürfen niemals getrennt werden. Oft ist es ja so, daß der Film wirklich erst verständlich wird aus dem Kontext des Begleittextes. Das ist bei ganz vielen Filmen so, aber es kann niemand verhindern, daß jemand den Film vorführt, ohne diesen Text gelesen zu haben und völlig falsche Interpretationen hineinbringt. Das ist das Dilemma des Autors.

Aber der Film wird mit Text auch nicht besser. Mir kommt es darauf an, welches Bild der Film im Beschauer erzeugt, und von daher kommt mir das Vorhaben der E.C. sehr fragwürdig vor. Aber sprechen wir über Ihre Filme. Sie haben zu Fachi 4 Filme gemacht, drei Forschungsfilme und einen hochschuldidaktischen Film[4], der mir gut gefallen hat. Sie sagten vorhin, daß das Konzept der Forschungsfilme, die sogenannte zweite Realität, dieser Anspruch auf möglichst hohen Wirklichkeitsgehalt, nicht aufrecht zu erhalten ist. Für mich stellt sich dann die Frage, warum Sie die Forschungsfilme in dieser Form gedreht haben, wie sie jetzt zu sehen sind. Im Vergleich zu dem hochschuldidaktischen Film, in dem ein Großteil des Materials der Forschungsfilme enthalten ist, erscheinen mir diese Forschungsfilme sinnlos. Kann man sagen, daß Sie gewisse Konzessionen an das System E.C. gemacht haben oder aus welchen Gründen haben Sie diese drei Filme in dieser Art produziert?

Das ist sehr leicht zu beantworten. Diese Filme, die in der E.C. erschienen sind, sind weit ausführlicher als das, was in diesem Übersichtsfilm, den Sie angesprochen haben, drinnen ist und auch drinnen sein kann. Gerade zum Beispiel das Thema der Salzgewinnung ist ein wichtiges Thema, ist auch in meinem Buch über Fachi ausführlich behandelt. Und es war für mich völlig klar, daß ich diese Technik der Salzgewinnung so umfänglich, so komplett wie überhaupt möglich filmisch festhalten wollte. Einmal um zu sehen, ob mir nicht eben doch das eine oder andere entgangen ist. Zweitens um Beweismaterial zu haben. Denn das sind Vorgänge, bei denen die Beschreibung immer weit hinter der Wirklichkeit zurückbleibt, wo auch das Foto nicht wirklich all das bringen kann, was sich dabei abspielt. Ich würde als Forschungsmaterial und auch als Dokumentationsmaterial eigentlich nur das gelten lasssen, was im E.C.-Film produziert wurde. Während der Teil über die Salinen in dem Unterrichtsfilm ganz fragmentarisch ist. Es wäre zum Beispiel auch nicht möglich, glaube ich, aus der Darstellung der Salzgewinnung im Unterrichtsfilm, wenn man nun kein anderes Material hätte, den Vorgang der Salzgewinnung wirklich zu rekonstruieren. Es würde nicht gehen, sondern es wären Lücken drin. Ich könnte nicht sagen, daß durch die Aufnahmen in meinem Unterrichtsfilm der E.C.-Film überflüssig ist. In einem Hochschulunterrichtsfilm arbeite ich ja nach didaktischen Prinzipien, was also ein gänzlich anderes Konzept darstellt. Mein Konzept in diesem Fall war, zu versuchen, im Film einen bestimmten Kulturtyp darzustellen. Und der Kulturtyp, den ich da sah, war: Oasenbauer in der zentralen Sahara, im zentralöstlichen Teil der Sahara. Das war die Vorstellung, die ich hatte. Ein Ziel war, einen solchen Film so einzusetzen, daß man sagt, jetzt schau dir doch diesen Film einmal unter einem ganz bestimmten Aspekt an, sagen wir unter dem Aspekt der geschlechtlichen Arbeitsteilung. Was ich bereits gemacht habe. Oder man schaut sich einen solchen Film unter dem Stichwort Sozialisation an. Wo treten Kinder auf, sieht man etwas, wie sie erzogen werden und dergleichen mehr.

Die Salinen in Fachi.

Aus der ätzenden Sole wird mit den Händen das Salz geschöpft.

Das Formen der Salzbarren.

Zum Verkauf bereitgestellte Salzbarren mit der Marke des Produzenten.

Es gibt viele Möglichkeiten, wie man solche Filme einsetzt. Und so eine Art Film hab ich mir immer gewünscht; denn diese Dinge konnte ich mit den Dokumentationen, wie sie die Filmenzyklopädie bringt, natürlich nicht machen. Das heißt, ich habe bei diesem Unterrichtsfilm bei jeder Aufnahme ganz genau überlegt, welche Fragestellung ich damit verbinden möchte und danach festgelegt, was ich aufnehme und wie.

Der Film, wie ist der denn finanziert worden? Vom Göttinger Institut, oder wie läuft so etwas ab?

Hochschulunterrichtsfilme sind ja eben etwas ganz anderes als E.C.-Filme. Hochschulunterrichtsfilme herzustellen ist Aufgabe des IWF und wird auch von diesem finanziert, und die Filme werden von ihm verliehen, verkauft.

Sie sind ja einer der wenigen deutschen Ethnologen, die so eine Art von Film gemacht haben. Wie sehen Sie das Verhältnis von Bücher machen zu Filme machen? Haben Sie eine besondere Beziehung zu Bildern oder kommt das rein aus dem, daß Sie gedacht haben, es ist für den Hochschulunterricht einfach wichtig, so einen Film zu haben.

Zum Film hatte ich schon immer eine enge Beziehung. Seit ich Ethnologie betreibe, mache ich auch Filme. Ich habe meinen ersten Feldforschungsaufenthalt, wenn Sie so wollen, als Student bei den Tuareg in der zentralen Sahara, 1952, gemacht und damals hatte ich schon eine Filmkamera mit. Natürlich eine ganz primitive, Schwarzweißfilm und natürlich wenig Filmmaterial. Es war ja Nachkriegszeit, man muß sich vorstellen, es war überhaupt ein Problem, einen Film zu bekommen. Inzwischen habe ich etwa 70 Forschungsfilme gemacht; dazwischen und auch davor bereits Filme gedreht in ganz anderen Bereichen, zum Beispiel für's Fernsehen. Ich war 10 Jahre freiberuflich tätig, bevor ich an die Universität kam. Von daher kommt auch eine gewisse technische Fertigkeit, mit einer Kamera umzugehen.

Ist es nicht für einen Ethnologen nochmal eine spezielle Sache, diese Feldforschungssituation umzusetzen in Bilder, in einen Film? Das Normale ist ja eigentlich, sie in ein Buch, eine Monographie umzusetzen.

Man setzt nie seine ganze Feldforschung in Film um, sondern einige winzige Fragmente. Das Filmen ist immer nur ein relativ kleiner Teil der gesamten Forschungsarbeit. Und auch das, was man dann im Film darstellt, ist im Vergleich zu dem, was man dann schreibt, sehr fragmentarisch, ein ganz kleiner Ausschnitt. So würde ich das sehen.

Aber insofern identisch im Sinne des Ausschnitts oder verändert sich da etwas? Sind das andere Qualitäten – Film bzw. Bilder – zu dem, was Sie in der Schrift festhalten?

Ja, das sind andere Qualitäten. Schon darin, daß es viele Dinge gibt, die man im Film ausdrücken kann und im Wort nicht oder nur sehr unvollkommen. Und genauso umgekehrt. Ich könnte mir zum Beispiel nicht vorstellen eine Feldforschung, deren Ergebnis nur Filme wären. Und wären es eine noch so große Anzahl. Weil es sehr viele Bereiche gibt, bei denen der Film keineswegs das adäquate Mittel ist, um irgendetwas darzustellen.

Zum Beispiel?

Alles was sich in einem Menschen abspielt.

Aber das kann man manchmal im Film sehen.
Manchmal ja, aber systematisch nicht.
Können Sie sich vorstellen, ein ethnographisches, ethnologisches Filmschaffen, das sich loslöst, davon unabhängig wird, von den traditionellen ethnologischen Arbeiten im Hinblick auf eine spätere schriftliche Veröffentlichung? Können Sie sich ein Filmschaffen vorstellen, das nicht diesen beschreibenden Charakter hat, sondern das auch versucht analysierend, im Sinn von theoriebildend, vorzugehen?

Das kann ich mir sehr gut vorstellen. Ich glaube überhaupt, daß der gesamte Bereich des ethnographischen Films in den allerersten Kinderschuhen steckt. Da können noch Entwicklungen auf uns zukommen, die wir uns vielleicht heute noch gar nicht vorstellen können. Man muß mal sehen, daß die Entwicklung des ethnographischen Films sehr stark gekoppelt ist mit der Entwicklung der kinematographischen Technik. Eine ganz klare Beziehung, man kann das wunderbar verfolgen, über die letzten 50, 60 Jahre. Gerade auf diesem Gebiet der Bildmedien sind ganz neue Entwicklungen im Gange, die auch dem Ethnographen ganz andere Möglichkeiten geben, die natürlich auch ganz andere Formen hervorbringen werden. Dann spielt auch eine große Rolle, daß die Zahl der Ethnologen, die sich für Filmarbeiten interessieren, sich rapide vergrößert. Das hängt damit zusammen, daß sich die Zahl der Ethnologiestudenten ganz allgemein erhöht. Aber ich sehe es auch in unserem Studienbetrieb; wer hat sich hier früher schon mal für Film interessiert? Das war eine Handvoll. Und bei den Filmseminaren, die ich so alle zwei Jahre machte, hatten wir ein kleines Häuflein von Interessierten, höchstens 10 Mann. Inzwischen ist es so, daß diese Filmseminare, zu denen man sich auch anmelden muß, hoffnungslos überzeichnet sind, sobald auch nur die Rede davon ist. Und daß nicht nur Göttinger Studenten, sondern aus verschiedenen Teilen der BRD, sogar aus dem Ausland Leute uns anschreiben, ob sie kommen könnten, um daran teilzuhaben.

Anmerkungen

1 Koloß 1973: 29. An anderer Stelle schreibt er: »Zweifellos kann der wissenschaftliche Film die künstlerischen Gesichtspunkte nicht akzeptieren. Der Kunstfilm will die eigene Deutung der Wirklichkeit, er schafft einen besonderen Symbolismus. Der wissenschaftliche Film kann dagegen nur ›Reproduktion‹ sein; er ist ein Abbild der Wirklichkeit, er ist Beweismaterial, aber er stellt keine Interpretation und Deutung dar.« (S. 38)
2 Siehe auch den Beitrag von Ivo Strecker in diesem Buch. Seinen Film DER SPRUNG ÜBER DIE RINDER drehte er mit einer Blech-Bolex. Z. Zt. arbeitet I. Strecker an der Fertigstellung weiterer Filme über die Hamar, die mit der erwähnten Synchrontonkamera realisiert wurden.
3 Die Eipo leben im zentralen Hochland West-Irians (dem von Indonesien besetzten Teil Neu Guineas). Im Rahmen des interdisziplinären Westirian-Projekts der Deutschen Forschungsgemeinschaft Mitte der 70er Jahre – einem der aufwendigsten Unternehmen dieser Art, die in letzter Zeit überhaupt durchgeführt wurden – wurde die dortige Bevölkerung von den verschiedensten Wissenschaftlern ›abgefilmt‹.
4 FACHI – OASE DER SAHARA-KANURI. Näheres siehe Filmographie.

Hugh Brody

Anschein von Wirklichkeit: *Disappearing World* und der Film aus Pond Inlet

Im allgemeinen nimmt man an, der Dokumentarfilm fange, ganz wie die ethnographische Monographie, zumindest ein Stück von der Wirklichkeit ein. Die Verfechter beider Arten der Beschreibung haben wohl oft das Gefühl – und verleihen dem manchmal Ausdruck –, daß sich in ihrem Unterfangen die Realität zu verflüchtigen scheint. Die Anziehungskraft, die Stärke und ihre Entwicklung scheinen Anthropologie und Dokumentarfilm aus ihrem unmittelbaren Verhältnis zur Wirklichkeit zu beziehen – wie dünn auch ihr methodisches oder erkenntnistheoretisches Eis sein mag. Der Dokumentarfilm ist abhängig vom Einsatz der Kamera vor Ort, die Anthropologie gründet auf der Arbeit des Feldforschers, des Langzeit-Beobachters und vertrauten Begleiters der Menschen, die beschrieben werden.

Die *Disappearing World*-Serie geht davon aus, daß Anthropologen die Völker kennen, ihnen aber Mittel und Fähigkeiten sie zu filmen fehlen, und mehr noch die Möglichkeit, sie einem Millionen-Publikum zu zeigen; Filmemacher dagegen verfügen über die Kenntnisse und das Publikum, sind aber fast immer geschlagen von dem großen Abstand, der sie von den Subjekten ihrer Filme trennt. Die Rolle des Anthropologen in den *Disappearing World*-Filmen reichte vom Bereitstellen von Literaturlisten und Reiseplänen bis zur Position eines Co-Regisseurs. Die meisten waren zumindest Botschafter für Granada TV, Garanten des guten Willens und Dolmetscher. Und die meisten ermöglichten es ihren Filmcrews auch, Zutritt zu Haushalten und Familien zu bekommen, Gespräche aufzunehmen, überhaupt Filmmaterial zu erhalten, das nicht selten packend und überraschend intim zugleich war. Das ist eine Leistung der *Disappearing World*-Serie, und wenn auch die Anthropologie bisweilen in einer schwerfälligen Art und mit einem krassen Kommentar in den Film einging, so hat die Kombination von Erfahrungen einige der besten Dokumentarfilme hervorgebracht, die seit langem im britischen Fernsehen zu sehen waren. 1976 gewann die Serie den Preis der *British Academy of Film and Television Arts*, der einem Serienproduzenten für die gesamte Reihe verliehen wird: für Brian Mosers Weitblick die gebührende Anerkennung.

Dennoch bleiben Fragen über die Natur der Realität, wie sie die Filme vermitteln, bestehen. Es überrascht nicht, wenn die eifrigsten Verfechter der Serie auf die Verwendung von Untertiteln als dem Mittel hingewiesen haben, wie Realität in ihrem Sinne zu übertragen wäre. Untertitel lassen die Leute zu Wort kommen, lassen ihre Stimmen in unsere Wohnungen gelangen, nicht überdeckt von eingesprochenen Übersetzungen, deren Akzentuierung oder Tonfall davon abhängen, was auch immer die Produzenten (oder die Fernsehmoden) für geeignet halten.

Direkt gefilmte Interviews und Gespräche festigen den Gebrauch von Untertiteln. Gestik und Mimik des Sprechenden bereichern die jeweilige Stimmqualität und verleihen den Worten so viel an Bedeutung, wie überhaupt über die riesige technische und kulturelle Kluft hinweg vermittelt werden kann. Wer sich über Ethnographen und Filmer beklagt hat, weil sie fälschlicherweise davon ausgegangen sind, man könne eine Kultur eher durch Anschauen als durch Anhören verstehen, hat Freude an der Art, wie *Disappearing World* Untertitel einsetzt. Sie gehören unzweifelhaft zu den Errungenschaften der Serie. Jenseits all der Techniken, die in jeden Film eingehen, verraten Untertitel das Ausmaß an Nähe, das die Autoren erreichen, und vermitteln so zumindest den Eindruck von Wirklichkeit.

Dieser Eindruck wurde oft durch die Verwendung eines Kommentars geschmälert. Über den Kommentar greift die Anthropologie am weitreichendsten in die Filme ein, aber gerade dadurch können selbst außergewöhnliche Schauplätze und Stoffe gewöhnlich werden; durch den Kommentar nämlich lassen sich die Vorstellungen und die soziale Zugehörigkeit des Produktionsteams am klarsten erkennen. Ein Kommentar, wie kunstfertig und versteckt auch immer, drängt einen Film und sein Publikum in eine bestimmte Richtung. An 20 Jahre alten Dokumentarfilmen kann man Entstehungszeit und Veraltetsein durch den Akzent und die Betonung sowie durch die Eigenheiten des Kommentators und des Kommentars ganz unmittelbar und sicher erkennen. Kommentare, die vor kurzem noch neutral, prägnant und intelligent erschienen, wirken jetzt oft ideologisch, verschwommen und banal. Neuere Filme lassen eine Vorliebe für eher schmerzlich betroffene Durchschnittsstimmen erkennen; wir ertragen alles, was sie an Assoziationen wecken.

Disappearing World hat den Eingriff durch wirklich schlechte Kommentare verhindert, sich aber dennoch auf die Risiken und Schwächen, die jeglicher Kommentar mit sich bringt, eingelassen. Manchmal war eine Kommentierung unverzichtbar: wenn die Filmer niemanden aus den Dörfern selbst hinzuzogen oder einfach keinen fanden, der interessant genug erzählte, um daraus einen 55-minütigen Dokumentarfilm zu entwickeln. Oder der Anthropologe wollte Fachausdrücke einbringen, wie sie die Leute im Film nie benützen würden; der Kultur-Natur-Gegensatz ist dafür ein markantes Beispiel. Aber im allgemeinen ging man davon aus, daß der Kommentar ein Bestandteil dessen ist, worauf sich die Filme beziehen. Hat ein Regisseur von Anfang an vor, keinen Kommentar zu verwenden, dann muß er an Ort und Stelle darüber nachdenken, wie Form und Überleitungen seines Filmes zustande kommen sollen und Hintergrundinformationen zu übermitteln sind; im Schneideraum läßt sich das meist nicht mehr machen. Aufnahmetechnik, Montage und Gesamtgestaltung der *Disappearing World*-Filme wurden durch die Voraussetzung eines Kommentars angeregt (und gelegentlich geprägt). Das schloß den klugen Einsatz von Untertiteln nicht aus, ließ aber dem Anthropologen großen Spielraum, weshalb manche Filme ihr anthropologisches Engagement offen zeigen können. Zweifelsohne ist *dagegen* nichts einzuwenden.

Die *Disappearing World*-Serie versucht, wirklichkeitsnahe und aufrichtige Filme zu machen, indem sie die Erfahrung und den Zugang eines Anthropologen mit dem dokumentarischen Können der Granada-Produktionsteams verbindet; auf der anderen Seite riskiert ein anthropologisch befrachteter – wie jeder sonstwie befrachtete – Kommentar den Realitätsgehalt und die Aufrichtigkeit, bringt beides zumindest in Gefahr: Die Wirklichkeitsnähe und Ehrlichkeit des Filmes entsprechen dem Vermögen des Anthropologen, sich an die Realität und die Aufrichtigkeit zu halten. Aber diese Betrachtungen sind vielleicht von geringer Bedeutung: Kaum jemand wird annehmen, daß ein Film, selbst wenn er sozialwissenschaftlich fundiert ist, *wirklich* wirklich sein kann. Und obgleich die *Disappearing World*-Serie fest in der realistischen Tradition steht und dem Anspruch von Wirklichkeitsnähe in der Darstellung tief verpflichtet ist, würden nur wenige ihrer Unterstützer die philosophischen Maximen, die dieser Realismuskonzeption zu Grunde liegen, bejahen.

Falls wir keinen extremen erkenntnistheoretischen Relativismus zulassen wollen, sind einige Filme unvermeidbar realistischer als andere und offensichtlich einige Techniken zur Übermittlung der Realität besser geeignet als andere. Vielleicht läßt sich das ein wenig differenzieren: einige Techniken passen, andere sind hilfreich. Nehmen wir den Kommentar als ein Beispiel; er scheint sich oft zwischen den Betrachter und den Gegenstand des Filmes zu schieben, die Wirklichkeit mit einem weiteren Filter überdeckend. Weil der Film eine Aneinanderreihung von Filtern, weil er so offensichtlich eine Angelegenheit von Können, Geschmack, Mode und Weltanschauung ist, überrascht es nicht, daß die, die die Wirklichkeit erretten wollen, manchmal darauf gedrängt haben, den Kommentar im Dokumentarfilm, wo es möglich ist, abzuschaffen. Auch wenn das zugrundeliegende Weltbild, das auf der einen Seite die Realität und auf der anderen eine mehr oder minder genaue Wiedergabe davon ansetzt, eine Erbschaft des Empirismus des 18. Jahrhunderts ist, die sich mittlerweile als zutiefst falsch erwiesen hat, so wird es dennoch weiterhin heißen, unkommentierte Filme seien einfach besser, und anthropologische Filme ohne Kommentar würden schon allein deshalb erheblich besser sein, weil sie dem Blick des Betrachters so viel mehr Nähe zugestehen.

Dieser Punkt ist wichtig. Wo Filme wie die von *Disappearing World* versuchen, dem Fernsehpublikum gewisse Äußerungen von Menschen aus anderen Kulturen zugänglich zu machen, sind Untertitel besser als eine eingesprochene Übersetzung (da die Bedeutung der Stimme in all ihren Klangfarben anerkannt wird), und Kommentarlosigkeit ist gleichfalls besser als eine Kommentierung (denn das mindert die Einflußnahme einer fremden und wahrscheinlich sehr andersartigen sozialen Schicht). Ein Film ist besser und zeigt mehr, wenn seine Geräusche nur die Geräusche der Menschen und Schauplätze sind, über die der Film gemacht wird. Man kann das dichter an der Realität nennen oder nicht, ein solches Urteil stützt sich letztendlich auf den erkenntnistheoretischen Standort dessen, der es fällt.

Dies sei einigen Bemerkungen über die Entstehung und Vorführung von THE PEOPLE'S LAND vorausgeschickt. Das ist der dritte von den *Disappearing World*-Filmen aus dem Jahre 1976, gemacht in dem Eskimodorf Pond Inlet im nördlichen Baffin Island. Der Film über die Eskimo war der erste aus der *Disappearing World*-Serie, der ohne Kommentar auskommen wollte und mit dieser Absicht gedreht wurde. Es gibt ungefähr 400 Untertitel. Ziemlich lange Abschnitte sind synchron aufgenommen worden und erforderten daher eine ununterbrochene Untertitelung. Der Film will nach Möglichkeit jedes gesprochene Wort übersetzt in die Untertitel aufnehmen: schließlich kann ein Zuschauer nur dann entscheiden, ob eine Bemerkung trivial ist, wenn er ihre Bedeutung kennt. Zudem zeichnet sich die Kameraführung durch lange, unveränderte Einstellungen aus; es gibt fast keine Zooms und nur gelegentliche Schwenks. Dieser Kombination von Merkmalen sieht man die Anstrengung an, eine statische Qualität – wie eine Fliege an der Wand – zu erreichen. Vielen, die den Film sahen, kam er so vor, als wolle er den Eindruck erwecken, daß das, was gefilmt wurde, das normale Leben sei; Alltagsgespräche und -verrichtungen, wie sie eben ohne die Anwesenheit der Filmcrew vonstatten gingen. So mag der Eindruck entstanden sein (und man sagt oft, dies werde versucht), die Wirklichkeit einfangen zu können, was gewöhnlich unmöglich ist, weil sie durch den Prozeß des Filmens selbst einer Veränderung unterliegt. Folglich scheint THE PEOPLE'S LAND derjenige Film aus der *Disappearing World*-Serie zu sein, der am beharrlichsten auf dokumentarische Wirklichkeit ausgerichtet ist und der auch alle ihm zur Verfügung stehenden Techniken für dieses Vorhaben einsetzte. Daraus wiederum geht hervor, daß der Film ob seiner erkenntnistheoretischen Naivität leicht zu kritisieren ist als ein Film, der die Möglichkeit vortäuscht, kein Film zu sein. Oft kam auch der Vorwurf, er sei langweilig.

Die Gestaltung des Pond-Inlet-Films wurde in Zusammenarbeit mit den Leuten der Gemeinde, einschließlich derer, die in dem Film vorkommen, festgelegt. Die Leute aus Pond Inlet bestimmten die Themen des Films, in mancher Hinsicht den Aufnahmestil, und was in dem Film zur Sprache kommt, wurde gesagt, weil sich die Gelegenheit bot, Dinge aufzuzeichnen und an die Welt draußen zu übermitteln. Von Anfang an war das Ziel des Films, eine Selbstdarstellung der Dorfbewohner und ihrer Anliegen zu geben. Wenn das realistisch ist, dann ist es ein politischer Realismus. Vielleicht läßt sich veranschaulichen, was ich meine, wenn ich über die Entstehung des Filmes berichte.

Bevor man sich für Pond Inlet als Schauplatz und Michael Grigsby als Regisseur entschied, wollte Granada TV schon zwei Jahre lang einen Film in der kanadischen Arktis drehen. Während dieser Zeit fanden immer wieder Gespräche zwischen möglichen Beteiligten statt, und verschiedene Ideen wurden verworfen. Darunter ein Film über die Erfahrungen eines Mannes, der sein Leben in einem abgeschiedenen Lager begann und mittlerweile für Panarctic Oil 500 Meilen von seiner Heimat entfernt arbeitet; ein weiterer Film, der eine Gruppe auf einer 450 Meilen langen Schlittenfahrt von einem Dorf in ein anderes begleitet hätte, in deren Verlauf sie viele traditionelle Fertigkeiten vorzeigen und viele Geschichten erzählen wollten. Man entschied während der monatelangen Gespräche auch darüber, daß der Anthropologe im Film nicht auftauchen und, sofern möglich, kein Kommentar benutzt werden sollte. Am wichtigsten war die Übereinkunft, keine Entscheidungen über den Film zu fällen, bevor nicht ein Treffen mit dem Rat von Pond Inlet und den voraussichtlich gefilmten Personen stattgefunden hätte.

Diese Treffen im Februar 1975 sollten erstens in Erfahrung bringen, ob die Gemeinde insgesamt der Idee eines Filmes mit und bei ihnen zustimme, und zweitens, was der Film ihrer Meinung nach behandeln sollte. Zusammenkünfte mit den Leuten, die wahrscheinlich im Film auftauchen würden, konzentrierten sich darauf, welche Themen wie in den Film eingehen sollten, und, stände nichts mehr im Wege, welche Jahreszeit für die Filmarbeit am besten geeignet wäre. Die Versammlung trat ohne die Anwesenheit eines Außenstehenden zusammen, doch hatte ein Ratsmitglied mit mir ausführlich über die *Disappearing World*-Serie und Granada TV geredet; ich verbrachte viele Tage im Gespräch mit den zahlreichen Mitgliedern einer Familie, von denen ich annahm, daß sie im Film Schlüsselfiguren sein würden. Die Versammlung sollte Granada TV ihre Ansicht mitteilen, und die einzelnen Personen wollten mit mir besprechen, was sie davon hielten, in einem derartigen Film aufzutauchen.

Das Ergebnis der Zusammenkünfte war eindeutig. Die Versammlung befürwortete den geplanten Film, stellte aber eine Reihe von Bedingungen. Der Gemeinde sollte die Überprüfung des Wahrheitsgehalts zugestanden werden: entweder, indem der Film zur Beurteilung nach Pond Inlet geschickt würde, oder, indem ein Vertreter von Pond Inlet nach London käme, um nötigenfalls zu intervenieren. Die Versammlung bestand auch darauf, daß der Film so früh wie möglich nach seiner Fertigstellung im Dorf vorgeführt würde. Sie hatten nämlich die Nase voll von Leuten, die über sie und ihr Land arbeiteten, ihre Ergebnisse aber nie den Menschen zugänglich machten, von denen diese Arbeiten handelten. Zudem gab die Versammlung der Hoffnung Ausdruck, daß der Film in Kanada, vor allem höheren Beamten und Verwaltungsangestellten der Regierung gezeigt würde. Dieses Anliegen machte beizeiten klar, daß für die Leute der Film eine Gelegenheit war, sich Gehör zu verschaffen, und daß sie ihn dazu auch hernehmen wollten.

Treffen mit den voraussichtlichen ›Darstellern‹ machten gleichfalls deutlich, wie sehr sie in dem Film eine Chance sahen, sich an die Welt draußen zu wenden, von der viele Eskimo sich mißverstanden, unterschätzt und weitgehend kontrolliert fühlen. In den allerersten Diskussionen kamen einige der Themen auf, die schließlich im Mittelpunkt des Filmes standen. Mehrere wichtige Personen äußerten die Hoffnung, daß der Film nicht bloß Land und Tiere zeigen würde, sondern den Menschen Platz ließe, über die Dinge ihres Lebens zu sprechen, die sie für die wichtigsten hielten: vor allem über Dinge der jüngsten Vergangenheit und jene Probleme der Gegenwart, die für die Zukunft nichts Gutes verhießen. Man kam auch überein, daß der arktische Frühling (Juni und Juli) die günstigste Zeit für die Filmaufnahmen wäre, weil man sich dann außerhalb der Niederlassungen bei Jägern und ihren Familien aufhalten könne und weil diese Jahreszeit eine größere Vielfalt an Aktivitäten böte als alle anderen.

Der Film wurde innerhalb sieben Wochen im Juni und Juli 1975 aufgenommen. Ungefähr sieben Stunden des Materials sind Synchronaufnahmen, die fast vollständig aus schriftlich nicht fixierten, unbeeinflußten Gesprächen und Überlegungen bestehen. Niemand wurde interviewt, und oft kam es vor, daß sich ein Gespräch ohne Unterbrechung über die zwanzigminütige Dauer einer Filmspule hinzog; die wichtigsten Sequenzen dauerten eine Stunde und füllten drei Rollen. Wenn die Kamera stoppte, brach das Sprechen sofort ab. Sobald aber ein neuer Film eingelegt und die Technik erneut bereit war, nahmen die Redenden ihr Gespräch an genau dem Punkt wieder auf, an dem sie sich unterbrochen hatten. Das war nicht bloße Gesprächigkeit, sondern zeigte überaus deutlich, daß die Redenden sehr genau wußten, was sie sagen wollten, und daß sie untereinander vereinbart hatten, welchen Verlauf ihre Unterhaltung nehmen sollte. Wie es für Personen mit einer starken und reichen mündlichen Tradition selbstverständlich ist, sprachen sie mit Eleganz, Klarheit und Ausdauer. Viele sagten mir, ehe sie mit dem Sprechen anfingen (aus Höflichkeit wohl), daß sie mich gerne in ihrer Nähe wüßten, wenn auch außerhalb des Bildes, um einzugreifen, falls sie nicht in der Weise sprächen, die wir als geeignet vereinbart hatten. Ein solches Einschreiten erschien nie erforderlich, nicht einmal, um durch Fragen anzuspornen – die Leute, die gefilmt wurden, fragten einfach selbst. Damit stellten sie sich – ihrem Empfinden nach – angemessen dar. Der Anthropologe wurde so Mittler und Dolmetscher: wo Vertrauen zwischen ihm und den Leuten bestand, sprachen sie ausführlich und über Vieles, ungeachtet lang bestehender Ängste, mit Weißen offen zu reden.

Doch nichts von alledem soll der Auffassung Vorschub leisten, die Leute von Pond Inlet hätten den Film gemacht. Der Stil ist unzweifelhaft der Stil des Regisseurs Grigsby, und die Auswahl jener 55 Minuten aus dem 15stündigen Aufnahmematerial war Sache des Cutters und des Schnitts. Es wäre dumm und eine Übertreibung, THE PEOPLE'S LAND als einen Film der Eskimo zu bezeichnen, aber man kann mit Recht behaupten, daß er ein Ergebnis der gemeinsamen Arbeit des Regisseurs, des Anthropologen und der Leute selbst ist. Das Wesen und vielleicht der Erfolg dieser Zusammenarbeit sind letztlich politischer Art. Die Montage des Filmes erwies, wie das funktionieren könnte.

Ich habe schon gesagt, daß einige Aspekte des Films wie z. B. Kommentarlosigkeit, Kamerastil und die Entscheidung, die Leute im Film über die wesentlichen Themen selbst bestimmen zu lassen, festgelegt wurden, ehe die Filmcrew in Pond Inlet ankam. Regisseur und Anthropologe hatten viel Zeit damit verbracht, andere Filme anzuschauen und über die technische Vorgehensweise zu sprechen. Der Anthropologe berichtete dem Regisseur von der Gesellschaft, bei der sie filmen würden, und von den sozialen Bedingungen, die sich auf die Filmarbeit auswirken mochten. Der Regisseur zeigte dem Anthropologen andere Filme von sich und wies auf seine stilistischen Vorlieben hin. Man tauschte Ansichten aus, auch über Strategien des Filmemachens, über Anthropologie und Imperialismus, Dinge, denen wir uns im Kommenden wohl zu stellen hätten. Das ist nicht hochtrabend: ich erinnere daran, daß zu den notwendigen Bedingungen für die Zusammenarbeit in einer hierarchischen Institution (und Filmemachen innerhalb der Fernsehwelt ist dafür ein gutes Beispiel) Übereinstimmung und – um späteren Meinungsverschiedenheiten zuvorzukommen – Gleichberechtigung unter den Mitarbeitern gehört. Fehlen diese Bedingungen, kann der Regisseur entweder autoritär auftreten oder auf sein individuelles Künstlertum als Filmer pochen, dessen Sehweise letztlich Vorrang habe. Da der Regisseur sich auf die Unterstützung seiner Produktionsgesellschaft berufen kann, falls er auf seinen Rang und seinem Künstlertum beharrt, würden seine Kollegen und vor allem der Anthropologe gar zu leicht zum Spielball seiner Launen werden. Seitens des Regisseurs ist es also eine persönliche und politische Entscheidung, anders zu handeln.

Die persönliche und politische Sache des Anthropologen ist es, auf der Zusammenarbeit mit den Personen, die im Film auftreten, zu bestehen und diese zu ermöglichen. Während der Dreharbeiten ist das relativ einfach, da seine Anwesenheit häufig erforderlich ist, um die richtigen Aufnahmen zu bekommen; weniger leicht ist es, dieser Verpflichtung nachzukommen, sobald der Schnitt einmal begonnen hat. Beim Pond-Inlet-Film war das möglich, weil der Regisseur (und die anderen Mitarbeiter) den Anthropologen während des Schneidens immer als vollwertigen Mitarbeiter akzeptierten. Jede Sequenz wurde sowohl in Hinsicht auf ihre Übereinstimmung mit den Themen und Wünschen der in dem Film vorkommenden Menschen betrachtet und besprochen, als auch im Hinblick auf technische, künstlerische und allgemeinverständliche Gesichtspunkte. Deshalb war es dem Film möglich nahe an den erklärten Wünschen der Leute zu bleiben und viele der Anliegen, die in den 15 Stunden auftauchten, in 55 Minuten unterzubringen. Die vier oder fünf hauptsächlichen Gesprächsthemen blieben so, wenn auch gekürzt, erhalten. Nötigenfalls ersetzte man künstlerisch ansprechende, aber inhaltlich zweitrangige Passagen durch thematisch erstrangige, die schlecht ausgeleuchtet oder bildlich nicht optimal aufgebaut waren. Was noch schwieriger war, man hat reizvolle, aber den Geist des Ganzen nicht wirklich treffende Äußerungen oder Sequenzen herausgenommen. Bei den Schneidearbeiten – einem zusätzlichen Vorgang der Veränderung und Verzerrung – wurde mit größtmöglicher Anstrengung und Selbstkontrolle versucht, die Integrität der Dinge so zu bewahren, wie sie uns von den Leuten, die den Film als ihre Botschaft an die Welt draußen auffaßten, vermittelt wurden. Das Recht des Rates von Pond Inlet, Eingriffe zu machen, wurde durch die Reise eines bereits älteren Mannes nach London eingelöst, der zwei Wochen damit verbrachte, verschiedene Abschnitte und Versionen des Filmes anzuschauen und seine Meinung dazu zu äußern. Er selbst sagte, er habe befürchtet, dies sei eine reine Geste gewesen, »dazu gemacht, um zu nichts zu führen«. Er war schließlich überrascht und erfreut, als er feststellte, daß mehr dabei herauskam. Tatsächlich bestand er darauf, zwei Sequenzen zu entfernen, und er hatte genaue Vorstellungen davon, wie die eine zu ersetzen sei. Er wies uns auch auf Ausschnitte hin, von denen er glaubte, sie seien der Ausdruck einer persönlichen Einstellung und nicht allgemeines Empfinden; er half uns damit dabei, aus der Endfassung des Films ein so weit wie möglich generell zutreffendes Statement zu machen und nicht einfach die Anschauungen der wenigen Personen wiederzugeben, deren Stimmen zumeist zu hören sind. Das Bemühen um Zusammenarbeit machte es möglich.

Das alles mag nach Selbstzufriedenheit und Selbstlob klingen, und ich sollte die Mängel und Grenzen des Filmes aufzeigen. Zwar kam letztendlich ein Film ohne Kommentar zustande, doch waren zusätzlich eingeblendete Informationen nötig. Wenn diese auch kaum etwas von den zudringlichen Eigenheiten einer Kommentatorenstimme an sich haben, so sind sie dennoch ein Zeichen des Unvermögens, für notwendiges Hintergrundmaterial zu sorgen. Eine andere Schwäche ist möglicherweise die weithin starre Kamera: Obwohl sie die mit Synchronton gefilmten

Sequenzen ermöglichte, ruft ihr vorbehaltloser Einsatz die Wirkung hervor, der Film zeige das wirkliche Leben der Eskimo, und es gelingt deshalb nicht, den tatsächlichen Charakter des Films ausreichend klar zu machen. Es ist demnach kein Film, der sein Vorgehen offenlegt, da er keine Erklärung und keinen visuellen Hinweis darauf gibt, daß er nur insofern wirklichkeitsgetreu ist, als er zeigt, was die Leute auf den Bildschirmen des Südens gezeigt haben wollten. Obwohl er mit der erkenntnistheoretischen Tradition der Serie gebrochen hat, gelingt es ihm nicht, das aufzuzeigen. Er läßt vermuten, daß der Prüfstein seiner Wahrheit der Realismus oder die Genauigkeit eines Empirismus sei. Der Stil des Filmes bestärkt deshalb die falsche Ansicht, daß er die allgemeine Linie der *Disappearing World*-Serie vertritt.

In Wirklichkeit ist der Prüfstein des Filmes natürlich seine Wirkung auf die Leute, die er beschreibt (und ich bin mir nicht sicher, ob das eine Überprüfung seiner Wahrheit oder vielmehr seiner politischen Genauigkeit ist). Wird er von ihnen als ein Film von und für die wenigen Personen angesehen, die sprechen und jagen, als eine Aneinanderreihung persönlicher und individueller Aussagen, dann ist er offensichtlich keine gemeinschaftlich vertretbare Botschaft, so groß auch die Freude sein mag, die einzelnen Personen zu sehen. Er wäre auf entscheidende Weise mißglückt. Wenn aber andere kanadische Eingeborene, die in der selben historischen und politischen Nische leben, den Film anschauen und ihn als Ausdruck ihrer eigenen Ansichten betrachten, wenn sie froh darüber sind, daß Menschen, die ihre Zukunft weitgehend bestimmen werden, diese Ansichten hören, dann haben die Leute von Pond Inlet etwas geleistet und das Granada-Team hat gut daran getan, mit ihnen zusammenzuarbeiten. Unter diesen Bedingungen wäre der Film geglückt.

Erst die Zeit wird erweisen, ob THE PEOPLE'S LAND einer solchen Prüfung standhält; erste Reaktionen gehen in diese Richtung. Sollte dem so sein, dann durch die Zusammenarbeit dreier Instanzen: des Teams von Granada TV, eines Anthropologen und einer Gemeinde. Am Beginn dieser Zusammenarbeit stand der Entschluß, Arbeitsbedingungen zu schaffen – in der Tat ein Ziel des Filmes –, indem man zu einer Gruppe von Leuten ging, ihnen 50 Minuten Fernsehzeit anbot und herausfand, wie sie diese genutzt haben wollten. Um dieser Bedingung willen galt es, sich die Vision, die hinter der *Disappearing World*-Serie steht, aufzugreifen und einen Schritt weiterzutreiben. Dafür bedurfte es natürlich der technischen Mittel und der Fähigkeiten, an denen die Mitglieder von *Disappearing World* in den letzten Jahren so sehr gefeilt haben. Es bedurfte aber auch eines Bruchs mit den Vorstellungen von Realismus und Wirklichkeit, die im Zentrum der *Disappearing World*-Serie standen. Vielleicht spricht es sich herum, daß der 1975 in Pond Inlet gedrehte Film die Wirklichkeitskonzeption, wie sie sich vom britischen Dokumentar- und ethnographischen Film herleitet, zurückweist. Diese Zurückweisung könnte sich nachhaltiger als jeder andere Aspekt des Pond-Inlet-Films auf das einschlägige Filmschaffen auswirken.

Der ethnographische Film als Forschungsmittel
Ein Interview mit David MacDougall von Daniel Bickley

Warum haben Sie ausgerechnet einen Film über die Turkana gedreht und nicht über ein anderes Volk?

Das war teilweise Absicht, teilweise Zufall. Wir haben uns schon seit 1968 für ostafrikanische Hirtenvölker interessiert, als wir bei den Jie in Nordost-Uganda TO LIVE WITH HERDS gedreht haben. Später habe ich gemeinsam mit James Blue das Projekt KENYA BORAN gemacht, einen Film über die Boran in Nordost-Kenia. Wir fühlten uns von der Klarheit und Offenheit der Menschen in diesen Gesellschaften und ihren sozialen Einrichtungen und Konventionen angezogen. Wir hatten auch bestimmte Fragen – zum Beispiel ob sich Viehzüchter auf eine nur für sie charakteristische Weise gesellschaftlichem Wandel verschließen oder ob nur die ihnen bis dato angebotenen Wege zu einem solchen Wandel unangemessen gewesen sind.

Das Turkana-Projekt war tatsächlich ein Ergebnis unserer Arbeit bei den Jie. Die Filme über die Jie sind nur unter äußerst schwierigen Bedingungen zustande gekommen. Wir mußten mit einer geliehenen Ausrüstung arbeiten, unsere Rückflugscheine verkaufen, um von dem Geld einen alten Land Rover zu erstehen, und hatten – wenigstens am Anfang – gerade genug Geld, um Filmmaterial zu kaufen, nicht jedoch, um es entwickeln zu lassen. Als wir in die Staaten zurückfuhren, war uns klar, daß wir so bald wie möglich wieder nach Uganda kommen wollten, um weitere Filme über die Jie zu machen; deshalb fingen wir gleich an, uns nach möglichen Geldgebern umzusehen. Besonders wichtig erschien uns die Arbeit an einem Film über eine Heirat, weil nach unserem Eindruck bei den Jie der Heirat eine derart zentrale politische, wirtschaftliche und gesellschaftliche Bedeutung zukommt wie keinem anderen wichtigen Ereignis im Leben des Individuums (etwa Geburt, Initiation und Tod). Außerdem wollten wir wieder mit der Familie arbeiten, die wir schon kannten und die auch uns kannte und vertraute.

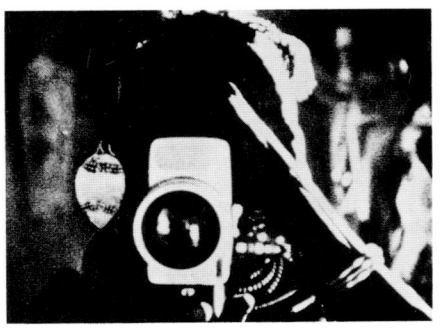

Longole filmt die Filmer. Aus A WIFE AMONG WIVES.

Als wir schließlich Geldgeber gefunden hatten – die Guggenheimstiftung und das National Endowment for the Humanities –, war inzwischen Idi Amin in Uganda an die Macht gekommen, und die Art von Feldforschung und Filmarbeit, wie sie uns vorschwebten, waren unmöglich geworden. Daher gingen wir mit unserem Projekt einfach über die Grenze nach Nordwest-Kenia, wo die Turkana leben. Von allen in dieser Region ansässigen Völkern ähneln sie den Jie am meisten und führen sogar ihren Ursprung auf sie zurück. Sie sprechen eine beinahe identische Sprache und haben dieselben Bräuche. Zwischen beiden Völkern gibt es allerdings auch wichtige Unterschiede. Die Turkana leben räumlich weiter verstreut, sind stärker nomadischen Lebensformen verhaftet und treiben weniger Ackerbau als die Jie. Außerdem leben sie in einer trockeneren Region und züchten Kamele, die auch in reinem Buschland ohne Gras überleben können.

Die unvermeidlichen Vergleiche zwischen den beiden Gesellschaften faszinierten uns. Darüber hinaus hatten wir Glück, weil uns mit Philip Gullivers *The Family Herds*, einem grundlegenden Werk der vergleichenden anthropologischen Literatur, schon eine Studie über die Jie und die Turkana vorlag. Das war für uns sehr hilfreich, und es eröffnete uns außerdem die Möglichkeit, mit unserer dokumentarischen Arbeit Gullivers Ergebnisse zu ergänzen. Im Endeffekt lernten wir die Turkana dann viel besser kennen, als wir die Jie jemals gekannt hatten.

Sie haben zunächst eine ganze Weile bei den Turkana gelebt, bevor Sie mit den Filmaufnahmen begonnen haben. Welchen Grund hatten Sie dafür?

Wir hatten uns zum Ziel gesetzt, eine Heirat zu filmen. Wir wollten dieses Thema mit Hilfe individueller Porträts der Beteiligten – also des Mannes, der Frau, der Eltern, Geschwister, Tanten, Onkel usw. – angehen. Wir planten, so etwas wie eine dokumentarische Version von Rashomon zu drehen. Aber diesen Plan konnten wir nur deshalb verfolgen, weil wir so naiv waren. Wir wollten ziemlich bald nach unserer Ankunft anfangen zu filmen, um die verschiedenen Reaktionen

Aus To Live With Herds.

dieser Menschen auf die bevorstehende Heirat während eines Großteils des Jahres festzuhalten.

Wir entdeckten bald, daß es bei den Turkana fast unmöglich war herauszufinden, ob bis zum Beginn der Regenzeit eine Hochzeit stattfinden würde oder nicht – und die Regenzeit war noch neun Monate entfernt. Hochzeiten finden dort nur in Jahren mit reichlich Regen statt (innerhalb von fünf Jahren gibt es bestenfalls drei solcher Jahre), und wegen der delikaten Verhandlungen im Vorfeld einer solchen Heirat vermeiden es alle Beteiligten, ihre Karten vorzeitig auf den Tisch zu legen. Wenn eine Partei zuviel Interesse an einer bestimmten Heirat zeigt, so verschlechtert sie dadurch ihre Verhandlungsposition hinsichtlich der Mitgift der Braut. So kam es, daß wir schließlich während der ersten neun Monate fast gar nicht filmten. Unsere ganze Energie war darauf gerichtet, Leute kennenzulernen und herauszubekommen, wer möglicherweise wen heiraten könnte.

Auf diese Wiese entstand aus unserem Vorhaben, individuelle Porträts zu machen, eine Trilogie – ein Porträtfilm (LORANG'S WAY), einer über die Hochzeit selbst (THE WEDDING CAMELS) und der Film, den wir gerade fertig geschnitten haben und in dem wir zeigen wollen, was die Leute, die wir kannten, über die Heirat im allgemeinen denken [A WIFE AMONG WIFES, A. d. Ü.]. Daß wir mit dem Beginn der eigentlichen Dreharbeiten so lange gewartet haben, führte aber auch dazu, daß sich die Leute nach einer Weile an uns und unsere technische Ausrüstung so sehr gewöhnt hatten, daß sie den Dreharbeiten schließlich kaum noch Beachtung schenkten. Es war ihnen am Ende völlig egal, ob wir gerade filmten oder nicht.

Wie hat sich Ihre Beziehung zu Lorang entwickelt?

Kurioserweise war Lorang anfangs von den fünf oder sechs Ältesten in unserem Gebiet derjenige, der am wenigsten mit uns zu tun haben wollte. Jedem Feldforscher sind jene Leute bekannt, die, wenn man als Fremder in ihre Gesellschaft aufgenommen wird, sich Vorteile davon versprechen, wenn sie sich möglichst gut mit einem stellen. Lorang war das genaue Gegenteil. Er blieb uns gegenüber mißtrauisch auf Distanz und veranlaßte seine Familie, sich genauso zu verhalten. Damit waren wir nicht persönlich gemeint, sondern vielmehr resultierte sein Verhalten aus seiner Erfahrung und seinen Vorbehalten gegenüber westlichen Einflüssen.

Zugang zu ihm bekamen wir erstmals durch seine älteste Frau und deren zwei Schwestern. Judith lernte die drei kennen, und sie nahmen sich ihrer an und erklärten ihr bestimmte Züge ihrer Gesellschaft. Dann beschlossen wir eines Tages, Lorangs Gehöft aufzusuchen, das für uns bis dahin vom Schleier des Geheimnisses umgeben war. Es lag unten am Ufer des ausgetrockneten Tarach-Flusses in einer lieblichen Umgebung unter hohen Dornenbäumen. Lorang trat höflich vor die Tür und sprach mit uns. Ganz unvermittelt zeigte sich, daß er gerne redete und es interessant fand, sich mit uns zu unterhalten; er war nämlich ein Intellektueller und neugierig auf die Gedanken anderer Leute. Wir unsererseits fanden Lorang faszinierend – einfühlsam, intelligent, herzlich und außergewöhnlich geistreich. Von da an standen wir auf freundschaftlichem Fuß miteinander, und kurze Zeit später schon gestattete er uns, in seinem Haus zu filmen.

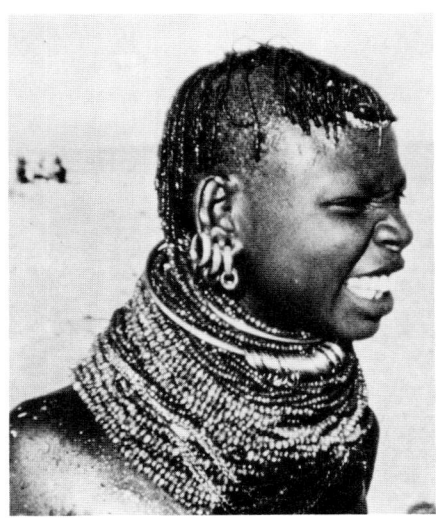

AUS A WIFE AMONG WIVES.

Lorang (links) und sein Sohn, Lokakutan. Aus LORANG'S WAY.

Er verhielt sich uns gegenüber häufig reserviert, ohne allerdings in seiner Freundlichkeit im geringsten nachzulassen. Einmal, noch ziemlich am Anfang unserer Bekanntschaft, verärgerten wir ihn, weil wir versehentlich seine Kamele erschreckt hatten, und er gab uns zu verstehen, wir sollten am besten woanders hingehen. Wir verließen ihn ziemlich niedergeschlagen. Den nächsten Tag verbrachten wir oben auf einem Hügel und überlegten, ob wir ihn eventuell unwiderruflich beleidigt hätten. Wieder einen Tag später entschlossen wir uns, zu ihm zu gehen. Wir waren auf das Schlimmste gefaßt, er schien jedoch sehr erleichtert, uns zu sehen. Er hatte sich schon die heftigsten Vorwürfe gemacht, weil er glaubte, unsere Gefühle verletzt zu haben. Das war das erste und letzte Mißverständnis, das es zwischen uns gegeben hat.

Wie haben die Turkana auf die fertigen Filme reagiert?

Wir sind nach sechsjähriger Abwesenheit dieses Jahr im Juli [1980] mit den Filmen zu ihnen gefahren, und man muß die Reaktion der Turkana und unsere Wahrnehmung davon in diesem Zusammenhang sehen. Für uns war das Ganze eine komplexe emotionale Erfahrung, weil wir während der Zeit im Schneideraum und nach der Fertigstellung der Filme die Turkana tagein, tagaus, jahrein, jahraus so gesehen hatten, *wie sie gewesen waren*. Nun sollten wir sie plötzlich so sehen, wie sie geworden waren. Sie hatten in den vergangenen Jahren kein vergleichbar konkretes Anschauungsmaterial von uns gehabt. Wir hatten das Gefühl, Lorang und seine Familie beim Anschauen des Filmmaterials und weil wir jeden ihrer Blicke und jede ihrer Gesten hundertfach studiert hatten, noch näher kennengelernt zu haben. Auf der einen Seite erschienen sie uns inzwischen überlebensgroß, auf der andern nur

Naingiro (links) und ihre Schwester Longole.
Aus A Wife Among Wives.

um so menschlicher. Nun würden wir uns also wiedersehen, und wahrscheinlich hatten beide Seiten in der Erinnerung sehr unterschiedliche Bilder voneinander.

Die allgemeinen Lebensumstände hatten sich ebenfalls dramatisch verschlechtert. Im Gegensatz zu dem relativen Überfluß während unseres ersten Aufenthalts war dieses Jahr extrem trocken und wirtschaftlich unergiebig. Es war für uns die erste Gelegenheit, Lorang wieder zu besuchen, und wir wußten nicht einmal, ob er überhaupt noch lebte; irgendwelche Nachrichten von den Turkana zu bekommen, hatte sich als schwierig erwiesen. Selbst wenn er noch am Leben war, konnte die Familie inzwischen irgendwohin weitergewandert sein, wo sie für uns unerreichbar war. Wie sich dann allerdings herausstellte, fanden wir sie alle wieder – zwar verarmt, aber durchaus lebendig. Gewisse Befürchtungen, die wir vielleicht vor der Begegnung mit ihnen gehabt hatten, waren bald zerstreut. Wir wurden begeistert und herzlich wieder in den Haushalt aufgenommen.

Ein paar Tage später zeigten wir den älteren Frauen der Familie THE WEDDING CAMELS. Lorang selbst konnte nicht kommen, weil er krank war, obwohl er sich bei unserer Abreise wieder auf dem Weg der Besserung befand. Die Frauen reagierten anfänglich mit Interesse auf den Film, waren dann jedoch nach einiger Zeit ziemlich erschöpft. Wir mußten uns selbst klar machen, daß für Menschen, die noch nie einen Film, geschweige denn eine Dokumentation über sich selbst gesehen haben, die knappe Zusammenfassung von derart wichtigen Ereignissen (die sich in Wirklichkeit während eines Zeitraums von vielen Wochen abgespielt hatten) im Rahmen eines zweistündigen Films, vielleicht eine Überforderung war. Wir wollten auch wissen, ob ihnen das ›Entziffern‹ des Films Schwierigkeiten bereitet. Aber seine Struktur und sein Stil leuchteten ihnen ein, obwohl bestimmte Elemente, wie zum Beispiel die eingeblendeten Bemerkungen Naingiros, nicht strikt chronologisch angeordnet waren. Wir waren sehr erfreut, als sie sagten, daß nach ihrer Erinnerung der Film die damaligen Ereignisse wahrheitsgetreu wiedergebe.

Wir sind gerade dabei, einen detaillierten Bericht über jene Filmvorführung zu erarbeiten, der nicht nur die Wirkung des Films auf die Turkana beschreiben soll, sondern auch die Wirkung auf uns, ihn erstmals in jener Umgebung zu sehen, in der wir ihn gedreht haben.

Am Rande sollte ich vielleicht noch erwähnen, daß wir bei einem Besuch, den wir der Familie am nächsten Tag abstatteten, hörten, wie die Frauen Lieder sangen, die auch in dem Film vorgekommen waren, und Lorang sagte bei der Gelegenheit, er bräuchte den Film eigentlich gar nicht mehr zu sehen, weil die Frauen den ganzen Tag von nichts anderem gesprochen hätten.

Man hat den Eindruck, daß Sie am liebsten Filme über Gesellschaften machen, die sich am Anfang oder inmitten tiefgreifender Wandlungen befinden. Was ist der Grund dafür?

Der Grund dafür ist, daß diese Gesellschaften eine Spiegelfunktion haben. Man sieht in ihnen häufig Vorgänge, die – wenn auch weniger augenscheinlich – ebenfalls in unserer eigenen Gesellschaft wirksam sind. Zugleich erfährt man mehr über das ganze Spektrum menschlicher Möglichkeiten, wenn man die Unterschiede betrachtet, und so gesehen, erfährt man auch mehr über sich selbst. Einige dieser Gesellschaften befinden sich in einer Phase von historischer Tragweite, und es ist ganz offensichtlich eine außergewöhnliche Chance, einen solchen Augenblick mitzuerleben und zu versuchen, ihn dokumentarisch festzuhalten. Im übrigen besteht immerhin die Möglichkeit, jenen Leuten, die die Macht haben, in das Leben dieser Menschen entscheidend einzugreifen, die Konsequenzen ihrer auf Veränderung programmierten Politik vor Augen zu halten.

Aber tatsächlich behandeln nicht alle unsere Filme den gesellschaftlichen Wandel, und selbst jene, die sich damit auseinandersetzen, beschäftigen sich dennoch in erster Linie damit, wie die Menschen ihre eigene Situation einschätzen. Im übrigen sind alle Gesellschaften einem ständigen Wandel unterworfen. Es sind nur unsere kurzsichtige historische Perspektive und unsere Unwissenheit, welche die Vergangenheit dieser Gesellschaften statisch erscheinen lassen. Daher liegt ein gewisser Egoismus in der Annahme, daß der westliche Einfluß völlig übermächtig ist und nur zerstörerisch wirkt. Es gibt Beispiele von ausgesprochen widerstandsfähigen Kulturen, was wir gerade kürzlich erst wieder erfahren haben, als wir bei den australischen Ureinwohnern gearbeitet haben. Trotz – oder vielleicht auch wegen – der langen Jahre der Unterdrückung haben diese Eingeborenen verschiedene Elemente westlicher Kultur in ein Instrumentarium der Selbsterhaltung verwandelt, was weißen Australiern oftmals als Zeichen kulturellen Verfalls erscheint. Bei den Turkana besteht andererseits im Augenblick noch kein solcher Bedarf, obwohl einige Leute, unter ihnen Lorang, einen entsprechenden Bedarf kommen sehen.

Haben Sie schon einmal daran gedacht, einen ähnlichen Film über ein westliches Land zu machen, von denen ja ebenfalls viele einem rasanten gesellschaftlichen Wandel unterworfen sind, wenn auch in anderer Weise?

Noch einmal, wir betrachten die meisten Filme nicht als Abhandlungen über den Wandel *als solchen*. Sie handeln von Menschen, die in Lebensumständen gefangen sind, die sie zwingen, sowohl kulturell als auch individuell zu handeln. Bis zu einem gewissen Grad ist ihr individuelles Verhalten eine Herausforderung an ihre jeweilige Kultur und ein Verweis auf sie. Aber wenn Menschen in sich rasch verändernden Gesellschaften als Individuen handeln, haben sie eine relativ große Wahlfreiheit zwischen diversen Möglichkeiten, und eben dadurch werden sie als Menschen extrem interessant. Sie werden sozusagen zu Vertretern der Menschheit schlechthin. Es gibt keinen Grund dafür, warum wir uns nicht auch mit derartigen Vorgängen in westlichen Gesellschaften auseinandersetzen sollten. Ganz gewiß haben wir die Hoffnung, das in Australien zu tun.

Warum gibt es in Ihren Filmen keinen Erzähler oder Kommentator?

Wir haben uns ganz bewußt in einer bestimmten Phase unserer filmischen Arbeit dafür entschieden, eine Konvention aufzugeben, die nach unserer Ansicht die Möglichkeit des Zuschauers beschneidet, das Beste aus dem zu machen, was wir anzubieten haben. Die Verwendung eines Kommentarsprechers ist schließlich nur eine in bestimmten Gattungen des Dokumentarfilmes und beim Fernsehen übliche Konvention, sie ist jedoch nicht typisch für den Film schlechthin. Wenn man sich einen Spielfilm ansieht, erwartet man nicht, die Geschichte von einem Erzähler dargeboten zu bekommen, man erwartet, daß die Geschichte in Form von Szenen und Dialogen für sich selbst spricht, woraus man dann ohne zusätzliche Hilfe entnehmen kann, worum es geht. Wir waren der Meinung, daß, wenn diese Bedingungen für ein fiktionales Geschehen Gültigkeit besitzen, sie um so mehr auf den ethnologischen Film zutreffen, der sich mit Menschen beschäftigt, deren Leben nicht durch die Phantasie eines Drehbuchautors beschränkt, sondern beinahe unbegrenzt reich und offen ist.

Wir sind zu der Überzeugung gekommen, daß die Verwendung der Stimme eines olympischen Erzählers, der uns sagt, was wir angeblich gesehen haben, nicht nur anmaßend ist, sondern auch einen intellektuellen und kulturellen Vorhang zwischen den Zuschauern und den Menschen auf der Leinwand herunterläßt. Um für den ethnographischen Film diese Barriere zu durchbrechen, mußten wir auf solche formalen Mittel verzichten, welche die Tendenz haben, die Zuschauer in ihrer eigenen Kultur einzuschließen und sie für die Fremde unempfindlich zu machen. Das soll nicht heißen, daß unsere Afrikafilme nicht analytisch sein wollen oder daß sie keine Leitgedanken hätten – sie haben sogar in Form der Zwischentitel ausdrückliche Leitgedanken, welche die Funktion von Kapitelüberschriften haben. Diese Zwischentitel sagen dem Zuschauer etwas darüber, wonach er in der von uns vorgenommenen Strukturierung des Materials Ausschau halten sollte. Aber wir wollen nicht, daß sich der Zuschauer das Material in der Weise aneignet, wie es bei einem gesprochenen Kommentar der Fall ist, und wir hoffen, ihm dadurch Gelegenheit zu geben, die Dinge in der ihm eigenen Weise zu sehen und sich mit ihnen auseinanderzusetzen.

Haben Sie nicht die Befürchtung, daß Sie ohne Kommentar Gefahr laufen, daß Ihr eigener Standpunkt als Filmemacher verlorengehen oder unkenntlich werden könnte? Was tun Sie, um diese Gefahr auszuschließen?

Der Standpunkt des Filmemachers deckt sich nicht mit dem, was er oder sie in Wörtern ausdrückt – dieser Standpunkt ist die Summe der in dem Film sich ausdrückenden Haltungen. Ein Kommentar kann davon ein sehr kleiner Teil sein oder auch eine entgegengesetzte Wirkung haben. Tatsächlich gibt es unendlich viele Filme, die das eine zu tun vorgeben, während sie in Wirklichkeit genau das Gegenteil tun. Das heißt nicht, daß Filmemacher nicht versuchen sollten, Stellung zu beziehen, aber sie sollten sich der Tatsache bewußt sein, daß am Ende allein ihr Film ihre Auffassung von dem Gegenstand verkörpert. Manchmal verlangen Leute, daß man ihnen eigens in Worten sagt, was man ihnen in Bildern bereits erzählt. Es ist immer leichter, sich mit einer Aussage über Ziel und Inhalt eines Films auseinanderzusetzen, als den Film selbst einer Analyse zu unterziehen. Aber wenn man sich einen Film wirklich aufmerksam anschaut, so wird sein Standpunkt hundertfach zum Vorschein kommen.

Sie scheinen in Ihren Filmen das Hauptgewicht auf die gewöhnlichsten Verrichtungen des alltäglichen Lebens zu legen. Warum tun Sie das?

Als wir anfingen, Filme zu machen, fiel uns auf, daß ethnographische Filme die Hauptbetonung immer wieder auf Rituale und auf die materielle Kultur legen – eine Einseitigkeit, die man sonst in der Anthropologie so nicht findet, da diese Wissenschaft normalerweise der Bedeutung der zwischenmenschlichen Interaktion im Alltagsleben sehr viel Aufmerksamkeit zuwendet. Das liegt zum Teil darin begründet, daß die Filmtechnologie und die entsprechenden Produktionsverfahren sich eher dazu anbieten, vorhersehbare Ereignisse aufzuzeichnen, die sich präzise »einordnen« und auf der Tonspur von einem Kommentator interpretieren lassen. Diese Praxis setzt aber auch die Vorstellung voraus, daß Film als Medium eher dazu geeignet ist, Vorgänge zu dokumentieren, als sie zu erforschen.

Diese beiden Tatsachen tragen deshalb dazu bei, daß die inoffiziellen Ereignisse, die das Alltagsleben ausmachen und die Menschen in ihrem individuellen Verhalten und nicht so sehr als Träger einer ritualisierten oder technischen Rolle zeigen, filmisch normalerweise nicht festgehalten werden. Mit eben solchen Aktivitäten sind wir jedoch meistens beschäftigt, und zwar auch dann noch, wenn wir offiziellen Anlässen beiwohnen. Wenn wir uns andererseits jedoch zu einem öffentlichen symbolischen Akt zusammenfinden, vollziehen wir zwar etwas, das unserer Kultur angehört, was aber für jeden einzelnen von uns durchaus sehr verschiedene Bedeutungen haben kann. Die tieferen Bedeutungen eines solchen Geschehens sind in unserer Geschichte und im Symbolismus selbst begründet. Andere ritualisierte Verhaltensweisen sind so sehr in unser praktisches Leben verwoben, daß wir ihren

Aus THE WEDDING CAMELS.

rituellen Charakter gar nicht mehr wahrnehmen. Das gilt für fremde Gesellschaften so gut wie für unsere eigene.

Schriftlich fixierte anthropologische Abhandlungen bieten die Möglichkeit, Rituale allen möglichen schematischen Analysen zu unterziehen. Der Film hingegen eröffnet die Möglichkeit, die Beziehung zwischen den Ritualen, die die Menschen ausführen, und ihrer Wahrnehmung der entsprechenden Vorgänge zu durchleuchten. Daher beschäftigen sich auch viele unserer Filme mit alltäglichen Ereignissen, die jedoch mit einem öffentlichen Ritual in Zusammenhang stehen (so beispielsweise in THE WEDDING CAMELS). Andere Filme behandeln Abschnitte zwischenmenschlicher Interaktion, die zwar in hohem Maße formalisiert ist, jedoch von den daran beteiligten Menschen als ganz ›alltäglich‹ empfunden wird.

Aber das beantwortet Ihre Frage nur zum Teil. Für uns ist das Filmen alltäglicher Ereignisse auch eine Form des Teilhabens am Leben der von uns gefilmten Menschen, und wir möchten dem Zuschauer einen ähnlichen Zugang ermöglichen. Diese Arbeitsweise gewährt den tiefsten Einblick in die Persönlichkeitsstruktur der gefilmten Menschen und in die Bedeutung ihrer Handlungen. Dabei handelt es sich jedoch nicht primär um einen analytischen Prozeß, sondern vielmehr um Filmarbeit als Erkenntnisakt – als die bewußte Wahrnehmung der Aktivitäten von einzigartigen Individuen, die ihre Prägung einer anderen Kultur verdanken.

Was hoffen Sie mit den Turkana-Filmen zu erreichen?

Als wir uns darum bemühten, Geldgeber für unser Projekt zu finden, begründeten wir seine Notwendigkeit damit, daß wir Filme machen wollten, welche die Mitglieder anderer Gesellschaften als Individuen und nicht nur als Komponenten eines sozialen Mechanismus zeigen sollten. Diese Zielsetzung erscheint heute – nach Ablauf einiger Jahre – nicht mehr so naiv wie damals. Es ging uns niemals einfach darum zu demonstrieren, daß die Turkana auch Menschen sind, weil uns das, obwohl es noch vielen Leuten an dieser Einsicht fehlt, nicht sonderlich interessiert hat. Interessiert waren wir vielmehr an der Beziehung zwischen dem, was man ›eine Kultur‹ nennt, und der unaufhörlichen Neugestaltung und Anpassung von Kultur innerhalb einer gegebenen Gesellschaft – an der Art und Weise wie eine Kultur von den Menschen, die sich an ihrer Begrenztheit reiben, ständig neu definiert wird.

Ein weiteres Ziel war es, die Situation des Feldforschers aufzuzeigen – eines Außenseiters in einer fremden Gesellschaft, der versucht zu begreifen, was eigentlich geschieht. Wenn man sich in einer solchen Position befindet, beobachtet man meistens und zieht dann seine Schlußfolgerungen, aber häufig stellt man auch Fragen. Wenn etwas Wichtiges passiert, kann man nie überall zugleich sein; man erlebt das Geschehen immer nur aus der eigenen begrenzten Perspektive, und zwar nicht nur weil man ein Außenseiter ist, sondern auch weil die Menschen in der betreffenden Gesellschaft selbst das Geschehen einseitig wahrnehmen. Das unterscheidet unsere Haltung grundlegend von solchen Filmen, die dem Zuschauer vormachen, daß ein Ereignis oder auch eine ganze Gesellschaft nur in *einer* ethnographischen Wirklichkeit existieren und daß der Zuschauer diese einzige Wirklichkeit auch tatsächlich sieht.

Im übrigen hatten wir natürlich auch die Absicht, den ethnographischen Film als Genre zu beeinflussen: Möglichkeiten der Begegnung mit Menschen aus anderen Kulturen als denkenden und sprechenden Geschöpfen zu eröffnen. Wir bringen die Übersetzung dessen, was die Leute sprechen, in Untertiteln, weil wir der Meinung sind, man sollte sie hören und nicht nur *über* sie reden. Was sie sagen, ist grundlegend für ein Verständnis ihres intellektuellen und emotionalen Lebens, und das Medium Film ist zur Vermittlung dieser Dimension besonders geeignet. Schließlich und endlich betrachten wir den Film nicht als ein Medium zur Illustrierung anthropologischer Lehrmeinungen. Unser Interesse gilt dem Film als Forschungsmedium, mit dessen Hilfe sich spezifische Beispiele menschlichen Verhaltens erforschen und analysieren lassen.

Wann können wir darauf hoffen, den dritten Teil ihrer Trilogie zu sehen, und wovon handelt der Film?

Wir sind mit dem Schneiden und mit den Untertiteln beinahe fertig. Die Gestaltung dieses dritten Films war am schwierigsten, es ist aber in gewisser Hinsicht auch die interessanteste Arbeit geworden. James Blue hat gelegentlich vom »Transportmechanismus« eines Films gesprochen. Anders als die beiden ersten Filme der Trilogie hat unsere letzte Arbeit nicht den Transportmechanismus eines Ereignisses, und ebenso wenig handelt es sich dabei um die schrittweise Offenbarung einer Persönlichkeit. Statt dessen beschreibt der Film unseren Versuch, die Vorstellungen der Turkana über Heirat zu erforschen, und beschäftigt sich beispielsweise mit der Frage, warum eine Frau unter bestimmten Umständen vielleicht wünscht, daß ihr Mann eine zweite Frau heiratet. Des weiteren befassen wir uns mit der Frage, welche Verpflichtungen die Turkana mit der Heirat eingehen im Vergleich zu jenen Pflichten, die sie gegenüber ihren Blutsverwandten haben. Im weiteren Verlauf zeigt der Film dann eine Eheschließung auf einem Gehöft in der Nähe von Lorangs Haus. Das Geschehen wird dabei überwiegend von Mitgliedern von Lorangs Familie kommentiert.

Nachbemerkung der Herausgeber:
Der dritte Teil der Trilogie, A WIFE AMONG WIVES, wurde 1981 fertiggestellt.

Andrew Strathern

Wie Ongka's Big Moka entstand

Eine ganze Reihe *Disappearing World*-Filme ist mittlerweile herausgekommen, und das Unternehmen gedeiht ebenso, wie viele der »dahinschwindenden« Bräuche[1], die diese Filme zeigen.

Ein prägendes, wenn auch kein einmaliges Charakteristikum der Filme war das intensive Zusammenwirken von Anthropologen und Filmleuten. Dafür gibt es logische Gründe. Wenn ein Anthropologe seinen eigenen Film macht, reichen seine technischen Fähigkeiten nicht aus, wenn ein Regisseur ohne einen Anthropologen arbeitet, ist seine Auslegung des Geschehens unweigerlich entstellend: von daher die Zusammenarbeit.[2] Berichte jedoch über Einzelheiten dieser Zusammenarbeit und über die Beziehung zwischen der Bevölkerung, dem Anthropologen und den Filmen, die aus ihr hervorgehen, sind spärlich. In diesem Aufsatz versuche ich davon Rechenschaft zu geben; ich beschreibe hauptsächlich die Zusammenarbeit zwischen mir und dem Team, das 1974 Ongka's Big Moka drehte; im Blickfeld bleiben aber weiterreichende Fragen nach der Bedeutung populärer ethnographischer Filmarbeit und der Möglichkeit zukünftiger Zusammenarbeit zwischen Anthropologen und Filmemachern.

Während der Konferenz der *Association of Social Anthropologists* in Oxford 1973 sprach ich mit Christopher Curling – nicht zum ersten Mal – von der Absicht, die großen, für das Hochland Neu Guineas so charakteristischen Tauschzeremonien zwischen politischen Gruppierungen zu filmen. Ich führte meine Feldforschungen hauptsächlich im westlichen Hochland um den Mount Hagen herum aus, und im Mittelpunkt meiner Forschungen standen solche Darbietungen, die man als *moka* kennt; es schien daher naheliegend, an die Verfilmung eines solchen *moka*-Festes zu denken. Darüber hinaus stand zu erwarten, daß den Kawelka[3], der Clangruppe, der ich mich zugehörig fühlen durfte, innerhalb eines Jahres oder so das Gegengeschenk gemacht werden würde. Ein glückliches Gelingen derartiger Ereignisse fordert eine Menge Geschick und Schwung, und man konnte keineswegs sicher sein, ob ein Filmteam den richtigen Zeitpunkt für ein *moka* treffen würde; dieses Risiko mußte man eingehen. Dazu kommt noch, daß ich, obwohl solche Feste innerhalb des gesamten Mount-Hagen-Gebietes in regelmäßigen Zeitabständen von der einen oder anderen Gemeinschaft abgehalten werden, nur darauf vorbereitet war, bei einem Film über die Kawelka zu helfen. Das aus ganz bestimmten Gründen.

Erstens kannte ich die Kawelka; bei einer mir unbekannten Gruppe hätte ich die Handlungen von Individuen, die Geschichte der Beziehungen zwischen ihnen und ihren anderen Gruppierungen nicht zureichend verstanden, auch wenn sie den Kawelka kulturell ähnlich gewesen wären. Zweitens verlangt ein solches Filmvorhaben die Billigung der Leute, und dem Anthropologen fällt höchstwahrscheinlich die Rolle des Unterhändlers zu. Er nimmt in einer diffizilen Situation die Stelle eines Maklers ein, eines Maklers etwa in dem Sinn, den ihm Anthropologen geben, die sich aus einer transaktionalistischen Perspektive mit unternehmerischen Aktivitäten beschäftigt haben (S. z. Bsp. Barth, 1966; Paine, 1971; Bailey, 1970).[4] Ich hatte kurz davor mit einem BBC Team bei den Kawelka für die Reihe *Family of Man* gearbeitet. Mir nahestehende Familien erwiesen sich als sehr hilfreich und das Team bezahlte die Mithilfe. 1973 aber herrschte auf Seiten der Hochlandbewohner das Gefühl, daß ein paar Weiße – zum Beispiel solche, die Photos von ihnen machten –, zuviel Geld aus ihnen herausholten. Es gab dieses Empfinden schon 1964, als mir ein Führer einer Nachbargruppe der Kawelka verbot, auf ›seinem‹ Zeremonialplatz Bilder aufzunehmen. Er sagte, daß ich die Aufnahmen verkaufen und ihn an den Einkünften nicht beteiligen würde. Ich konnte ihn davon überzeugen, daß dies nicht meine vorrangige Absicht war, wenn ich Bilder machte, und daß ich ihm oder denen, die an meiner Arbeit unmittelbar beteiligt seien, einen Anteil gäbe, wenn ich daran verdienen würde. Damit kam ich mit jedermann zum Einverständnis. Ich brachte den Leuten auch sehr viele Abzüge mit, und sie wurden recht beliebt als Bildschmuck in Geschäften, als Brieftascheneinlagen und dergleichen. Mich selbst stufte man als jemanden ein, der »irgendwie mit der Schule« zu tun hat. Man redete davon, daß ich noch in der »Ausbildung« sei und daß sich später etwas daraus ergeben könnte, daß meine Mittel vorerst aber nicht umfangreich seien. Da meine Einkünfte im Laufe der Jahre anwuchsen, wuchsen auch meine Verpflichtungen und Gegengaben an die Leute: als ich im Jahre 1973 zum Anthropologieprofessor an der Universität von Papua Neu Guinea ernannt worden war, konnten viele Leute, mit denen ich gearbeitet hatte, direkt sehen, welche Stellung ich – auch dank meiner Feldforschung – erreicht hatte.[5] 1974, als die Filmarbeiten begannen, hatte sich die Auffassung der Kawelka, was ihre Entwicklungssituation und ihr Verhältnis zu den Weißen im allgemeinen und zu mir im besonderen betraf, etwas geändert. Als ich einem jungen Mann etwa meines Alters gegenüber zur Sprache brachte, daß schon wieder ein Filmteam kommen wollte, reagierte er zunächst ausgesprochen argwöhnisch. »Schau«, sagte er, »es waren zu viele Leute da, um Photos von uns Hochlandbewohnern zu machen und daran zu verdienen. Wenn sie ohne Erlaubnis versuchen, in unser Gebiet zu kommen, werden wir ihre Kameras zerstören. Beim letzten Mal, als sie da waren, wollten wir von allen Bildern, die sie gemacht haben, Abzüge sehen, aber wir bekommen sie nicht; was geht da vor?«

Ich erklärte ihm, daß für das Filmen Fachleute nötig wären, daß ›Gesellschaften‹ über das Geld verfügten, um solche Fachleute zu bezahlen und um sie in verschiedene Gegenden der Welt zum Filmen zu schicken. Wir hätten hier für unsere Gruppe die Möglichkeit, ein besseres Geschäft als früher zu machen. Er stimmte zu: »Ja, früher, da wußten wir nicht Bescheid, und sie haben uns ausgeschmiert, jetzt wissen wir was los ist, sie werden uns jetzt anders behandeln.«

Auf dieser Grundlage verhandelte ich mit Granada über die Bedingungen der Filmarbeit. Ich sprach nicht von kaputten Kameras, aber viel von den Verpflichtungen den Leuten gegenüber. Die Hochlandbewohner Neu Guineas sind an Entwicklung interessiert; sie betreiben Anbau für den Markt, verwenden ausgiebig Geld für

Brautgaben und *moka*-Zeremonien, für den Kauf von Lastwagen und bei Geschäften aller Art. Wie der Film, den wir gemacht haben, zeigt, sind sogar Lastwagen in den zeremoniellen Austausch eingegangen. Man kann nicht mehr sagen: »Halten wir das Geld draußen!« Alles in ihrem Leben hat mit Geld zu tun, Geld verändert ihr Leben und erfährt selbst einen Bedeutungswandel. Meines Erachtens stand wichtigen Leuten für die Hilfe, die sie den Filmemachern gewährten, durchaus ein finanzielles Entgelt zu. Dies vorausgesetzt lassen sich natürlich detaillierte Fragen über die Höhe und eine gerechte Verteilung nur schwer, wenn überhaupt befriedigend lösen. Die Brisanz der Angelegenheit erhellt sich aus der Tatsache, daß mich ein Vertreter der Studentenvereinigung des westlichen Hochlands an der Universität von Papua Neu Guinea auf diese Dinge hin ausfragte, noch bevor das Filmteam eintraf. Lediglich weil er mich persönlich kannte, weil ich an der Universität lehrte und weil ich seit seiner Kindheit im Gebiet von Mount Hagen arbeitete, ließen sich anfänglicher Argwohn und feindselige Gefühle, die er profitgierigen Fremden gegenüber zurecht hegte, beilegen. Derlei Gefühle in den Gemeinden verbinden sich mit einer wachsenden Erbitterung auf nationaler Ebene angesichts von Filmgesellschaften, die keine Filmkopien nach Neu Guinea schicken (oder schicken wollen). Die anthropologische Fakultät der Universität von Papua Neu Guinea hat auf Anregung von Dr. Louise Morauta und dann auch von mir gegen diese Vernachlässigung offensichtlicher Verpflichtungen protestiert; sie hat der Regierung vorgeschlagen, ein Gesetz zu erlassen, das die Wiedereinreise verweigert, falls keine Kopien des aufgenommenen Materials eingegangen sind, und das Gesellschaften, die keine diesbezüglichen Zusagen machen, von vornherein die Einreise untersagt. BBC hat uns z. B. keine einzige Kopie des *Family of Man*-Films zugesandt, und sie haben das Copyright für das Material, das bei den Filmarbeiten entstand. Ich selbst bin bezahlt[6] worden, doch hat das nichts mit der Verpflichtung der Nation gegenüber zu tun. Als ich mich mit Granada besprach, waren derlei Gesetze noch nicht verabschiedet; Brian Moser jedoch, der Granada vertrat, stimmte bereitwillig zu, mindestens eine offizielle Kopie für die Regierung Neu Guineas und eine weitere zu meiner freien Verfügung bereit zu stellen. Er ging auch auf die Bezahlung der Leute selbst ein; der thematische Schwerpunkt des Films löste das Problem der Verteilung des Geldes weitgehend.

Charlie Nairn und Pattie Winter, zwei Mitglieder des Filmteams, kamen viel früher in Port Moresby an, als ich erwartet hatte. Sie wollten mehr über die Mount-Hagen-Region wissen, ein bewundernswertes Vorhaben, das uns jedoch am Schluß Schwierigkeiten bereiten sollte, weil uns das Geld ausging. »Andrew«, fragte mich Charlie zu meiner großen Überraschung, »was soll der Film behandeln?« Das Team von *Family of Man* hatte sich, lange bevor es neu-guineischen Boden betrat, eine Liste zusammengestellt, und ich war ihnen bloß noch dabei behilflich gewesen, das Gewünschte aufzunehmen. Ethnographisches Filmen hatte eine Richtung eingeschlagen, die mehr Wert darauf legte, »dem zu folgen, was sich ereignet« und »anzuhören, was die Leute sagen«. Die Anfänge dieser Gewichtsverlagerung lassen sich bereits in der Interviewtechnik, die das *Family of Man*-Team 1970 anwandte, entdecken. Charlie setzte dazu: »Wir wollen was ›menschlich Ansprechendes‹.«

Was er damit meinte, kann man aus der Geschichte von dem verlorenen Kind in Nairns früheren Film KATARAGAMA ersehen, das durch die Anrufung Gottes wiedergefunden wurde. (Liebenswürdigerweise hatte er mir eine Kopie mitgebracht.) Ich antwortete ohne Zögern: »Wenn du auf die menschlichen Dinge aus bist, müssen wir einen Film über Ongka machen. Er wird dir das Menschliche zeigen und vieles dazu.« Charlie schaute zweifelnd drein und Pattie bestürmte mich mit weiteren Fragen über Mount Hagen. (Wie andere vom Granada-Team, hatte auch sie Ethnologie studiert.) Beider Ziel, (mit Hilfe des Anthropologen) ein ernstzunehmendes Verständnis mit etwas kommerziell Einträglichem zu verbinden, war unübersehbar. Solche Vorhaben sind von vornherein schwer durchzuführen, und manch einer wird sagen, man sollte es nicht einmal versuchen. Wenn man es aber nicht versucht, kommt es auf letztlich überhebliche Art zu einer wachsenden Polarisierung zwischen dem ›Populären‹ und dem ›Seriösen‹. Es galt, den eigenen Weg mit Bedacht herauszufinden. Welchen Einfluß würde ich auf das endgültige Produkt haben? Charlie Nairns Worte zu Beginn machten zumindest Mut. Ich würde sogar nach England fliegen können, sobald die erste Version fertig wäre, um mögliche Änderungen und Zusätze vorzuschlagen. Natürlich hatte ich keinen rechtlichen Anspruch darauf, aber ich ging davon aus, daß dies – wie so vieles in dieser Angelegenheit – von der Einsicht und vom guten Einvernehmen abhinge. Aus der engen Zusammenarbeit entstehen unter Umständen Machtfragen, die man, falls vertragliche Regelungen nicht vorliegen, über persönliche Gespräche lösen muß.

Meine Schwierigkeit bestand vor allem darin, daß das *moka* zu einer Zeit stattfinden sollte, in der mich Verpflichtungen an die Universität banden. Ich wußte noch nicht, daß Granada von den Anthropologen normalerweise ständige Anwesenheit bei solchen Filmprojekten erwartet (und sie bezahlen dafür). Mir war das unmöglich, und das führte zu erheblichen Spannungen und Unannehmlichkeiten. Doch da ein Anfang gemacht war, entschlossen wir uns, den Film zu drehen. Ich flog viel öfter von Port Moresby nach Mount Hagen, als das meinen laufenden Verpflichtungen in Moresby[7] zuträglich gewesen war (mit den regulären Verbindungen dauert der Flug von der Küste ins zentrale Hochland eineinhalb Stunden). Für die Zeiten meiner Abwesenheit fanden wir einen sprachgewandten Lehrer, der für das Team, das durch die Ankunft des Kameramannes und des Tontechnikers angewachsen war, übersetzen konnte. Die ganze Mannschaft lebte in einem Haus, das ich kurz zuvor auf Ongkas Grund errichtet hatte und das ich mit Ongka teilte. Sie waren also Ongkas Gäste, sie ›mieteten‹ das Haus und erfuhren von ihm, was es mit dem *moka* auf sich hatte. Deswegen fiel der Großteil ihrer Zahlungen an ihn; durch einen finanziellen Zuschuß zum Erwerb von Rindern, die als besondere Gaben, als ›Extras‹ im bevorstehenden *moka* weggegeben werden sollten, auch an seine Gruppe. Ich selbst steuerte zu diesem Rinderkauf im Namen der Klammbo, einer Sektion der Kawelka und Ongkas eigenem Subclan, zusätzlich bei.

Als Charlie und Pattie Port Moresby zum ersten Mal verließen, hegten sie noch Zweifel, doch bezauberte und beschäftigte Ongka sie bald. Ongka ist je nach Umständen mitreißend, überlegen, taktvoll, fordernd oder humorvoll. Er ist sich seiner selbst und anderer sehr bewußt und versteht es, sowohl die Reaktionen anderer vorauszuahnen, als auch sie zu beeinflussen. Sie erkannten bald, daß sie jeder Tag zwangsläufig dem schließlichen Ziel näher brachte, auch wenn das große *moka* noch Wochen (Monate?) vor ihnen lag. Ongka war ständig auf Reisen, zu Fuß oder mit dem Wagen. Wenn ich da war, arbeiteten wir abends lange an der Übersetzung von Tonbandaufnahmen, um danach immer wieder intensive Diskussionen über die Bedeutung des *moka* zu führen. Mir schien, das Team war in der verfügbaren Zeit äußerst bemüht zu verstehen, was vor sich ging, auch wenn das durch nichtendende Fragen an mich geschah. Es ist recht sonderbar, Leuten, die sich nicht im Vorlesungsraum, sondern in Ongkas Haus befinden, Vorlesungen über das *moka* zu halten; doch war Ongkas Haus auch mein Vorlesungsraum gewesen, und Ongka verstand sich sehr darauf, sie (und jedermann sonst) zu unterrichten. Ich meinerseits lernte aus der ganzen Sache, wie flüchtig die Suche nach ›Bedeutung‹ ist, ganz abgesehen von all den ›Ismen‹, die es in der Anthropologie zu diesem Zweck gibt: Ethnomethodologie, symbolischer Interaktionismus, Strukturalismus und was sonst noch. Die Teammitglieder sagten mir, daß sie schon mit Anthropologen gearbeitet hätten, von denen ich mich aber in mancher Hinsicht unterschied, daß ich eher ein ›Hagener‹ sei als ein ›Anthropologe‹ und daß mit mir zu reden der Möglichkeit gleichkam, über das *moka* mit einem ›gebildeten‹ Menschen aus dem Gebiet selbst zu sprechen (was sie auch taten, insbesondere mit Studenten). In der Anthropologie ist das Problem der teilnehmenden Beobachtung natürlich wohlbekannt: wie weit sie gehen sollte, wie man Identitäten annehmen kann, die letztendlich als widersprüchlich angesehen werden, welchen Einfluß dies alles auf das Geschriebene hat; die Antworten darauf sind unterschiedlich. Ich hatte damals zehn Jahre lang – seit 1964 –, wann immer es mir möglich war, in Hagen gearbeitet und konnte die Hagen- oder Melpa-Sprache, mit ihrem reichen, ausdrucksstarken Wortschatz für Streitgespräche und Reden, einigermaßen fließend sprechen. Ich fühlte mich dort nicht nur zu Hause, sondern stand der Art, wie in Hagen die Dinge getan wurden, auch sehr nahe, und es stimmt, daß ich überrascht war, als das Team mich nach Dingen fragte, die ich wie die Hagener für selbstverständlich hielt. Ich mußte anthropologische Vorstellungen überdenken und sie mit den Erklärungen des Teams vergleichen.

Lange setzten wir uns damit auseinander, was im Filmkommentar allgemein über das *moka* gesagt werden sollte. Wir wurden letztlich von den Zwängen des Zelluloids besiegt und konnten erst am Ende so Allgemeines sagen wie: »das *moka* bildet den Rahmen für das gesamte Leben.« Ich war damit nicht glücklich, es war zu vage, nicht ausreichend anthropologisch, doch setzen hier offensichtlich Probleme des Mediums Film und einer wirkungsvollen Vermittlung ein.

Wie wurde der Film im einzelnen aufgebaut? Einerseits machten wir eine Geschichte mit ›handelnden Personen‹ und dokumentierten den zeitlichen Verlauf von Ereignissen; andererseits bestand die Absicht, ein den Zuschauern unbekanntes Kultursystem zu interpretieren und darzustellen. Ich werde darauf der Reihe nach eingehen.

Mir war eine Geschichte mit ›handelnden Personen‹ am wenigsten vertraut. Die

Filmer hatten vor, das aufzuzeichnen, was passierte, und so wenig wie möglich einzugreifen. Doch galt es, einen 52 Minuten langen, spannenden Film zu erstellen, mit entsprechenden Eingriffen. Da war Ongka, die zentrale Figur; mit ihm zusammen konnte man seine Tauschpartner aufsuchen. Unvermeidlich war daher ein Film, in dessen Mittelpunkt Ongka stand. Da Ongka andere Männer antrieb und selbst als wichtigster Organisator des *moka* auftrat, führte das nicht allzu sehr in die Irre. Nichtsdestoweniger mußte die rein dokumentarische Seite, die komplexe Rolle der Nebengruppen und der teilnehmenden Führer zugunsten von Ongka und zugunsten einer ›Story‹ zu kurz kommen. Was Ongka betrifft, hat man großenteils einfach das gefilmt, was er sagte und tat. Es gibt jedoch gestellte Szenen: sie waren nötig, um das Filmmaterial montieren zu können. Charlie Nairn ersann nach und nach aus noch zu Filmendem und bereits Gefilmtem ein ›Drehbuch‹ und hatte dafür bestimmte Szenen als Überleitungen vor Augen.[9] Es ist deshalb ein oder zweimal gestellt, wenn Ongka eine Straße entlang- oder einen Hügel hinaufgeht, ein paar Mal ist es auch gestellt, wenn er den Zeremonialplatz abschreitet und in shakespearescher Manier über den nächsten und übernächsten Tag vor sich hinmurmelt. Doch sind das alles typische Ereignisse, sie sind nicht ›falsch‹. Nicht gezeigt wurde, daß Ongka viele seiner Reisen mit dem Auto machte. Ich glaube, man hätte das zeigen sollen, denn wir wollten die Dinge so beschreiben, wie sie sind, und den sozialen Wandel nicht verbergen. Eine Komplikation war, daß der Wagen zugleich mir gehörte (ich ihn mir mit Ongka teilte)[10] und ich mich aus dem Film draußen halten sollte, weil mein Auftauchen den Film grundlos kompliziert hätte. Weggelassen wurde auch, daß Ongka und ich ein Haus teilten. Wir hatten das Männerhaus gemeinsam; im Film sagen wir bloß, daß sich sein Männerhaus in der Nähe befindet, und lassen die Vermutung zu, es sei im traditionellen Rundhausstil gebaut; dem ist nicht so.

Diese Bemerkungen betreffen auch Fragen des Dokumentarischen, die für den Wert filmischer und anthropologischer Aussagen von großem Belang sind. Daß das gefilmte Material bei weitem das letztlich zur Verwendung ausgewählte überstieg, gehört hierher. Das gesamte Filmmaterial befindet sich in Manchester im Archiv von Granada und steht dort jedem, der damit arbeiten will, zur Verfügung.[11] (Ein Streitpunkt ist, daß Granada einzelne Teile verkaufen kann, ohne die Mount-Hagener oder mich zu benachrichtigen. Ich glaube, das kann zum Mißbrauch und zu Mißstimmung führen und unter Umständen auf Granada selbst zurückfallen.) Aber auch das gesamte Filmmaterial wäre keine vollständige Dokumentation. Die wichtigere Frage ist: auf welche besondere Weise verändert der Film die Wirklichkeit? Es wäre am besten zuzugestehen, daß der Begriff von Wirklichkeit hier eine Schimäre ist. Wir sprechen immer über Konstruktionen von Wirklichkeit. Dennoch läßt sich da manches ganz einfach feststellen. Erstens ändert der Film den zeitlichen Ablauf, obwohl er den Fluß der Ereignisse insgesamt beibehält. Das heißt, daß bestimmte Szenen dem ›Drehbuch‹ des Regisseurs folgen und nicht dem tatsächlichen Ablauf. Der Film beginnt damit, daß ein Flugzeug in Mount Hagen landet und Mr. Parua-Kuri, ein Parlamentsmitglied aus Moresby ankommt, um das *moka* in Empfang zu nehmen. In Wirklichkeit war es so: Ehe wir Mount Hagen mit Parua verließen, filmte das Team eine Fokker-Friendship im Anflug. Mit diesem Flugzeug flogen wir nach Port Moresby ab, filmten darin und nach der Landung eine vorgetäuschte Ankunft am Flughafen mit dem Taxi. Diese Szenen erscheinen im Film in entgegengesetzter Reihenfolge. Parua war genau so, jedoch vor den Filmern, in Mount Hagen angekommen, deshalb die Rekonstruktion. Was man sieht, ist also nicht ›falsch‹, es ist jedoch aus dramaturgischen Gründen ›zurecht gemacht‹. Der Film wechselt zwischen *moka*-Szenen und Gesprächen mit Ongka und Rumbukl, seiner Frau. Ein Eingriff, den Ongka und die anderen Kawelka problemlos verstanden. Gibt es daneben Eingriffe auf einer ›höheren‹ Ebene, dem Ziel des Filmes, eine Kultur zu interpretieren?

Aus der Literatur über Mount Hagen kannte das Filmteam einige Bereiche, die Beachtung verlangten. Einfach ein farbenprächtiges Fest zu filmen, war nicht in ihrem Sinn. Wie's dann kam, sollten wir alle das abschließende große *moka* nicht zu sehen bekommen. Den Filmern ging das Geld aus und einem Freund von mir aus Hagen gelang es nicht, mir telephonisch von dem großen Ereignis Nachricht zu geben. Die Filmer widmeten sich den Rivalitäten zwischen den Führern (weshalb sie sich Raema und seine Taten aussuchen konnten) und der Rolle der Frauen (deshalb die Gespräche mit Rumbukl und die Aufnahmen von ihr auf den Zeremonialplätzen). Keiner von uns hatte erwartet, daß das *moka* von einem großen Begräbnis unterbrochen werden würde. Das Team zeichnete sehr viel davon auf, und dementsprechend kann man das im Film auch seiner Bedeutung gemäß sehen. Meine Erläuterungen über das *moka* aus historischer Perspektive – es hat sich aus der Kompensation für Tötungen entwickelt – gingen in den Kommentar ein, der während der Zubereitung von Schweinen nach dem Begräbnis gesprochen wird. Ich schrieb eine ziemlich ausführliche Skizze von Ongkas Persönlichkeit als Orientierungshilfe. Der Regisseur verwandte Teile daraus für den Kommentar, den er verfaßte und später mit mir in England überarbeitete. Die abschließende Szene mit Ongka, wie er versucht, Verwandte von einem Angriff auf Raema (ebenfalls einen Verwandten) abzuhalten, wurde genauso gefilmt, wie es passiert ist.[12] Was fehlt oder was ist falsch? Jerry Leach hat in seiner Besprechung in *RAIN* auf etwas hingewiesen: Selbst mit Untertiteln und Kommentar ist es nicht leicht, aus dem Film allein ein klares Bild des *moka* zu beziehen.

Wir haben uns gefragt, ob man den Film nicht mit einem entsprechenden Text einleiten sollte; ich glaube, man hätte das machen können. Ongkas zentrale Position im Film verdunkelt eher die Rolle anderer Führer, so daß der Zuschauer im Unklaren bleibt, ob Ongka alles und jeden dominiert oder nur so manches und manch einen. Letzteres entspricht der Wahrheit. Ongka selbst neigt dazu, seinen Einfluß zu übertreiben, das machen Führer häufig, und es ist auch das Mittel, seinen Einfluß *tatsächlich* auszuweiten. Solche Feinheiten sind schwer ins Bild zu setzen. Für anthropologische Lehrveranstaltungen wäre es möglich und wünschenswert, den Film mit der ziemlich umfangreichen Literatur über Hagen und das *moka* zu ergänzen.[13] Einige wichtige Aspekte jedoch werden aus dem Film sehr deutlich; zum Beispiel, wie Ongka seine Beiträge ›finanziert‹, wie die einzelnen Stadien des *moka* beginnen und sich miteinander verbinden, wie Männer um

›ihren‹ richtigen Zeitpunkt kämpfen, wie man Frauen für das spannungsvolle Ereignis und die Darbietungen arbeiten läßt. Aber: sagt der Film etwas aus, was Literatur nicht sagt? Das ist nur mit den Kategorien des Mediums selbst zu beantworten und mit einem Exkurs in Erfahrungen aus der Feldforschung. Nach einer Feldforschung hat man von der Anthropologie und von anthropologischen Monographien ein vollständigeres Bild als vorher. Man liest anders. Der Film möchte eine annähernd gleichartige Wirkung ausüben. Das ist selbstverständlich unmöglich und könnte ziemlich in die Irre führen. Aber wie auch immer die »Techniken, etwas für gültig zu erklären« (diesen Ausdruck verdanke ich Michael Gilsenan, der mich genauestens über die Rolle der Anthropologen in diesen gemeinschaftlichen Unternehmungen befragte) geartet sein mögen, es geht ganz einfach darum, eine aussagekräftige Abfolge von Bildern zu vermitteln, die ein Verstehen und Erinnern ermöglichen. Diese Abfolge der Bilder haben wir erst nach eingehender Diskussion hergestellt. Ich selbst vermisse in dem Film etwas, was dem 52-Minuten-Faktor weichen mußte: Wenn ich an das *moka* als ein ›gelebtes‹ Phänomen denke, erinnere ich mich am häufigsten an die Ausdauer, an die Vitalität und Komplexität in den Reden und Streitgesprächen. Nur kleine Ausschnitte aus Reden sind gefilmt und übersetzt worden, um davon eine Vorstellung zu geben. Etwa nach dem Vorbild des Mursi-Filmes in der *Disappearing World*-Serie könnte man einen Film machen, der genau zeigt, wie Redekunst zur Wirkung – oder nicht zur Wirkung – gelangt. Für uns war ein Problem, wie man Untertitel verwendet. In meiner Antwort auf Leachs Besprechung habe ich dargelegt, daß der Regisseur Untertitel für nicht besonders wichtig hielt (vielleicht verstand er schon zu viel von allem). Ich hatte das Gefühl, man bräuchte mehr. Nachdem ich die erste Version gesehen hatte, einigten wir uns darauf, einige Untertitel hinzuzufügen. Wäre unser Material noch mehr ›mündlicher‹ Art gewesen, hätte das ein ernstes Problem ergeben. Ein Freund und Anthropologe ließ mich am vorliegenden Ergebnis zweifeln, als er mich fragte: »Wie kommt es, daß das, was die neu-guineischen Führer sagen, auf so wenige Worte zusammenschrumpfen kann?« Das kann es natürlich nicht. Würde man die Reden vollständig wiedergeben, würden die Bilder ganz hinter den Untertiteln verschwinden. Ich sehe da keine andere Lösung außer der Veröffentlichung einer ungekürzten Version des Gesagten zu Studienzwecken.

Noch ein Wort über das Publikum, das den Film zuerst zu sehen bekam. Die Besprechungen von ONGKA'S BIG MOKA zeigen deutlich, daß die Leute zunächst einmal vergleichen. Eine im Prinzip auch völlig legitime, wenngleich nicht immer entschuldbare Reaktion. »Schau, was die da machen! Sieh dir Ongka an, mit seinem alten Hut und dem alten Hemd, wie er all das Zeug weggibt! Schaut so bei denen dort sozialer Wettkampf aus?« »Warum die alle Federn anhaben?« Aus solch naiven Reaktionen entstand nicht zuletzt die Anthropologie. Auch ein Schuß Wirklichkeitsflucht könnte dazu gehören, und wenn dem so wäre, wäre auch das nicht unbedingt falsch. Zweierlei ist, glaube ich, im Spiel: Erstens das Anliegen, das, was anders ist, zu verstehen; zu erkennen, was ›verschieden‹ ist und was trotz allem ›gleich bleibt‹. Und zweitens, Möglichkeiten zur Veränderung unseres eigenen Lebens wahrzunehmen. Wenn ethnographische Filme solche Ansätze auf populärer

Ebene fördern, haben sie hierzulande ihren Wert. Und natürlich freut es die Leute drüben, Filme über sich selbst zu sehen. Eine der beiden Kopien des Ongka-Films, die nach Papua Neu Guinea kamen, war für mich bestimmt. Ich nahm sie mit ins Hochland, und mit der Unterstützung des *Government Liaison Ressorts* wurde sie in Ongkas Heimat vorgeführt. Ongka gab auch in Port Moresby Einführungen bei Vorstellungen für die Studentenvereinigung von Hagen und für ein größeres Publikum.[17] Später nahm Dr. Maev O'Collins von der anthropologisch/soziologischen Fakultät der Universität die Kopie in viele Küstenregionen mit. Ich brachte sie schließlich ins westliche Hochland zurück, und dort ist sie zum alleinigen Gebrauch von Ongka und für die Vorführungen des *Liaison Office* bei gelegentlichen Märkten in den ländlichen Regionen aufbewahrt. Der Film kann zahlreichen Zwecken dienen, in der Herkunftsregion, im Herkunftsland und in vielen Ländern der Welt.

Ich möchte, ehe ich zum Ende komme, noch unumwunden davon sprechen, warum man mich zur Filmproduktion hinzugezogen hat, und wie die Zusammenarbeit mit dem Team von Granada aussah. Ich hatte einfach deshalb damit zu tun, weil ich wollte, daß ein guter Film über das *moka* gemacht würde, und weil ich dachte, mit dem Granada-Team biete sich die Gelegenheit dazu. Immer noch bin ich mit all den kommerziellen Seiten nicht einverstanden, vor allem nicht damit, was mit den einzelnen Teilen des Films geschehen kann. Neulich fragte mich ein Student, ob ich ein ›Callgirl‹ sei, weil ich mit Leuten zusammenarbeite, die für kommerzielles Fernsehen Filme machen. Man muß wissen, daß dem Studenten die *Disappearing World*-Serie nicht vertraut war und er gerade aus ich weiß nicht woher zurückkam. Ich sagte ihm, daß ich seine Ansicht nicht teile. Ich bin der Auffassung, daß gewisse Aspekte der Anthropologie einem breiteren Publikum zugänglich gemacht werden müßten und daß es eine bessere ›populäre‹ Anthropologie geben sollte. Wer kann dazu beitragen, wenn nicht Akademiker? Zum zweiten Punkt: Die Zusammenarbeit ›vor Ort‹ war keineswegs einfach. Als wir zum ersten Mal eine öffentliche Zeremonie filmten, konnte ich mit einem kleinen Tonbandgerät nicht wie gewohnt Reden aufnehmen, weil ich den Kameras im Weg war; ich fluchte darüber. Aber ich lernte daraus, daß Filmaufnahmen für das Material über das *moka* sowohl von Gewinn als auch abträglich waren. Während dieser Zeremonie wurde ein Kind von einem Schwein aufgespießt. »Weil es interessant ist«, filmte das Team das erschreckte Kind und die erschreckten Angehörigen. Ich ersuchte sie darum, das Filmen zu beenden und das Kind mit dem Wagen ins Krankenhaus zu bringen.[18] Die Szene fand letztlich keine Verwendung. Der Regisseur fragte auch, ob die Männer einen Teil der Zeremonie wiederholen könnten, weil der Kamerawinkel beim ersten Mal nicht ganz richtig war. Das schockierte und verärgerte mich. Mir erschien es undenkbar, so sehr einzugreifen, und ich lehnte ab. Ich glaube, selbst wenn die Leute zugestimmt hätten, es wäre trotzdem falsch gewesen. Das Team sah ein, daß sie schon das Richtige bekämen und nicht um die Wiederholung von öffentlichen Ereignissen bitten müßten, wenn sie sich von meinen Augen leiten ließen; ausgesprochene Gesprächssituationen waren da etwas ganz anderes. Das Haus für meine Feldforschung, das in der letzten Zeit fast nur Ongka und ich bewohnten, mit den vielen Besuchern zu teilen, war ebenfalls eine fortwährende Anstrengung für mich. Das Team erwarb Mengen an Dosennahrung und war damit ziemlich freigiebig, aber auf eine ganz zufällige, individualistische Art. Ongka und ich schätzten striktere Riten der Tischgenossenschaft. Wir kritisierten sie auf Melpa. Ich fühlte mich sehr auf der ›Hagener Seite‹ der Gleichung, auch wenn ich, dem Stand der Dinge gemäß, dazu gezwungen war, mich mit verschiedenen Werten auf beide Seiten zu verteilen, damit die Gleichung aufging. Alles in allem jedoch entstand eine enge und freundschaftliche Zusammenarbeit. Ich bin mir sicher, daß das Team den ›Einfluß‹, den Ongka ausübt, weitgehend so verstehen lernte, wie ich das tat, und ich hoffe, der Film vermittelt etwas davon. Wer Ongka kennt, vergißt ihn nicht so leicht.

Anmerkungen

1 Als ich zum ersten Mal den Titel der Serie hörte, dachte ich daran, die Zusammenarbeit mit Granada an einem Film, der unter solch einer Rubrik laufen sollte, zu verweigern – bis ich merkte, daß ihn sowieso niemand allzu ernst nahm.
2 Natürlich können Regisseure ausgebildete Anthropologen sein, wie das auf Christopher Curling und seine Frau Melissa Llewellyn-Davies zutrifft.
3 Es wird ›Kaulga‹ ausgesprochen. Auf Grund der von mir herangezogenen Orthographie sprechen die meisten Leute das Wort falsch aus.
4 In diesem Zusammenhang vom Anthropologen als ›Makler‹ zu sprechen, scheint mir zu kraß. Er befindet sich nicht in der Position, die ihn aus beiden Seiten ›Profit‹ ziehen ließe – und er versucht das meines Wissens normalerweise nicht. Es wäre vielleicht besser, ihn als Mittler zu bezeichnen. Wer wirklich Profite macht, ist eine andere Frage.
5 Von da an stiegen auch die Erwartungen der Leute beträchtlich, von mir Gegengeschenke zu erhalten, sei es durch Gastfreundschaft, Hilfeleistungen in der Stadt, durch Anleihen, den Kauf von Flugbillets oder die Unterstützung von Unternehmen im Hagener Raum. Die Einnahmen der Hagener selbst durch Erwerbsanbau nahmen ebenfalls rapide zu. Ich bezweifle, ob das Filmteam ohne die dauernden ›Investitionen‹ meinerseits in diesem Gebiet aufgenommen worden wäre. Es wurde zunehmend schwieriger für mich, meine Hilfe und Unterstützung unter den Leuten aufzuteilen, und ich fand nur dadurch eine Lösung, daß ich mich als Ongkas Sohn begriff. Das gab mir einen festen Platz und entband mich von manchen Anforderungen, wenn es meine Bewegungsfreiheit auch etwas einschränkte.
6 Diese Bezahlung wiederum konnte ich offenherzig mit Ru, einem treuen Helfer teilen, mit dem ich damals zusammenlebte.
7 Später sollte ich feststellen, daß die, die daran Kritik übten, den fertigen Film lobten.
8 Das waren Ernest Vincze und Bruce White mit Stephen Shaw als Assistenten.
9 Setzt man einzelne Szenen auf diese Art zusammen, bringt das seine eigenen Probleme mit sich. Man muß sorgfältig darauf achten, was die Leute im fertigen Film in den aufeinanderfolgenden Sequenzen anhaben. Ongkas T-Shirt mit der Botschaft ›Do it in the road. State of Hawaii‹, hat in England so manch eine Spekulation hervorgerufen. Einige nahmen an, daß es ihm das Filmteam gegeben hatte, andere wiederum erwogen eine tiefe symbolische Bedeutung. (Siehe dazu die Photographie und die humorvolle Bemerkung in RAIN, 1975, Nr. 7, S. 8) In Wirklichkeit hatte Ongka das Hemd von einem Wanderarbeiter aus seiner Gruppe bekommen, der gerade aus Port Moresby zurückgekehrt war und es dort gekauft hatte. Wenn eine tiefe Bedeutung da war, hatte Ongka selbst sie nicht erfaßt. Er trug das Hemd zufällig, als wir zu filmen anfingen, und wir verwendeten aus Anschlußgründen Aufnahmen von ihm, auf denen er es ebenfalls trug.
10 Später kauften wir auch gemeinsam einen neuen Wagen, zu dem ich 400 $A beitrug und Ongka den Hauptanteil, nämlich 2 000 $A. Seine Bankersparnisse werden einmal im Filmkommentar erwähnt.

11 Darüberhinaus erwarb das *Institute of Papua New Guinea Studies* in Port Moresby eine Anzahl Rollen mit Begräbnisszenen zum Selbstkostenpreis. Ich hoffe, daß diese vielleicht in einem zweiten Film Verwendung finden. Sie enthalten Sequenzen über Bestattungsriten, die erst kürzlich wieder aufgenommen wurden. Das Institut bewahrt auch die offizielle Kopie für die Regierung von Papua Neu Guinea auf.

12 Eine andere Frage ist, inwieweit das zeitgenössische Ambiente des *moka* gut vermittelt wird. Ein Anthropologe fragte mich, ob es nicht richtig sei, daß Ongkas wahre Veranlassung zu seinem *moka* der Wunsch war, örtlicher Regierungsvertreter zu werden, und er den Hintergedanken hatte, ein Erfolg im *moka* würde ihm dabei nützen. Tatsächlich war Ongka bereits Vertreter aller Kawelka gewesen und hatte das Amt mittlerweile aufgegeben. In Strathern 1976 bin ich seinem Verhältnis zu zeitgenössischen Politikern und dem Umfeld, in dem heutzutage das *moka* steht, nachgegangen.

13 Vgl.: A. I. Strathern, 1971; Marilyn Strathern, 1972; A. I. und A. M. Strathern, 1971.

14 Es gibt die Vermutung, daß Filmgesellschaften Anthropologen als Schaufensterpuppen für ihre Waren benutzen. Möglicherweise ist das so. Aber die Waren werden von den Filmteams und den Anthropologen *selbst* hergestellt und nicht von irgendwelchen Geschäftsleuten. Es geht darum, die Situation für möglichst gute Filme auszunützen.

15 Von Leslie Woodhead in Zusammenarbeit mit David Turton von der Manchester-Universität hergestellt.

16 Die Besprechung und die Erwiderung ist in *Royal Anthropological Institute News (RAIN)*: 1975, Nr. 7, S. 7–8 und Nr. 8, S. 16–17 zu finden. Ich sollte noch hinzufügen, was ein Student aus der Umgebung von Mount Hagen Brian Moser, dem Produzenten der Serie, entgegenhielt, als Brian Moser die erste Version an der Universität von Sussex vorführte: es hätte mehr übersetzt werden sollen, damit man weiß, »was Ongka wirklich sagt«. (Ich danke Brian Moser für diese Information und für sein Entgegenkommen.)

17 Die Universität bezahlte seinen Besuch in Port Moresby aus diesem Anlaß und Ongka sprach während des gleichen Aufenthalts auch vor Studenten.

18 Sie reagierten schnell genug und trugen das Kind weg; die Leute sagten dazu, es sei ein Glück, daß sie gerade erst eine Straße zum Zeremonialplatz gebaut hätten.

Bob Connolly

First Contact

First Contact ging aus einer Radiosendung mit dem Titel ›Taim Bilong Masta‹ hervor, die ein Kollege 1980 für den australischen Rundfunk vorbereitete. ›Taim Bilong Masta‹ ist melanesisches Pidgin für ›Die Zeit des Weißen Mannes‹. Dreißig einstündige Sendungen ergaben ein fesselndes Hörbild vom nun 70jährigen Vordringen der australischen Kolonisation auf Papua Neu Guinea, gestützt auf die Erinnerung derer, die dabei waren. Wir hörten australischen Patrouillienoffizieren zu, Kundschaftern und Plantagenbesitzern, Medizinern, Missionaren und Prospektoren, Krokodiljägern, Kolonialbeamten und Polizisten, Minenarbeitern, Arbeitsanwerbern, Einzelgängern und Freibeutern aller Art, dem gesamten farbenfreudigen Inventar der kolonialen Ära. ›Taim Bilong Masta‹ war reichlich ethnozentrisch ausgerichtet: abgesehen von solchen Leuten, deren Englisch man als gut genug für eine australische Zuhörerschaft einstufte, wurde sehr wenigen aus Papua und Neu Guinea Gehör geschenkt. Doch in unserer anfänglichen Begeisterung für die Reihe beschäftigte uns das nicht übermäßig. Für meine Kollegin Robin Anderson und mich schien es ein ganz ausgezeichneter Stoff für einen breitangelegten Dokumentarfilm zu sein: Er sollte auf der Basis von Archivfilmen ganz wie die Rundfunkserie in aller Ausführlichkeit Australiens kolonialistischen Zugriff auf die drittgrößte Insel der Welt untersuchen.

Für jeden, der etwas vom Filmemachen versteht, birgt ein so umfassender Ansatz seine Gefahren. Filme, insbesondere Dokumentarfilme, geraten besser, wenn sie einen kleineren Raum ausleuchten. Mit anderen Worten, man sagt lieber viel über Weniges, als wenig über Vieles. Den breitangelegten Film hat noch jemand vor sich, weil wir ihn nicht gemacht haben. Wir machten einen Film, der First Contact heißt und der Licht auf nur einen Ausschnitt wirft. Er hält ein außergewöhnliches Geschehen fest – das Innere der Insel, das Hochland, tut sich in den 30er Jahren auf. Seltsam mag es erscheinen; noch 1930 war das Innere der drittgrößten Insel der Welt allen Auswärtigen ein Geheimnis. Nie hatten Europäer es erforscht. Die vorherrschende Ansicht war, daß das Innere aus einer großen Bergkette bestand, die sich fast über die gesamte Länge der Insel hinzog, – zu zerklüftet, zu steil um Menschen zu ernähren. Stand man an der nördlichen Küste, konnte man die Bergkette landeinwärts sehen, die Wolken überragend. Von der Südküste her bot sich derselbe Anblick. In Wirklichkeit aber (und ich liefere hier nur eine grobe geographische Vereinfachung) gab es nicht eine Bergkette, sondern zwei, die parallel zueinander verliefen. Zwischen diesen Bergzügen sind riesige und fruchtbare Täler, in wolkigen Höhen von an die 2000 Meter. Und in den Tälern das Leben, eine Bevölkerung, die fast eine Million Menschen zählt.

Diese Bevölkerung des Hochlandes von Neu Guinea stellte 1930 die letzte große

Menschenmenge dar, auf die der Kontakt mit der Welt von außerhalb zukam: in jeder Hinsicht eine außergewöhnliche Geschichte und ein hochdramatischer Stoff. Das sollte sich als das zentrale Thema unseres Filmes erweisen, aber es verging einige Zeit, bis wir die ganze Tragweite der Geschichte erkennen konnten und einige Zeit, bis wir die Teile so zusammenfügen konnten, daß sie den Film ergaben, wie er heute ist.

Unsere Nachforschungen erbrachten rasch das wesentliche der Geschichte: wie 1930 ein australischer Goldschürfer, der Michael Leahy hieß, die Hochlandtäler zum ersten Mal betrat und mit Teilen dieser riesigen, unbekannten Bevölkerung zusammentraf. Wie Leahy und seine Brüder vier Jahre lang an der Spitze des kolonialen Kontaktes mit den Hochlandbewohnern standen, dicht gefolgt (und in einigen Fällen, das muß gesagt werden, sogar überholt) von tatkräftigen deutsch-lutheranischen Missionaren wie Flierl und Bergmann. Michael Leahy ist 1978 gestorben, doch leben seine Brüder Dan und Jim noch. Wir hörten sie in der ›Taim Bilong Masta‹ Sendung reden und ihre Geschichte stach als eine der großen, faszinierenden Begebenheiten der australischen Kolonialgeschichte in Papua Neu Guinea hervor – erste folgenreiche Begegnung einer Kultur mit den erkundenden Repräsentanten einer anderen. Meine Kollegin Robin Anderson ging nach Neu Guinea um Daniel Leahy zu treffen und auch um ein Gerücht zu verfolgen, das besagte, daß die Leahys während ihrer Expeditionen in das Hochland eine Filmkamera mit sich gehabt hätten. Das Gerücht bestätigte sich. Bei Michael Leahys Sohn in Lae sah sie zum ersten Mal die sieben rostigen Büchsen, deren Inhalt aus ungewöhnlichem Material bestand. In jeder Büchse befanden sich etwa 150 m Film – ungefähr zehn Minuten. Jede enthielt eine grobe Beschreibung: »... erstes Zusammentreffen, Chimbu Valley, 1933«, »... Eingeborene sehen zum ersten Mal einen Plattenspieler«, »... Eingeborene bei der ersten Flugzeuglandung«, und so weiter. Das Material wurde sofort dem *National Film Archive* übergeben, um Kopien anzufertigen und es aufzubewahren; dann versuchten wir unseren wachsenden Ehrgeiz zu befriedigen, einen Film zu machen, der viel und ungeschminkt über das Wesen des Kolonialismus und des Kulturkontaktes aussagen konnte.

Harte Arbeit begann Anfang 1981. Wir hatten Augenzeugenberichte von zwei überlebenden Weißen, wir hatten zeitgenössische Filme über die Ereignisse. Aber es sollte noch mehr werden. Zu diesem frühen Zeitpunkt wären wir einfach nicht darauf gekommen, daß noch Hochlandbewohner leben könnten, die sich an die Ankunft des weißen Mannes erinnerten. Nach 50 Jahren, stellten wir uns vor, würde niemand mehr am Leben sein. Wir hatten das Glück, Peter Munster, einen australischen Historiker, zu treffen, der über die Geschichte des Goroka Valleys im östlichen Hochland forschte. Er machte uns mit etlichen alten Männern bekannt, die sich tatsächlich an die Ankunft der Weißen erinnerten; mehr noch, sie hatten sich ein deutliches, lebendiges Bild bewahrt, mit dem sie uns, die wir in die rednerischen Fähigkeiten der Hochlandbewohner noch nicht eingeweiht waren, einfach fesselten. Da waren Leute, die glaubten, daß die ersten Weißen, die sie sahen, die Geister ihrer verstorbenen Ahnen seien, auf die Erde gekommen, um wieder mit ihren Familien zusammenzusein. Hier wartete ein reicher und einzigar-

Hochlandbewohner hören zum ersten Mal ein Grammophon, Mount Hagen 1933. Aus FIRST CONTACT.

tiger Schatz darauf gehoben zu werden. Wir hatten bis dahin Dan und James Leahy ausführlich interviewt und die beiden gaben – typische kolonialzeitliche Abenteurer – ihre Geschichten vom Goldrausch und von der Eroberung mit entwaffnender Aufrichtigkeit zum Besten. Wir machten uns dann zu einer viermonatigen Forschungsreise in das Hochland Neu Guineas auf, folgten der Route der Gebrüder Leahy auf ihren reichlich 20 Expeditionen im Verlauf von vier Jahren zwischen 1930 und 1934. Hilfreich waren uns Leahys Aufzeichnungen von seinen Expeditionen und viele, viele Photographien, die er während seiner Reise gemacht hatte und die wir dazu hernahmen, das Gedächtnis unserer Informanten aus dem Hochland aufzufrischen. In buchstäblich jedem Dorf, das wir besuchten, gab es Männer und Frauen mit einer wachen Erinnerung an jene Tage.

Gleichzeitig waren wir damit beschäftigt, die große Geldsumme aufzutreiben, die wir brauchten, um dieses gewagte Unternehmen zu finanzieren. Dank der australischen Regierung, die bei Filminvestitionen hohe Steuererlasse gewährt, konnten wir diese Aufgabe relativ leicht lösen. Wir begannen viele Tausende Filmmeter von unseren Hochlandinformanten aufzunehmen. Zugleich entwickelte sich eine enge Verbindung mit dem *Institute for New Guinea Studies* in Port Moresby, vor allem mit dessen Direktor, Professor Andrew Strathern und dessen Filmer, Chris Owen. Das

Institut sollte uns später unschätzbaren Rat und Beistand in nahezu jeder Frage geben, die die Herstellung und Montage des Filmes betraf. Wir selbst waren schließlich nicht Anthropologen, sondern Filmer und wenn wir diese Tatsache auch nicht als ein Hindernis für die Verwirklichung unseres Projektes ansahen, wir wären doch dumm gewesen, hätten wir nicht Nutzen aus den zur Verfügung stehenden Kenntnissen gezogen; und das taten wir.

Wir verbrachten insgesamt ungefähr acht Monate im Hochland, um zu forschen und zu filmen. Als sich durch die Forschung Hinweise ergaben, die ein klareres Licht auf die Natur und das Ausmaß ihrer Aktivitäten warfen, befanden wir uns mehr und mehr in die Saga der Leahy Brüder verstrickt. Wir begegneten Mischlingskindern, deren Vater Michael Leahy war – Kinder, deren Existenz Leahy nie zugegeben hat, die selbst aber sehr genau wußten, von wem sie abstammten. So gelangten wir zu ihren Müttern; als junge Mädchen wurden sie von den Männern ihrer Gemeinschaft in sexuelle Verbindungen mit den Lastenträgern von der Küste und mit den weißen Männern gedrängt: im Austausch gegen Muscheln und Stahläxte, die die Leute im Hochland so heftig begehrten. Diese Frauen wurden – überzeugt ihrem Tod entgegenzugehen – in das Lager der Fremden gebracht; ihre Legenden berichteten ja von übernatürlichen Wesen, die bisweilen menschliche Gestalt annahmen und Frauen verschlangen.

In einem Dorf in der Enga-Provinz konnten wir die Bruchstücke eines wilden Kampfes zusammensetzen, der 1934 zwischen den Hochlandbewohnern und den Leahy-Leuten stattfand. Viele alte Männer und Frauen zeigten bereitwillig die Kampfplätze, berichteten von den Umständen und von der Angst und der Verständnislosigkeit der Dorfbevölkerung, die zum Angriff auf die Gruppe Leahys und zu dem anschließenden Blutvergießen führte. Es gab viele dieser Vorfälle im Hochland, einige erwähnt Leahy selbst in seinem Tagebuch, andere nicht; wir konnten die Schauplätze von den meisten aufspüren und den Vorfällen nachforschen. Wertvolle Einblicke lieferten Leahys frühere ›gunboys‹, Männer von der Küstenregion, die er für seine Reisen angeheuert hatte. Jetzt, da Leahy lange tot war, gaben sie Einzelheiten und Sichtweisen preis, die nicht immer mit dem übereinstimmten, was von den Leahys selbst kam. Allmählich setzten wir ein ziemlich vollständiges Bild von diesem kolonialistischen Handelsabenteuer zusammen. Neben den alten Archivfilmen hatten wir das Zeugnis der noch lebenden Leahys, die Erinnerungen der Hochlandbevölkerung, unter denen sie sich bewegt hatten und als weiteren Einblick in die Vorgänge die Aussagen von den ›gunboys‹, den kolonialen Dienern.

Zwei Jahre lang kehrten wir immer wieder ins Hochland zurück, sammelten Details in Mengen. Während dieses Aufnahmestadiums hatten wir keine genauen Ideen davon, was wir mit all dem Material, das wir anhäuften, machen wollten. – Unsere sehr vorläufigen Richtlinien für die Aufnahmen dienten bloß zur Orientierung und faßten das Material in einem rein chronologischen Sinne auf. Neben dieser chronologischen Anordnung der Ereignisse waren unsere Vorstellungen ziemlich unzureichend. Ich nehme an, daß wir noch stark im Bann der romantischen und einzigartigen Geschichte standen. Die Gedanken und Handlungsweisen der Hochlandbewohner beim ersten Zusammentreffen mit Europäern waren für uns – ehrlich gesagt – ungewöhnlich. Leuten zu begegnen, die annahmen, die Fremden trügen ihre Frauen in den Rucksäcken (da man sie nicht sah); die die Exkremente und den Speichel der Fremden aufhoben, um dann die Kräfte durch Zauberei freizusetzen; die davon ausgingen, daß das Licht der Laternen in den Zelten in Wirklichkeit Mondlicht sei, von diesen Geisterwesen eingefangen und sich verfügbar gemacht; Leuten, die die Weißen angriffen, obwohl ihnen an einem Schwein die Wirkung des Gewehrs vor Augen geführt worden war: sie stellten sich vor, daß sie besser als ein Schwein ausweichen könnten. Dies war aufregendes Material, das für sich stand, das sich einer harten und rigorosen Analyse über die wirkliche Natur der Ereignisse im Hochland während der 30er Jahre widersetzte.

Eine solche Analyse zeichnete sich noch nicht ab, als der Film bereits ein Stück gediehen war. Das gehört zur Anfertigung von Dokumentarfilmen. Der Versuch, dem Filmvorgang eine allzu rigide thematische Ordnung aufzuerlegen, geht mit dem Risiko einher, das Material durch eine vorgefertigte Interpretation der Realität, die mit der Realität nicht immer übereinstimmt, zu ›erschlagen‹; solch ein Versuch hat auch die Tendenz, dem Filmer den Blick zu nehmen für Feinheiten, für Nuancen, für Ereignisse und Informationen, die mit seiner ursprünglichen Analyse nicht übereinstimmen. Als wir uns daran machten, FIRST CONTACT zusammenzustellen, gingen wir natürlich davon aus, daß wir das Rohmaterial für einen fertigen Film hätten. Vor uns lag die beschwerliche Aufgabe, dieses komplexe Puzzlespiel so zusammenzusetzen, daß Licht auf die Natur der Hochlandereignisse fiele. Da war das wirklich klassische koloniale Abenteuer – durch die Suche der Brüder Leahy nach dem ›Eldorado‹ Neu Guineas ließen sich Parallelen zu den Spaniern und Portugiesen in Südamerika ziehen. Vielleicht könnten wir durch einen tiefen Blick in dieses letzte Kapitel des europäischen Kolonialismus etwas von den ersten Seiten dieses Buches vernehmen, das den Historikern (auf ihrer Suche nach Augenzeugenberichten aus erster Hand) jetzt für immer verschlossen bleibt. In den Berichten über das koloniale Zusammentreffen dominiert fast grundsätzlich die Sicht des weißen Mannes. Wir hören selten von den Leuten selbst etwas. In Neu Guinea hatten wir die Gelegenheit dazu.

Ich bezeichne unsere Probleme bei der Zusammenstellung des Filmes aus einer Anzahl von Gründen als ›Puzzlespiel‹. Zuerst hat es mit der besonderen Anforderung zu tun, einen Film aus Archivmaterial zu montieren, das Ereignisse der Vergangenheit behandelt und eine Reihe an Charakteren und Begebenheiten abdeckt. Alle Filme können im Stadium der Zusammenstellung als die durcheinandergeratene Ansammlung von konstituierenden Einheiten angesehen werden. In einigen Filmen – zum Beispiel in den chronologischen Filmen, die die zeitgenössische Wirklichkeit behandeln – sind diese Einheiten lang und lassen sich mit gewisser Leichtigkeit aneinanderfügen. Die Sequenzen dauern oft viele Minuten lang und leiten mit logischer Folgerichtigkeit in andere über, um ein Ganzes entstehen zu lassen. Wir selbst begannen mit dem ungefähr 30stündigen Filmmaterial: hauptsächlich Interviews mit den vielen Leuten aus dem Hochland und mit den beiden Leahy Brüdern. All dieses Material mußte gekürzt und in den verfügbaren Archivbestand, der wiederum spezielle Probleme mit sich brachte, eingegliedert werden. Wir hatten ganze 700 m Film, den die Leahys auf leicht einem Dutzend Erkundungs- und Schürfexpeditionen im Zeitraum von drei Jahren aufgenommen haben. Etwa 30% davon war aus den verschiedensten technischen Gründen unbrauchbar: Emulsionsschäden, Fehlaufnahmen, Aufnahmen, die zu kurz waren, um verwendet werden zu können, Aufnahmen mit schlechter Kameraführung. Wir hatten de facto sehr wenig Material um damit zu arbeiten. Es stimmt, gewisse Sequenzen stachen sofort heraus: die erste Flugzeuglandung im Wahgi Valley 1933 und die damit einhergehende Verwirrung der Hochlandbewohner; wie den Leuten zum ersten Mal ein Plattenspieler vorgeführt wird und wie sie darauf reagieren; die abschreckende Exekution des Schweines mit dem Gewehr, um die Gewalt der Flinten des weißen Mannes zu demonstrieren. Diese und andere waren Schlüsselszenen, um die herum sich, zusammen mit den verschiedenen Zeugenaussagen, Sequenzen erstellen ließen. Es gab Dan Leahy, der erläuterte, warum sie das Schwein erschossen haben, es gab Leute vom Hochland, die ihre Reaktionen auf diesen plötzlichen Tod hin beschrieben. Und wir hatten eine Filmaufnahme von dem Ereignis. Der Trick war, dieses ganze Material zusammenzusetzen, Einheit für Einheit; die einzelnen Teile waren sehr klein. Ohne sich zu weit in technische Einzelheiten zu verlieren: es erwies sich die allmähliche Montage von Sequenzen, die historisch sinnträchtig und kinematographisch wirkungsvoll waren, als sehr schwer. Es ist eines, die Aufnahme von einer Gruppe Hochlandbewohner zu haben, die vor Unverständlichkeit wie vom Donner gerührt ins Lager starren. Wir fanden, daß den Szenen, wenn wir sie für sich zeigten, der Zusammenhang und die Aussagekraft abgingen. Nur mit den Zeugenaussagen und manchmal mit Musik zusammen erwachten die Aufnahmen zum Leben. Ungefähr drei Monate lang montierten wir die konstituierenden Einheiten zusammen, Sequenzen mit aufsehenerregenden Begebenheiten, in chronologischer Abfolge – und es stimmte nicht. Etwas fehlte unverkennbar, eine Gesamtanalyse des Geschehens, die den Sequenzen, die wir montiert hatten, Form und Bedeutung gäbe. Den Film aus einer rein chronologischen Perspektive heraus anzugehen war völlig unzureichend. Die Leahys gingen hierhin und dorthin, trafen diese Leute und jene, bekämpften diese und schossen auf jene, stießen auf Gold und fingen an es zu schürfen – und so weiter. Na und? Herauszufinden war das dem Geschehen Gemeinsame, der rote Faden des Themas – wenn es einen gab –, der unser Portrait dieser Ereignisse zu einer besonderen, sinnvollen Aussage machen würde. Diesen roten Faden spürten wir nach und nach auf. Als wir den chronologischen Ansatz aufgaben, nahmen wir eine Struktur der Ereignisse wahr, die alle Expeditionen und Beziehungen zu den Bewohnern des Hochlandes kennzeichnete. Wenn jede Begebenheit (jede Sequenz, die wir bloß auf Grund der ihr innewohnenden Bedeutung montiert hatten) mit dieser Struktur verglichen wurde, dann klang es rein.

Wir unterschieden merklich drei Phasen im Zusammentreffen zwischen den Leahys und der Hochlandbevölkerung. Die erste Phase war der anfängliche Kontakt, der Zeitpunkt des allerersten Zusammentreffens. Die Hochlandbewohner befiel Furcht und Scheu, als sie mit einem Mal diesen unerklärlichen Wesen gegenüberstanden; sie waren im großen und ganzen ohne Beziehung zur und ohne

Wissen über die Welt von außerhalb und hielten sich für die einzigen lebenden Menschen. Um dem Unerklärlichen Sinn zu verleihen, konnten sie nur auf ihr eigenes Glaubenssystem zurückgreifen. Daher die anfängliche Erklärung, daß diese seltsamen Wesen die reinkarnierten Ahnen seien, auf die Erde zurückgekehrt, um sich den Ihren anzuschließen. Deshalb wurden sie von den Hochlandbewohnern im großen und ganzen Willkommen geheißen und das wiederum brachte den Weißen genügend Zeit, um ihr Lager aufzuschlagen, Zeit um ihre Verteidigungslinien zu bauen, Zeit um Handel und gewisse Arten der Verständigung einzuleiten. Die

Ein Hochländer ist überwältigt, als er zum erstenmal einen Weißen sieht. Er glaubt, seine toten Verwandten seien zurückgekehrt. 1932. Aus First Contact.

zweite Phase war voller Gewalt. Als sie der enormen Reichtümer (der Muscheln, der Metallwerkzeuge usw.), die die Fremden mit sich trugen, ansichtig wurden, griffen die Leute aus dem Hochland das Lager an. Normalerweise führte ein einzelner oder eine kleine Männergruppe den Angriff aus, getrieben vom Verlangen, ihre Tapferkeit unter Beweis zu stellen und von einem noch heftigeren Verlangen nach den Reichtümern der Fremden. Das Ergebnis war unvermeidlich. Ein oder zwei wurden von den Leahys erschossen, einmal waren es sogar 20. Die Hochlandbewohner erkannten sofort, daß sie es mit Leuten zu tun hatten, deren Waffen ihrem Pfeil und Bogen weit überlegen waren. Da es ihnen nicht gelungen war, an die Schätze der Fremden mit Gewalt heranzukommen, gingen sie dazu über, sie durch andere Mittel zu erwerben. Und so setzte die dritte Phase des Kontaktes ein, durch schrittweise Übereinkunft zwischen den beiden Kulturen, da beide Seiten über den Tausch ihre unmittelbaren Wünsche zu stillen suchten. Die Leahys wollten die Nahrungsmittel der Hochlandbewohner, ihr Gold, ihre Arbeitskraft und in absehbarer Zeit die sexuelle Gunst ihrer Frauen. Das waren Güter, von denen sich die Hochlandbewohner nur zu bereitwillig im Austausch für Metalläxte und -messer – überwältigende Gegenstände für Steinzeitmenschen – trennten; ebenso bereitwillig tauschten sie für Muscheln, den traditionellen Wertgegenständen dieser angriffslustigen Bevölkerung.

Unserer Meinung nach konnte der Kolonialismus deshalb in dieser alten Hochlandkultur so auffallend leicht Fuß fassen und seinen Einfluß geltend machen. Von diesem analytischen Zusammenhang aus gesehen stellte Gewalt einen bloßen Übergang im Verlauf des Kontaktes dar, der konsequenterweise zu Übereinkommen führte. Den Goldschürfern lag wenig daran, daß es zu Gewalttätigkeiten kam, und sie handelten dementsprechend. Man erzielte Abkommen, weil jede Seite mit der anderen Handel treiben konnte, über Güter verfügte, die die andere Seite begehrte. Die Weißen schlossen mit einer für sie erkennbaren Hierarchie Verträge ab und sie tauschten von einer Kultur, in der der Zugang zum Land sowohl festgelegt als auch vermeßbar war, leicht jene Gebiete ein, die ihnen wertvoll erschienen – goldführende Flüsse zum Beispiel und das daran anschließende Land. Die Erfahrung der Leahy Brüder in Neu Guinea steht so in krassem Gegensatz zu der früherer Entdecker in Australien, wo die Europäer sich nomadisierenden, totemistischen Völkern gegenüberfanden, die nicht auf den Erwerb irgendwelcher Güter aus waren und von den Schmeicheleien des weißen Mannes unbeeindruckt blieben.

Ganz anders in Neu Guinea: die Leichtigkeit, mit der die Hochlandbewohner von den Gebrüdern Leahy eingenommen wurden, zeigt sich noch eindringlicher an der Kontaktaufnahme nachfolgenden Ereignissen. Der koloniale Vorstoß in das Hochland kam zurecht im 20. Jahrhundert. Die Leahys waren in der Lage, das Ausmaß ihres Einflusses auszuweiten und zu verstärken, indem sie eine unerschöpfliche Fülle materieller Dinge an einen abgelegenen Landeplatz flogen. Vom Flugzeug – einer für das Hochland verblüffenden Erscheinung (und selbst für die auswärtige Welt noch eine Neuigkeit) – abgesehen, gab es Plattenspieler, Radios und Plastikpuppen, Spiegel und jede Menge weiterer Monstrositäten, um Leute, die vom Wesen und Temperament her einer solchen Verführung gegenüber offen waren, einzufangen. »Meint ihr, das ist alles, was wir können? Wartet nur, bis das Flugzeug in der nächsten Woche kommt.« Michael Leahys Filmmaterial spiegelt diesen offensichtlich naiven Stolz des Weißen auf seine materialistische Technologie sehr gut wieder: Skizzen des schwarzen Unverständnisses beim ersten Anblick des weißen Tands. Eine Vorstellung von der Dynamik dieses Prozesses befähigte uns dazu, mit dieser unbewußten Demonstration technologischer Überheblichkeit umzugehen.

Wir betrachteten also jedes Ereignis, jede Sequenz während der Zusammenstellung mit diesem gestaltenden analytischen Blick. Für die Phase der Befriedung steht in unserem Film der Entschluß der Leahys, einen kleinen Jungen vom Hochland in die Küstenregion zu fliegen. Er sieht da zum ersten Mal die auswärtige Welt mit dem Meer und den Schiffen, den Häusern, Autos und Pferden. Oberflächlich gesehen eine leichtherzige Sache, für den Knaben natürlich eine Neuheit, aber auch für die Weißen, die dieser unerhörten Begegnung mit all den seltsamen Ansichten über die große Welt beiwohnen. Hinter dem Entschluß verbirgt sich aber ein tieferes Vorhaben. Die Weißen benützen den Knaben bewußt oder unbewußt als Botschafter für seine Leute: »Widersetzt euch nicht mehr – zieht so etwas gar nicht mehr in Betracht. Zu viele sind es für euch. Ihr habt verloren, es ist vorbei.« Neben all dem Humor und der Fröhlichkeit begleitet FIRST CONTACT eine große Trauer über das an ein zweifelhaftes Ziel Verlorene. Die Hochlandbewohner begrüßten die äußere Welt und waren von ihrer Verführungslist in Bann geschlagen. Aber das hatte seinen Preis. Es stimmt, ihre Erfahrung mit dem Kolonialismus fiel spät ins 20ste Jahrhundert. Dies, und die frühe Unabhängigkeit, ersparte ihnen Schlimmstes. Und doch ist da ein Preis. Vielleicht muß die Rechnung noch beglichen werden.

Nicht, daß im voranstehenden eine Mitleidsgebärde unsererseits der Hochlandbevölkerung gegenüber stecken würde – während des Zusammenstellens waren wir uns bewußt, daß es nötig ist, sie nicht als eine romantisierte Gattung unschuldiger Gefangener zu portraitieren, dazu verurteilt, dem europäischen Kolonialismus hilflos zu erliegen. Unserer Meinung nach gehen zu viele Filme in diese Falle, setzen Gefühle an die Stelle der Analyse. Der Schwarze und seine Kultur wird als rousseausches Ideal gezeichnet, rein und unverdorben und hilflos angesichts des üblen, weißen Eindringlings. Ein solcher Ansatz leugnet die Fähigkeit der Hochlandbewohner ›aus eigenem Antrieb‹ auf eine unverhoffte Lage zu reagieren, sei sie auch noch so ungewöhnlich.

Durch diese Überlegungen, hinsichtlich Thematik, Zugang und Stil, wurde uns der Prozeß der Zusammenstellung zum kompliziertesten und entscheidensten Stadium während der Filmarbeit. Wir wissen, daß das besonders für Filme mit historischen Themen gilt. Eine zusätzliche Schwierigkeit bei der Erstellung von FIRST CONTACT war die Tatsache, daß wir es bei den Hauptpersonen - den Hochlandbewohnern und den überlebenden Goldschürfern – mit Leuten zu tun hatten, die sich kaum der komplexen Natur der Dinge, von der sie nun eingeholt wurden, bewußt waren. Die meisten der Hochlandbewohner, mit denen wir sprachen, verfügten über keine eingehendere Auslegung der Ereignisse, die mit der Ankunft der Weißen einhergingen. Vielleicht mit Ausnahme eines ganz ungewöhnlichen Mannes, Kirupano aus Goroka, kreisten ihre Aussagen um unmittelbar erinnerte Erfahrungen: ihre erste Reaktion auf den Anblick des weißen Mannes, den Anblick eines Flugzeuges, den Anblick eines Plattenspielers usw. Kirupano allein war in der Lage, uns so etwas wie eine umfassende, eine philosophische Sicht vom ersten Kontakt zu geben: »Am Anfang hatten wir alle Sachen in der Hand – die Kämpfe, die Hochzeiten, die Zeremonien. Als die Weißen kamen, war es damit zu Ende.« Was die Europäer aussagten, war geradezu naiv, sie blickten auf ihre Handlungen in Begriffen zurück, die nichts von einem weltanschaulichen oder politischen Verstehen an sich hatten. Nichts hat sie je dazu veranlaßt, die Ethik ihres Handelns in Frage zu stellen. Sie waren in diesem Sinn die lebendige Verkörperung des kolonialen, gewinnsüchtigen Abenteurers aus Vorkriegszeiten und als solche schätzenswertes, historisches Quellenmaterial. Ihnen jedoch einen offenen, ungeschönten Bericht von ihrem Tun zu entlocken, war ein langwieriger und heikler Prozeß, in dessen Mitte zunehmendes Vertrauen stand. Daß beide, Dan und James Leahy, umgängliche und unterhaltsame, sogar einnehmende Männer waren, tat der Schwierigkeit unseres Unternehmens eher noch etwas hinzu. Die Aufgabe, Vergangenes unbeirrt zu analysieren, wird durch die ständige Anwesenheit gerade jener Figuren, die Gegenstand der Analyse sind, um nichts leichter. Vor allem, wenn man sich anschickt, tiefe Neigungen den Menschen gegenüber zu fassen, die die rassistische Arroganz und die ausbeuterische Einstellung des australischen Kolonialismus der Vorkriegszeit auf den Punkt brachten. Es tröstet kaum, wenn man feststellt, daß die Leahys trotz allem weder besser noch schlechter als ihre Zeitgenossen waren, daß sie seinerzeit als Helden angesehen wurden, wert, gefeiert zu werden, und daß sie nach den Maßstäben jener Zeit im großen und ganzen ehrbare Männer waren.

Mit den Leahys aber verband uns zumindest die gemeinsame Sprache. Es gibt in First Contact ganze acht voneinander verschiedene Sprachen. Fragen der Übersetzung stellten an uns während der Arbeit im Hochland höchst entmutigende Anforderungen. Wir hatten uns in der Anfangsphase für einen freien Interviewstil entschieden, um so dem legendären rednerischen Geschick der Hochlandbewohner ganz die Führung zu überlassen. Das hieß, daß wir immer darauf drangen, daß sie in der Sprache redeten, die ihnen am vertrautesten war. Niemand sprach Englisch, eine Handvoll melanesisches Pidgin, die meisten nur das einheimische Idiom. Riesige Probleme waren also damit verbunden, komplizierte Gedankengänge hinüber und herüber zu bringen. Vielleicht hätten wir – angesichts des großzügigen Umgangs mit der Zeit, den wir uns zugestanden – den Versuch unternommen, uns eine Sprache des Hochlands wenigstens lückenhaft anzueignen, wäre bloß eine Sprache erforderlich gewesen. Aber es waren sechs. Das zwang uns zu einer unablässigen Suche nach gewandten und verläßlichen Dolmetschern; nach Männern und Frauen, die präzise unsere Gedanken an unsere Adressaten und deren Gedanken an uns übermittelten. Bei vielen alten Leuten des Hochlands besteht noch ein merklicher Respekt vor dem Europäer. Es galt, unsere Gesprächspartner in keiner Weise zu beeinflussen, und sie davon zu überzeugen, daß wir auf ihre aufrichtige Erinnerung aus seien und nicht auf irgendeine reingewaschene Version, die wir nach ihren Vorstellungen wohl hören wollten. Einige unserer Dolmetscher gaben uns, nachdem die Interviews geführt waren, mit ihrer Übersetzung Probleme auf; sie unterzogen das Material gelegentlich einer eigenen Zensur. Oft sprachen die Hochlandbewohner über ihre Erfahrungen beim ersten Zusammentreffen in Wendungen aus der Fäkalsphäre: »Wenn ihre Haut auch anders ausschaut, ihre Scheiße riecht trotzdem genauso mies wie die unsere« (usw.). Einige Dolmetscher hatten das Gefühl, die Sprache sei derb und unseren Ohren nicht zuträglich. Nur hartnäckige Fragen kreuz und quer an verschiedene Dolmetscher versagte dieser versuchten Selbstzensur den Erfolg.

Ein weiteres Problem tat sich mit den Erinnerungen an die Kampfhandlungen zwischen den Hochlandbewohnern und den Leahys auf. Die Leahys neigten dazu, die Zwischenfälle herunterzuspielen und die Hochlandbewohner dazu, sie aufzubauschen. Sorgfältiges Befragen war erforderlich, ehe irgendwelche Einzelheiten als gesichert anzusehen waren. Querfragen erwiesen sich hierbei als nützlich. Überzeugt, daß jeden das eine oder andere Interesse zu seinen Feststellungen bewog, sammelten wir viele viele Versionen eines einzigen Vorfalls, manchmal auch von verschiedenen Clanen, die keine Veranlassung dazu hatten, einander zu mögen. Wenn auch 50 Jahre danach, brachten wir durch solches, auf Übereinstimmung abzielendes Vorgehen meist eine Version zu Stande, die so korrekt wie möglich war.

Wo aufhören? Als wir an FIRST CONTACT arbeiteten, war das eine der härtesten Fragen. Sollten wir so weit gehen und die Unabhängigkeit von Australien noch miteinbeziehen? Sollten wir das spannende Material mit aufnehmen, das wir von den Nachkommen Michael Leahys hatten, von Mischlingen, die aus seinen Affären mit Frauen des Hochlandes entstanden waren? Sie waren mittlerweile Männer hoch in den Vierzigern, ihr Vater hat ihre Existenz nie beachtet und nie zugegeben; sie aber hatten den Namen Leahy angenommen und waren im unabhängigen Neu Guinea zu Wohlstand gekommen. Aus ihren Erzählungen ließe sich manches über Neu Guinea in der Phase nach den allerersten Kontakten entnehmen. Wir entschieden uns schließlich dafür, den Zeitabschnitt durch die Personen zu begrenzen, die während der Periode des ersten Zusammentreffens schon lebten. Dies war ein einzigartiges Ereignis. Die zerstörerische Wirkung des Kolonialismus, die diesen Anfängen nachfolgte, sieht man in vielen anderen Ländern. Nicht, daß wir nicht vorhätten, ins Hochland zurückzukehren um weitere Filme über diese Thematik zu machen. Das wird höchstwahrscheinlich geschehen.

Paul Henley

Neue Entwicklungen des ethnographischen Films in Großbritannien

Das bemerkenswerteste am derzeitigen ethnographischen Film in Großbritannien ist wohl die Tatsache, daß überhaupt britische ethnographische Filme von Bedeutung gemacht werden. Meistens bleibt es nur bei guten Absichten. Die Kellergeschosse der führenden völkerkundlichen Museen des Landes quellen von ethnologisch interessantem Material über, aber diese Museen verfügen über keinerlei finanzielle Reserven. Mit staatlicher Unterstützung vegetieren sie dahin. Das gleiche gilt wegen der augenblicklichen Regierungspolitik für die ethnologischen Institute der Universitäten. Keine dieser Einrichtungen verfügt über die finanziellen Mittel zur Förderung ethnographischer Filme. Andererseits geht offensichtlich das *British Film Institute* (BFI), dem die Gewährung finanzieller Unterstützung leichter fallen würde, davon aus, daß andere Verpflichtungen Vorrang haben. Zudem ist das BFI nicht bereit, Filme zu finanzieren, die im Ausland gedreht werden.

Im Grunde genommen unterstützt als einzige wissenschaftliche oder kulturelle Einrichtung das *Royal Anthropological Institute* (RAI) ethnographische Filmprojekte. 1971 richtete es eine ethnographische Filmothek ein, die trotz ihres kurzen Bestehens schon über hundert Filme aller Stilrichtungen zusammengetragen hat, einschließlich vieler Klassiker dieses Genres. 1980 verlieh das RAI zum ersten Mal einen Filmpreis, der in Zukunft alle zwei Jahre vergeben werden soll: Der erste Gewinner war David MacDougall für seinen Film WEDDING CAMELS, der zweite Preisträger war 1982 Les Hiatt mit WAITING FOR HARRY. Aber auch das RAI macht, wie so viele andere akademische Einrichtungen, finanziell schwere Zeiten durch. Unter den gegebenen Bedingungen blieb fast nur die Möglichkeit, solche Filme als Fernsehdokumentationen zu machen. Um Inhalt und Stil solcher Dokumentationen richtig einzuschätzen, ist es deshalb wichtig, die besonderen Produktionsbedingungen des Fernsehens zu berücksichtigen.

Ethnographische Filme des britischen Fernsehens lassen sich in drei Kategorien einteilen: »didaktisch«, »anekdotisch« und »beobachtend«. Die Grenzen zwischen diesen Kategorien sind allerdings fließend. Die Machart solcher Fernsehdokumentationen entspricht meist einer Mischung dieser Stile. Vielleicht wäre daher eine Einteilung nach stilistischen Gesichtspunkten zutreffender als eine strikte kategorielle Unterscheidung. Aber jedenfalls läßt sich mit Hilfe solcher stilistischer Kriterien die relativ große Zahl ethnographischer Filme, die in den vergangenen drei Dekaden – seit das Fernsehen in der britischen Öffentlichkeit eine solche Rolle spielt – produziert worden sind, leichter einordnen.

Nach wie vor ist der didaktische Stil am häufigsten anzutreffen. Er hat sich aus Dokumentationen über Forschungsreisen und Expeditionen entwickelt und fand in den fünfziger Jahren sehr schnell Eingang in das Programmangebot. Dabei handelte es sich größtenteils um Tierfilme, in denen ab und zu auch ›exotische‹ Menschen auftauchten, die in diesen entlegenen Gebieten lebten. Bezeichnenderweise trat in diesen Filmen jeweils ein Kommentator auf, der am Originalschauplatz gefilmt wurde und das Thema der Sendung umriß, dann irgendwelche Erklärungen dazu abgab und schließlich beiseite trat, um den Zuschauer selbst einen Blick auf das Geschehen werfen zu lassen. Im Grunde genommen handelten diese Filme zum Teil vom Kommentator selbst: Nicht nur die gezeigten Naturwunder sollten beeindrukken, sondern auch der Wagemut des Kommentators beim Durchqueren der Wildnis. Da die ›Dokumentationen‹ in Serien produziert wurden und oft über viele Wochen verteilt liefen, wurden die Kommentatoren dem Publikum natürlich sehr vertraut. Die Hervorhebung der Kommentatoren sollte dem Zuschauer einen direkten und persönlichen Einstieg ermöglichen und so seine Aufmerksamkeit auf das vorgegebene Thema lenken. Dieser persönliche Kontakt mit dem Kommentator versetzte den Zuschauer in die Lage, gleichsam am Abenteuer der Erforschung fremder Länder und exotischer Völker teilzunehmen.

Diese Stilmittel finden sich auch heute noch in den Dokumentationen David Attenboroughs. Da er ausgebildeter Zoologe ist, beschäftigt sich Attenborough in den meisten seiner Filme mit freilebenden Tieren; Menschen kommen so gut wie gar nicht darin vor, und falls doch, dann im allgemeinen nur in der Gestalt ›menschlicher Tiere‹. Gelegentlich hat Attenborough allerdings auch Filme gedreht, die ausschließlich das menschliche Sozial- und Kulturleben zum Gegenstand haben: z. B. die *Tribal Eye*-Serie (über künstlerische Aktivitäten in Stammesgesellschaften) und die Serie *Spirit of Asia,* beide für die BBC.

In diesen Filmen agiert Attenborough als souveräner Forscher und zugleich Repräsentant der Zuschauer in fernen Ländern. Dies wird kurz und bündig schon in der ersten Einstellung des *Tribal Eye*-Films über die Dogon klargestellt: Von einem erhöhten Standort aus zeigt sie Attenborough in Begleitung eines Dogon in Rückansicht, wie er auf einem steilen Pfad ins Dorf hinuntergeht. Zweifellos soll hier dem Zuschauer das Gefühl vermittelt werden, daß er sich ebenfalls dem Dorf nähert. Im Dorf angelangt, wird der Kontakt des Publikums zu den Dogon selbst beständig und eindeutig von Attenboroughs Gegenwart bestimmt. Entweder ist er persönlich im Bild, oder man hört seine wohlbekannte Stimme, die fast ohne Unterbrechung das Geschehen auf dem Bildschirm erläutert und kommentiert. Die Kameraführung unterstreicht noch diese Weise der Präsentation: Der Film besteht aus einem Mosaik kurzer Einstellungen, die in einer Weise zusammengeschnitten sind, daß sie wenig mehr als ein visuelles Gegenstück zum gesprochenen Kommentar darstellen. Daher wirkt die Dokumentation nicht so sehr wie eine mit filmischen Mitteln geleistete Darlegung eines bestimmten Zusammenhangs, sondern eher wie eine durch Anschauungsmaterial verlebendigte Unterrichtsstunde.

Für einen gewissen Typus von Fernsehsendung scheint der didaktische Stil notwendig zu sein, so zum Beispiel in Sendungen über wissenschaftliche Entdekkungen oder über freilebende Tiere. Wenn aber dieser didaktische Stil auf Filme über Menschen übertragen wird, so führt das zu einem fragwürdigen Ergebnis. Auf der einen Seite gestattet es dieser Stil, sehr viele gesprochene Informationen unterzubringen. Auf der anderen Seite steht jedoch die Gegenwart eines dozierenden Kommentators einer Beziehung zwischen Zuschauer und Gegenstand im Weg: der Zuschauer wird gehindert, sich eine eigene Meinung über die ihm gebotenen Bilder zu machen. Im Grunde genommen löst dieser Stil die angeblich dokumentierten Lebensverhältnisse in unerreichbare ferne Bilder auf, die auf dem Bildschirm in Bewegung sind wie die Objekte der Neugier in einer Wunderkammer. Aus diesem Grund stellen didaktische Filme letztlich keinerlei Ansprüche an die intellektuellen Fähigkeiten des Zuschauers. Er wird dazu angehalten, die Wunder der Natur staunend zu betrachten, ob es sich dabei nun um Menschen oder etwas anderes handelt, und dann wird ihm alles erklärt, in Schubfächer eingeteilt und in sicherer Entfernung gehalten.

Diese Wirkung entspricht genau dem Gegenteil dessen, worauf eine zweite Kategorie von im britischen Fernsehen gezeigten ethnographischen Filmen hinaus will. Diese Filme lassen sich am ehesten mit dem Wort »anekdotisch« charakterisieren: sie sind in einer typischen Weise um eine Geschichte herum aufgebaut. Häufig handelt es sich dabei um journalistisch-sentimentale Produkte, die den Zuschauer unterhalten oder gar schockieren sollen. Anstatt also die Andersartigkeit der gezeigten Menschen wegzuerklären, wie didaktische Dokumentationen es tun würden, tendieren diese eher dazu, die Fremdheit dieser Menschen hervorzuheben oder sogar zu übertreiben.

Zwei Beispiele für derartige Dokumentationen sind KINGDOM IN THE JUNGLE und THE TRIBE THAT HIDES FROM MAN von Adrian Cowell, die in den späten sechziger Jahren von ATV ausgestrahlt wurden. Diese zwei Filme handeln von indianischen Gruppen, die im Xingu-Nationalpark in Brasilien leben. Cowell bedient sich einer Reihe von Stilmitteln aus dem Genre des Features, um die Erzählung zu dramatisieren. Solche Stilmittel sind: künstlich arrangierte Szenen, die Arbeit mit der subjektiven Kamera und die Einspielung aufrüttelnder Hintergrundmusik usw. Beide Filme werden durch einen weitschweifigen Kommentar zusammengehalten, in einem Ton gesprochen, der zu einer heroischen Abenteuergeschichte in der »grünen Hölle« passen würde. Die Indianer sind in erster Linie Gesprächsthema und nicht sprechende Menschen, und wenn sie reden, so werden ihre Worte nicht direkt übersetzt. Genauso wichtig, wenn nicht sogar noch wichtiger als die Indianer sind die Villas Bôas-Brüder, die es sich zur Lebensaufgabe gemacht haben, das Gebiet des Xingu-Nationalparks als ausschließlich indianischen Besitz zu verteidigen. Genaugenommen bildet ihre Geschichte den Leitfaden beider Filme.[1]

1970 und '71 wurden die ersten Filme der *Disappearing World*-Serie von Granada TV gesendet. Dabei handelte es sich um vier Filme, die sich alle mit südamerikanischen Indianern beschäftigten. Drei dieser Filme drehte Brian Moser, der Herausgeber der *Disappearing World*-Serie, selbst, den vierten machte Charles Nairn. Neu an dieser Serie war der Einsatz professioneller Ethnologen als Berater, sowohl während der Dreharbeiten als auch beim Schnitt. Damit war der erste Schritt zur

Bei den Dreharbeiten zu THE KWEGU (*Disappearing World*-Serie).

Begründung einer unmittelbaren Beziehung zwischen dem Zuschauer und den im Film dargestellten Menschen getan; denn diese Arbeitsweise enthielt stillschweigend die Anerkennung, daß die einem Fernsehteam gewöhnlich zugestandenen paar Wochen Drehzeit nicht ausreichen, um die grundlegenden Lebensgesetze einer Stammesgesellschaft zu erfassen. Aber bis auf eine Ausnahme stimmten die ersten

Filme der *Disappearing World*-Serie ansonsten stilistisch mit den erwähnten anekdotischen und didaktischen Filmen überein. Obwohl die Ethnologen anstelle von Safarianzügen vielleicht gelegentlich sogar einen Lendenschurz trugen und ein wesentlich umfangreicheres Hintergrundwissen mitbrachten, schlüpften sie dennoch wieder in die konventionelle Rolle des allwissenden Forschers, der sich vermittelnd und teilweise auch behindernd in die Beziehung zwischen dem Zuschauer und den im Film gezeigten Menschen einschiebt.

Die erwähnte Ausnahme war LAST OF THE CUIVA, ein Film, den Moser bis heute als seinen besten ansieht. Wie Loizos (1980: 577) bemerkt hat, war dieser Film eine Art Prototyp für die ganze *Disappearing World*-Serie. Zu der außergewöhnlichen Qualität dieser Arbeit trug Mosers Regietalent ebenso bei wie Ernesto Vinczes Kamera und Dai Vaughans Schnitt. Die beiden letztgenannten sollten dann auch noch in den späteren Filmen der Serie eine wichtige Rolle spielen, wobei ihre persönliche ›Handschrift‹ unverkennbar ist. Obwohl sich CUIVA (wie die übrigen Folgen des ersten Teils der Serie) mit den Übergriffen der Außenwelt auf eine indianische Gesellschaft befaßte – in diesem speziellen Fall auf eine kleine Gemeinschaft von Jägern und Sammlern im kolumbianisch-venezolanischen Grenzgebiet –, porträtierte die Dokumentation die Indianer selbst differenzierter und einfühlsamer, das heißt nicht nur als Opfer äußerer Mächte, sondern auch als Menschen, deren Lebensweise einem Rhythmus entsprach, der sich wesentlich von der Lebensform jener unterschied, die wegen der in dem Gebiet vorhandenen Ressourcen ihre Konkurrenten geworden waren.

Diese Wirkung verdankt sich der ruhigen unaufdringlichen Kameraführung und einer Schnitttechnik, die den Gegensatz der aufeinanderprallenden Lebensweisen deutlich werden läßt. Aber wirklich neu an CUIVA ist die Art und Weise der Vermittlung der nicht-visuellen Informationen. Die Kommentierung ist wesentlich zurückhaltender als in anderen Filmen: statt dessen werden die unumgänglichen Informationen in Form fast zufällig wirkender halblaut gesprochener Gedanken und Reflektionen des frankokanadischen Anthropologen Bernard Arcand eingespielt, die man bei verschiedenen Gelegenheiten während der Dreharbeiten aufgenommen hatte. Der ungezwungene Charakter dieser Kommentierung – mit gelegentlichen Versprechern und verdrehten Sätzen – paßt zu der ungezwungenen Lebensweise der nomadisierenden Cuiva und stört kaum den Versuch des Zuschauers, sich innerlich auf diese Menschen einzustimmen. Zur Förderung dieser unmittelbaren Beziehung zwischen dem Zuschauer und den dargestellten Menschen trug die Einblendung von Interviews mit den kolumbianischen Viehzüchtern – die gewaltsam in das Gebiet eingedrungen waren – ebenso bei wie Gespräche mit den Cuiva selbst, obwohl die Bemerkungen beider Parteien von der eingesprochenen Übersetzung fast zugedeckt und nicht in Untertiteln eingeblendet werden.

Die Chefs der Granada waren mit dem Erfolg der Filme sehr zufrieden, und Moser fühlte sich ermutigt, weitere Filme zu machen. Deshalb engagierte er ausgebildete Anthropologen, und zwar nicht nur als gelegentliche Berater und Spezialisten für einzelne Filme, sondern mit der Zielsetzung, solche Experten nach einer gewissen Einarbeitungszeit auch Regie führen zu lassen. Zu den angewornen Anthropologen gehörten unter anderem auch Chris Curling, Melissa Llewellyn-Davies und André Singer. Da sie nun nach und nach immer mehr Einfluß auf die Regie gewannen, wirkten wissenschaftlich-ethnologische Gesichtspunkte zunehmend auf die Struktur der Serie ein, das heißt, die Filme beschäftigten sich eingehender mit der inneren Logik der Kultur der von ihnen porträtierten Gesellschaften als mit der von außen kommenden Einmischung in deren traditionelle Lebensweise.

Da sich der Schwerpunkt somit verlagert hatte, versuchten die neuen Regisseure 1973, eine Änderung des Titels der Serie durchzusetzen. Aber zu diesem Zeitpunkt war der Titel schon so eng mit der inzwischen erfolgreichen Serie verknüpft, daß das Management aus kommerziellen Gründen ablehnte.[2]

Etwa zur gleichen Zeit (1973) gerieten die Regisseure der Serie erstmals unter den Einfluß der Arbeit von David und Judith MacDougall, insbesondere ihres Films TO LIVE WITH HERDS, einer Dokumentation über die Jie, nomadisierende Viehzüchter, in Uganda. Die Herangehensweise dieses Films stellt nach MacDougalls eigenen Worten »das Bemühen dar, den Rahmen jener individualistischen Rekonstruktion der Wirklichkeit zu sprengen, der – charakteristisch für den Stil des frühen Dokumentarfilms – den Zuschauer dem Geschehen gegenüber in die Rolle eines unabhängigen Zeugen bringen soll«. Filme wie die von MacDougall wollen dem Zuschauer die für eine eigene Interpretation des Geschehens notwendigen Mittel an die Hand geben. Sie stehen in Kontrast zu den sogenannten »illustrativen« Filmen, in denen die Bilder nur eine visuelle Ergänzung zu der auf der Tonspur vorgetragenen Argumentation sind (MacDougall 1978: 413–16).

Solche Gesichtspunkte flossen in die weitere Arbeit der *Disappearing World*-Regisseure ein. Allerdings wurde dabei ihre Freiheit, etwas wirklich Neues zu machen, schon durch den Umstand, daß sie ausschließlich für das Fernsehen arbeiteten, eingeschränkt. Zudem glaubten die Chefs der Granada TV, ein Film ohne konventionelle Kommentierung, inszenierte Situationen etc., sei für das britische Publikum unverdaubar. Einige Neuerungen waren jedoch möglich. Zu den ersten *Disappearing World*-Filmen, in denen dieser Einfluß sichtbar wurde, gehörten Curlings 1974 und 75 ausgestrahlte Filme über die Masai, MASAI WOMEN und MASAI MANHOOD. In beiden Filmen blendete man die Übersetzung der Interviews in Untertiteln ein. Unter diesem Gesichtspunkt stellen die beiden Dokumentationen einen beachtenswerten Einschnitt in der Entwicklung des ethnographischen Films in Großbritannien dar. Auch diese beiden Filme verließen sich jedoch noch sehr stark auf den gesprochenen Kommentar. Aus diesem Grund zählte MacDougall MASAI MANHOOD eher zu Filmen mit »illustrativer« Technik als zu der von ihm bevorzugten »aufzeigenden« Technik (MacDougall 1978: 413).

Trotz oder vielleicht gerade wegen dieser Neuerungen fand die *Disappearing World*-Serie bei weiten Zuschauerkreisen großen Anklang. Die Kollegen der Filmemacher waren derart begeistert, daß sie der Serie 1975 den sehr renommierten britischen Film- und Fernsehpreis (BFTA) verliehen. Auch die Chefs der Granada TV waren hocherfreut, denn die Einschaltquoten blieben unverändert hoch: 1978 wurde die Serie von den Fernsehzuschauern zum besten Programm dieser Art im kommerziellen Fernsehen gewählt. Andererseits war die Gilde der Ethnologen anfangs eher zurückhaltend. Die von professionellen Ethnologen im Hausblatt des RAI (d. i. RAIN) und – nachdem die Serie in den USA angelaufen war – auch im *American Anthropologist* veröffentlichten Kritiken bemängelten fast ausnahmslos, die Serie biete nicht genügend Faktenmaterial. Solche Kritiker fehlinterpretierten oft die Intention der Serie dahingehend, daß sie in ihr den Versuch sahen, eine filmisch aufbereitete Version ihres Lehrstoffs bieten zu wollen. Nur wenige Kritiker anerkannten, daß die Filme nicht darauf abzielten, Themen unter die Leute zu bringen, die sich angemessener in Büchern oder Zeitschriftenartikeln abhandeln lassen, sondern daß es ihr erklärtes Ziel war, ein Verständnis davon zu vermitteln, wie die porträtierte Lebensweise von den in ihr lebenden Menschen empfunden wurde.

Der Grund für diese unterschiedlichen Perspektiven liegt in einem wohl unlösbaren Dilemma. Die anthropologischen Kritiker hatten zweifelsohne recht, wenn sie einer von einem inneren Zusammenhang getragenen Vermittlung der Fakten das Wort redeten, was dem Zuschauer erst so etwas wie ein volles Verständnis für das Geschehen auf dem Bildschirm ermöglichen würde. Das Dilemma liegt darin: je mehr Information durch einen gesprochenen Kommentar vermittelt wird, je mehr sich der Film dem didaktischen Stil angleicht, um so mehr werden die in dem Film gezeigten Menschen auf kuriose Objekte reduziert, wodurch die Möglichkeit, für sie ein einfühlendes Verständnis zu entwickeln, entsprechend abnimmt. Bei der *Disappearing World*-Serie wurde dieses Problem verstärkt durch den Umstand, daß die Filme für ein breites Publikum gemacht wurden, von dem man nicht erwarten konnte, daß es auch nur mit den elementarsten ethnologischen Begriffen vertraut

Aus The Shilluk Of Southern Sudan.

war. Eine ausführliche Kommentierung des historischen, soziologischen und symbolischen Hintergrunds des Bildmaterials wäre zwangsläufig zu langatmig und schwerfällig gewesen. Das Gegenargument der Filmemacher war, daß ein Zuschauer mit einem weiterreichenden Interesse die für ihn wichtigen Fakten in der einschlägigen Literatur nachlesen kann. Einen ethnographischen Film aber mit solchen Einzelheiten zu überladen, würde bedeuten, die spezifisch filmischen Möglichkeiten der Vermittlung fremder Kulturen über Bord zu werfen. Dieses Argument überzeugte zwar nicht alle Ethnologen, und viele von ihnen nehmen weiterhin einen reservierten Standpunkt ein, doch werden die *Disappearing World*-Filme neuerdings häufig als begleitendes Lehrmaterial in den ethnologischen Instituten der britischen Universitäten gezeigt.

Sah es 1977 noch so aus, als würde diese Serie alle interessierten Parteien zufriedenstellen, so wurde sie in der Folge kurzfristig fast ganz aus dem Programm genommen und Ende letzten Jahres – wahrscheinlich endgültig – völlig abgesetzt. Das ›Hinscheiden‹ der Serie hatte an sich nichts mit der Qualität der einzelnen Filme zu tun. Ausschlaggebend dafür war vielmehr eine Auseinandersetzung zwischen dem Management der Granada TV und der Gewerkschaft ACTT, die den Großteil des technischen Stabs der kommerziellen Fernsehgesellschaften vertritt. Alle britischen Fernsehproduktionen unterliegen einer Reihe von zwischen den Sendern und den Gewerkschaften ausgehandelten Bedingungen, welche die Größe und Zusammensetzung der Teams bis ins einzelne festlegen. Die Produktion eines Dokumentarfilms außerhalb eines Studios muß wenigstens neun Leute umfassen: Regisseur, Regieassistent, Aufnahmeleiter, Kameramann mit Assistent, Beleuchter, Tonmann mit Assistent und – je nach Dokumentationstypus – häufig auch noch einen wissenschaftlichen Experten, einen Verbindungsmann und einen Journalisten. In den ersten Jahren von *Disappearing World* drückten die Gewerkschaften noch ein Auge zu, obwohl sie wußten, daß die Filme mit vereinbarungswidrig kleinen Teams gemacht wurden. Hätten die Teams nämlich damals die vorgeschriebene Größe gehabt, so wären wegen der dabei anfallenden hohen Kosten manche Projekte gar nicht erst entstanden. Außerdem wären große Teams in vielen der gefilmten Gemeinschaften – besonders in sehr kleinen mit weniger als dreißig Mitgliedern – ein unerträglich störendes Element gewesen (Bugler 1978, Kelly 1979).

Ein Aspekt des Streits, der 1977 ausbrach, war, daß die Gewerkschaften anfingen, die Bestimmungen zunehmend kleinlicher auszulegen, so als handele es sich um Dreharbeiten in England. Diese neue Linie bezog sich nicht nur auf die Anzahl der Teammitglieder, sondern auch auf Tee- und Essenspausen und auf Überstunden. Dadurch wurde die Arbeit nicht nur verteuert, sondern auch erschwert. Die an der Serie beteiligten Regisseure reagierten verärgert, und die meisten verließen die Granada TV. Nur Singer blieb. 1979–80 wurden unter seiner Leitung drei Filme im afghanisch-pakistanischen Grenzgebiet und 1982–83 drei Dokumentationen in Afrika beziehungsweise China produziert.[3]

Zu jener Zeit, als der ethnographische Film im Privatfernsehen in die Krise geriet, startete die BBC eine neue Serie. Zielgruppe war das *Disappearing World*-Publikum. Kurz nach Produktionsbeginn jedoch gab es wieder Schwierigkeiten – diesmal allerdings nicht wegen der Gewerkschaften. Die Konzeption von *Face Values,* so der etwas eigenartige, nie näher erklärte Serientitel, war der BBC von einem RAI-Kommitee unter Vorsitz des renommierten Ethnologen Edmund Leach vorgeschlagen worden. Es sollten eine Reihe von Filmen über bestimmte Themen gemacht werden, zum Beispiel über die Einteilung des Lebensraumes, über Sauberkeit, Verhältnis zur Umwelt, Geschlechterrollen oder ethnische und rassische Vorurteile usw. Jeder dieser Filme sollte eine vergleichende Studie sein und zeigen, wie eine größere Anzahl sehr unterschiedlicher Gesellschaften mit jeweils einem dieser Aspekte des Lebens umgeht.

Diese Konzeption unterschied sich sehr deutlich von derjenigen der *Disappearing World*-Serie, die, unter einem leicht irreführenden Serientitel, thematisch nur sehr lose miteinander verbundene jeweils für sich stehende Dokumentationen eingeschlossen hatte. Die neue Konzeption hingegen orientierte sich an John Percivals Pionier-Serie *Family of Man,* die die BBC in den späten sechziger Jahren ausgestrahlt hatte. Diese Sendereihe hatte die Struktur der Familie in verschiedenen Gesellschaften vergleichend dargestellt. *Face Values* sollte jedoch in Übereinstimmung mit der allgemeinen Tendenz der wissenschaftlichen Anthropologie der siebziger Jahre nicht so sehr Institutionen als vielmehr symbolische Systeme vergleichend gegenüberstellen. Auffällig an dem Vorschlag war darüber hinaus, daß Prinz Charles, der bei Edmund Leach in Cambridge studiert hatte und seit 1973 königlicher Schirmherr des *Royal Anthropological Institute* war, in der Serie als Moderator fungieren sollte. Man glaubte, daß seine Mitwirkung ein wesentlich größeres Zuschauerinteresse gewährleisten werde, als man es sonst für eine derartige Serie voraussetzen durfte.

Die BBC akzeptierte den Vorschlag, bestand aber darauf, die Gesamtleitung der Sendereihe David Cordingley zu übertragen, der über keine fundierten ethnologischen Kenntnisse verfügte. Da es ihm im Umgang mit ethnologischen Konzepten an Erfahrung mangelte und er außerstande war, mit den divergierenden anthropologischen Interessengruppen zu Rande zu kommen, überwarf sich Cordingley bald mit dem RAI-Kommitee, von dem die ursprüngliche Konzeption stammte. Im übrigen zwangen ihn pragmatische Erwägungen, auf solche Mitarbeiter zurückzugreifen, von denen er den Eindruck hatte, daß er mit ihnen zurecht kommen werde. So hatte er es schließlich mit einem Team ethnologischer Berater der verschiedensten Schulen und Forschungsinteressen zu tun. Die Gesellschaften, in denen sie gearbeitet hatten und die folglich auch in der Serie miteinander verglichen wurden, waren nicht weniger willkürlich gewählt: so gab es also Beiträge über Großbritannien, Malta, Bali, die kalifornischen Zigeuner, die Kayapo aus Zentralbrasilien und über die vor der tansanischen Küste gelegenen Chole-Insel. Die Vielfalt machte sinnvolle Vergleiche zwischen diesen Gesellschaften äußerst schwierig, da es im Einzelfall an dem notwendigen Hintergrundwissen mangelte – und das besonders, weil sich die Serie ja schließlich an ein Massenpublikum wandte, das über keinerlei ethnologische Vorkenntnisse verfügte. Da außerdem jede einzelne Folge innerhalb einer Stunde drei oder vier Gesellschaften behandelte, war der Zuschauer ganz einfach überfordert. Und mangels ausreichend vieler Informationen über den

Einzelfall, wirkten die in der Folge angestellten Vergleiche häufig ziemlich unzusammenhängend, und daher entweder banal oder sehr gezwungen.

Aber all diese Schwierigkeiten hätten sich vielleicht noch meistern lassen, hätten die Verantwortlichen wenigstens die Frage der Moderation anders gelöst. Wenn man in Betracht zieht, daß es selbst für einen sehr erfahrenen Moderator schwierig gewesen wäre, die verschiedenen thematischen Stränge der Sendereihe immer wieder neu zu verknüpfen, dann hat Prinz Charles seine Aufgabe bemerkenswert gut gelöst. Zudem war die Umgebung, in der man ihn auftreten ließ, nicht gerade glücklich gewählt. Um zwischen den einzelnen Beiträgen eine Brücke zu schlagen, war man auf die Idee verfallen, Prinz Charles in einem eleganten Salon auf Windsor Castle Gespräche mit ethnologischen Experten führen zu lassen. Aber in dem abrupten Einstellungswechsel von einem südamerikanischen Langhaus oder einem balinesischen Begräbniszeremoniell auf Prinz Charles in der Rolle des ›Mannes von der Straße‹ – wie er selbst seinen Part sah –, der fast in seinem riesigen Sofa versank, lag etwas zutiefst Widersprüchliches. Die Unterbrechung zwischen den einzelnen ethnographischen Beiträgen wäre auch ohne diese nicht weniger exotische Einlage schon schlimm genug gewesen. Um wie vieles interessanter wäre die Serie doch gewesen, wenn Prinz Charles selbst die nötige Distanz besessen hätte, um die symbolische Dimension seiner eigenen Rolle als nationale zeremonielle Figur ins Spiel zu bringen, oder wenn die Ethnologen auch an ihn hätten Fragen richten können.

Die einzigen ernstzunehmenden ethnographischen Filme, die das britische Fernsehen in letzter Zeit gemacht hat, finden sich in der von der BBC Bristol produzierten Serie *Worlds Apart.* Sie wird von zwei ehemaligen Regisseuren der *Disappearing World*-Serie, Chris Curling und Melissa Llewellyn-Davies geleitet.

Die fünf Filme des ersten Serienblocks, die ursprünglich 1982 ausgestrahlt, jedoch letztes Jahr wiederholt worden sind, orientieren sich mehr oder weniger am *Disappearing World*-Stil: das heißt, sie weisen starke Elemente der »beobachtenden« Methode auf, ohne dabei ganz auf anekdotisches Anschauungsmaterial zu verzichten. Trotzdem wies die Serie eine auffällige Neuerung auf: einer der Filme befaßte sich mit den Nuba im Sudan, ein anderer mit den Panare-Indianern in Venezuela, zwei handelten von den Mitgliedern des Gond-Stammes in Indien, aber der letzte Beitrag beschäftigte sich mit dem Leben einer Familie in Connemara im Westen Irlands. Im Gegensatz dazu hatten die ca. dreißig *Disappearing World*-Filme nur außereuropäische Gesellschaften thematisiert. Im nächsten Serienblock, der im kommenden Frühjahr zu sehen sein wird, gibt es zwei weitere derartige Filme, von denen einer sich den Töpfereien von Staffordshire beschäftigt und der andere mit einer kleinen, Bergbau treibenden Gemeinschaft in Südwales. Der Serientitel *Worlds Apart* weist schon auf das Interesse hin, nicht nur Filme über die ›Anderen‹, also Stammesgesellschaften, zu machen, sondern auch über die Menschen hier bei uns. Der Titel reflektiert darüber hinaus noch einen anderen Aspekt: der Zuschauer soll nicht mit dem simplifizierenden Gedanken »schließlich sind wir ja doch alle Menschen« eingelullt werden, sondern die im Film gezeigten Menschen sollen erklären können, warum sie gerade das tun und denken, was sie tun und denken, um auf diese Weise zu verdeutlichen, was sie von uns unterscheidet.

Aus War Of The Gods.

Die noch ausstehenden Folgen der *Worlds Apart*-Serie schließen auch sieben Filme über eine Masaigemeinschaft in den Loita-Hügeln in Kenia ein. Zwei dieser Filme – von je neunzig Minuten Länge – befassen sich mit dem Olamal, einem Zeremoniell, in welchem die Ältesten die Frauen der Gemeinschaft segnen, um deren Fruchtbarkeit zu gewährleisten. Bevor das Zeremoniell stattfindet, gibt es innerhalb der Gemeinschaft ein großes Palaver, wobei die Frauen versuchen, die Männer von der Notwendigkeit des Rituals zum gegenwärtigen Zeitpunkt zu überzeugen. Als die Filme gedreht wurden, waren die Männer nämlich der Meinung, der gegenwärtige Zeitpunkt sei für das Zeremoniell höchst ungeeignet, weil es in einer benachbarten Gemeinschaft gerade einige gewaltsame Todesfälle gegeben hatte. Der erste der beiden Filme beschäftigt sich mit dieser Phase der Entwicklung und zeigt, wie die Männer und Frauen sich sowohl getrennt als auch gemeinsam beraten und über das Für und Wider debattieren. Diese öffentlichen Debatten bieten einen ausgezeichneten Querschnitt durch die Auffassungen der Masai von der männlichen und weiblichen Persönlichkeit und von den Rollen der Geschlechter im Zusammenleben. In diese Debatten werden immer wieder Interviews mit Masaifrauen eingeblendet, in denen diese über die Funktion der Frau in ihrer Gesellschaft Auskunft geben, besonders über die Bedeutung der menschlichen Fruchtbarkeit, die in einem engen Zusammenhang mit derjenigen des Viehs, dem Symbol für materiellen Wohlstand schlechthin, gesehen wird. Der erste Teil des zweiten Films fährt in dieser Weise fort, aber schließlich gehen die Frauen siegreich aus der Debatte hervor, und der Film wendet sich der eigentlichen Zeremonie zu.

Diese bemerkenswerten, unter der Regie von Llewellyn-Davies gedrehten Filme repräsentieren von allen für das britische Fernsehen gedrehten ethnographischen Dokumentationen die »beobachtende« Methode in ihrer reinsten Form. Die Kommentierung ist so knapp wie möglich gehalten. Statt dessen werden alle notwendigen Informationen durch förmliche Gespräche oder anhand von öffentlichen, im Rat der Männer oder Frauen geführten Debatten übermittelt. Wie auch in allen anderen *Worlds Apart*-Filmen wird dem Zuschauer mit Hilfe von Untertiteln eine Übersetzung der in der Originalsprache geführten Gespräche geboten. Der Kameramann Richard Pope arbeitet mit langen, bedächtigen Einstellungen, trotzdem wird keine vordergründige Objektivität vorgetäuscht und die Anwesenheit der Kamera durch Bemerkungen der gefilmten Masai verschiedentlich eingestanden. Dieses Stilmittel zieht den Zuschauer nur um so tiefer in die Debatte der Masai-Männer und -Frauen. Wie exzellent diese Filme auch sein mögen, es bleibt abzuwarten, ob sie in dieser Form gesendet werden, da die zuständigen Fernsehgewaltigen von der BBC Bristol ihre Zweifel daran haben, ob viele Laien-Zuschauer genügend Interesse aufbringen werden, um sich drei Stunden lang auf ein einziges Ritual einer einzigen Gesellschaft zu konzentrieren.

Aber wenn schon diese Filme den Fernsehgewaltigen von der BBC Schwierigkeiten bereiten, dann werden es die übrigen fünf Filme um so mehr tun. Denn alle diese Filme, die zur Zeit noch geschnitten werden, sind jeweils auf eine Länge von einer Stunde konzipiert und beschäftigen sich ebenfalls mit den Masai aus den Loita-Hügeln. Außerdem treiben sie die »beobachtende« Methode noch einen Schritt weiter, weil sie gänzlich auf jegliche anekdotische Kommentierung verzichten. Sie bestehen aus diversen Einstellungen – einer Art Tagebuch im Medium Film –, das Llewellyn-Davies während eines Zeitraums von ungefähr einem Monat im Juni/Juli 1981 zusammengestellt hat. Der »Transportmechanismus« des Films (um wiederum einen von MacDougalls Termini zu gebrauchen) ist ganz einfach eine Reihe von chronologisch angeordneten ›Tagebucheintragungen‹ von verschiedener Länge (einige Tage sind ganz weggelassen, dafür sind die Eintragungen für andere Tage um so länger). Das Bildmaterial ist an manchen Stellen mit kurzen Kommentierungen unterlegt, die aus Beobachtungen stammen, die Llewellyn-Davies während der Dreharbeiten schriftlich festgehalten hat: sie liefern dem Zuschauer die unerläßlichen Hintergrundinformationen. Diese Technik drückt aus, daß die Filme sich nicht um irgendein festumrissenes Geschehen ranken, wie beispielsweise ein wichtiges Ritual oder eine die Subsistenz betreffende Aktivität, sondern sich mehr oder weniger aus einem Mosaik gewöhnlicher alltäglicher Ereignisse zusammensetzen. Sie zeigen die Masai – wie gehabt– in ihrer vertrauten Umgebung, und zwar ganz offensichtlich gleichgültig gegenüber dem, was die Zuschauenden vielleicht denken mögen, seien es nun ihre eigenen Stammesgenossen oder das für die nicht näher bestimmten Fernsehzuschauer stehende Fernsehteam.

Die Dokumentation MASAI DIARY als solche ist eine einzigartige und bemerkenswerte ethnographische Leistung und gewiß nur deshalb möglich geworden, weil Llewellyn-Davies die Stammesmitglieder schon lange persönlich kannte. Jeder, der einige Erfahrung mit der Feldarbeit in exotischen Gemeinschaften hat, wird von dem Film ganz sicher fasziniert sein, weil die Bilder die Erinnerung an jenen Augenblick wachrufen, da man als Feldforscher nach der Aneignung der elementarsten Regeln der fremden Sprache begreift, daß die unbedeutendsten Kleinigkeiten im Leben der fremden Gemeinschaft genauso bedeutungsvolle kulturelle Details sind wie die höchstformalisierten Rituale und daher für ein Verständnis der Weltsicht jener Menschen nicht weniger wichtig sind. Ob allerdings das DIARY für Menschen ohne ein spezielles Interesse an Anthropologie gleichermaßen faszinierend sein wird, läßt sich erst nach der Ausstrahlung der Filme an den entsprechenden Reaktionen messen. Aber wenn man davon ausgeht, daß die Erfahrungen mit *Disappearing World* darauf hindeuten, daß die britische Öffentlichkeit für neue Stilrichtungen im ethnographischen Film offener ist, als die zuständigen Herren vom Fernsehen es sich vorstellen konnten, so läßt sich nur hoffen, daß die für *World Apart* Verantwortlichen dieses Experiment zulassen.

Man muß unumwunden zugeben, daß ohne die Unterstützung des Fernsehens in den vergangenen drei Jahrzehnten die Möglichkeiten britischer Filmemacher, ethnographische Filme zu drehen, verschwindend gering gewesen wären. Aber die Tatsache, daß die meisten neueren ethnographischen Filme britischer Herkunft vom Fernsehen produziert worden sind, hat sowohl gute wie auch schlechte Auswirkungen. Einerseits hat dieser Umstand zur Folge gehabt, daß gewisse Regisseure, allerdings nur einige wenige Privilegierte, mit großzügigen Etats und jeder nur denkbaren logistischen Unterstützung rechnen konnten, was ihnen die Möglichkeit gab, in ganz verschiedenen Teilen der Welt ethnographisch zu arbeiten. Andererseits waren diese Regisseure infolge ihrer Abhängigkeit vom Fernsehen all jenen spezifischen Einschränkungen unterworfen, die sich aus der Arbeit für dieses Medium notwendig ergeben.

Kein britischer Fernsehregisseur kann sich den Luxus erlauben, sich in seiner Arbeit an Jean Rouchs Maxime »Mache einen Film in erster Linie für dich selbst, danach für die darin Mitwirkenden und nur in letzter Hinsicht für das Publikum« zu orientieren. Denn selbst der experimentierfreudigste Fernsehregisseur darf niemals vergessen, daß seine Filme für ein Massenpublikum bestimmt sind, das über keinerlei Spezialwissen verfügt, und daß man von seinen Produkten erwartet, daß sie nicht nur irgendwie aufklärend, sondern auch unterhaltend sind.

Struktur und Inhalt der von solchen Regisseuren gedrehten Filme hängen auch davon ab, daß der Regisseur im allgemeinen verpflichtet ist, mit einem gewerkschaftlich organisierten Team zu arbeiten. Aber selbst wenn ein anthropologischer Film von einem Team gedreht wird, das kleiner ist, als es die Vereinbarungen mit den Gewerkschaften eigentlich gestatten, so ist es immer noch sehr teuer, ein solches Team unter den Bedingungen anthropologischer Feldarbeit finanziell angemessen zu unterhalten. Der Grund dafür sind nicht nur die von den Gewerkschaften für ihre Mitglieder ausgehandelten beträchtlichen Überstunden- und Auslandszulagen, sondern auch weitere finanzielle Entschädigungen, wenn geltende Vereinbarungen nicht eingehalten werden können (wie z. B. das Recht auf die Wahl zwischen zwei warmen Mahlzeiten zum Mittagessen oder bestimmte Mittags- und

Teepausen). Solche Ausgaben summieren sich sehr schnell: Schätzungen zufolge kostet der Unterhalt eines Fünf-Mann-Teams unter den Bedingungen anthropologischer Feldarbeit mindestens £ 1500 pro Woche. Aus diesem Grund gestatten die Produzenten nur äußerst selten Dreharbeiten von mehr als sechs Wochen. So ist für einen Fernsehregisseur von vornherein die Möglichkeit ausgeschlossen, einen Film über ein langwieriges Ereignis (etwa ein Initiationsritual oder eine Bestattung) oder eine komplizierte Subsistenztätigkeit (wie die Errichtung eines Hauses oder das Anlegen einer Reisterrasse) zu drehen, wobei gleichzeitig andere, subtilere ästhetische Aspekte, wie das filmische Tempo, betroffen sind.

Und als ob das noch nicht genügte, ist der Regisseur eines ethnographischen Films für das Fernsehen in seiner Handlungsfreiheit außerdem noch dadurch eingeschränkt, daß er gewöhnlich auf einen Anthropologen angewiesen ist, der zwischen ihm und den Subjekten des Films vermittelt. Auch wenn einige der Regisseure, die gegenwärtig für das britische Fernsehen arbeiten, eine ethnologische Ausbildung besitzen und umfangreiche Feldforschungserfahrungen haben, verlangen ihre jeweiligen Arbeitgeber, daß sie jährlich mehrere Filme an ganz verschiedenen Schauplätzen drehen. Selbst wenn ein Regisseur sich vorher durch umfangreiche Lektüre und Sichtung alles erreichbaren schriftlichen Materials vorbereitet hat, ist er immer noch in hohem Maße seinem ethnologischen Berater ausgeliefert. Viele, die entweder als Regisseure oder beratende Ethnologen an Filmen für das britische Fernsehen arbeiteten, haben dieses Verhältnis als schwierig empfunden.

Zusammenfassend läßt sich sagen, daß die Entwicklung des ethnographischen Films in Großbritannien in den vergangenen Jahren ganz eindeutig von einigen wenigen für das Fernsehen arbeitenden Filmemachern bestimmt worden ist, weil nur die Fernsehgesellschaften die nötigen Geldmittel zur Verfügung stellen können. Aber die schöpferischen Interessen und Fähigkeiten derartiger Fernsehregisseure werden von einer Unzahl von Faktoren mitbestimmt, die von den Produktionsbedingungen im brittischen Fernsehen diktiert werden: von dem Zwang, Filme für ein Massenpublikum zu machen; der Notwendigkeit, eine Filmserie über verschiedenste Gesellschaften zu drehen, deren diverse Sprachen der Filmemacher in der Regel nicht beherrscht; des weiteren von den zwischen Fernsehmanagement und Gewerkschaften getroffenen restriktiven Vereinbarungen und schließlich von der berufsbedingten Unnachgiebigkeit der ethnologischen Berater. Die stete Gefährdung des ethnographischen Films kann man daraus ersehen, daß die Dreharbeiten für die *Worlds Apart*-Serie kürzlich eingestellt worden sind: zwar werden die Filme, an denen schon gearbeitet wird, noch fertiggestellt, aber es werden keine neuen mehr produziert. Wie im Fall der *Disappearing World*-Serie wird die Sendereihe nicht etwa wegen mangelnder Qualität der Filme selbst abgesetzt: die Serie hatte gute Einschaltquoten und wurde von unabhängigen Kritikern wie auch von leitenden Mitarbeitern der BBC mit Lob überschüttet. Zur Abwechslung sind diesmal auch keine finanziellen Gründe ausschlaggebend. Die Absetzung der Serie resultiert einzig und allein aus machtpolitischen Kämpfen innerhalb der BBC. Unter solchen Umständen ist es geradezu bemerkenswert, daß in Großbritannien heutzutage überhaupt noch ethnographische Filme von Rang gemacht werden.

Anmerkungen

1 Ethnographische Filme dieser Art werden nach wie vor häufig gezeigt: Jeremy Bradshaws drei Filme über ostafrikanische Hirtenvölker, die von Anglia Television Mitte 1983 unter dem Serientitel *Disappearing Africa* ausgestrahlt wurden, sind dafür typische Beispiele.
2 Erst als Brian Moser 1975 in der Mongolei und André Singer 1982 in China eine Drehgenehmigung erhielten, liefen diese Filme nicht unter dem *Disappearing World*-Titel: andernfalls hätte es keine Drehgenehmigung gegeben.
3 1983 verließ André Singer Granada TV; er bereitet jetzt für Central TV eine Serie über die ›Väter‹ der modernen Anthropologie vor.

S. Höhle, C. Rätsch, O. Urchs

Die bewegten Schatten – Lakandonen im Film

> Naiven Filmregisseuren passiert es zuweilen, daß sie bei sogenannten Expeditionsfilmen, die in Wirklichkeit im Studio gedreht worden sind, Tiger in Afrika auftreten lassen.
> H. Hediger, 1958: 12

Es gibt mehr Publikationen, Manuskripte und Dissertationen über die Lakandonen-Indianer Südmexikos als lebende Lakandonen. Ihre Kultur ist scheinbar gut dokumentiert.

Maler[1], Photographen[2] und Filmemacher[3] haben schon früh die Lakandonen als das exotische Objekt ihrer Begierde entdeckt. Ungezählte Meter Film und inzwischen auch Videokassetten zeigen malerische Gesichter, im Wind wehende schwarze Haare, eine üppige Vegetation, kurz: schöne Menschen in einer kinematographischen Wirklichkeit, die aber meilenweit von der Realität des Schauplatzes, dem tropischen Regenwald von Chiapas, entfernt ist.

Seit die ersten Abenteurer und Forscher gegen Ende des 19. Jahrhunderts im Dschungel der Selva Lacandona ein weder von den Spaniern unterworfenes noch missioniertes Maya-Volk »entdeckten«, besteht ein wissenschaftliches und populäres Interesse an den Lakandonen. Dem aufgeschlossenen Reisenden werden sie heute in dem angeblich rennomierten Schroeder-Reiseführer wie folgt präsentiert:

»In der Umgebung von Bonampak leben die Indios vom Stamme der Lacandones, der zu den primitivsten Indianerstämmen Mexikos zählt. Sie sind sozusagen ›Ur-Maya‹, also ein Teil der großen Sprachfamilie der Maya, der sich vom Hauptstamm getrennt hatte, bevor dieser eine Hochkultur entwickelte. Männer und Frauen der Lacandones tragen das gleiche lange tunikaähnliche Kleid aus handgewebter Baumwolle und haben langes, herabfallendes Kopfhaar, so daß man sie kaum voneinander unterscheiden kann, zumal die Männer obendrein bartlos sind. Da der Zugang zu dem von z. T. undurchdringlichem Dschungel bewachsenen Raum zwischen den Flüssen Usumacinta und Lacantún selbst heute noch schwierig ist, leben die Lacandones, kaum einige hundert Köpfe stark, nicht anders als ihre Vorfahren und auch ihre Verehrung der alten Naturgottheiten hat sich bis heute nicht geändert.« (Zuzan 1979: 403)

In dieser Beschreibung treffen sich die ›Fach‹-Journalisten der westlichen Industriegesellschaften mit den Tzotzil-, Tzeltal-, Chol-, Tojolabal- und Mam-Indianern von Chiapas, die die Lakandonen *caríbes*, »Kannibalen/Wilde« nennen. Gelten die Lakandonen bis heute für alle Außenstehenden als »wild«, so bedeutet das im Grunde nichts anderes, als daß sie immer noch unverstanden sind. Damit bieten sie den idealen Nährboden für Projektionen und imaginäre Anthropologie[4]. Kein Wunder also, daß die Objektive der zahlreichen Kamerateams[5] schon vor Drehbeginn im Dschungel ideologisch gefärbt waren.

Das filmische Interesse an den Lakandonen schlug sich auch im bundesdeutschen Fernsehen nieder, das 1983 vier Beiträge aus der Selva Lacandona zeigte. Das ZDF brachte die Dokumentaton FÜNF LEGUAS NACH DOLORES von Volker Arzt. Das Dritte Programm des WDR bot einen Bericht von Margrit Keller und Peter von Gunten mit dem reißerischen Titel XUNAN – MUTTER DER LAKANDONEN. Das bayerische Regionalfernsehen sendete in der BBC-Serie BEVOR KOLUMBUS KAM – INDIANER IN MEXIKO den Beitrag KLEINER BRUDER JAGUAR. Und schließlich war – ebenfalls im ZDF – noch der mexikanische Spielfilm EL CASCABEL – DIE KLAPPERSCHLANGE zu sehen, eine Geschichte über die Arbeit eines Dokumentarfilmers mit den Lakandonen.

Diese vier Filme aus Deutschland, der Schweiz, Großbritannien und Mexiko haben also in den Köpfen der Fernsehzuschauer das Bild *der* Lakandonen geprägt, ein Bild, das – wie bereits bemerkt – viel mehr den Vorstellungen der Filmemacher entspricht als der vermeintlich abgefilmten Realität. Zudem ist der kinematographische Blickwinkel oft trotz vorhandener Weitwinkelobjektive eingeengt. Als ob man nur immerzu in einem Flugzeug über dem Dschungel kreisen würde, bleibt man an der Oberfläche, schaut nicht genau hin. So unterschlagen alle genannten Berichte weitgehend, daß es eine nördliche und eine südliche Lakandonen-Gruppe gibt, die sich äußerlich in Kleidung und Haartracht, darüberhinaus aber auch in Sprache und kultureller Tradition unterscheiden.

Wenn der Geo-TV-Chef Volker Arzt von den Lakandonen als einem besonders kämpferischen Maya-Stamm spricht, will er damit natürlich vor allem seinen eigenen Mut demonstrieren. Er verschweigt nicht nur, daß für die nördlichen – anders als für die südlichen Lakandonen – keinerlei kriegerische Auseinandersetzungen mit den Spaniern nachgewiesen sind, er vergißt sie überhaupt zu erwähnen. Oder weiß dieser Forscher vielleicht gar nichts von ihrer Existenz?

Die Verschiedenheit der Lakandonen gerät zur Nebensächlichkeit, wenn es gilt, das Bild des ›edlen Wilden‹ zu zeichnen, auch wenn dieser heute eine Armbanduhr trägt und mit schweren Lastwagen durch den Dschungel fährt. Die Lakandonen der Selva – sofern sie noch die traditionelle Tunika tragen und lange Haare haben – muß man nicht erst, wie es Werner Herzog in Peru tat, wieder zu ›echten‹ Indianern schminken und sie als solche ausstaffieren; ihre ausdrucksvollen Gesichter wirken ohnehin wie die lebendigen Abbilder der Reliefs aus klassischer Zeit.

Hollywood könnte es nicht besser machen.

Der tropische Regenwald liefert den stilvollen Hintergrund: das beliebte Bild der Grünen Hölle und die erhabene Ruhe der im Dschungel verborgenen Ruinen. Diese Umgebung vermittelt in einer Zeit, in der die Welt durch den Einsatz moderner Beförderungsmaschinen kleiner geworden zu sein scheint, den Eindruck einer ›wirklichen Ferne‹. Diese Exotik wird vom Zuschauer goutiert und läßt sich daher leicht vermarkten, ohne daß der Filmemacher größere Schwierigkeiten auf sich nehmen müßte. Denn seit den 40er Jahren gibt es in der Selva einen regen

Flugverkehr – die Lakandonen kannten eher Flugzeuge als Autos – und heute ist Nahá, das letzte traditionelle Dorf, auf einer Straße relativ leicht erreichbar. Auch von den Lakandonen selbst sind kaum Widerstände zu befürchten, im allgemeinen begegnen sie den Filmteams freundlich und hilfsbereit.

Selten gibt es für Dokumentarfilmer bessere Bedingungen.

Von den vier Filmen, die 1983 im deutschen Fernsehen gezeigt wurden, beschäftigt sich eigentlich nur der englische Beitrag KLEINER BRUDER JAGUAR direkt mit den Lakandonen. Für die anderen Berichte liefern sie lediglich willkommenes Bildmaterial. Dabei ist die Einstellung »Lakandone im Einbaum« besonders beliebt, die immer dann herhalten muß, wenn etwas erzählt werden soll, was nicht im Bild festgehalten wurde. Beim Zuschauer muß unweigerlich der Eindruck entstehen, die Lakandonen verbrächten mindestens die Hälfte ihrer Zeit auf den malerischen Seen und Flüssen der Selva, wobei sie zugegebenermaßen ja auch einen schönen Anblick bieten. Wie der Einbaum so scheinen die berühmten Maya-Ruinen – zumindest im Film – zu den Lakandonen gehören. Keine Dokumentation, die vorgibt, sich mit Menschen zu beschäftigen, kommt ohne Steine aus. Von den Lakandonen aus Nahá, die bis heute ihren alten Glauben bewahrt haben, erhoffen sich Wissenschaftler und Filmemacher Aufschlüsse über die geheimnisvolle Hochkultur der Maya, von der noch immer wenig bekannt ist. Neue Ausgrabungen in Belize lassen zudem die ganze bisherige Forschung in einem anderen Licht erscheinen. Glaubt man den Ergebnissen der Radiocarbon-Messungen, die in Cuello vorgenommen wurden, so muß man den Beginn der Maya-Kultur viel früher ansetzen als bisher angenommen, denn einige Funde sind 4000 Jahre alt. Wie es dazu kam, daß die klassischen Maya vom heutigen Honduras und Guatemala aus sich über die gesamte Halbinsel Yucatán ausbreiteten, überall prachtvolle Bauten errichteten und dann ca. 900 n. Chr. ihre Zentren verließen, darüber gibt es genausoviele Theorien und Spekulationen wie über die Frage, wer denn nun die direkten Nachkommen der Pyramiden-Bauer seien. Manche vermuten sie in der Süd-Gruppe der Lakandonen gefunden zu haben.

Die Filmemacher behelfen sich angesichts solcher Verwirrung, die freilich auch einen spekulativen Aufmerksamkeitswert hat, mit schönen Aufnahmen der Tempel und Landkarten, die vor allem Volker Arzt gerne verwendet. In FÜNF LEGUAS NACH DOLORES erlöschen die Maya-Städte als Glühlämpchen, eins nach dem anderen, so einfach ist das alles auf einmal und nur peinlich, daß ausgerechnet dann, wenn Arzt im *off* erzählt, daß die spanischen Eroberer nur noch Ruinen vorfanden, auf dem Fernsehschirm Chichén Itza erscheint, eines der wenigen zu dieser Zeit noch bewohnten, wenn auch stilistisch stark von den Tolteken beeinflußten Zentren.

Steine beantworten die Frage nach dem Leben der Lakandonen nicht. Auch die erwähnten Filme tun dies nur zu einem sehr geringen Teil. Wenig erfährt der Zuschauer über die materielle Kultur, die soziale Organisation und das Glaubenssystem der Lakandonen.

Dabei verhelfen auch längere Drehzeiten anscheinend nicht unbedingt zu mehr Informationen. Gleich zweimal (1980 und 1982) waren die Rundfunkredakteurin Margrit Keller und der Filmregisseur Peter von Gunten in Chiapas, um an ihrem gemeinsamen Projekt XUNAN zu arbeiten. Was als Auftragsproduktion für den WDR/Köln begann, wuchs sich zu einem Kino-Film mit 108 Minuten aus und wurde dann wieder auf die TV-Dokumentationseinheit von einer Dreiviertelstunde gekürzt.[6] In der längeren Version heißt der Film XUNAN (THE LADY); für das deutsche Fernsehen wurde daraus XUNAN – MUTTER DER LAKANDONEN.[7]

Im Programmheft schreibt Margrit Keller (Buch und Regie): »Der Film ist, im weitesten Sinne, ein Porträt von Gertrude Duby-Blom. ... (Er zeigt) nicht nur individuelles Schicksal, sondern beispielhafte Gestalt für das widersprüchliche Verhältnis europäischer Tradition zu Ereignissen in der Dritten Welt.«

Man könnte meinen, Peter von Gunten, verantwortlich für Regie und Kamera, spräche von einem anderen Film, wenn man seine Interpretation liest: »›Traurige Tropen‹ könnte der Film auch heißen ... Chicleros (Kaugummi-Sammler), Mahagony-Fäller, Missionare, Ladinos (Mischlinge), landlose Campesinos, Ethnologen, Anthropologen, Holz- und Ölgesellschaften, Touristen und Filmer, alle haben bewußt oder unbewußt dazu beigetragen, daß Chan K'in, der alte weise Lakandone, heute weiß, nach seinem Tod wird niemand mehr die Tradition, das Götterhaus, die Göttertöpfe pflegen; er weiß, mit ihm stirbt diese Kultur.«

Das Schwanken zwischen diesen beiden Polen gerät in der Fernsehversion zur Hilflosigkeit: ›Xunan – Ein Film auf der Suche nach seinem Thema‹?!

Während das Original »schweizerdeutsch/maya[8]/spanisch/englisch mit deutschen Untertiteln« ist, der Original-Ton also erhalten bleibt, ist die TV-Fassung mit einem Brei von *voice-overs* zugesoßt. Lange Statements von Chan K'in Viejo, die ein Dokument sein könnten, werden von der jovialen Stimme des Sprechers fast erschlagen. Warum ist es einem Fernsehzuschauer eigentlich nicht gestattet, einmal dem Klang einer fremden Sprache zu lauschen und dabei Untertitel zu lesen? Warum wird die Stimme von Chan K'in (samt *voice-over*) von seinem Bild gelöst und über alte Fotos und neue Straßen gelegt? Zudem werden in den *voice-overs* von Chan K'in und Gertrude Duby-Blom fast alle Namen und Ortsbezeichnungen falsch ausgesprochen: »Náha« statt »Nahá«, »Schun kuche« statt »Chunk' unché«, »Quíntin« statt »Quintín«, »Kinn« statt »K'in« usw. War da nur der Sprecher überfordert oder hätte man mit ein wenig mehr Sorgfalt nicht wenigstens die richtige Betonung treffen können?

Nun kann man den Fernsehleuten ja durchaus eine gewisse Überforderung zugestehen. Die Filmmacher haben sich um wissenschaftliche Beratung bemüht und den Anthropologen Roberto Bruce[9] für die Übersetzung des O-Tons von Chan K'in engagiert. Trotzdem hat sich der erste entscheidende Fehler schon im Titel eingeschlichen. Was da britisch-vornehm als »The Lady« übersetzt wurde, hat eine ganz andere Bedeutung.

Als *xunan* bezeichnen die Lakandonen die Frauen von Nichtindianern, von *ts'ul*. *Ts'ul* sind Menschen, die in hierarchischer Ordnung leben und zerstörerisch sind.[10] Manchmal behilft sich die Übersetzung auch mit Krücken, die jedoch nur noch tiefer in die Begriffsverwirrung führen. »Sie wollen, daß die Ladinos kommen, die ›zivilisierten‹ Indianer ... oder Ausländer, die Fremden.«

Die Lakandonen gebrauchen das Wort Ladino überhaupt nicht und kennen auch nicht den Begriff des Ausländers. Sie nennen die anderen Indianer *kah*, Dörfler, Städter, also Menschen, die nicht, wie es die Lakandonen früher taten, anarchisch im Wald verstreut leben.[11] Die Übersetzung führt auch den Begriff »Besitztümer« ein; *u ba' uba' al* heißt aber einfach »ihre Dinge, ihre Sachen« und so hätte man es ja auch stehen lassen können.

Der Großteil der Informationen über die Lakandonen in XUNAN stammt von Gertrude Duby-Blom: ein paar Zahlen, ein paar Theorien und ihre leidenschaftlich zu Ausdruck gebrachte Trauer über den Einzug westlicher Zivilisation (»Syphilisation«, wie sie ihr Mann, der dänische Archäologe Frans Blom gern nannte) in die Selva Lacandona.[12] »Diese Kultur ist verloren.« (O-Ton Gertrude Duby-Blom, XUNAN) Nur erfährt der Zuschauer nichts über diese verlorene Kultur. Es gibt Aufnahmen von der Feldarbeit, dazu erzählt Gertrude Duby-Blom von ihrer Freundschaft mit Chan K'in. Es fällt kein Wort über die landwirtschaftlichen Methoden der Lakandonen. Eine Lakandonin bereitet Tortillas; Gertrude Duby-Blom aus dem off: »Die Lakandonen kaufen jetzt schon Hängematten aus Nylon. Sie machen auch keine Netze mehr.«[13] Zusammenhang? Das beliebte Bild der Lakandonen im Einbaum; dazu Gertrude Duby-Bloms Stimme: »Wer ich bin? Ich weiß nicht, wer ich bin.« Ja, wer weiß denn angesichts solcher Verwirrung von Bild und Ton überhaupt noch etwas?

Entgegen allen Beteuerungen zu Anfang seines Filmes FÜNF LEGUAS NACH DOLORES geht es Volker Arzt nicht eigentlich um die Dokumentation der Lakandonen als letzte Abkömmlinge der klassischen Maya-Kultur oder darum, die Nachfahren jener Indianer kennenzulernen, die die grausamen Feldzüge in die Selva Lacandona überlebten. Ihm geht es vielmehr um die Nachahmung der berühmten Abenteurer des letzten Jahrhunderts, denen die Lektüre zweifelhafter Berichte nicht ausreichte, und die sich daher selbst aufmachten, sei es um die Quellen des Nils zu finden oder großartige Tempelstädte in den Dschungeln Süd-Ost-Asiens und Zentralamerikas.

Doch schon sein – nicht ohne dramaturgisches Gespür für den sogenannten ›Spannungsaufbau‹ eines Filmes – gewählter Ausgangsort, ist mit dem seiner Vorbilder nicht zu vergleichen: Die Auffindung des Berichts von Nicolás de Valenzuela über seine Feldzüge in die Selva Lacandona war im Jahre 1981 – also zum Zeitpunkt der Entstehung des Films – alles andere als eine Sensation. Eine handgeschriebene Kopie des Berichts wurde zwar tatsächlich im Keller des Ibero-Amerikanischen Instituts in Berlin gefunden, allerdings schon fünf Jahre früher. 1981 lag der Bericht bereits zwei Jahre als Publikation vor.[14]

Vielleicht kann man von einem Journalisten nicht die genaue Kenntnis aller wissenschaftlichen Publikationen zum Thema seiner Arbeit erwarten. Macht er eine solche Publikation jedoch zur Grundlage seines Films, wäre es sicher nicht falsch, sich zunächst wenigstens über den Charakter des Publizierten zu informieren.

Es gibt eine ganze Reihe von Berichten wie den von Valenzuela. Sie alle waren Rechtfertigungsschreiben räuberischer Banden, die auf eigene Faust, wenn auch im Namen des Königs, Feldzüge in noch nicht eroberte Gebiete Neuspaniens unternahmen. Die Intention dieser Berichte war denn auch alles andere als eine akribische Beschreibung des Vorgefundenen, sondern eher ein ›curriculum vitae‹ der ›erfolgreichen‹ Eroberer. Volker Arzt dagegen glaubt in Valenzuelas Bericht eine »sehr genaue« Angabe über die Lage von Dolores[15] gefunden zu haben, und wird so unvermeidlich zum vorerst letzten in der Reihe von Dolores-Suchern,[16] die verblüffend an die bekannteren und zahlreichen Atlantis-Sucher erinnern.

Somit hat sich Volker Arzt dem Fernsehzuschauer als unerschrockener Forscher und Abenteurer ›verkauft‹, ein Image, an dessen Abrundung er im weiteren Verlauf des Films unbeirrt weiterbastelt. Staunend sehen wir ihn im Schlauchboot auf einem Dschungelfluß und am Lagerfeuer seines Camps, wo er erklärt, daß das Expeditionsgebiet zwischen dem Rio Jataté und der Lagune Miramar »fast menschenleer« ist. Sollte Volker Arzt damit die »Hach Winik«, die »Wahren Menschen«, wie die Lakandonen sich selbst nennen, meinen, hätte er recht. Denn schon Ende der 40er Jahre zerbrach die sogenannte »Jataté-Gruppe«.

Anders als bei den Lakandonen von Nahá gehörten zu ihrer traditionellen Ordnung Anführer und Hohepriester, deren Autorität alle Lebensbereiche bestimmte. Nachdem das letzte Oberhaupt der Jataté-Lakandonen 1947 gestorben war, ohne einen Nachfolger in sein Wissen eingeweiht zu haben, war auch das Ende seiner Gruppe besiegelt. Nach und nach verließen die einzelnen Familien die Siedlungen am Jataté und schlossen sich der Gruppe in Lacanhá Chansayab an. Allein das Geschwisterpaar Chan Bor und Na Bor, das schon der alte Anführer verbannt hatte, weil es in einem eheähnlichen Verhältnis lebte, blieb völlig isoliert in der Nähe der Lagune Miramar zurück.[17]

Doch damit war dieser Teil der Selva Lacandona keineswegs »fast menschenleer«. Im Gegenteil. Immer neue ackerbauende Kolonisten, Viehzüchter, Holzarbeiter und Erdölsucher drangen in den Dschungel ein. Heute überzieht ein Netz von Siedlungen und Straßen, erbaut von der Ölgesellschaft Pemex und der mexikanischen Forstgesellschaft, die Selva Lacandona.

Das alles ficht Volker Arzt offenbar nicht. Ja, selbst die eingangs des Films beschworenen Lakandonen scheint er in seiner Abenteuerlust fast vergessen zu haben. Da tauchen unversehens die bildhübschen Kinder von Chan Bor und Na Bor auf. Geben sie doch die idealen Statisten für den peinlichen Versuch ab, die Eroberung einer Insel in der Lagune Miramar nachzuspielen: während Volker Arzt im Schlauchboot mit knatterndem Außenbordmotor auf einer Seite der Insel landet, machen sich die listigen Indianerkinder in leisen Kanus auf der anderen Seite davon. Ein grandioser Regieeinfall!

Dennoch fragt man sich, warum Volker Arzt es bei einigen Einstellungen von den Kindern einer einzelnen Familie beläßt, obwohl nicht weit vom Drehort alle anderen, ca. 200 Südlichen Lakandonen in Lacanhá leben. Vielleicht, weil gerade die jungen Leute dort überhaupt nicht mehr dem Bild des ursprünglichen Indianers entsprechen? Nachdem schon ihre Eltern einem protestantischen Missionar mehr Glauben schenkten als den Überlieferungen ihrer Vorfahren, haben sie sich die Haare schneiden lassen und ihre Tuniken gegen westliche Kleidung eingetauscht. Mit einem Filmemacher würden die Männer heute genauso selbstverständlich verhandeln wie sie es mit den Vertretern der Provinzregierung und anderen Fremden tun.

Wollte Volker Arzt seinen Zuschauern nur den Anblick dieser ›angepaßten Indianer‹ ersparen, oder wußte er vielleicht gar nichts von ihnen? Selbst das scheint möglich, falls er sich allein auf den im Film als »Lakandonenexperten« und »ortskundigen Führer« vorgestellten Guillermo Stein verlassen hat.

Guillermo Stein, ein Fabrikbesitzer aus Mexico, D. F., besucht nach eigenen Angaben seit 1972 als Reiseleiter die Selva Lacandona.[18] Dieser Lakandonenexperte verlangt von der Familie des Geschwisterpaares Chan Bor und Na Bor gegen ein kleines Entgelt, ihre längst bedeutungslos gewordenen langen Haare und die traditionellen Tuniken beizubehalten. So kann er zahlungskräftigen Touristen die Illusion einer ungetrübten Dschungel- und Indianerromantik bieten. Sollte ihm etwa auch der Chef von Geo-TV auf den Leim gegangen sein?

In den übrigen Teilen seines Films präsentiert Volker Arzt noch alles mögliche, wovon nicht viel mehr als der Eindruck einer heillosen Konfusion von Themen und Thesen über Vergangenheit und Gegenwart der Maya im Gedächtnis bleibt. Nun stellt sich natürlich die Frage: wozu das alles? Welche Erkenntnis über Dolores haben wir zu erwarten? Das allerdings wird wohl für immer das Geheimnis von Volker Arzt bleiben, der zum Schluß des Films zugeben muß, daß er – wer hätte das gedacht? – Dolores nicht finden konnte. Um zu erfahren, daß Holzhäuser, wie die von Valenzuela beschriebenen, unter den klimatischen Bedingungen eines tropischen Regenwaldes schon wenige Jahre nach ihrer Zerstörung wieder zu Humus verwandelt und damit gewöhnlich unauffindbar sind, benötigt er eine mehrmonatige ›Expedition‹ und 43 Minuten eines sogenannten ›Fernseh-Features‹.

So bleibt nur noch zu erwähnen, daß dem Film FÜNF LEGUAS NACH DOLORES immerhin ein Verdienst zukommt: es ist dies, das hierzulande so gut wie unbekannte Schicksal der indianischen Flüchtlinge aus Guatemala publik gemacht zu haben. Im der Selva benachbarten gualtematekischen Petén spielt sich seit Jahren ein Drama ab, das als Völkermord zu bezeichnen nicht übertrieben ist.

Die BBC-Dokumentation KLEINER BRUDER JAGUAR nähert sich in ihrem Bemühen, das Leben der Lakandonen zu zeigen, sie wirklich zum Thema ihres Films zu machen und nicht nur als willkommene Bildlieferanten auszunutzen, auch der Realität und fängt sie in schönen, ruhigen Bildern ein. Dennoch tauchen eine Reihe von Aussagen auf, die eher aus der Phantasie der Autoren als aus empirischen Datenquellen zu stammen scheinen. Im Folgenden sollen einige Sätze aus dem deutschen Kommentar untersucht werden.

– »... noch heute feiern die Lakandonen hier (in Yaxchilan) ihre festlichen Riten ...«

Yaxchilan, das Zentrum in der Lakandon-Kosmographie, ist das Haus des Hachäkyum, »Unseres Wahren Herrn« (dessen Name in dem Film mit »Hoher Herr« völlig falsch übersetzt ist). Dort werden keine »festlichen Riten gefeiert«, sondern Einzelpersonen oder kleine Personengruppen pilgern aufgrund einer vorausgegangenen Divination dorthin, um Weihrauch und Kautschukfiguren mit einem Gebet an Hachäkyum zu verbrennen.

– ». . . stellvertretend für ihre Gemeinde opfern sie hier mit den Palmenblättern Xa'an . . . «

Nach Yaxchilan pilgert man, um für die Genesung eines Kranken zu beten. Über die brennenden Opfergaben werden die Blätter der Schattenpalme (*Chamaedorea graminifolia*; auf Lakandon *bo'oy*) gehalten, um den Rauch einzufangen. Diese geräucherten Blätter werden später nach der Rückkehr in das Dorf dem Kranken gegeben, damit Hachäkyum sieht, wo er heilen soll. In dem Film wird einem Lakandonen in den Mund gelegt: »Sie (die Palmenblätter) heilen unsere Krankheiten.« Die Palmenblätter, die nur von der Schattenpalme und nicht von der *xa'an*-Palme *(Sabal mayarum)* genommen werden können, heilen nicht, sie sind nur ein Zeichen für die Götter, die heilen sollen.

– ». . . Chan K'in sorgt als Priester für seine Gemeinde und betet für sie . . . «

Die Nördliche Gruppe der Lakandonen, auf die sich Film und Text beziehen, sind in ihrer sozialen, religiösen und politischen Struktur anarchisch. Es gibt keinen religiösen Spezialisten, den man als »Priester«[19] klassifizieren kann. Die Lakandonen bezeichnen Priester der katholischen Kirche als *äh k'in*, eine Kategorie, in die sie niemals Chan K'in, den *t'o'ohil*, »den Ältesten/Größten«, des Dorfes einordnen würden. Er ist schon gar kein »Oberpriester«, wie er auch im Film tituliert wird, denn das impliziert eine priesterliche Hierarchie.

Chan K'in sorgt auch nicht für seine Gemeinde (eine »Gemeinde« ist eine *Kirchen*gemeinde!), er betet nur für seine Frauen, seine Kinder und für gutes Maiswachstum oder erfolgreiche Jagd.

– ». . . Frauen haben keinen Zutritt (zum Tempel) . . . «

Mit »Tempel« ist wohl das Götterhaus *(yatoch k'uh)* gemeint. Das Götterhaus ist die zeremoniale Domäne der Männer (im Gegensatz zur Zeremonialküche, die zum Götterhaus gehört, und die das Reich der Frauen ist), keinesfalls aber tabu für die Frauen. Die Lakandonen sagen, die Frauen gehen gewöhnlich nicht in das Götterhaus, weil sie Angst haben, einen Fehler zu begehen. Bei bestimmten Zeremonien, bei denen alle erwachsenen Dorfbewohner festgelegte Aufgaben übernehmen, *müssen* Frauen in das Götterhaus kommen, um dort einen Kakaotrunk zu bereiten.

– ». . . Die Lakandonen benutzen den Kalender der Maya nur noch in der Landwirtschaft . . . «

Die Lakandonen haben absolut kein Wissen über irgendeines der prähistorischen oder rezenten Kalendersysteme Mesoamerikas. *Den* Kalender der Maya gibt es auch nur als ethnohistorisch-archäologische Rekonstruktion. In der Landwirtschaft orientieren sich die Lakandonen an den klimatischen Zyklen und den Blüten von Bäumen und Lianen.

Vorstellungen über die vorspanischen, die ›klassischen‹ Maya werden anscheinend gerne auf die Lakandonen projiziert:

– ». . . die Lakandonen verehren den Kapokbaum . . . «

Der Kapokbaum *(Ceiba pentandra)* wurde und wird von den Maya des nördlichen Tieflandes als Weltenbaum betrachtet und in einer Baumpflanzzeremonie geehrt (vgl. Redfield 1936). Beide Merkmale sind den Lakandonen unbekannt.

– ». . . Bis zu den vierziger Jahren benutzten sie nur Pfeil und Bogen . . . «

Es ist zwar richtig, daß in den 40iger Jahren dieses Jahrhunderts noch relativ oft Pfeil und Bogen zur Jagd benutzt wurde, aber bereits um die Jahrhundertwende bekamen einige Lakandonen Gewehre von Explorateuren und Vorarbeitern der Mahagoni-Kompanie.

In dem Kommentar heißt es, daß Wild »ihre wichtigste Nahrungsquelle« ist. Wild ist wohl eine Nahrungsquelle, aber die Ernährungsgrundlage bildet der Mais, denn die Lakandonen sind in erster Linie Brandrodungsbauern. Wildfleisch ist in der Speisetaxonomie der Lakandonen nur eine Zugabe, die dem »echten Essen«, den Maisfladen, Geschmack verleiht.

– »... Gürteltiere gelten als besondere Delikatesse ...«

Abgesehen davon, daß der Genuß für schwangere oder gerade niedergekommene Frauen und deren Ehemänner tabu ist, werden Gürteltiere zwar als eßbar, aber alles andere als »köstlich« *(ki')* eingestuft. Man sagt, daß das Fleisch des Gürteltieres einen Geruch nach altem Fisch oder Urin hat.

Unsere Kritik richtet sich vor allem gegen den *deutschen* Kommentar, da einige dieser Aussagen nicht mit dem Text des Buches, das die beiden Filmemacherinnen über die Lakandonen veröffentlicht haben, übereinstimmen.[20] Der verantwortliche Redakteur, der die BBC-Reihe Bevor Kolumbus Kam – Indianer In Mexiko für das deutsche Fernsehen bearbeitete, ist zwar einer der wenigen, der sich in Deutschland überhaupt für Auslandsdokumentationen einsetzt, ist aber mit diesem Projekt ganz offensichtlich überfordert gewesen.

Dennoch werden wir das Gefühl nicht los, auch ein richtiger Kommentar könnte den inneren Zusammenhang zwischen diesen schönen, zuweilen eindrucksvollen Aufnahmen nicht herstellen. Laut Medienauftrag dürfen die Bilder nicht bleiben, was sie sind: Impressionen. Sie sollen dem Zuschauer etwas vermitteln, aus den laufenden Bildern soll ein starres, festgefügtes werden. Der Kommentar soll das leisten, was auf dem Fernsehschirm nicht gezeigt wird. Trauten die Filmemacherinnen ihren eigenen Szenen nicht oder wurden sie gezwungen, sie nur noch zur Illustration einer vorher festgelegten ›Aussage‹ zu benutzen? Da die Bilder aber nicht zeigen, was die Theorie besagt, verlieren sie schließlich auch noch die ihnen ursprünglich innewohnende Kraft. Aus schönen Bildern wird ein schlechter Film.

Der semi-dokumentarische Film El Cascabel rundet schließlich das Bild des Lakandonen in den Augen deutscher Fernsehzuschauer vorerst ab. El Cascabel – Die Klapperschlange zeichnet sich durch zwei Besonderheiten aus. Zum einen ist er der bislang einzige mexikanische Beitrag über das Thema [21] und zum anderen ist er der einzige Spielfilm. In der aus vielen Hollywood-Produktionen bekannten Manier eines Filmes über die Entstehung eines Filmes berichtet er vor allem über die Schwierigkeiten des Filmemachers in Mexiko zu Anfang der 70er Jahre, über Probleme mit der Filmzensur der Regierung genauso wie über die Auseinandersetzungen mit der Ehefrau des Regisseurs.

Der Künstler geht jedoch mit den Hauptdarstellern seines Films, den Lakandonen, weit weniger sensibel um als mit seinen eigenen Gefühlen. Was auch immer die ursprüngliche Intention des Films gewesen sein mag, für den Produzenten und Regisseur Acuña sind die Indianer lediglich Staffage. Der Zuschauer sieht, wie er im

Laufe der Dreharbeiten Skrupel gegenüber dem eigentlichen Auftrag bekommt, die Lakandonen als zufriedene Partner der Regierungspolitik zu zeigen. Und er sieht, daß sich Acuña entschließt, stattdessen ihre Sorgen und Nöte darzustellen. Nur worin die eigentlich bestehen, das sieht er nicht. Es sei denn, man will ihre Nöte, sich der haltlosen Neugier des Filmemachers zu erwehren, dazuzählen. Aber auch diese Szenen dienen offensichtlich dazu, die Probleme des Regisseurs mit ›seinen‹ Darstellern zu illustrieren.

Ansonsten erfährt der Zuschauer wenig über die Lakandonen. Zwar tauchen immer wieder die auch äußerlich verschiedenen Angehörigen der Nord- und Südgruppe auf, doch der verwirrte Zuschauer bekommt keine Erklärung für diese sichtbaren Unterschiede. EL CASCABEL differenziert nicht zwischen den Menschen aus Nahá und denen aus Lacanhá, Vertreter zweier eigenständiger kultureller Traditionen. Und ausgerechnet die christlich missionierte Siedlung Lacanhá wird als traditionelles Dorf vorgestellt, obwohl es früher bei Lakandonen gar keine Dörfer im eigentlichen Sinne gab.

Den Höhepunkt solch spekulativer ›Filmkunst‹ stellt jedoch eindeutig Acuñas Versuch dar, die Geburt eines Kindes zu filmen. Ihn kümmert das Tabu der Lakandonen, das jedem Außenstehenden die Beobachtung einer Geburt verbietet, genausowenig wie der magische Sinn der dabei vollzogenen Riten. Jetzt interessiert ihn nur noch die Befriedigung der eigenen voyeuristischen Gelüste, die er auch bei den Zuschauern als selbstverständlich voraussetzt. Geld und Geschenke sollten dem Filmemacher zu seinem Ziel verhelfen. Als diese Bestechungsversuche nichts nützen, will er nur noch seine Sachen packen und sobald wie möglich abreisen. Soll den Film beenden wer will. Allein liegt er in seinem Schlafsack und lauscht den rituellen Gesängen nebenan, als El Cascabel, die Klapperschlange, kommt und dem sowieso schon zu Tode betrübten Regisseur mit sicherem Biß den angemessenen Abgang verschafft.

Nun stellt sich nach der Betrachtung so vieler Filme über die Lakandonen unweigerlich die Frage, ob denn nicht einer darunter war, den wir ohne jedes Wenn und Aber als »gut« bezeichnen könnten. Stand uns doch weder der Sinn danach, mit der spitzen Feder des professionellen Kritikers jeden Versuch zu verreißen, noch gar vom hohen wissenschaftlichen Roß herab auch noch die letzte Silbe als falsch betont zu entlarven. Während die wissenschaftliche Betrachtung anderer, uns fremder Menschen und Lebensweisen bestimmt eine Möglichkeit der Annäherung ist, ist sie dem Film und auch dem Dokumentarfilm einfach nicht adäquat.

Deshalb zielt unsere Kritik auch in eine andere Richtung, auf die Art und Weise der Darstellung der Lakandonen in den behandelten Filmen. Diese Darstellungsweise, wozu auch die Entscheidung, was gezeigt und was fortgelassen wurde, gehört, ist bei allen Produktionen, wenn auch in unterschiedlichem Grad, zweckbestimmt. Die Lakandonen sollen die Vorstellungen der Filmemacher von ›Exotik‹, ›Abenteuer‹ oder den letzten Zeugen einer großen versunkenen Kultur illustrieren. Die Situation der Lakandonen wird nicht gezeigt.

Wie aber sehen die Lakandonen sich selbst auf den zahlreichen, mit ihrem Abbild belichteten Zelluloidstreifen?

ets'tik, »nachahmen«; l. n. r.: Roberto Bruce, Linguist aus Mexiko Stadt, der die Szene inszeniert hat; der New Yorker Photograph David Katzenstein, der für seine Arbeit vom Geo Magazine bezahlt wird; Koh, die mittlere Frau des 98jährigen Chan K'in, der rechts neben ihr steht und zusieht.

Schon um die Jahrhundertwende lernten die Lakandonen Kameras kennen. Als sie das Prinzip des Fotografierens begriffen hatten und dessen Resultate sahen, nannten sie die Kamera *etś*, »Echo/Nachahmer« und das Fotografieren *etś'tik*, »nachahmen«. Das fertige Produkt aber hieß *y-o'ochel*, »sein/ihr Schatten«.[22] Zwischen Fotoapparaten und Filmkameras wird terminologisch nicht weiter unterschieden: nur, daß sich im Film die Schatten bewegen.

Wenn man einen gebrechlichen Menschen nachahmt, also ihm zum »Echo« wird, wird man nach der Auffassung der Lakandonen an dem nachgeahmten Gebrechen leiden, denn man wird von der Seele des Nachgeahmten heimgesucht und mit ihr in einer Reihe gehen. So wird man für das Nachahmen, das Echo, bestraft. Das Gesicht der Seele des verstorbenen Nachahmers wird später mit der Glut von Kisin, dem Herrn des Todes, dafür verbrannt.

Trotzdem haben die Lakandonen keine Angst vor Kameras, Linsen und Objektiven. Sie verkrampfen sich auch nicht vor der Kamera, sondern verhalten sich normal (nach ihrer Norm). Nur bei allzu gestellten Fotos oder Einstellungen stehen sie gelangweilt da; ihre ganze Lebensfreude ist aus den von Lachfältchen durchzogenen Gesichtern gewichen. Einige Lakandonen lassen sich gerne fotografieren oder filmen, andere gehen einfach desinteressiert fort.

Der 98jährige Chan K'in, der schon als Jugendlicher auf einem Foto Alfred Tozzers (1907: pl. IV, fig. 1) erschien, läßt sich zwar immer noch fotografieren und filmen, möchte aber seinen Schatten, ob er sich nun bewegt oder nicht, nie sehen. Es ist ihm zuwider, sich selbst zu betrachten. Er sagt: »Ich bin so häßlich und alt, aber den Schatten meiner Frauen betrachte ich gerne.« Anthropologen und Photographen, die dem Dorfältesten eine Freude machen wollen und ihm ein Bild mitbringen, dürfen ihr unangebrachtes Geschenk wieder mitnehmen. Chan K'in versteht nicht, warum ihn all die fremden Leute filmen oder knipsen wollen. Vor allem versteht er nicht, warum die Fremden immer nur das Götterhaus, den gemeinschaftlichen Tempel, und nie die mit Wellblech und Teerpappe gedeckten Häuser filmen wollen. Früher durften die rituellen Handlungen im Götterhaus noch mit der Kamera »nachgeahmt« werden, aber weil sich die Filmer und Photographen nie richtig nach den rituellen Regeln verhalten haben, gibt Chan K'in heute keine Erlaubnis mehr dafür; oder er erklärt den Filmteams einfach, daß gerade nicht die richtige Zeit für Zeremonien ist.

Viele Lakandonen lassen sich nur noch für Geld oder andere wertvolle Geschenke auf das gierige Zelluloid bannen. Die Schauspieler in EL CASCABEL haben für ihren Auftritt Honorar bekommen und heute kostet ein Foto zwischen einem und fünf Dollar.

Nur wenn der Drehort Yaxchilan, ein Ruinenort aus der klassischen Mayazeit am Rio Usumacinta, ist, kommen die als Statisten oder Schauspieler benötigten Lakandonen gerne mit. Yaxchilan ist in der Kosmologie der Lakandonen das Zentrum der Welt und das Haus von Hachäkyum, »Unseres Wahren Herrn«, des wichtigsten Schöpfergottes (vgl. Ma'ax & Rätsch 1984). Auch heute noch spielt Yaxchilan als heiligstes Götterhaus und wichtigster Wallfahrtsort eine bedeutende Rolle. Die dort verrichteten Gebete und dargebrachten Gaben haben die Kraft, die Götter zu einer gewünschten Handlung zu bewegen. Da eine mehrtätige Fußreise für den alten Chan K'in nicht mehr in Frage kommt, steigt er gerne in das Buschflugzeug des Filmteams um das Haus seines Gottes zu besuchen. Die Götter aber helfen nicht nur, sie bestrafen auch die, die etwas falsch machen. Und wer die richtigen Gebete kennt, kann damit sogar einen anderen Menschen töten.

Der noch junge Produzent und Regisseur Acuña starb kurze Zeit nach den Dreharbeiten bei einem selbstverschuldeten Autounfall in der Nähe von Chiapa de Corzo, einem Ort im Hochland von Chiapas. Was für die Mexikaner ein tragischer Unfall war, war für die Lakandonen kein Zufall. Acuña mußte sterben, weil sein Film EL CASCABEL ein Fehler war. Waren es die Götter, die Acuña bestraft hatten? Oder war es K'in Obregón aus Lacanhá, der unter allen Lakandonen als Zauberer und Mörder berüchtigt ist? Hatte Obregón Acuña mit seinen Sprüchen verhext und in den Tod geschickt?[23]

Anmerkungen

1 Die bekanntesten Gemälde, denen als Vorlage Lakandonen und Eindrücke aus der Selva Lacandona dienten, stammen von dem mexikanischen Künstler Raúl Anguiano (siehe Valdiosera 1981: 130, 146, 155, 158, 160, 179).
2 Zu den wohl frühesten Fotos von Lakandonen gehören die Aufnahmen von Maler 1901 und Tozzer 1907.
3 Die ersten Filmaufnahmen entstanden nach unserer Information 1949 und 1951. Gertrude Duby-Blom und Frans Blom dokumentierten ihre Expeditionen durch die Selva Lacandona. Das Material liegt in Na Bolom/San Cristóbal Las Casas. Über seinen Zustand ist uns nichts bekannt.
4 Kramer 1981 zeigt deutlich, daß das ethnographische Interesse von Anthropologen und Künstlern oft zu einer imaginären Anthropologie gerät.
5 Soweit uns bekannt ist, haben amerikanische, mexikanische, japanische, bundesdeutsche, schweizer, englische, kanadische und dänische Film- und Fernsehteams in der Selva gearbeitet.
6 Das Original enthält übrigens kaum mehr Material über die Lakandonen als die TV-Fassung. Die Bilder aus Nahá, Yaxchilan und der Selva Lancandona hätten vielleicht für ein von ersten Eindrücken geprägtes ca. 10minütiges Porträt der Lakandonen aus Nahá gereicht.
7 »Mutter der Lakandonen« ist einer der zahlreichen Titel, mit denen Gertrude Duby-Blom von einer in griffigen Formeln schreibenden Presse bedacht wurde. Die gebürtige Schweizerin kam 1943 zum erstenmal in die Selva Lacandona. In den 40er und 50er Jahren organisierte sie Hilfsaktionen für die Lakandonen am Rio Jataté und heute steht ihr Haus in San Cristóbal Las Casas für alle Besucher aus den Lakandonen-Siedlungen Nahá, Metzabok und Lacanhá offen. (s. a. Duby-Blom, Höhle + Urchs 1982)
8 Soll wohl heißen »lacandon maya«.
9 Roberto Bruce ist ein Amerikaner, der in Mexico Stadt lebt, und dort als Linguist im Instituto Nacional de Antropologia e Historia angestellt ist. Er fungiert als Mittler zwischen den Lakandonen und den Journalisten, Photographen und Filmemachern, die ihn dafür bezahlen.
10 Aus dem gleichen Wortstamm kommen auch die Worte für »Anführer« und »Zerstörer«.
11 Vgl. dazu Gertrude Duby-Blom: »Die Lakandonen waren vielleicht die einzig freien Menschen, denen ich begegnet bin.« (O-Ton »Xunan«)
12 Sie hätte vielleicht mehr und anderes erzählt, wenn sie anders gefragt worden wäre. Margrit Keller benutzt aber Interviews vor allem dazu, ihrem Gegenüber emotionsgeladene Äußerungen zu entlocken.
13 Gertrude Duby-Blom hat sich in den 40er und 50er Jahren eingehend mit der Feldarbeit der Männer und der Hausarbeit der Frauen beschäftigt. Siehe dazu: Blom, Frans und Gertrude Duby: 1955, S. 79f. und S. 77ff.
14 Vgl. Riese und Heimann: 1977, sowie Houwald 1979
15 Arzt: 1982, S. 28
16 Das Problem der Lokalisierung von Dolores feiert 1982, im Jahr der TV-Ausstrahlung übrigens sein 100jähriges Jubiläum, vgl. Marimon y Tudo 1882 und Tozzer 1913.
17 Eine umfassende Darstellung über das Ende der Lakandonengruppe am Rio Jataté findet sich bei Duby-Blom, Höhle & Urchs 1982: 92ff.
18 Stein, 1979: 61
19 »Die priesterlichen Personen sind *Kultfunktionäre*, die für Dritte eintreten. Als solche sind sie bereits Vertreter eines Spezialistentums in einer sich differenzierenden Gesellschaft.« (Goldammer 1960: 155); Priester haben immer Spezialwissen monopolisiert.
20 Gyles & Sayer (1980) sind sich schon darüber im klaren, daß die Lakandonen kein Wissen mehr über den komplexen Kalender der Maya haben, und daß sich Chan K'in an den Naturphänomenen orientiert (S. 140). Sie schreiben kein Wort von »Priester« oder gar »Oberpriester«; sie geben Chan K'in nur ein »leadership« (ebd.: 137). Allerdings behaupten auch sie, daß die Frauen keinen Zutritt zum Götterhaus haben (ebd.: 166) und: Chan K'in »presides over ceremonies in the god-house on behalf of the whole community« (ebd.: 167). Auch stimmen ihre Deutungen von Yaxchilan nicht.

Die Palmenblätter verstehen sie zwar als Zeichen, aber dafür, daß die Gebete von den Göttern erhört wurden (ebd.: 169–170).

21 Eine im Auftrag der INI entstandene Dokumentation, von der Gertrude Duby-Blom berichtet, lag bei Abfassung dieses Artikels leider nicht vor.
22 Die Maya von Yucatán sagen zum Photographieren: *u ch' à' ik u yóchel*, »den Schatten nehmen«.
23 Manch einer wird das Erklärungsmodell der Lakandonen als eine vorwissenschaftliche, irrationale Theorie verdrängen wollen (vgl. dazu Favret-Saada 1979).

Martin Taureg

»One small word – great big meaning!«
Ian Dunlops Filme über Schwarzaustralier und Melanesier

DESERT PEOPLE und die ersten zehn Teile der Serie PEOPLE OF THE AUSTRALIAN WESTERN DESERT, 1965 gedreht, 1966 fertiggestellt, waren nicht die ersten Filme, die Ian Dunlop machte. Aber wer ihn darüber sprechen hört, merkt schnell, daß alles davor eigentlich nur Fingerübungen waren, Auftragsarbeiten, die Gelegenheit boten, in damals schwer zugängliche Gebiete zu gelangen. Bereits 1957, zwei Jahre nachdem er beim staatlichen australischen Filmdienst, der *Commonwealth Film Unit* (heute *Film Australia*) begonnen hatte, erhielt Dunlop die Chance, seinen ersten eigenen Film über eine Wetterstation in der westaustralischen Wüste zu machen. Dieses Erlebnis gab den Anstoß, aber erst acht Jahre später, mit DESERT PEOPLE, kam die Gelegenheit, die Filme zu realisieren, von denen er 1957 nur träumen konnte.

»Es war das erste Mal, daß ich in der Wüste war, und auch das erste Mal, daß ich australische Aborigines traf, von denen eine ziemlich große Gruppe in der Nähe der Wetterstation lagerte. Das war eine sehr wichtige Erfahrung für mich. Und immer, wenn ich nicht gerade Wetterballons filmte, die hinaufgeschossen wurden, versuchte ich, mit ihnen zu reden, oder wanderte in der Umgebung herum. In der Nähe war eine große Hügelkette, und ich kletterte oft auf einen dieser Hügel, um über die

AUS NARRITJIN AT DJARRAKPI.

ungeheure Weite der Wüste zu schauen, mit Spinifex-Gras und Büschen, und den Feuern der einzelnen umherziehenden Familien. Und ich dachte, wow, da drin liegt ein Film, der phantastisch sein könnte.«

Sind diese Filme also nur der Traum eines Filmemachers, den es in die Wüste und zu fremdartigen Menschen einer ganz anderen Kultur zog, einzuordnen in die Tradition des exotischen Blicks auf andere Kulturen? So einfach ist es mit Sicherheit nicht. Wer DESERT PEOPLE, eine filmische Erzählung vom Tagesablauf zweier nomadisierender Familien in dieser Wüste, 800 km westlich von Alice Springs, sieht, wird sich kaum der klassischen Ästhetik der Bilder (Kamera: Richard Howe Tucker) entziehen können. Dies gilt auch für die mehr am traditionellen ethnographischen Interesse orientierten Einzelfilme, in denen bestimmte Aktivitäten wie Feuermachen, Speere herstellen, Nahrung zubereiten ausführlicher beschrieben werden.[1] Die ästhetische Wirkung steht dennoch nicht für sich allein, die Filme sind getragen von einer für damalige Verhältnisse bemerkenswerten Einfühlsamkeit, von Respekt und Humanität gegenüber den Gefilmten. Wie man ›primitive‹ Technik, Produktion und Reproduktion sehr viel schlechter, vor allem aber inhumaner filmen kann, lehren viele der Filme von deutschen Ethnologen aus dieser Zeit im Archiv des *Instituts für den Wissenschaftlichen Film*. In diesen geht es nur um den jeweiligen Herstellungsprozeß, der Mensch, der ihn ausführt und sein soziales Umfeld, spielen häufig nur eine Nebenrolle.

Ist DESERT PEOPLE also ein Klassiker des ethnographischen Films, ein Beispiel für das, was ein einfühlsamer Filmemacher und ein exzellenter Kameramann auf diesem Gebiet zuwege bringen können? Ein Klassiker sicherlich, und doch erscheint er in mancher Hinsicht heute auch als ein Anachronismus.

Denn 1965 schien doch zumindest in Frankreich, Kanada und den USA jeder vom *cinéma vérité* oder *direct cinema* ergriffen, der sich mit ethnographischen oder anderen sozialen Dokumentarfilmen befaßte, erprobten viele Filmemacher begeistert die vielversprechenden Möglichkeiten, die ihnen die neuen leichten 16 mm-Kameras zusammen mit synchroner Tonaufzeichnung boten (so Rouch, Leacock, Brault, Pennebaker, die Gebrüder Maysles u. a.). Wieso zieht da noch jemand mit schwerer 35 mm-Ausrüstung, aber ohne Geräte für die Aufnahme von Originalton in die Wüste, um einen Dokumentarfilm über die vermutlich letzten isoliert nomadisch lebenden Schwarzaustralier zu machen? Eine der Ursachen ist sicher die Unbeweglichkeit von Institutionen wie der *Commonwealth Film Unit*, die damals noch nicht über die entsprechenden Geräte verfügte. Ein Dokumentarfilm mit Originalton schied also von vornherein aus.[2] Aber Dunlop wollte auf jeden Fall die bestmögliche Bildqualität, um jedes Haar, jede Hautpore getreu wiedergeben zu können:

»Ich entschied mich, in 35 mm und in Schwarzweiß zu drehen, und nicht in Farbe, weil ich so viele Farbfilme gesehen hatte, wo die Farben schrecklich waren. Dies ist vielleicht die letzte Chance, dachte ich, so etwas zu filmen, ich will es zumindest so schön wie möglich machen.«

An der Schönheit dieser Bilder, im klassischen Dokumentarfilmstil aufgenommen, gibt es nichts zu deuten. Doch diese Schönheit bereitet mir mitunter Unbehagen. Irritierend wirkt beispielsweise in einem Film, in dem sich alles am

Aus Narritjin At Djarrakpi.

Boden, in einer tellerflachen Landschaft abspielt, jene Einstellung, in der der Kameramann auf einen der ganz seltenen Bäume geklettert ist, um den Bewegungen eines der Jungen von oben herab zu folgen, so vertraut dieser Wechsel des Standpunktes in unserem Kanon filmischer Perspektiven auch sein mag. Mit Sorgfalt hat Ian Dunlop, den Konventionen im damaligen ethnographischen Film gemäß, alles vermieden, was auf die Anwesenheit des Filmteams, oder überhaupt anderer Menschen hindeuten könnte.

Es ist, als ob die Kamera durch eine gläserne Wand in eine andere, fremde Welt hineinschaut, gleichsam von oben, aus einer neutralen, scheinbar ›objektiven‹ Perspektive. Diese Scheinobjektivität, diese vermeintlich neutrale Haltung läßt sich auch in vielen anderen Filmen aus dieser Zeit wiederfinden. (Am ehesten dürfte Jean Rouch mit der Haltung des distanzierten Beobachters gebrochen haben.) Zum Teil wiegt sie den Respekt, den Dunlop gegenüber Djagamarra, Minma und ihren beiden Familien aufbringt, wieder auf, überschattet die humanistische Einstellung, von der diese Filme getragen sind.

Gefragt, welche Einflüsse damals seine Filmarbeit prägten, erinnert sich Dunlop an Vorlesungen in Anthropologie, die er während seiner Studienzeit hörte, und an John Marshalls Film THE HUNTERS (USA 1956). Beides vermittelte ihm die Überzeugung von der prinzipiellen Gleichheit aller Menschen, jedoch kaum detaillierte praktische Leitlinien. Zudem war dieses Filmprojekt kaum im voraus zu planen, da noch nicht einmal sicher war, ob es gelingen würde, in einem Gebiet von annähernd der Größe Italiens eine der wenigen noch nomadisierenden Aborigine-Familien zu treffen. So war sein einziger Vorsatz beim Drehen dieser Filme, eine möglichst detaillierte Studie zu machen. Das hieß, den Aktivitäten von Djagamarra und seiner Familie während einiger Tage möglichst unaufdringlich und reaktionsschnell zu folgen. Auch bei Minma und seiner Familie, die zuvor bereits kurze Zeit auf einer Missionsstation am Rand der Wüste gelebt hatten, galt es, die einzelnen Phasen einer vorher grob abgesprochenen Wanderung dann flexibel und möglichst genau zu erfassen. Was Dunlop und sein Kameramann unter diesen schwierigen Bedingungen, beraten durch den Anthropologen Robert Tonkinson, geleistet haben, ist auch heute noch bewundernswert.[3]

Aber noch aus einem anderen Grund bereitet die Schönheit dieser Filme heute Unbehagen. Denn wie bei fast allen Filmen, die sozusagen in letzter Minute traditionelles Leben fürs Filmarchiv, oder ›für die Forschung‹ konservieren wollen, und nichts weiter, fallen dabei allzuleicht die Gründe unter den Tisch, die überhaupt zu derartigen – an sich lobenswerten – Unterfangen geführt haben. Daß Mitte der sechziger Jahre die australischen Patrouillen versuchten, alle jene noch in der Wüste lebenden Familien zu den Siedlungen und Missionsstationen am Rand zu bringen, diese ›zivilisatorische‹ Politik wird erst heute in Australien kritisch hinterfragt. Die Resultate waren auch erschreckend genug: Auch für die, die Grippe, Tbc und andere Infektionen überstanden, war der Wechsel von einem durch die Sorge für das tägliche Überleben geprägten Lebensrhythmus zur totalen Passivität, abhängig von Essenszuteilungen und anderen Formen staatlich verwalteter ›Wohlfahrt‹, kaum zu verkraften. Kulturschock, Identitätsverlust, vor diesem Hintergrund entfalten Ian Dunlops frühe Filme ihre Widersprüchlichkeit. Zu seiner Ehrenrettung sei gesagt, daß ihm die ethischen Implikationen des Filmemachens in solchem Kontext seither längst bewußt geworden sind.

In einer Replik auf Rouchs Kritik an den 1969 entstandenen Filmen über die Initiationszeremonien der Baruya wies er 1974 dessen Unterstellung zurück, sie seien dort in einer äußerst diffizilen Situation als Eindringlinge gekommen, und schreibt, daß er angesichts dessen Rouchs Lob für die DESERT PEOPLE-Serie nicht verstehe: »Über eine einzelne, verletzbare, isolierte nomadische Familie mit zwei Landrovern und einer Tonne Ausrüstung herzufallen, wird einen monumentalen kulturellen Bruch verursachen, wie feinfühlig auch immer man dies versuchen mag. Mich verfolgen immer noch Sorgen und Zweifel, ob ich irgend ein Recht hatte, damals so zu handeln.« Die Baruya hatten zu dem Zeitpunkt, an dem sie ihre Zustimmung gaben, immerhin bereits fast drei Jahre Erfahrung mit dem französischen Anthropologen Maurice Godelier, sowie den Besuch eines anderen Filmteams hinter sich.[4] Sie waren also wesentlich eher in der Lage, abzuschätzen, was ein solches Vorhaben für sie bedeuten konnte, als die isolierten Bewohner Westaustraliens.

In der Beziehung zwischen Filmemacher und Gefilmten hat sich in letzter Zeit einiges geändert, zum einen als Folge der intensiv geführten Diskussion über die Verantwortung von Sozialwissenschaftlern insbesondere in der ›Dritten Welt‹. Aber auch die Forderungen nach angemessener Beteiligung bzw. nach eigenem Zugang zu audiovisuellen Medien, wie sie von seiten der Schwarzaustralier seit Ende der siebziger Jahre erhoben wurden[5], haben dazu beigetragen. In Dunlops späteren Filmen sind diese Einflüsse deutlich spürbar. Erst mit einer gewandelten Art des Filmemachens kommt auch sein humanes Engagement voll zum Tragen, so in einer ganzen Reihe von Filmen, die alle im Umkreis von Yirrkala (Arnhemland, Nordaustralien) entstanden sind.

Das sperrige Zwischenstück, den Übergang zwischen diesen Perioden bildet der 7½-Stunden-Zyklus TOWARDS BARUYA MANHOOD, 1969 aufgrund einer Bitte Maurice Godeliers entstanden, als die Baruya sich anschickten, die in etwa zweijährigem Turnus stattfindenden sich über mehrere Wochen erstreckenden Initiationszeremonien wieder durchzuführen. Auch hier beeindruckt zunächst die filmische Leistung, denn im Getümmel der z. T. von der Morgendämmerung bis in die Nacht während einzelnen Kulthandlungen war das Filmteam (Kamera: Bruce Hillyard) wesentlich auf seine Intuition angewiesen. Godelier hatte die Initiation selbst noch nicht miterlebt, konnte ihnen somit aufgrund seiner Befragungen nur ziemlich allgemeine Informationen liefern. Die vier Filme, die ich aus diesem Zyklus bisher sah, machten Appetit auf mehr. Aber sie verweisen den außenstehenden Zuschauer auch deutlich auf die Grenzen seiner Aufnahmefähigkeit angesichts eines Dokuments von so epischer Breite und Informationsfülle.

Mit diesen Filmen setzt ein thematischer Wechsel in Dunlops Filmen ein, von der ›einfachen‹ Technologie der Jäger und Sammler hin zu den zumindest filmisch ungleich schwieriger zu bewältigenden Themen Initiation, Weltbild, spiritueller Beziehung zum Land und ihrem rituellen und symbolischen Ausdruck. Dies entsprang nicht so sehr Dunlops eigenen Intentionen, als vielmehr den Aufforderungen, ausgesprochen zunächst von Godelier, bei den folgenden Filmen dann von einzelnen Mitgliedern der Yolngu aus der Gegend von Yirrkala im nordöstlichen Arnhemland, mit denen Dunlop seit 1970 zusammenarbeitet.

Die relative Abgeschiedenheit von Arnhemland wurde seit Beginn der siebziger Jahre empfindlich gestört durch den Abbau von Bauxit im Tagebau und die Errichtung einer Aluminiumfabrik, betrieben durch den Nabalco-Konzern, und die Folgeerscheinung wie Siedlungs- und Hotelbau. Auf die politischen und wirtschaftlichen Konsequenzen, die dies für die Aborigines von Arnhemland hatte – immerhin wurden die traditionellen, nie schriftlich fixierten Landrechte der Schwarzaustralier erst vor kurzem überhaupt vom australischen Staat anerkannt – will ich hier nicht weiter eingehen. Gewisse Tantiemen wurden zwar an die Gemeinschaften, die sich seither mehr und mehr von der ehemaligen Missionsstation Yirrkala wieder zurück auf das angestammte Land ihrer *clans* begeben haben, gezahlt. Ob sie angemessen sind, ist eine andere Frage. Möglicherweise aufgrund des schlechten Gewissens der Verantwortlichen erhielt *Film Australia* den Auftrag, den durch die Industrialisierung eingeleiteten kulturellen Wandel zu dokumentieren.

An Dunlops Filmen fasziniert zunächst die Selbstverständlichkeit des Umgangs mit moderner Technik, die durch diese Gelder zugänglich wurde. In MADARRPA FUNERAL AT GURKA'WUY z. B. wird die Nachricht vom plötzlichen Tod eines Kleinkindes in der traditionellen Form eines rituellen Gesanges an eine andere Verwandtschaftsgruppe weitergegeben – mit dem Sprechfunkgerät. Landrover und Motorboote sind mit den Clannamen und Totems ihrer Besitzer bemalt. Die Yolngu von heute und ihre Nachbarn scheinen im Gegensatz zu vielen anderen durchaus in der Lage zu sein, aus der als zerstörerisch apostrophierten technischen Zivilisation des Westens das für sie Nützliche herauszusuchen. Ob sich das langfristig bewahrheitet, wage ich nicht zu sagen. Die Filme jedenfalls zeichnen das Bild einer nach wie vor sehr lebendigen und reichen Kultur, in der durch das rituelle Leben anscheinend ein starker sozialer Zusammenhang hergestellt und damit Integration gegen die Außenwelt bewirkt wird, wobei westliche Kommunikations- und Verkehrstechnik im Verein mit traditioneller Musik, Tanz und Rindenmalerei eingesetzt wird. Dies frappiert umso mehr, wenn man zum Vergleich die in anderen Filmen dargestellte Situation der Aborigines in Queensland, dem Touristentreff Alice Springs oder den Städten des Südostens heranzieht.[6] Die Komplexität der sozialen Beziehungen in Arnhemland kann auch der unvorbereitete Zuschauer an Dunlops Filmen ablesen, indem er erfährt, wie die einzelnen Clangruppen jeweils bestimmte, genau definierte Aufgaben (wie z. B. das Bemalen des Sarges mit traditionellen Mustern oder das Anstimmen eines Klagegesanges) übernehmen.

Ein anderer Aspekt des religiösen Lebens, ehedem charakteristisch für alle schwarzen Australier, wird vor allem in dem filmischen Portrait Narritjin Maymurus nachvollziehbar: die spirituelle Beziehung zum Land. Narritjin ist nicht nur ein Künstler in der Malerei auf Rinde in traditioneller Art, er ist auch eine beeindruckende Persönlichkeit. Dies kommt sowohl in der universitären Szene Canberras zum Ausdruck, wo er als Abschluß eines Gastaufenthaltes eine Ausstellung seiner Bilder eröffnet und mit seinen Erklärungen zur symbolischen Bedeutung dieser Bilder auch für mehr Verständnis zwischen den gegensätzlichen Kulturen wirbt, mehr noch aber in den Filmen NARRITJIN AT DJARRAKPI und MY COUNTRY, DJARRAKPI.

Unvergeßlich blieb mir vor allem jene Einstellung, in der er Ian Dunlop das Land seines Manggalili-Clans um Djarrakpi zeigt, wo er sich mit seiner Familie niedergelassen hatte. Mit seinen Erklärungen ersteht vor den Augen des aufmerksamen Zuschauers und -hörers gleichsam eine Landkarte in mehreren Schichten. Die äußerliche, topographische Erscheinung der Landschaft steht darin gleichberechtigt neben der sakralen Bedeutung von Hügeln, Dünen und See, verknüpft in der mythischen Erinnerung an die Vorfahren der Manggalili und ihre Wanderungen – soweit sich dies in unseren Begriffen überhaupt fassen läßt.

Im Vergleich zur DESERT PEOPLE-Serie fallen noch zwei andere Dinge wohltuend auf: Die frühere, neutral-distanzierte Perspektive ist einer eher reflexiven Haltung gewichen, wenn auch nicht so betont wie z. B. in den TURKANA-Filmen David MacDougalls. Die Anwesenheit der Filmer wird nicht mehr vertuscht, sie werden angesprochen, einbezogen. Das zeugt zum einen vom Selbstbewußtsein der Yolngu, zum anderen von der Bedeutung, die sie dem Filmen beimessen, als für sie künftig ebenfalls wichtigem Dokument. Schließlich werden auch die politischen Rahmenbedingungen nicht ausgeklammert, obzwar sie nicht Thema der bisher vorliegenden Filme sind.[7]

Andererseits ist Dunlop mit seiner Arbeit seit 1969 an Grenzen vorgestoßen, die wohl kaum ein Film überwinden kann, der sich an so gegensätzliche Zielgruppen

Rindenmalerei von Narritjin Maymuru.

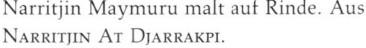

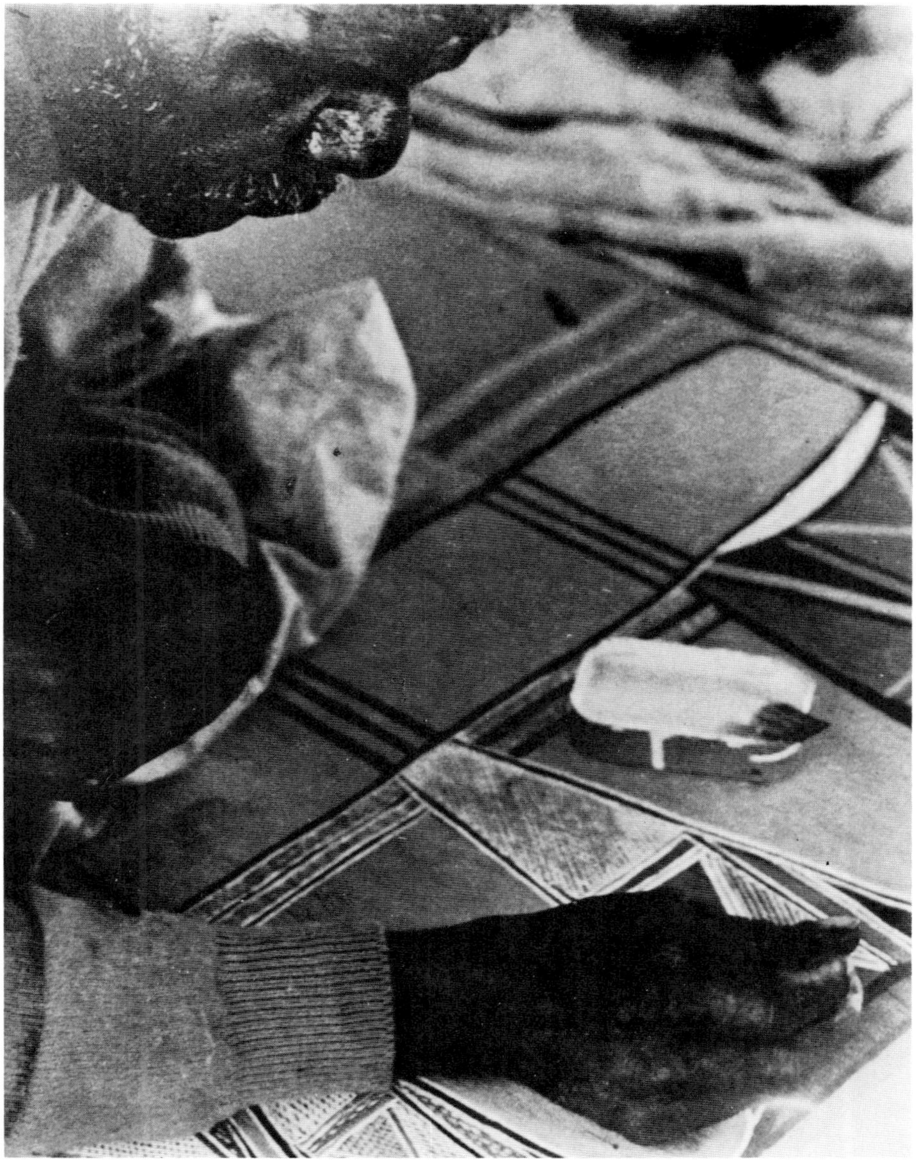

Narritjin Maymuru malt auf Rinde. Aus NARRITJIN AT DJARRAKPI.

wendet. Zwar wendet er sich nicht an das allgemeine Publikum, sondern an in der Regel schon interessierte bzw. vorgebildete Gruppen (in erster Linie Studenten), mit dem Ziel, z. B. der abstrakten Verwandtschaftsethnologie eine anschaulichere Dimension zu verleihen.[8] Andererseits sieht er sich auch bei den Subjekten seiner Filme, die ihn ja – wie die Yolngu bei MADARRPA FUNERAL und IN MEMORY OF MAWALAN aus ganz bestimmten Interessen heraus eingeladen haben, in der Pflicht. Sie wollen für künftige Generationen möglichst umfassende und detaillierte Dokumente haben, die audiovisuellen Medien also als neue Form bei der Weitergabe esoterischen Wissens nutzen. Auch diejenigen Baruya, die bisher den Baruya-Zyklus sahen, monierten, wie mir Dunlop erzählte, bisher nur eines: es hätte noch ausführlicher sein können. Mir erscheint dieses Dilemma nur lösbar, indem aus dem aufgenommenen Material unterschiedliche Filme hergestellt werden, eine Möglichkeit, die Dunlop für nicht realisierbar hält.

Das Problem, das dem zugrunde liegt, macht der Ethnologie zu schaffen, seitdem sie als Wissenschaft über sich selbst reflektiert: Ist es überhaupt möglich, fremde Kulturen und insbesondere andere Denkformen und Rationalitäten zu verstehen? An welche Grenzen stoßen Übersetzungsversuche? Auf Filme von Ritualen wie den hier besprochenen angewandt: Was sagt mir als höchstens mäßig mit der Kultur der Aborigines vertrautem Zuschauer beispielsweise die noch so getreue Übersetzung einer zigmal wiederholten Strophe aus einem rituellen Gesang, in der von Eidechsenmenschen oder anderen mythischen Wesen die Rede ist? Der Rest an Fremdheit, an Unverständlichkeit wird bei solchen Themen wohl immer unvermeidbar groß bleiben. Einer der Yolngu, von Dunlop um die Übersetzung und Erklärung einer Liedzeile gebeten, antwortete mit verzweifeltem Augenaufschlag: »One small word – great big meaning!« (Ein einziges kleines Wort – große weitreichende Bedeutung.) Oder, wie Narritjin bei der Erklärung seiner Bilder in Canberra sagt: Diese Bilder haben eine einfache Bedeutung – dies hier ist der See in Djarrakpi, dort ist ein Sandhügel, usw. – aber sie haben auch eine geheime, tiefere Bedeutung, die nicht öffentlich enthüllt werden darf, sich nur dem Eingeweihten erschließt.

Genauso verhält es sich mit den Film-Bildern, die Ian Dunlop uns entwirft, auch in ihnen gibt es mehrere Ebenen der Bedeutung, die nicht alle zugänglich sind. Wir als nichteingeweihte, westliche Zuschauer, wenn auch vielleicht ethnologisch vorgebildet, müssen uns damit abfinden, an der Oberfläche der aus diesen Filmen sprechenden symbolischen Sprache zu bleiben. Die scheinbare Redundanz, die manchmal endlos währenden Wiederholungen – Ian Dunlop ist, wie er selbst eingesteht, ein Freund langer Filme – sie vermitteln auf dieser ersten Ebene immerhin noch eines, ein Gefühl für die zeitliche Dimension, den lang ausholenden Rhythmus der Zeremonien. Und sie vermitteln trotz aller Fremdheit, die bleibt, doch auch etwas von der Ernsthaftigkeit, der Humanität, der Persönlichkeit ihrer Protagonisten. Eine flotte 30-Minuten-Reportage, im Fernsehstil geschnitten, mag sich leichter ansehen, aber sie hinterläßt bestenfalls ein Zerrbild. Für Ian Dunlop ist das Filmemachen, vor allem die Arbeit im Schneideraum, ein ständiger Balanceakt zwischen diesen einander widerstreitenden Ansprüchen des Vermittlers zwischen den Kulturen und des peniblen Chronisten von esoterischem Wissen. Wahrlich keine einfache Aufgabe.

Anmerkungen:

1 Finanziert wurde das ganze Vorhaben zu einem großen Teil durch das *Australian Institute of Aboriginal Studies* (Canberra); dies mag auch einen gewissen Einfluß auf den thematischen Zuschnitt der Filme gehabt haben.

2 Eine Nachvertonung mit Musik wäre Dunlop »absurd« vorgekommen. So gibt es nur einen sparsamen Kommentar, der den Bildern nichts von ihrer Wirkung nimmt.
3 Dies gilt auch für die zwei Jahre später gedrehten Teile 11–19 der Serie PEOPLE OF THE AUSTRALIAN WESTERN DESERT, die mit einer dritten Familie entstanden.
4 Allison und Marek Jablonko, TO FIND THE BARUYA STORY und HER NAME CAME ON ARROWS (USA 1983).
5 Vgl. »Ethnographic Film Conference«, in *Visual Anthropology Bulletin,* 1, 1979: 7–9; Martin Taureg, »Demokratisierung der Medien in Australien«, in *Vierte Welt Aktuell,* 12 (Der Fall Herzog), Göttingen 1979: 94–95.
6 Z. B. PROTECTED von Cavadini/Strachan (1977), MY SURVIVAL AS AN ABORIGINAL von Essie Coffey (1979), LOUSY LITTLE SIXPENCE von A. Morgan/J. Bostock (1983).
7 Weitere Filme zu den eingeleiteten Wandlungsprozessen sind noch in Arbeit.
8 Teile aus dem Baruya-Material wurden, vergleichbar der Netsilik-Serie von Asen Balikci, im Rahmen einer Grundschul-Unterrichtseinheit verwendet.

Kommentierte Filmographie

Vorbemerkung: Die Filmographie enthält annähernd jene Filme, die im Münchner Filmmuseum in der Reihe »Die Fremden sehen. Ethnologie und Film« von Januar bis April 1984 zu sehen waren. Annähernd, weil bei Fertigstellung der Filmographie das Programm für März und April noch vorläufig war und sich, wie die Erfahrung bis dahin lehrte, leicht Änderungen ergeben mochten. Darüber hinaus sind eine Reihe von Filmen aufgenommen werden, die in den im Buch abgedruckten Aufsätzen eine Rolle spielen oder ausführlicher erwähnt werden, doch konnte auch hier keine Vollständigkeit angestrebt werden.

Daten für ethnographische Filme aufzuspüren ist ein Abenteuer für sich. Abgesehen von den in der Regel spärlichen Angaben, sind die Quellen häufig ungenau oder schlicht falsch, etwa was die Entstehungszeit der Filme betrifft. Da Entstehungs- und Erstaufführungsdaten bei ethnographischen Filmen häufig Jahre, wenn nicht sogar Jahrzehnte auseinanderliegen, haben wir uns bemüht, diese Daten nach Möglichkeit eigens anzuführen. Sie sind im folgenden durch einen Querstrich getrennt. (Beispiel: USA 1936–38/1951), wobei die Produktionsdaten zuerst genannt werden.

Die Reihenfolge der Filme ist alphabetisch, auch bei den Einzeltiteln innerhalb von Reihen. Dabei sind die Artikel unberücksichtigt geblieben. Die Filme sind, wenn nicht anders angegeben, schwarzweiß.

Abkürzungsschlüssel:
L: Länge Stf: Stummfilm Tf: Tonfilm P: Produktion, Produzent R: Regie Real: Realisation (d. h. genauere Angaben waren nicht zu ermitteln, doch ist in diesem Fall der Filmemacher meist Regisseur und Kameramann in einer Person) B: Buch Komm: Kommentar Ph: Photographische Leitung F: Farbe M: Musik Ld: Lieder S: Schnitt T: Ton Ass: Assistenz Ethn: Ethnologische Beratung D: Darsteller bzw. Mitwirkende

Auf die jeweilige Angabe des Verleihs wurde verzichtet, da zahlreiche Filme mehrere Verleiher haben, bzw. die Verleiher wechseln. Stattdessen haben wir eine Liste wichtiger Verleiher und Verleihstellen mit Adressen zusammengestellt, bei denen Kataloge der verfügbaren Filme angefordert werden können.

Zu den wöchentlichen Programmen der Filmreihe im Münchner Filmmuseum wurden von den Herausgebern dieses Buches regelmäßig Informationsblätter erarbeitet, die insbesondere auch Angaben zur Ethnographie der gefilmten Völker geben und wichtige Literatur anführen. Nach Abschluß der Reihe werden die Informationsblätter zusammengefaßt und als Publikation des Filmmuseums im Münchner Stadtmuseum erscheinen.

Araucanos De Ruca Choroy
Argentinien 1970–72/1972. L: 48 min.
P R Ph S: Jorge Prelorán (F, 16 mm). Beratung: Martha Bourrat de Brun. Koordination: Augusto Raúl Cortázar.
Inhalt: *Don Damacio Caitruz, ein Mapuche, erzählt die Geschichte seines Volkes anhand seiner eigenen Lebensgeschichte.*
Dieses Porträt eines Individuums ist zugleich das Porträt einer indigenen Gesellschaft. Die Mapuche (mapu ›Land‹, che ›Mensch‹) haben in der Gegenwart eine Kultur, die aus indigenen und spanisch-europäischen Elementen entstanden ist. Doch fühlt man sich, wenn man Don Damacio zusieht und zuhört, an die legendäre Unbesiegbarkeit der Araukaner (von denen die Mapuche eine Gruppe sind) erinnert.

An Argument About Marriage
siehe The San.

Arrows
siehe The Yanomamo.

At Patantja Clay Pan
siehe People Of The Australian Western Desert Parts 11–19.

At The Autumn River Camp Parts 1–2
siehe Netsilik Eskimo.

At The Caribou Crossing Place Parts 1–2
siehe Netsilik Eskimo.

At The Spring Sea Ice Camp Parts 1–3
siehe Netsilik Eskimo.

At The Winter Sea Ice Camp Parts 1–4
siehe Netsilik Eskimo.

Au Pays Dogon
Frankreich 1936–38/1938. L: 15 min.
P: Sirius R Ph: Marcel Griaule (35 mm).
Inhalt: *Aspekte des Alltagsleben, der Technologie und der Religion der Dogon.*
Sehr gute Photographie. Der Film wurde in Stummfilmgeschwindigkeit (16 Bilder/sek) gedreht, dann dummerweise beschleunigt, als eine Musikbegleitung hinzugefügt wurde, die noch dazu rein exotisch, d. h. kaum zu ertragen ist.

The Ax Fight
siehe The Yanomamo.

Babatou Ou Les Trois Conseils
Frankreich 1976. L: 90 min.
P: Centre National de la Recherche Scientifique – Comité du Film Ethnographique (Paris) R: Jean Rouch, Boubou Hama Ph: Jean Rouch (F, 16 mm)
D: Damouré Zika, Lam Ibrahim Dia.
Inhalt: *Der Film erzählt die Geschichte des Eroberers Babatou, der die Songhai im Land Gurunsi angreift, verbunden mit der ›Geschichte von den drei Ratschlägen‹, die aus dem Umkreis der Erzählungen aus 1001 Nacht stammt und die Moralität der Kämpfer reflektiert.*
Ein Kostümfilm, ein neuer Ansatz für Rouch. Doch Rouch rekonstruiert keine historische Vergangenheit. Die Akteure nehmen den Faden der nichtvergessenen Ereignisse auf und spielen ›Geschichte‹ in der Gegenwart. Rouch sieht den Film in der Tradition von Godards Les Carabiniers – gegen den Mythos des Krieges, auch in Afrika.

Baobab Play
siehe The San.

Basket-Making, Coorong
Australien 1937. Stf. L: 14 min.
P: Board for Anthropological Research, University of Adelaide R Ph: Norman Tindale (16 mm).
Inhalt: *Milerum, ein 66jähriger vom Stamm der Tanganekald (Distrikt Coorong, Südaustralien) fertigt verschiedene Objekte an: Körbe, Matten, Netze.*
Ein ausgezeichnet realisierter Film zur Technologie und als Dokument von großem Wert.

Bataille Sur Le Grand Fleuve
Frankreich 1951–52. L: 25 min.
P: Institut Français d'Afrique Noire – Centre National du Cinéma (Paris) R Ph: Jean Rouch (F, 16 mm) T: Koroma Ass: Roger Rosfelder.
Inhalt: *Die Sorko (Bozo)-Fischer im Nigerbinnendelta (Mali) jagen Flußpferde mit Harpunen. Der Kamera entgeht, wie ein mächtiger Flußpferdbulle die ›grande pirogue‹ – ein hochwandiges, zusammengenähtes Boot – zerstört. So haben die Fischer zwar einige Flußpferde getötet, aber, so sagt der Kommentar, »die Schlacht auf dem großen Fluß verloren.«*
Die Flußpferdjagd auf dem Niger ist auch Thema der Filme Au Pays Des Mages Noirs (1946/1947), Rouchs erstem Film überhaupt, der in Zusammenarbeit mit Jean Sauvy und Pierre Ponty entstand, und La Chasse À L'Hippopotame (1950).

Bathing Babies In Three Cultures
siehe Character Formation In Different Cultures.

Bitter Melons
siehe The San.

Bride Service
siehe The Yanomamo.

Building A Kayak Parts 1–2
siehe Netsilik Eskimo.

Camels And The Pitjantjara
Australien 1969/71. L: 57 min.
P: Australian Institute of Aboriginal Studies R Ph: Roger Sandall (F, 16 mm) Ethn: Nicolas Peterson.
Inhalt: *Die Pitjantjara in der zentralaustralischen Wüste sind seit den 40er Jahren relativ seßhaft. Sie verdienen Geld, indem sie Wildkamele einfangen und einbrechen, sie verwenden sie aber auch selbst als Reit- und Packtiere und haben sich dadurch eine gewisse Mobilität und Unabhängigkeit bewahrt. Neben den Kamelfangszenen stehen solche des zeitgenössischen Lebens am Rande der Missionsstationen.*
Der Film ist voller bemerkenswert schöner und aussagestarker Szenen, wobei die Arbeit der Kamera durch eine ausgezeichnete Tonspur unterstützt wird. Ein adäquater, unaufdringlicher Kommentar rundet das Werk ab.

Celso And Cora
Australien/Philippinen/Japan 1983. L: 109 min.
P: Gary Kildea, unter Beteiligung von Australian Film Commission/Institute of Philippine Culture, Ateneo University (Manila)/N-AV Productions (Tokyo) R Ph S: Gary Kildea (F, 16 mm) Lichtton.
Mitarbeit vor Ort: Rowena Katalingkasan (T, Übersetzung).
Inhalt: *Film über ein junges Paar, das mit seinen zwei Kindern in Manila lebt und seinen Lebensunterhalt durch den Verkauf von Zigaretten vor einem Hotel verdient.*
Gary Kildea folgt Celsos und Coras Leben über einen Zeitraum von drei Monaten. Er setzt ihre Geschichte aus Detailbeobachtungen zusammen, wobei es ihm ohne Kommentar gelingt, eine filmische Struktur aufzubauen, die der einen dramatischen Erzählung entspricht. Der Film verzichtet auf die übliche Art der Montage. Stattdessen nutzt er die Technik der langen

Einstellungen, um seine ganz eigenen ›Zeit-Stücke‹ artikulieren zu können, die er durch Graufilm voneinander absetzt. Wie im fiktionalen Film, kommt dem gesprochenen Wort eine große Bedeutung zu. Dabei verläßt sich der Film gleichermaßen auf Gespräche vor der und für die Kamera wie auf beobachtete Diskussionen zwischen den Hauptpersonen, den Angehörigen ihrer Familien und Menschen, mit denen sie täglich zu tun haben. Die Sprache ist Tagalog – mit englischen Untertiteln.

CEREMONIAL HOUSE
siehe TOWARDS BARUYA MANHOOD.

CEREMONIES AT ERNABELLA 1933
Australien 1933. Stf. L: 27 min (4 Teile à 10, 10, 3 und 4 min).
P: Board for Anthropological Research, University of Adelaide R Ph: Norman Tindale, H. K. Fry (16 mm).
Inhalt: *Zeremonien der Tankundjadjara und der Pitjantjara in der australischen Westwüste.*
Ein exzellentes Dokument, sehr gut gefilmt. Zahlreiche Großaufnahmen.

THE CEREMONIES BEGIN
siehe TOWARDS BARUYA MANHOOD.

THE CEREMONIES CONTINUE
siehe TOWARDS BARUYA MANHOOD.

THE CEREMONIES END
siehe TOWARDS BARUYA MANHOOD.

CHANG
USA 1926/1927. L: 1992 m.
P: Paramount Famous Lasky Corporation (Merian Cooper, Ernest B. Schoedsack) R: Merian C. Cooper, Ernest B. Schoedsack Titel: Achmed Abdullah Ph: Ernest B. Schoedsack (35 mm).
D: Kru *(Der Farmer im Urwald)*, Chantui *(seine Frau)*, Nah *(ihr kleiner Sohn)*, Ladah *(ihre kleine Tochter)*, der Affe Bimbo.
Inhalt: *Am Rande des Urwalds in Thailand lebt Kru mit seiner Familie. Die Arbeit ist schwer, da der Reis von den zahlreichen Wildtieren, die aus dem Dschungel kommen, bedroht ist. Hinzu kommen Raubkatzen wie Leoparden und Tiger, die die Haustiere anfallen. Krus Wasserbüffel fällt einem Tiger zum Opfer, und Kru versammelt einige Nachbarn, um den Tiger zu jagen. Die Jagd ist erfolgreich. Doch schon naht die nächste Gefahr: eine Herde von Elefanten (Thai: chang) nimmt ihren Weg durch das kultivierte Land, zerstört Krus Haus und das Dorf. Wiederum organisiert Kru eine Jagd, diesmal gilt es die Elefanten unschädlich zu machen. Die Tiere werden in einen Korral getrieben, dessen aus Baumstämmen errichteten Zaun sie nicht durchbrechen können. Langsam werden sie an Menschen gewöhnt und zur Verrichtung schwerer Arbeiten angeleitet. Kru ist zufrieden und kehrt zurück, um sein Haus wiederaufzubauen und die Feldarbeit wiederaufzunehmen. Doch er weiß – im Urwald warten neue Gefahren.*
Was in GRASS noch reine Beobachtung war, ist hier »in die Wege geleitet«. Die Sensation steht im Vordergrund, weshalb auch die wilden Tiere die eigentlichen Hauptdarsteller dieses Films sind. Coopers und Schoedsacks nächste Produktion (THE FOUR FEATHERS) ist dann bereits ein richtiger Spielfilm, z. T. gedreht on location im anglo-ägyptischen Sudan.

CHARACTER FORMATION IN DIFFERENT CULTURES
Sammeltitel, unter dem 1951 folgende drei kurze Filme zur Aufführung kamen:
1. BATHING BABIES IN THREE CULTURES
L: 10 min
Inhalt: *Drei Sequenzen, die das Mutter-Kind-Verhältnis in drei Kulturen zeigen: bei den Iatmul (Sepik-Gebiet) auf Neu-Guinea, in den USA und auf Bali.*
2. CHILDHOOD RIVALRY IN BALI AND NEW GUINEA L: 15 min
Inhalt: *Kindliche Rivalitäten und Eifersüchteleien zwischen Brüdern und Schwestern – gefilmt auf Bali und bei den Iatmul.*
3. FIRST DAYS IN THE LIFE OF A NEW GUINEA BABY L: 14 min
Inhalt: *Die ersten Lebenstage eines Iatmul-Kindes.*
USA 1936–38/1951.
P: Gregory Bateson, Margaret Mead Komm: M. Mead Ph: G. Bateson (16 mm).
Die wissenschaftliche Bedeutung der Filme ist ihr empfehlenswertester Zug. Die Bilder sollen die im Kommentar wortreich zum Ausdruck gebrachten Thesen Margaret Meads über die ›Verkörperlichung‹ kultureller Gewohnheiten im Verhalten der Menschen beweisen. Dieses theoretische Anliegen bestimmte das Arrangement der Szenen bei der Montage. So gelingen interessante Sequenzen, doch können die Bilder häufig nicht einlösen, was der Kommentar behauptet. Gesamteindruck: research footage.

LA CHASSE AU LION À L'ARC
Frankreich 1958–65/1965. L: 88 bzw. 75 min.
P: Les Films de la Pléiade – Centre National de la Recherche Scientifique (Paris) R Komm Ph: Jean Rouch in Zusammenarbeit mit Damouré Zika, Ibrahim Dia, Tallou Mouzourane (F, 35 mm/16 mm) S: Josée Matarasse, Dov Hoenig T: Idrissa Maiga, Moussa Alidou.
D: Tahirou Koro, Wangari Moussa, Belebia Hamadou, Ausseini Dembo, Sidiko Koro, Ali der Lehrling *(die Jäger)*.
Inhalt: *Im Grenzgebiet zwischen Niger und Mali leben Peul-Hirten mit ihren Herden. Löwen reißen einige gesunde Tiere, weshalb die Hirten sich an die Gow-Jäger wenden. Szenen der Pfeilherstellung. Das Pfeilgift muß von weither besorgt werden. Die Fallen werden ausgelegt, kleinere Raubtiere und auch einige Löwen können getötet werden, aber ›Der Amerikaner‹ kann entkommen. Rituelle Domestikation eines getöteten Löwen.*
Einer der wichtigsten von Rouchs Versuchen, ein »partizipatorisches Kino« zu schaffen und damit auch eine »geteilte Anthropologie«. Zugleich die Dokumentation einer zum Verschwinden verurteilten Praxis. Der Kommentar ist bewußt subjektiv und poetisch – er ist an jene Kinder gerichtet, die selbst keine Jäger mehr sein werden.

CHILDHOOD RIVALRY IN BALI AND NEW GUINEA   siehe CHARACTER FORMATION IN DIFFERENT CULTURES.

CHILDREN THROW TOY ASSEGAIS
siehe THE SAN.

CHRONIQUE D'UN ÉTÉ
Frankreich 1960/1961. L: 90 min.
P: Argos Films (Paris) R: Jean Rouch, Edgar Morin Ph: Roger Morillière, Raoul Coutard, Jean-Jacques Tarbes, Michel Brault (16 mm) S: Jean Ravel, Nena Baratier, Françoise Colin Ass: Claude Beausoleil, Louis Boucher.
D: Marceline Loridan *(Marceline, Jean-Pierres Freundin)*, Marilou Parolini *(Marilou, die Sekretärin)*, Modeste Landry *(Jean-Pierre)*, Angelo *(Arbeiter bei Renault)*, Jacques und Jean *(Arbeiter)*, Régis Debray, Celine, Jean-Marie, Nadine Ballot, Landry, Raymond *(Studenten)*, Jacques und Simone Gabillon *(Unternehmerehepaar)*, Henri, Madi, Catherine *(Künstler)*, Sophie *(Cover-Girl)*.
Inhalt: *Ein Ethnologe, Rouch, und ein Soziologe, Morin, unternehmen den Versuch, mit Handkamera*

und Synchronton zu erkunden, was ›die Pariser‹ im Sommer 1960 denken: Rouch und Morin in den Straßen der Stadt, Fragen stellend, Geschehnisse beeinflussend. Feedback, wenn eine Version des Films den Beteiligten gezeigt wird und ihre Reaktionen darauf wiederum in den Film eingehen. Abschließend diskutieren Morin und Rouch das Ergebnis. Klassiker des cinéma-vérité. Die Filmemacher im Bild: in Szene. Die Fiktion spielte eine weit größere Rolle, als zur Entstehungszeit klar war (vgl. das Interview mit Jean Rouch in diesem Buch).

CIMETIÈRE DANS LA FALAISE
Frankreich 1950–51. L: 31 min.
P: Centre National de la Recherche Scientifique – Secrétariat d'État à la Coopération (Paris) R Ph: Jean Rouch (F, 16 mm). Ld: Akunyo Ass: Roger Rosfelder.
Inhalt: *Bestattung eines verstorbenen Dogon-Mannes im Dorf Ireli: Opfer an die Wassergottheit, Trauer der Angehörigen, rituelle Kondolenz. Die Leiche wird an einer Felswand hochgezogen, in der sich die Grabhöhlen befinden.*

A CLEARING IN THE JUNGLE
siehe DISAPPEARING WORLD.

CHILDREN'S MAGICAL DEATH
siehe THE YANOMAMO.

CLIMBING THE PEACH PALM
siehe THE YANOMAMO.

COCORICO, MONSIEUR POULET
Niger/Frankreich 1974. L: 90 min.
P: I.R.S.H. (Niamey)/Centre National de la Recherche Scientifique – Secrétariat d'État à la Coopération (Paris) R: Dalarou (= Damouré Zika, Lam Ibrahim Dia, Jean Rouch) Ph: Jean Rouch (F, 16 mm). M: Tallou Mouzourane S: Christine Lefort T: Moussa Hamidou, Hama Soumana.
D: Damouré Zika, Lam Ibrahim Dia, Tallou Mouzourane, Claudine, Sadia Nore, Moussa Illo.
Inhalt: *Die pikaresken Abenteuer dreier Freunde und einer alten Zauberin, die mit einem ›schrottreifen‹ 2 CV durch den Busch unterwegs sind, um Hühner ein- und wiederzuverkaufen.*
Ein Fiktionsfilm, basierend auf einer alten Volkserzählung aus Niger, komponiert aus zehnminütigen Plansequenzen.

COOKING KANGAROO
siehe PEOPLE OF THE AUSTRALIAN WESTERN DESERT Parts 1–10.

A CURING CEREMONY
siehe THE SAN (6. THE !KUNG BUSHMEN).

LA CROISIÈRE NOIRE
Frankreich 1924–25/1926. L: 52 min.
P: S. A. André Citroën R B: Léon Poirier Ph: Georges Specht (16 mm).
Inhalt: *Eine Durchquerung des afrikanischen Kontinents von Algier bis Madagaskar in Citroën-Wagen. Nüchterne Dokumentation, bei der der Zufall und die Improvisation eine wesentliche Rolle spielen. ›Ganz nebenbei‹ gelingen einige auch ethnographisch bemerkenswerte Sequenzen.*

DANCES AT AURUKUN, CAPE YORK
Australien 1962. L: 29 min.
P: Australian Institute of Aboriginal Studies R: Ian Dunlop Ph: Edward Cranstone, R. Bailliemace, Bruce Hillyard (F, 16 mm).
Inhalt: *Acht Tänze der Wikmungkan-Aborigines in der Aurukun-Reservation (Cape York, Queensland). Sie dienen der Vermehrung der Totemtiere, und jeder Tanz stellt in dramatischer Form die Geschichte eines bestimmten Clantotems dar.*
Einfache, klare Form der Darstellung.

DEAD BIRDS
USA/Niederlande 1961–63/1965. L: 83 min.
P: Peabody Museum (Harvard University)/ Niederländische Regierung. R: Robert Gardner. B: Peter Matthieson. Ph: Eliot Elisofon (F, 16 mm). S: Robert Gardner, Jestrup Lincoln. T: Michael Rockefeller.
Ethn: Karl Heider, Jan Broekhuijse.
Inhalt: *Die dramatische Darstellung des Lebens der Dugum Dani im Balim-Tal (westl. Neuguinea), konzentriert auf den Mann Weyak und den Jungen Pua. Frauen arbeiten in den Subsistenzgärten, Männer beobachten von den Wachttürmen aus – die Dani befinden sich in ständigem ›Kriegs‹zustand. Der Film folgt in seiner Struktur den kriegerischen und rituellen Ereignissen, die sich während der Dreharbeiten (April – September 1961) zutrugen.*
Robert Gardner: »Ich sah die Dani, Männer und Frauen, mit Federn geschmückt, aufgeregt hin- und herlaufend, wie sie das Schicksal aller Männer und Frauen durchlebten. Sie dekorierten ihr Leben mit Federn, sahen aber mit gleicher Gewißheit wie wir übrigen, farbloseren Seelen dem Tod entgegen. Der Film versucht etwas darüber zu sagen, wie wir alle, als menschliche Wesen, unserem animalischen Schicksal entgegengehen.« DEAD BIRDS ist kein dezidiert ethnographischer Film. Eine Reihe von Szenen nähert sich der Fiktion an, worin der Film implizit eine absolut gesetzte dokumentarische Authentizität in Frage stellt, der er eine philosophische und poetische Reflexion vorzieht.

DEBE'S TANTRUM
siehe THE SAN (6. THE !KUNG BUSHMEN).

DECORATIONS
siehe TOWARDS BARUYA MANHOOD.

THE DERVISHES OF KURDISTAN
siehe DISAPPEARING WORLD.

DESERT PEOPLE
siehe PEOPLE OF THE AUSTRALIAN WESTERN DESERT Parts 1–10.

THE DEVIL'S PIT
siehe UNDER THE SOUTHERN CROSS.

DISAPPEARING WORLD
Englische Fernsehreihe, deren Beiträge erstmals zwischen 1970 und 1977 ausgestrahlt wurden. Einzelne spätere Produktionen seit 1979.
P: Granada Television. Series Editor: Brian Moser.
1. A CLEARING IN THE JUNGLE. 1970.
   L: 38 min 19 sek.
   R: Charlie Nairn. Ph: Bob Holt (F, 16 mm). S: Gerry Dow. T: Neil Kingsbury. Ethn: Jean-Paul Dumont.
   Inhalt: *Alltagsleben der Panare-Indianer in Venezuela (Zubereitung von Cassava, Herstellung von Blasrohrpfeilen, Jagen und Sammeln). Die Indianer nahmen die Anwesenheit des Kamerateams übel. Wie Dumont im Film mitteilt, hatten sie keine Neigung, selbst ihm, der bereits 18 Monate unter ihnen lebte, etwas über ihre religiösen Vorstellungen zu sagen.*
2. THE DERVISHES OF KURDISTAN. 1973.
   L: 52 min 15 sek.
   R: Brian Moser. Ph: Michael Dodds (F, 16 mm). S: Dai Vaughan. T: Christian Wangler. Research: André Singer. Ethn: Ali Bulookbashi, André Singer.

Inhalt: *Eine Kurdengemeinde im Iran, an der Grenze zum Irak. Die Bewohner sind Qadiri-Derwische, Anhänger eines ekstatischen, mystischen islamischen Kults. Der Film zeigt die Äußerungen ihres Glaubens, in religiösen Zeremonien wie im Alltag. Im Mittelpunkt steht der religiöse und politische Führer Scheich Hussein.*
Ein visuell eindrucksvoller Film, insbesondere in den Szenen religiöser Feiern und Zeremonien.

3. EMBERA – THE END OF THE ROAD. 1970/1971. L: 50 min 11 sek.
R: Brian Moser. Ph: Michael Whittaker. (F, 16 mm). S: Kelvin Hendrie. T: Colin Richards. Ethn: Ariane Deluz.
Inhalt: *Anliegen des Films ist vor allem die Interaktion zwischen den Embera-Indianern (Choco-Region, Kolumbien) und zwei Gruppen von Außenstehenden, den Libres, mit denen sie Handel treiben, und der katholischen Mission. Wir sehen die materielle Kultur und Lebensweise der Indianer (Einbaumbau, Töpfern, Jagen, Heilrituale).*
Der Film stellt sich polemisch auf die Seite der Indianer, die durch Übergriffe der Libres (Abkömmlinge von Negersklaven) und den Bau einer Überlandstraße bedroht sind.

4. THE ESKIMOS OF POND INLET – THE PEOPLE'S LAND. 1975. L: 52 min 14 sek.
R: Mike Grigsby. Ph: Ivan Strasburg (F, 16 mm). S: David Gladwell. T: Mike Duffy. Research: Pattie Winter. Ethn: Hugh Brody.
Inhalt: *Neben umfangreichen Statements der Eskimos von Pond Inlet, einem ›vorfabrizierten‹ neuen Dorf in Nord-Baffin Island, in denen sie sich zu ihrer gegenwärtigen Situation als Lohnarbeiter und Teilzeitjäger – verglichen mit der noch lebendigen Tradition ihrer alten Lebensweise – äußern, begleitet der Film eine Familie auf die Seehundjagd und zum Fischen.*
Den Film zeichnet sein klug beobachtender Stil aus: lange Einstellungen, wenige Schwenks, volle Untertitelung der Statements. In Zwischentiteln werden nötige zusätzliche Informationen gegeben. Die Fähigkeiten der Eskimos als Redner machen eindrucksvoll klar, daß sie sich mit diesem Film an die Weißen wenden.

5. KATARAGAMA – A GOD FOR ALL SEASONS. 1973. L: 51 min 12 sek.
R: Charlie Nairn. Ph: Ernest Vincze (F, 16 mm). S: David Naden. T: Bruce White. Research: Angela Burr. Ethn: Gananath Obeyesekere.
Inhalt: *Das Jahresfest des Hindugottes Kataragama an seinem Heiligtum im südöstlichen Sri Lanka, mit z. T. grausigen und sensationellen Szenen (Feuergehen, das Durchbohren von Körperteilen mit Nadeln etc.). Diese Handlungen sollen Vergebung und Gnade bewirken. Daneben die Geschichte einer Bauernfamilie, die bei Kataragama Hilfe sucht, um den verschwundenen Sohn wiederzufinden. Die unerwartete Rückkehr des Jungen gibt einen dramatischen und bewegenden Schluß ab.*
Die zweite ›Geschichte‹ bewirkt, daß die sensationellen Szenen in einen universell verständlichen Kontext gestellt werden. Ein interessanter Film zweifelsohne, in dem, wie auch in anderen Filmen des Regisseurs Nairn, ein narrativer Ansatz deutlich wird.

6. KAWELKA: ONGKA'S BIG MOKA. 1974. L: 52 min.
R: Charlie Nairn. Ph: Ernest Vincze (F, 16 mm). S: Shelagh Brady. T: Bruce White. Research: Pattie Winter. Ethn: Andrew Strathern.
Inhalt: *Ongka ist ein charismatischer big man der Kawelka (nördlich des Mt. Hagen, Neu Guinea). Der Film hat die Organisation eines großen zeremoniellen Geschenkaustausches (moka), der 1974 stattfinden sollte, zum Thema. Dem Film gelingt es durch seinen Hauptcharakter, die Bedeutung der Schweine, des Tausches und des Prestiges im Leben dieser Hochländer zu veranschaulichen.*
Das große moka konnte nicht gefilmt werden. Einige Szenen wurden nachgestellt, wie überhaupt dramaturgische Überlegungen eine größere Rolle spielten als in anderen Filmen der ›Disappearing World‹-Reihe (cf. den Beitrag von A. Strathern in diesem Buch).

7. THE KIRGHIZ OF AFGHANISTAN. 1975. L: 51 min.
R S: Charlie Nairn. Ph: John Davy (F, 16 mm). T: Eoin McCann. Research: André Singer. Ethn: Nazif Shahrani.
Inhalt: *Der Film zeigt die zehntägige Reise, die Händler aus dem Tiefland brauchen, um zu den Kirgisen zu gelangen. Eine Hochzeit wird gefilmt und ein buzkashi-Reiterspiel. Im Mittelpunkt steht das Oberhaupt der ca. 2000 Hochlandhirten, der Khan, dessen ökonomische und politische Macht beträchtlich ist.*
Der Film ist im wesentlichen eine Studie über paternalistische Herrschaft, bietet jedoch nur spärliche Informationen über Wirtschaft und Gesellschaft der afghanischen Kirgisen.

8. THE KWEGU. 1981/1982. L: 52 min.
R: Leslie Woodhead. Ph: Mike Dodds (F, 16 mm). S: Kelvin Hendrie. T: Christian Wangler. Ethn: David Turton.
Inhalt: *Die Kwegu sind eine kleine Ethnie von vielleicht 500 Menschen, die verstreut entlang des Omo in Südäthiopien leben. Sie fischen, jagen, bauen Sorghum an, sammeln Honig. Weiter stromaufwärts sind die mächtigen und volkreichen Mursi und Bodi ihre Nachbarn, zu denen sie in einem Klientelverhältnis stehen. Der Mursi- oder Bodi-Patron schützt seinen Kwegu-Klienten vor Übergriffen, der Kwegu leistet ihm bestimmte Dienste. Dieses Patron-Klienten-Verhältnis steht auch im Vordergrund des Films, wo es von Mursi wie Kwegu diskutiert wird.*
Die These des Ethnologen Turton füllt den Kommentar: daß die Kwegu von den Mursi unterdrückt, ausgebeutet und in ihrer Existenz kontrolliert würden. Die Bilder, die der Film von den Kwegu zeigt, sprechen allerdings eine andere Sprache. »Die Mursi sehen die Kwegu als inferior an, und es hat den Anschein, daß Turton sich den gleichen Standpunkt zu eigen gemacht hat. Was ich an den Kwegu bemerkenswert finde, ist, wie sie trotz ihrer geringen Zahl und ohne Viehbesitz es fertigbrachten, ihre Beziehungen zu den Mursi und Bodi so zu handhaben, daß sie von keiner Gruppe beherrscht, ausgebeutet oder kontrolliert werden.« (J. Lydall).

9. THE LAST OF THE CUIVA. 1970/1971. L: 65 min 16 sek.
R: Brian Moser. Ph: Ernest Vincze (F, 16 mm). S: Dai Vaughan. T: Bruce White. Ethn: Bernard Arcand.
Inhalt: *Zwei Gruppen von Cuiva-Indianern (Südostkolumbien) werden geschildert: eine ist relativ isoliert, während die andere ausgiebige Kontakte mit weißen Siedlern hat. Erstere leben ein nomadisches Leben als Jäger und Sammler, letztere arbeiten bereits gelegentlich für die Viehzüchter und stehen am Rande der kolumbianischen Wirtschaft.*
Die Unvereinbarkeit der kapitalistischen Marktwirtschaft mit einer aneignenden Lebensweise wird auf beeindruckende Weise

dargestellt. Der Film hat anders als spätere Beiträge der Reihe einen ausführlichen Kommentar, in dem der Ethnologe Bernard Arcand ein bewegendes Plädoyer für das Überleben der Jäger und Sammler hält.

10. MASAI MANHOOD. 1975. L: 52 min 53 sek.
R: Chris Curling. Ph: Charles Stewart (F, 16 mm). S: Dai Vaughan. T: Bruce White. Research/Ethn: Melissa Llewellyn-Davies.
Inhalt: *Im Mittelpunkt des Films steht die Altersklasse der Krieger (moran) und die dramatische eunoto-Zeremonie, die den Übergang vom Kriegertum zur vollen gesellschaftlichen Reife markiert.*
Die moran erhalten Gelegenheit, über das Kriegertum zu sprechen, und sie bemühen sich einfindsam, dem Ethnologen ihre Ideale zu erklären. Übersetzung in Untertiteln. Dem Film gelingt es, die Bedeutung der Ereignisse sowohl für die direkt Beteiligten als auch generell für das soziale System der Masai zu vermitteln.

11. MASAI WOMEN. 1974. L: 51 min 45 sek.
R: Chris Curling. Ph: Charles Stewart (F, 16 mm). S: Dai Vaughan. T: Bruce White. Research/Ethn: Melissa Llewellyn-Davies.
Inhalt: *Der Film betrachtet detailliert eine Reihe von Ereignissen im Leben der Masai-Frauen, angefangen von den Beschneidungszeremonien bis zu dem Augenblick, wo sie voller Stolz Zeugen sind, wenn ihre Söhne die eunoto-Zeremonie begehen.*
Einer der bekanntesten Filme der Reihe, gerühmt für die Geschicklichkeit und Sensitivität, mit der die Frauen interviewt werden, und für die Klarheit ihrer Antworten, die das Bildmaterial bereichern.

12. THE MEHINACU. 1973–74/1974. L: 53 min.
R: Carlos Pasini. Ph: Stephen Goldblatt (F, 16 mm). S: Gene Ellis. T: Bruce White.
Ethn: Thomas Gregor.
Inhalt: *Viele Sequenzen veranschaulichen das Alltagsleben dieser Indianergruppe, die im Quellgebiet des Rio Xingu in einem einzigen Dorf lebt: Männer beim Fischen, Frauen, die Maniok zubereiten. Im Mittelpunkt steht eine Reihe von Ritualen um Pflanzen und Ernten des piqui-Baumes. Die Riten erscheinen fest in den sozialen Kontext eingebettet.*
Wie bei anderen Filmen der Reihe ist der Titel insofern leicht irreführend, als er eine monographische Darstellung oder zumindest einen Survey erwarten läßt, der Film selbst sich auf einen allerdings wichtigen sozioreligiösen Komplex konzentriert mit einer Überfülle an Riten, Feiern, Tänzen und Spielen, die die Fruchtbarkeit des Bodens und eine gute Ernte sichern sollen.

13. THE MEO. 1972. L: 53 min 23 sek.
R: Brian Moser. Ph: Michael Davis (F, 16 mm). S: Dai Vaughan. T: Eoin McCann. Research: Chris Curling. Ethn: Jacques Lemoine.
Inhalt: *Der Film läßt sich in zwei Teile fassen. Im ersten Teil erfahren wir vom Leben in einem Meo-Dorf (Laos): Reisanbau nach dem Brandrodungsverfahren, Opiumdistillation. Diskussionen mit dem Ethnologen zeigen die Ängste der Dorfbewohner auf, zum Kriegsdienst eingezogen zu werden. Zwei Rituale sind zu sehen: das eine soll einen Alpdruck vertreiben, das andere den Geist eines Mannes bannen, der im Haus seines Bruders spukte. Im zweiten Teil sehen wir Meo, die in von Amerikanern geleiteten Flüchtlingslagern leben. Interviews mit einigen Meo-Piloten, die für die Amerikaner B28-Bomber fliegen, machen die Absurdität ihrer Verwicklung in den Vietnamkrieg klar: diese Meo haben keine feste Vorstellung davon, wer der ›Feind‹ ist.*
Verknüpfung von ethnographischer Darstellung traditionellen Lebens mit einer eher journalistischen Analyse der politischen und zeitgeschichtlichen Verhältnisse.

14. THE MURSI. 1974. L: 52 min 44 sek.
R: Leslie Woodhead. Ph: Mike Dodds (F, 16 mm). S: Kelvin Hendrie. T: Christian Wangler. Research: André Singer. Ethn: David Turton.
Inhalt: *1974 ist ein kritisches Jahr. Es herrscht große Dürre im südwestlichen Äthiopien, und die Mursi stehen noch zusätzlich im Kriegszustand mit ihren Nachbarn, den Bodi. Wir sehen, wie die Mursi in formalen Debatten ihre politischen Entscheidungen treffen.*
Ein wichtiger Film, vor allem als Beitrag zum Verstehen politischer Systeme.

15. THE PATHANS. 1979/1980. L: 39 min.
R: André Singer.
Ethn: Akbar Ahmed.
Inhalt: *Der Film interessiert sich vor allem für die politische und gesellschaftliche Organisation der Pathanen, die jedes autoritäre Herrschaftssystem ablehnen und deren Gesetze die Beschlußfassungen der Dorfversammlungen (jirga) sind. Zentrale Werte der pathanischen Welt sind die Prinzipien der Gastfreundschaft, persönliche Ehre und Rache.*
Wie der Film den pukhtunwali, die Lebensweise der Pathanen, zum Ausdruck bringt und wie es ihm gelingt, die Bedeutung ihres Wertsystems für den Zusammenhalt der Gesellschaft darzustellen, das macht ihn bemerkenswert.

16. THE QUECHUA. 1974. L: 52 min 12 sek.
R: Carlos Pasini. Ph: Stephen Goldblatt (F, 16 mm). S: Gene Ellis. T: Mike McDuffy. Ethn: Michael Sallnow. B/Research: David Ash.
Inhalt: *Schauplatz des Films ist das Quechua-Dorf Kamawara in den peruanischen Anden. Der Film konzentriert sich auf eine Familie und erkundet von da aus verschiedene Aspekte des religiösen und sozialen Lebens.*
Der Film ist einer der meistdiskutierten der *Disappearing World*-Reihe. An seinem Beispiel wurde auf den unstimmigen Titel der Reihe verwiesen, da bei mehreren Millionen Quechua von einer »verschwindenden Welt« nicht die Rede sein könne. An dem Titel THE QUECHUA selbst entzündete sich ein anderer Streit unter den Ethnologen, da er Erwartungen wecke, die der Film nicht einlöst in seiner Beschränkung auf ein Dorf und darin wiederum nur eine Familie – doch sind die Volksnamen als Filmtitel programmatisch gesetzt, auch gegen den Wunsch der Filmemacher und Ethnologen. Ein weiterer gewichtiger Einwand richtete sich gegen die übermäßige Betonung, daß der Wunsch nach Wandel aus der traditionellen Gesellschaft selbst komme und nicht so sehr von außen aufgezwungen sei.

17. THE RENDILLE. 1976. L: 52 min 24 sek.
R: Chris Curling. Ph: Charles Stewart (F, 16 mm). S: Terry Twigg. T: Bruce White.
Ethn: Anders Grumm.
Inhalt: *Wirtschaft und Kultur der Rendille im nördlichen Kenia sind durch die Kamelhaltung bestimmt. Das Gebiet ist zu trocken, um überhaupt Ackerbau zu erlauben. So sind die Hirten das ganze Jahr über von den vorhandenen Weideplätzen und dem Regenfall abhängig, und langfristiges Planen ist deshalb entscheidend. Wie die Entscheidungen von den Ältesten getroffen werden, ist ein zentrales Thema des Films. Daneben werden das Altersklassensystem und die geschlechtliche Arbeitsteilung auf eine Weise anschaulich gemacht, die es erlaubt, die*

ineinandergreifenden sozialen Strukturen der Rendille-Gesellschaft zu erkennen. Am Schluß stehen die rituellen Aktivitäten der naapo-Zeremonie, die den Übertritt der jungen Männer in den Ältestenstatus markiert.
Der Film hat große visuelle Qualitäten. Die Bilder mögen vielleicht manchmal zu ›schön‹ sein, doch gelingt es gerade der Photographie, einen Eindruck davon zu vermitteln, was es bedeutet, ein Rendille zu sein. Der Film zeigt ein großes Gespür für diese Menschen und Besorgnis wegen der staatlichen Politik der kenianischen Regierung, für die die Rendille nur Störenfriede auf dem Weg der Entwicklung sind.

18. THE SAKUDDEI. 1974. L: 52 min 13 sek.
R: John Sheppard. Ph: Dick Pope (F, 16 mm). S: Andrew Page. T: Bob Alcock. Ethn: Reimar Schofeld.
Inhalt: *Das rituelle Leben in einem* umah *(Zeremonialhaus) bildet den ersten Teil des Films. Im folgenden untersucht der Film den Kontrast zwischen dem traditionellen Leben der Sakuddei und den Bedrohungen durch die moderne indonesische Gesellschaft (Islam, Geld, Polizei, Verwaltung und Abholzung der Wälder), was durch ein Interview mit einem Regierungsvertreter augenscheinlich wird.*
Die Sakuddei sind eine kleine ethnische Gemeinschaft auf der Insel Siberut vor der Westküste Sumatras. Wie alle »Primitiven« innerhalb des Staatsgebietes Indonesiens sollen auch sie zivilisiert werden. Der Film verdeutlicht die Gefährdung der Sakuddei; darüberhinaus entsteht ein einfühlsames Bild von diesen Menschen.

19. THE SHERPAS OF NEPAL. 1977. L: 52 min 23 sek.
R: Leslie Woodhead. Ph: Mike Dodds (F, 16 mm). S: Kelvin Hendrie. T: Neil Kingsbury. Research: Pattie Winter. Ethn: Sherry Ortner.
Inhalt: *Ein Film über das Sherpa-Dorf Thami in Nepal, der anhand dreier Brüder verschiedene kulturelle und wirtschaftliche Aspekte vorstellt. Der eine Bruder ist Bauer, der andere ein buddhistischer Mönch, der dritte Bergführer. Szenen vom Leben der Sherpas in der Hauptstadt Katmandu kontrastieren dem Dorfleben.*
Auch in diesem Film geht es hauptsächlich um eine Gegenüberstellung von traditioneller Kultur und den Veränderungen, die die moderne Welt hervorgebracht hat.

20. THE SHILLUK OF SOUTHERN SUDAN. 1975. L: 52 min 35 sek.
R: Chris Curling. Ph: Ernest Vincze, Ivan Strasburg (F, 16 mm). S: Edward Roberts. T: Bruce White. Research: André Singer.
Inhalt: *Das sakrale Königtum der Shilluk ist das Thema. Der Film folgt den komplexen rituellen Aktivitäten nach dem Tod des Königs* (reth) *bis zur Einsetzung des Nachfolgers.*
Eine überzeugende audiovisuelle Analyse des Königtums der Shilluk, dargestellt im politischen Kontext des modernen Sudan, wo der Shilluk-König nur untergeordneter Verwaltungsbeamter ist. Der komplizierte Sachverhalt des rituellen Geschehens, in dem der Vorrang des Amtes über den jeweiligen Träger und die Kontinuität des sakralen Königtums von seinem mythischen Begründer Nyikang bis heute zum Ausdruck kommt, wird filmisch gelungen umgesetzt.

21. SOME WOMEN OF MARRAKECH. 1976. L: 53 min.
R: Melissa Llewellyn-Davies. Ph: Dianne Tammes (F, 16 mm). S: Dai Vaughan. T: Marilyn Gaunt. Beratung: Elizabeth Fernea.
Inhalt: *Der Film versucht eine Darstellung vom Leben einiger Frauen zu geben, die im traditionellen Kontext der Altstadt von Marrakesch leben, wo die Seklusion der Frauen zwar nach wie vor das soziokulturelle ›Ideal‹ ist, wo aber ökonomische Zwänge und andere Umstände dazu führen, daß Frauen sich in der Welt der Männer durchschlagen müssen.*
Ethnographische Ereignisse (eine religiöse Feier, eine Hochzeit, eine Besessenheitstrance etc.) werden in Beziehung gesetzt zum Verhältnis zwischen Männern und Frauen, im privaten Bereich, in der Öffentlichkeit. Im Vordergrund stehen Fragen weiblichen Bewußtseins, weiblicher Sexualität.

22. THE TUAREG. 1971/1972. L: 54 min.
R: Charlie Nairn. Ph: Michael Dodds (F, 16 mm). S: Dai Vaughan. T: Eoin McCann. Ethn: Jeremy Keenan.
Inhalt: *Ein Film über eine Gruppe von Tuareg, die in den Hoggar-Bergen in der südalgerischen Sahara leben. Der Tourismus spielt eine wichtige Rolle für ihre Subsistenz. Zu den Auswirkungen der verheerenden Dürre Anfang der 70er Jahre gehört, daß viele Tuareg gezwungen waren, ihr traditionelles Leben aufzugeben und seßhaft zu werden.*
Im wesentlichen ist das eine Studie des Wandels, dem die Hoggar-Tuareg unter dem Zwang politischer und ökologischer Einwirkungen unterliegen.

23. UMBANDA – THE PROBLEM SOLVER. 1977. L: 51 min 59 sek.
R: Stephen Cross. Ph: Mike Thomson (F, 16 mm). S: Jeff Harvey. T: Phil Taylor. Ethn: Peter Fry.
Inhalt: *Es geht um die brasilianische Umbanda-Bewegung, einen synkretistischen religiösen Kult, der orthodox-katholische Züge mit unterdrückten afrikanischen und indianischen Glaubenselementen verbindet. Rituelle Darbietungen wechseln ab mit Interviews, in denen Medien und ihre Klienten befragt werden. Den Film beschließen Szenen vom alljährlichen Fest zu Ehren der Meeresgöttin Yemenya am Strand von São Paulo.*
Die Stärke des Films liegt in den anschaulichen Darstellungen von Besessenheit und Heilung. Er hat seine Schwächen in der Vermittlung komplexerer Zusammenhänge.

24. WAR OF THE GODS. 1970/1971. L: 66 min.
R: Brian Moser. Ph: Ernest Vincze (F, 16 mm). S: Martin Smith. T: Bruce White. Ethn: Peter Silverwood-Cope (für die Makú), Stephen und Christine Hugh-Jones (für die Barasana).
Inhalt: *Der Film kontrastiert die Glaubenssysteme und Lebensweisen zweier indianischer Gruppen Kolumbiens (Vaupés-Region), der Makú und Barasana, mit denen protestantischer und katholischer Missionare.*
Der Film bezieht eindeutig Stellung gegen den von den Missionaren herbeigeführten kulturellen Genozid, verschweigt aber nicht die Komplexität der Beziehungen zwischen den Indianern – die Barasana etwa sind für einen Wandel – und den weißen Missionaren.

DIVINE HORSEMEN: THE LIVING GODS OF HAITI
USA 1947–51, 1977/1979. L: 54 min.
Ph: Maya Deren. P S T: Cherel Ito, Teiji Ito.
Komm: aus dem Buch »Divine Horsemen« von Maya Deren und ihren persönlichen Erinnerungen.
Inhalt: *Der Film beginnt mit einer allgemeinen Einführung in einige Elemente des Vodun (Vudu)-Glau-*

bens auf Haiti. Wir werden mit den loa oder göttlichen Geistern bekannt gemacht. Der Hauptteil des Films schildert die wesentlichen Züge von Ritualkomplexen, wobei jeder Abschnitt eingeleitet wird durch eine Aufnahme des vever oder jeweiligen Symbols der betreffenden Kultgottheit. Darauf folgen Szenen der Verehrung der loa jenes Kults. Zu sehen sind verschiedene Stadien und Typen von Besessenheit sowie Tieropfer. Der Film endet mit Beispielen profaner Tänze aus den Rara-Feiern und maskierter Musikgruppen des haitianischen Karnivals in Port-au-Prince.
Der Film ist, was die Qualität der Aufnahmen betrifft, ausgezeichnet. Die Editoren haben es geschafft, die vorzügliche Photographie auch in der Montage zu erhalten und eine adäquate Tonfassung zu schaffen. Verwunderlich für den Betrachter mögen einige überbetonte Zeitlupenaufnahmen sein. Was allerdings Maya Deren selbst aus dem Material gemacht hätte, ist eine andere Frage.

EN DJUNGELSAGA
Schweden 1955–56/1957.
R B Ph: Arne Sucksdorff (F, 35 mm). M: Ravi Śankar.
Inhalt: Der Film spielt bei den Muria (einer Untergruppe der drawidisch sprechenden Gond in Zentralindien). Die Geschichte: ein Muria wird verstoßen, weil er eine Fremde heiratet. Er rehabilitiert sich, indem er einen die Dorfgemeinschaft bedrohenden Leoparden tötet.
Der Film zeigt keine ethnographischen Intentionen. Sein Interesse ist ein ästhetisches, was sich in Bildaufbau und Montage ausdrückt.

DŽIM SUANTE (russ. Titel: SOL SVANETII)
Sowjetunion 1929/1930. Stf. L: 1500 m.
P: Goskinprom Gruzii. R B: Mihaïl Kalatozov (d. i. Kalatozišvili), nach einer Idee von Sergej Tret'jakov. Ph: Mihaïl Kalatozov, Š. Gegelašvili. RAss: S. Palavandišvili.
Inhalt: Der Film zeigt das Leben der Bergbewohner von Ober-Svanetien im Kaukasus. Vom Rest des Landes durch hohe Berge abgeschnitten, bewahrt die Bevölkerung noch Reste uralter Gebräuche (Pferdeopfer, Begräbnissitten etc.). Der Salzmangel zwingt die Männer, alljährlich ins Tal hinabzusteigen, um dort Geld zu verdienen. Auf dem Rückweg bringen sie Salz mit. Die letzten Einstellungen zeigen, wie die sowjetischen Behörden eine Straße bauen lassen.
Kühne Bildkomposition, weite Blickwinkel, surrealistisch im Wortsinn. »Der Film exponiert unnachgiebig das furchtbare Leben der Swanen, die ausgebeutet und hoffnungslos im Gefängnis der Berge leben« (Harry Alan Potamkin).

EKWENGE
siehe PRESENTE ANGOLANO, TEMPO MUMUILA.

EMBERA – THE END OF THE ROAD
siehe DISAPPEARING WORLD.

EMU RITUAL AT RUGURI
Australien 1966–67/1969. L: 35 min.
P: Australian Institute of Aboriginal Studies. R Ph S: Roger Sandall (F, 16 mm). Ethn: Nicolas Peterson.
Inhalt: Der Film zeigt die traditionelle Aborigine-Kunst und rituelle Praxis bei den Walbiri der Zentralwüste. Eine Zeremonie stellt das Treffen von zwei ›Emu-Männern‹ mit einer Gruppe von ›Emu-Männern‹ aus der Nachbargegend dar, wie sie in der Traumzeit stattgefunden hat. Das Ritual ist zugleich Vermehrungsritual und Initiation.
Ein qualitativ hochstehender Film, dem es sowohl gelingt, den visuellen Reichtum von Walbiri-Zeremonien in Bilder zu fassen, als auch die rituellen Interaktionen verschiedenster Art greifbar zu machen.

ERNABELLA EXPEDITION
Australien 1933. Stf. L: 48 min (5 Teile à 8, 10, 12, 9 und 9 min).
P: Board for Anthropological Research, University of Adelaide. R Ph: Norman Tindale, H. K. Fry.
Inhalt: Handlungen und Technologie der Yankundjadjara und Pitjantjara von Ernabella.

THE ESKIMOS OF POND INLET – THE PEOPLE'S LAND
siehe DISAPPEARING WORLD.

ETNOCIDIO. NOTAS SOBRE EL MEZQUITAL
Mexico/Canada 1975/1976. L: 127 min.
P: Cine Difusión/National Film Board of Canada. R: Paul Leduc. B: Paul Leduc, Roger Bartra. Ph: Georges Dufaux, Angel Goded (F, 16 mm). S: Rafael Castanedo, Paul Leduc, J. Richard Robesco. T: Serge Beauchemin.
Inhalt: Der Film untersucht in Kapiteln von A–Z den Prozeß der Zerstörung der Kultur der Otomi-Indianer, die im Mezquital-Tal 100 Kilometer nördlich der Hauptstadt von Mexico leben.
Das ist kein Dokument über das Leben, sondern eines über den Tod, den Tod eines Volkes im Untergang seiner Kultur, in der Proletarisierung durch die Industriegesellschaft.

FACHI – OASE DER SAHARA-KANURI
Bundesrepublik Deutschland 1976/1979.
L: 41 min 30 sek.
P: Institut für den Wissenschaftlichen Film (Göttingen). R Ph: Peter Fuchs (F, 16 mm). S: E. Fischer. T: Hille Fuchs.
Inhalt: Der Film gibt einen Überblick über die Kultur der Sahara-Kanuri der Oasenstadt Fachi. Am Beispiel einer Familie werden vor allem die Wirtschaftsform, der Handel mit den Karawanen der nomadischen Tuareg sowie Ausschnitte aus dem sozialen und religiösen Leben der Bewohner von Fachi gezeigt.
In exemplarischen Sequenzen versucht der Film diesen ›Überblick‹ zu geben; auch dadurch wird seine Zuordnung – Hilfsmittel der schriftlichen Ethnographie zu sein – kenntlich. In seinen selbstgesetzten Grenzen als Unterrichtsfilm und geprägt durch einen didaktisch-pädagogischen Aufbau kann man ihn als gelungen betrachten, was nicht zuletzt an der guten Kameraführung liegt.

FAMILIAR PLACES
Australien 1977/1980. L: 53 min.
P: Australian Institute of Aboriginal Studies. R Ph: David MacDougall (F, 16 mm). S: David und Judith MacDougall. T: Judith MacDougall.
Inhalt: Der Film folgt den Bemühungen einer Gruppe von Aborigines und eines Ethnologen, das traditionelle Territorium einer Familie zu kartographieren, die auf ihr altes Land zurückkehren will.
Der Film erklärt die Politik der Aborigines, ihre alten Territorien wiederzugewinnen und wiederzubesiedeln (Outstation-Bewegung), und die Probleme, denen sich die Rückkehrer konfrontiert sehen.

A FAMILY MOVES CAMP AND GATHERS FOOD
siehe PEOPLE OF THE AUSTRALIAN WESTERN DESERT Parts 1–10.

A FATHER WASHES HIS CHILDREN
siehe THE YANOMAMO.

THE FEAST
siehe THE YANOMAMO.

FEAST AT YANYI
siehe TOWARDS BARUYA MANHOOD.

FEATHER BOOTS AND MANGURI
siehe PEOPLE OF THE AUSTRALIAN WESTERN DESERT Parts 11–19.

FIRE MAKING
siehe PEOPLE OF THE AUSTRALIAN WESTERN DESERT Parts 1–10.

FIREWOOD
siehe THE YANOMAMO.

FIRST CONTACT
Australien 1980–81/1982. L: 52 min.
P R: Bob Connolly, Robin Anderson Ph: Michael Leahy (1930–34) (s/w); Tony Wilson, Dennis O'Rourke (F, 16 mm) S: Stewart Young, Martyn Down M: Ron Carpenter.
Inhalt: *In den Jahren 1930–34 drangen Michael Leahy, seine Brüder und Kumpanen als erste Weiße ins innere Bergland von Neuguinea vor – auf der Suche nach Gold. Was sie von anderen Abenteurern unterschied – sie hatten eine Filmkamera dabei. Dieses Material bildet die Grundlage von* FIRST CONTACT. *Die zeitgenössischen Filmemacher gingen den Spuren dieser ›Konquistadoren‹ der 30er Jahre nach und stellen das alte Filmmaterial den Aussagen der noch lebenden Indigenen gegenüber, die sich an die Leahys erinnern können.*
Ein Film der Erinnerung und der Konfrontation, aufbauend auf der unwahrscheinlichen Gelegenheit, altes Filmmaterial zur Verfügung zu haben, das tatsächlich einen ›ersten Kontakt‹ von Vertretern der weißen Gesellschaft mit Wilden dokumentiert, aber auch noch Überlebende dieses ›ersten Kontakts‹ auf beiden Seiten anzutreffen. Die Zeitspanne, die zwischen den Aufnahmen der Leahy-Brüder und den neuen Szenen liegt, ist die Zeit des Wandels: Kolonialismus, Geschichte, Akkulturation ereignet sich zwischen den Bildern, sichtbar allein in der Diskrepanz zwischen dem Damals und Jetzt. Der Unterschied in der Naivität der 1930 filmenden Weißen und der damals gefilmten Hochland-Papua ist tatsächlich der Unterschied zwischen naiven ›Eroberern‹ und ›Eroberten‹, die von ihrem Schicksal noch nichts ahnen.

FIRST DAYS IN THE LIFE OF A NEW GUINEA BABY
siehe CHARACTER FORMATION IN DIFFERENT CULTURES.

FISHING AT THE STONE WEIR Parts 1–2 siehe NETSILIK ESKIMO.

GOGODALA (A CULTURAL REVIVAL?)
Papua Niugini 1982. L: 58 min (längere Version ca. 120 min).
P: Institute of Papua New Guinea Studies (Port Moresby) R Ph S: Chris Owen (F, 16 mm).
Inhalt: *Anfang der 70er Jahre war die traditionelle religiöse ›Kunst‹ der Gogodala (südliches Papua Neuguinea) durch die ›Arbeit‹ der Missionen praktisch zerstört, die Gogodala selbst in einem Zustand der kulturellen Stagnation. Der Ethnologe A. C. Crawford regte mit Unterstützung des National Cultural Council den Plan an, ein traditionelles Langhaus zu errichten, das als Zentrum kultureller Tätigkeit dienen sollte – insbesondere zur Wiederbelebung der Schnitzerei. Das Langhaus wurde 1974 als Gogodala Cultural Centre eröffnet.* GOGODALA *zeigt das Leben in Balimo, mit dem Kulturzentrum und den über seine Aufgaben entbrannten Kontroversen im Mittelpunkt.*
Ein visuell bestechender Film über die Frage kultureller Identität zwischen Tradition und zeitgenössischem Wandel. Die Gogodala von heute sind weder ›traditionell‹ noch ›westlich‹; sie stehen allerdings in einem Prozeß der Entscheidung, wer ›sie‹ tatsächlich sind bzw. sein wollen.

GOODBYE OLD MAN
Australien 1975/1977. L: 70 min.
P: Australian Institute of Aboriginal Studies R Ph: David MacDougall (F, 16 mm) S: David und Judith MacDougall T: Judith MacDougall.
Inhalt: *Ein Film über eine Totenzeremonie der Tiwi (Melville Island, Nordaustralien). Pukumani ist eine Zeremonie, den Geist eines kürzlich Verstorbenen zur Ruhe bringen und die Gefahr und den Zustand des Ungleichgewichts (pukumani) beseitigen soll. Die Familie des Toten bat, diese Zeremonie zu filmen.*
Der ›Kommentar‹ wird von einem der Beteiligten gesprochen. Wie so viele traditionelle Riten und Zeremonien waren auch die pukumani Mitte des 20. Jahrhunderts fast am Erlöschen, erlebten aber in jüngster Zeit eine bemerkenswerte Erneuerung.

GRASS: A NATION'S BATTLE FOR LIFE
(oder GRASS: THE EPIC OF A LOST TRIBE)
USA 1924/1925. L: 66 min.
P: Famous Players-Lasky P R: Merian C. Cooper, Ernest B. Schoedsack, Marguerite Harrison Ph: Ernest B. Schoedsack, Merian C. Cooper (35 mm) M-Arrangement: Hugo Riesenfeld.

D: Marguerite Harrison, Merian C. Cooper, Ernest B. Schoedsack, Haidar Khan, Lufta.
Inhalt: *Marguerite Harrison, Merian Cooper und Ernest B. Schoedsack reisen durch Kleinasien, wo sie von einem Nomadenvolk hören, das als das ›Vergessene Volk‹ bezeichnet wird. Sie machen sich durch die Wüste und über die Berge auf den Weg und erreichen dieses Volk (die Bachtyari im südlichen Iran), als es dabei ist, zu den Sommerweiden aufzubrechen. Sie folgen den Bachtyari unter ihrem Häuptling Haidar Khan (dessen Sohn Lufta im Film besonders herausgestellt wird) auf diesem beschwerlichen Weg. Besondere Höhepunkte sind die Überquerung des wasserreichen, schnellfliessenden Karun auf aufgeblasenen Ziegenhäuten und kleinen Flößen; der sehr steile Anstieg in die Berge, der, kaum bewältigt, übertroffen wird durch die Herausforderung des Zardeh Kuh, wo der Weg bis zur Paßhöhe durch Schnee und Eis führt. Die Männer, die vorausgehen, um einen Pfad zu hauen, sind barfuß. Schließlich der Abstieg auf der anderen Seite und die Ankunft in einem fruchtbaren und grasreichen Tal. Das Schlußbild zeigt ein Zertifikat, das den Filmemachern bestätigt, die Reise tatsächlich auch gemacht zu haben.*
Ein Film aufsehenerregender Szenen und Bilder, die in dem schier endlosen Zug der Tausende von Menschen über die Eis- und Schneefelder des Zardeh Kuh kulminieren. Daß der Zug über die Berge ein alljährliches Ereignis ist, wird verschwiegen. So reiht sich der Film ein unter jene Produktionen, die in der ethnographischen Realität ihr Material finden für die Darstellung des Kampfes ums Überleben.

GROUP HUNTING ON THE SPRING ICE Parts 1–3
siehe NETSILIK ESKIMO.

A GROUP OF WOMEN
siehe THE SAN.

GUM PREPARATION. STONE FLAKING. DJAGAMARA LEAVES BADJAR
siehe PEOPLE OF THE AUSTRALIAN WESTERN DESERT Parts 1–10.

GUNABIBI: AN ABORIGINAL FERTILITY CULT
Australien 1966/1971. L: 27 min.
P: Australian Institute of Aboriginal Studies R Ph S: Roger Sandall (F, 16 mm) Ethn: Nicolas Peterson.
Inhalt: *Der Höhepunkt einer Fruchtbarkeitszeremonie in Arnhemland.*
Gunabibi ist der Name eines weiblich-prokrea-

tiven Prinzips und des damit verbundenen männlichen Kults, in dessen Mittelpunkt die rite de passage der jungen Männer steht, die förmlich von ihren Müttern getrennt und rituell als erwachsene Männer wiedergeboren werden. Der Film kommt ohne Kommentar aus.

THE HADZA: THE FOOD QUEST OF AN EAST AFRICAN HUNTING AND GATHERING TRIBE
Großbritannien 1964/1966. L: 40 min.
P: Hogarth Film R Ph: Sean Hudson (16 mm) Ass: Dai Vaughan, Lisa Woodburn Ethn: James Woodburn.
Inhalt: *1964 gab es noch etwa 400 nomadisierende Hadza in Zentral-Tanzania, die ihrer traditionellen Subsistenzwirtschaft, dem Jagen und Sammeln, nachgingen. Der Film zeigt die Arbeitsteilung zwischen Männern, die jagen, und Frauen, die sammeln, und die Rolle, die sowohl einzelne wie Gruppen dabei spielen. Die Männer verbringen mehr Zeit beim Spiel als bei der Jagd. Der Kommentar ist so ausführlich, daß der Film monographisch in sich geschlossen wirkt.*
Ein Anliegen des Films ist es zu zeigen, daß die Hadza keinerlei Hunger leiden. Jagen und Sammeln bedarf zwar einiger Fähigkeiten, ist aber nicht besonders beschwerlich oder zeitraubend. Der Film vertraut allerdings auch in dieser Hinsicht mehr dem gesprochenen Wort des Kommentars als den Bildern.

EN HANDFULL RIS (auch: MAN OCH KVINNA)
Schweden 1938/1939. L: 76 min.
P: Svensk Filmindustri R: Paul Fejos (d. i. Pál Fejös), Gunnar Skoglund Ph: Gustav Boge (35 mm) M: Jules Sylvain, Gunnar Johannson S: Gunnar Skoglund (?) T: Åke Sixten Leijonhufvud.
D: Po-Chai *(Der Mann)*, Me-Ying *(Die Frau)*, Hugo Björne *(Herr Svensson)*, Gerda Björne *(Frau Svensson)*, Sol-Britt Agerup *(Das junge Mädchen)*, Gunnar Höglund *(Der Junge)*, Jean Claesson.
Inhalt: *Beim Umzug entdeckt der Ehemann Reis im Küchenschrank. Wieviel, fragt die Frau. Eine Handvoll, sagt der Mann. Laß ihn da, sagt die Frau, das lohnt sich doch nicht. Über eine Landkarte von Thailand blendet der Film über auf jene Welt, in der eine Handvoll Reis die Ernte eines ganzen Jahres sein kann. Der junge Mann und die junge Frau gehen nach ihrer Hochzeit in den Urwald, wo sie sich ein Haus bauen und ein Reisfeld anlegen. Ein Tiger tötet ihre einzige Ziege. Es gelingt dem Mann, den Tiger in eine Falle zu locken und ihn zu töten. Er verkauft das Fell. Ein Panther fällt die Frau an. Ein kleines zahmes Äffchen läßt das Geld, das der Mann für das Tigerfell bekam, ins Feuer fallen. Eine Trockenheit veranlaßt den Mann, sich in der Stadt Arbeit zu suchen. Seine Wanderung durch den Urwald. Er findet Arbeit als Elefantenführer. Vom Lohn kauft sich der junge Mann einen Wasserbüffel und kehrt zurück zu seiner Frau, um die Reisernte einzubringen, die ›Handvoll Reis‹, die das schwedische Ehepaar zurückließ.*
Fejos wollte nur einen Film über die Reisbauern in Thailand drehen. Die ›Story‹ mit ihren abenteuerlichen Elementen und der in Schweden spielende Vorspann stammen von Skoglund.

HAYNDONGO, O VALOR DE UM HOMEM
siehe PRESENTE ANGOLANO, TEMPO MUMUILA.

HEADACHE
siehe PEOPLE OF THE AUSTRALIAN WESTERN DESERT Parts 11–19.

HEAD HUNTERS OF THE SOUTH SEAS (auch: THE WILD MEN OF MALEKULA)
USA 1921–22/1922. L: 1357 m.
P: Martin Johnson Film Company R Ph: Martin Johnson (35 mm) Titel und S: Arthur Hoerl.
D: Nagapate, Martin und Osa Johnson.
Inhalt: *Die Johnsons kehren nach Malekula zurück und zeigen den Big Namba den Film (CAPTURED BY CANNIBALS), den sie zwei Jahre vorher dort gedreht hatten. Großer Erfolg. Ethnographische Szenen enthalten die Mumifizierung von Köpfen, Schädeldeformation durch Streckbinden, Haifischfang.*

HERMÓGENES CAYO
Argentinien 1966–68/1969. L: 70 min.
R Ph (F, 16 mm) S T: Jorge Prelorán Ass: Lorenzo Kelly, Sergio Barbieri Ethn: Raúl Cortázar.
Inhalt: *Der Film ist das Porträt des Hermógenes Cayo, eines Coya-Indianers aus Casabindo (Hochland Nordwestargentiniens), der ein Bildermacher ist (eine Kunst, die von den Jesuiten im 17. Jahrhundert eingeführt wurde) und das religiöse Oberhaupt seiner Gemeinde.*
Der Film wurde des öftern mit NANOOK verglichen – was die Art betrifft, wie es ihm gelingt, ein Individuum in seinem Menschsein vorzustellen. Suber: »Wer Nanook gesehen hat, wird ihn nicht vergessen. Ich glaube, das gilt auch für Hermógenes Cayo. . . . Ich habe das Gefühl, daß sich in diesem einzelnen Menschen auf vielfache Weise ein Stück Geschichte bewahrt hat dort draußen mitten in der Wüste.«

HER NAME CAME ON ARROWS – A KINSHIP INTERVIEW WITH THE BARUYA OF PAPUA NEW GUINEA
USA 1969/1982. L: 26 min.
P: Cultural and Educational Media R: Allison Jablonko, Marek Jablonko, Stephen Olson Ph: Marek Jablonko, Jérôme Blumberg (F, 16 mm) S: Stephen Olson T: Allison Jablonko.
Inhalt: *Der Ethnologe Maurice Godelier befragt fünf seiner Baruya-Freunde in seinem Haus über Verwandtschafts- und Heiratsregeln.*
Der Ethnologe bei der Arbeit. Die Baruya sind an Godeliers Tisch geladen, der seinen Maßen entspricht, nicht aber denen der Papua. Der Ethnologe verteilt Zigaretten, er ist der ›Vater‹, der seine ›wilden Kinder‹ befragt. Immerhin läßt die Maske aus Wissenschaft und professioneller Selbstsicherheit den Gestus von Freundschaft durchschimmern.

THE HOUSE-OPENING
Australien 1977/1980. L: 45 min.
P: Australian Institute of Aboriginal Studies R: Judith MacDougall Ph: David MacDougall (F, 16 mm) S: Judith und David MacDougall T: Judith MacDougall.
Inhalt: *Die Darstellung einer Aborigine-Zeremonie in Aurukun, Cape York, Queensland, bei der europäische und indigene Elemente miteinander verschmolzen sind. Die Zeremonie soll den Geist des verstorbenen Mannes vertreiben, damit seine Witwe in ihr Haus zurückkehren kann, das sie nach seinem Tod verlassen hat. Ein großes Fest für das ganze Dorf wird gefeiert mit Tanz und Gesang.*

LES HOMMES QUI FONT LA PLUIE (YENENDI)
Frankreich 1950. L: 35 min.
P: Institut Français d'Afrique Noire R Ph (F, 16 mm): Jean Rouch Ass: Pierre Cros, Roger Rosfelder.
Inhalt: *Regenzeremonie (Yenendi) der Songhai des Dorfes Simiri (Niger). Die Teilnehmer begeben sich zum Haus der Gottheiten, die den Regen schicken bzw. in diesem Zusammenhang gerufen werden. Die Musiker treffen ihre Vorbereitungen, die Besessenheitstänze der Frauen beginnen. Die Gottheiten äußern sich durch die Stimmen der Tänzer/innen, in denen sie sich niedergelassen haben. Dongo, der Donnergott manifestiert sich in einem Mann. Die*

Priester opfern einen Ziegenbock. Wolken bedecken den Himmel, Wind kommt auf, der erste Regen fällt.
Der erste mehrerer Filme, die Rouch über Regenzeremonien drehte (so Dongo Yenendi, 1966; Yenendi De Ganghel, 1968; Yenendi De Yantalla, 1970; Yenendi De Simiri, 1971; Yenendi De Boukoki, 1972; Boukoki, 1973). Rouch lernt sein Handwerk. Auffallend bereits die Nähe der Kamera am Geschehen.

A Huila E Os Mumuilas
siehe Presente Angolano, Tempo Mumuila.

The Hunters
USA 1955/1958. L: 73 min.
P: Film Study Center of the Peabody Museum, Harvard University R B Ph: John Marshall (F, 16 mm) S: John Marshall mit Robert Gardner T: Daniel Blitz Ethn: Lorna Marshall.
Inhalt: Eine Gruppe von !Kung San in der westlichen Kalahari. Die Frauen sammeln, die Männer gehen auf die Jagd. Aber die Jagd ist eine prekäre Sache, die häufig nicht vom Erfolg gesegnet ist. Der Film konzentriert sich auf vier Männer, die von ihrer Erfahrung und ihrem Wesen her eher unterschiedlich sind, zeigt sie bei verschiedenen einzelnen oder gemeinsamen Jagdausflügen, bevor er in großer Ausführlichkeit ihre Jagd auf eine Giraffe schildert, die vom Aufbruch bis zum Zurückbringen der Beute ins Lager 13 Tage dauert. Am Ende erzählen die Jäger die Erlebnisse dieser Jagd mit großer Anteilnahme und Lebendigkeit, sie durchleben sie nochmal, lassen aber auch ihre Zuhörer daran teilnehmen.
Einer der Klassiker des modernen ethnographischen Films, geprägt zweifellos durch den Einfluß von Robert Gardner, wie sich im Vergleich mit Dead Birds zeigt. Der Film mußte ohne Originalton gedreht werden – er setzt sich aus Aufnahmen mehrerer Jagden zusammen, die zu verschiedenen Zeiten von Marshall gefilmt wurden –, wodurch der Kommentar eine starke Eigenständigkeit gewinnt, in der sich die philosophisch-ästhetischen Intentionen Gardners ausdrücken. So konnte der Kulturhistoriker William I. Thompson in dem Film »ein Modell des universellen Konflikts« sehen, »wie er in den Werten, die in menschlichen Institutionen aufscheinen, anklingt. Versteckt in dem Film, versteckt wie in einem Märchen, ist eine archetypische Struktur, eine Mandala des für die menschliche Art spezifischen Bewußtseins.«

L'île De Pâques
Frankreich 1934/1935.
P: Musée de l'Homme Real: John Ferno (d. i. Fernhout) (35 mm) Komm/Ethn: Henry Lavachery, Alfred Métraux.
Inhalt: Bericht über die französisch-belgische Expedition zur Osterinsel 1934. Alltagsleben der Osterinsulaner. Die Riesenstatuen. Eine Leprastation. Der Abtransport einer Statue.
Teile dieses Films wurden für einen anderen, gleichnamigen verwendet:
Belgien/Frankreich 1934–1935/1935. L: 26 min.
P: Cinéma-Edition-Production (Brüssel)/Musée de l'Homme (Paris) R S: Henri Storck Text: Henry Lavachery Ph: John Ferno (35 mm) M: Maurice Jaubert.
Inhalt: Reportage über die Osterinsel, in deren Mittelpunkt die großen Statuen und die Rätsel, die sie aufgeben, stehen. Brauchtum, Tänze, Musik der Osterinsulaner. Riten und alte Kunstfertigkeiten. Die Leprakranken.

Im Deutschen Sudan
Deutschland 1913/1914.
P: Schomburgk-Film P R B: Hans Schomburgk Ph: I. S. Hodgson.
Inhalt: Ethnographisch angelegte Szenen zeigen traditionelle Handwerke (Baumwollspinnen und Weberei, Eisenverhüttung etc.) und Marktszenen aus dem nördlichen Togo, den Einzug der Expedition in ein Dorf. Tanz und Jagd, den Umgang mit Pfeil und Bogen. Daneben stehen Tierfangszenen insbesondere Fang und Abtransport eines Zwergflußpferdes in Liberia.
In seinen ethnographischen Bildern nimmt der Film Prinzipien späterer wissenschaftlicher Filme vorweg: starre halbnahe Einstellungen, die Arbeitsprozesse und andere Vorgänge dokumentieren. Für den heutigen Betrachter aufschlußreich ist, wie in diesen Szenen ethnographisches und kolonialwirtschaftliches Interesse zusammenfielen. Nebenbei kann man einigen Europäern bei ihrem Auftreten in Afrika zuschauen.

Initiation à La Danse Des Possédés
Frankreich 1948/1949. L: 25 min.
P: Centre National de la Recherche Scientifique (Paris) Real: Jean Rouch (F, 16 mm).
Inhalt: Eine Songhai-Frau aus dem Archipel von Tillaberi (Niger) wird in die rituellen Besessenheitstänze initiiert. Die Musiker kommen an. Der erste Tanz. Die Einweisung: das Erlernen der wesentlichen Schritte. Besessenheitsszenen. Aufbruchstanz der Initiierten. Gruppentanz.
Rouchs erste Begegnung mit Besessenheitskulten. Die Faszination ist bereits zu spüren, aber noch beobachtet die Kamera, noch fehlt das Gespür für das, was sich vor der Kamera abspielt. Ein Amateurfilm, dessen einzelne Szenen durch den Kommentar zusammengehalten werden sollen.

Die Insel Der Dämonen
Deutschland 1932/1933. L: 2363 m/87 min.
P: Friedrich Dalsheim, Victor Baron von Plessen R: Friedrich Dalsheim B: Friedrich Dalsheim, Walter Spieß Ph: Hans Scheib, Friedrich Dalsheim (35 mm) M: Wolfgang Zeller.
D: Bewohner der Insel Bali.
Inhalt: Auf Bali angesiedelte Liebesgeschichte – angereichert durch ethnographisches Dokumentarmaterial.

In The Land Of The Head Hunters
(Titel der restaurierten Tonfassung: In The Land Of The War Canoes)
USA 1914.
P: Continental Film Company (Edward S. Curtis) R B Ph: Edward Sheriff Curtis (mit Farbeffekten) M: John J. Braham (nach Phonographenaufnahmen von Indianermusik) Indigene Beratung: George Hunt (Informant, Übersetzer, Organisator).
D: Stanley Hunt *(Motana)*, Paddy Maleed *(Kenada, sein Vater)*, Margaret Wilson Frank/Tlakwagilayookwa (= Sarah Smith Hunt)/Gwikilaokwa (= Mrs. George Walkus) *(Naida)*, Bulóotsa *(Waket, Naidas Vater/Yaklus, der Kriegshäuptling)*, Kwa'kwaano *(Yaklus' Bruder, der Zauberer)*, Gwikilaokwa *(die Tochter des Zauberers)*, Tsukwani (= Mrs. George Hunt), Bob Wilson, Helen Knox, Yakhyugidzumga, Gwikimgilakw (= Emily Hunt Wilson), A'widi und zahlreiche andere Kwakiutl aus Fort Rupert und Blunden Harbour (Vancouver Island).
(Restaurierung und Tonfassung: 1972/3. L: 47 min.
P: Thomas Burke Memorial State Museum (University of Washington, Seattle) Sup: Bill Holm, George I. Quimby T S-Beratung: David Gerth).
Inhalt: Um Kraft von den Geistmächten zu erlangen, unternimmt der Häuptlingssohn Motana eine Reise des Fastens und Wachens. Er träumt von Nai-

da und wirbt um sie, doch ist sie dem Zauberer versprochen, dessen Anfechtungen sich Motana fortan ausgesetzt sieht. Während seiner Reise geht Motana auf Seelöwenjagd und erlegt einen Wal. Zurückgekehrt läßt er seinen Vater bei Naidas Vater um ihre Hand anhalten. Als dieser des Zauberers Kopf als Hochzeitsgabe verlangt, muß der Zauberer sterben. Motana und Naida heiraten, doch Yaklus, der Kriegshäuptling und Bruder des Getöteten, überfällt das Dorf und raubt Naida. Sie muß für ihn tanzen, und da sie gut tanzt, wird sie verschont. Motana kann Naida mit der Hilfe von Freiwilligen befreien. Bei der Verfolgung kommt Yaklus in den Wogen um.
Ein Film, der seine Geschichte in der Zeit vor dem Kontakt mit den Weißen ansiedelt und sich um eine sorgfältige und authentische Rekonstruktion bemüht. Die Kwakiutl sind Meister dramatischer Aktion, was sich am besten in den faszinierenden Tänzen zeigt.

INTREPID SHADOWS
siehe NAVAJO FILM THEMSELVES.

JAGUAR
Frankreich 1954–67/1971. L: 140 bzw. 110 min.
P: Les Films de la Pleïade (Paris) R Ph: Jean Rouch (F, 16 mm) B Komm: von den Akteuren improvisiert.
D: Damouré Zika, Lam Ibrahim Dia, Illo Gaoudel.
Inhalt: *Drei junge Männer aus dem Niger machen sich auf den Weg an die Goldküste. Abenteuer, die sie erleben. Arbeitssuche und Rückkehr ins Heimatdorf.*
Ein gutes Beispiel dafür, was Rouch unter der Verwandlung von Fiktion ins Dokumentarische versteht. Die ›Geschichte‹ wird durch eine Idee in Bewegung gesetzt, die zu Erfindungen Anlaß gibt, die dann ›realisiert‹ werden. Die Fiktion hat ihren Platz in den Lücken der Wirklichkeit.

JAGUAR: A YANOMAMO TWIN CYCLE MYTH AS TOLD BY DARAMASIWA
siehe THE YANOMAMO.

JIGGING FOR LAKE TROUT
siehe NETSILIK ESKIMO.

A JOKING RELATIONSHIP
siehe THE SAN (6. THE !KUNG BUSHMEN).

KANGAROO COOKING AT KUNAPURUL
siehe PEOPLE OF THE AUSTRALIAN WESTERN DESERT Parts 11–19.

KARBA'S FIRST YEARS
USA 1936–38/1951. L: 19 min.
P: Gregory Bateson, Margaret Mead Komm: Margaret Mead Ph: Gregory Bateson (16 mm).
Inhalt: *Der Film folgt den entscheidenden Entwicklungsstufen in den ersten Lebensjahren eines balinesischen Jungen.*

KATARAGAMA – A GOD FOR ALL SEASONS
siehe DISAPPEARING WORLD.

KAWELKA: ONGKA'S BIG MOKA
siehe DISAPPEARING WORLD.

KENYA BORAN
USA 1972/1974. L: 66 min.
P: American Universities Field Staff R S: James Blue, David MacDougall Ph: David MacDougall (F, 16 mm) Ethn: P. T. W. Baxter.
Inhalt: *Die Boran – nomadisierende Viehzüchter – leben östlich des Turkana-Sees im kenianisch-äthiopischen Grenzgebiet. Der Film schildert die möglichen Veränderungen der Boran-Gesellschaft anhand eines doppelten Porträts: dem eines Mannes, dessen Sohn der Tradition folgend die Herden beaufsichtigt, und dem eines anderen Mannes, dessen Sohn die Schule besucht. Aus der Begegnung zwischen Vätern und Söhnen (und Filmemachern) entstehen Gespräche über die Einflußnahme des Staates durch Erziehung, Geburtenkontrolle etc. auf die Kultur der Boran, von der wir sie mit Stolz sprechen hören.*
Dem Film gelingt es, ein Bild der Boran, ihre spezifische geschichtliche Lage (›Akkulturation‹) und die Erklärungen der Filmemacher auf überzeugende Weise zu vermitteln.

KIMBANDA
siehe PRESENTE ANGOLANO, TEMPO MUMUILA.

O KIMBANDA KAMBIA
siehe PRESENTE ANGOLANO, TEMPO MUMUILA.

THE KIRGHIZ OF AFGHANISTAN
siehe DISAPPEARING WORLD.

KIVALINA OF THE ICELANDS
USA 1924/1925. L: 1812 m.
P: B. C. R. Productions R Ph: Earl Rossman (35 mm) Titel und S: Katherine Hilliker.

D: Kivalina *(Die Heldin),* Aguvaluk *(Ein großer Jäger),* Nashulik *(Der Zauberer),* Tokatoo *(Kivalinas Bruder),* Nuwak *(Meisterjäger).*
Inhalt: *Aguvaluk, ein großer Eskimojäger, will Kivalina heiraten und geht deshalb zum Zauberer, seine Zustimmung einzuholen. Der Zauberer sagt ihm, daß er erst heiraten dürfe, wenn er seines Vaters Schulden beglichen habe, d. h. 40 Seehundfelle zurückbringe. Aguvaluk schafft diese unglaubliche Leistung und kommt mit den Häuten zurück, nur um vom Zauberer zu erfahren, daß auch noch ein Silberfuchspelz zur Schuldbegleichung nötig sei. Nach großen Entbehrungen fängt Aguvaluk einen Silberfuchs, wird aber, bevor er zurückkehren kann, von einem Schneesturm überrascht. Er errichtet einen Windschutz aus Eis. Am nächsten Morgen tötet er ein Rentier, stillt seinen Hunger und verfertigt aus der Rentierhaut einen Schlitten. Erfolgreich von der Jagd zurück, heiratet Aguvaluk Kivalina, und es gibt ein großes Fest.*
Einer der zahlreichen Filme, die nach dem Erfolg von NANOOK bei den Eskimos gedreht wurden. Siehe auch PRIMITIVE LOVE.

KLEINER BRUDER JAGUAR
Großbritannien/Bundesrepublik Deutschland 1975. L: 30 min.
P: BBC/WDR R B: Anna Benson-Gyles, Chloe Sayer Ph: John Hooper (F) S: Raoul Sobel T: Bob Roberts Ethn: Robert Bruce.
Inhalt: *Dokumentation über die als letzte Nachkommen der klassischen Maya-Kultur interpretierten Lacandonen und ihre heutige Situation in der Selva Lacandona. Mitwirkende: die Bewohner des Dorfes Naha'.*

DIE KOPFJÄGER VON BORNEO
Deutschland/Niederlande 1935–36/1936. L: 2162 m/79 min.
P: Baron Victor von Plessen (Berlin)/Tampico-Film (Amsterdam) R: Victor von Plessen B: Victor von Plessen, Baronin von Plessen, Hans von Praag (Prolog/Komm: Walter Kiaulehn) Ph: Richard Angst, Walter Traut, Hans Staudinger (35 mm) M: Wolfgang Zeller.
D: Dayak aus dem Inland von Borneo.
Inhalt: *Ein Häuptlingssohn wächst mit einem Sklavenmädchen auf. Als Kind noch wird er mit der Tochter des Häuptlings des befeindeten Nachbardorfes verlobt – der Akt soll den Friedensschluß festigen. Von einer Handelsexpedition zu den jägerischen Punan kehrt der Häuptling nicht zurück – er ertrinkt im Fluß. Jetzt wird sein Sohn Häuptling und die*

Heirat mit dem fremden Mädchen vollzogen. Doch die Liebe zur Sklavin ist stärker, und am Ende verlassen die beiden das Dorf und verschwinden in der Wildnis.
Eine Liebesgeschichte als roter Faden durch die Ethnographie, der breiter Raum gelassen wird. Die ausgezeichnete Kameraarbeit gibt dem Film einen professionellen Anstrich. Schwer erträglich allerdings ist die ›dramatische‹ Musik des Nazi-Komponisten Wolfgang Zeller.

THE !KUNG BUSHMEN
siehe THE SAN.

!KUNG BUSHMEN HUNTING EQUIPMENT
siehe THE SAN (6. THE !KUNG BUSHMEN).

THE KWAKIUTL OF BRITISH COLUMBIA
USA 1930/1961. Stf.
Ph: Franz Boas (16 mm). S und Komm: Bill Holm (1961), nach den Publikationen von Franz Boas.
Inhalt: *Der Film zeigt in der bearbeiteten Fassung von Bill Holm im ersten Teil ›Spiele und Technologie‹, im zweiten Teil ›Tänze und Zeremonien‹ der Kwakiutl von Fort Rupert (Vancouver Island).*
Franz Boas war einer der ersten Ethnologen, die mit einer 16 mm-Kamera filmten.

THE KWEGU
siehe DISAPPEARING WORLD.

LAND DIVERS OF MELANESIA
USA 1972. L: 40 min.
P: The Film Study Center, Harvard University (Robert Gardner, Kal Muller). Ph: Kal Muller, Jacques Gourguechon (F, 16 mm). S: Robert Gardner. T: Kal Muller, Louis Nedjar.
Inhalt: *Männer von Bunlap (Pentecost Island, Neue Hebriden) nehmen an einem Ritual teil, bei dem sie buchstäblich von hohen Türmen auf die Erde ›hinabtauchen‹, gesichert nur durch speziell präparierte Lianen, die um ihre Knöchel gebunden sind. Um Prestige zu erlangen, ist es von Nöten, den Sprung so genau zu bemessen, daß sie mit dem Kopf gerade den Erdboden berühren. Der Film zeigt den Bau der Türme, erklärt die mit dem Ritual verknüpfte Legende. Das ›Landtauchen‹ sichert eine gute Ernte. Knaben bauen Modelltürme, Männer und Frauen bei vorbereitenden Tätigkeiten. Gartenbau, Alltag, rituelle Aktivitäten.*
Der Film ist spektakulär, und es gelingt ihm, den Betrachter an der Erfahrung des Rituals fast physisch teilhaben zu lassen. Insgesamt betrachtet hinterläßt der Film allerdings den Eindruck eines Flickwerks, wobei offensichtlich das Filmmaterial, das den ethnographischen Kontext (Alltag, Gartenbau, Schweinehaltung etc.) zeigen sollte, in den das Landtauchen eingebettet ist, zu spärlich war; manche Einstellungen sind einfach so kurz, daß man sie kaum wahrnimmt.

LARWARI AND WALKARA
Australien 1972–76/1977. L: 45 min.
P: Australian Insitute of Aboriginal Studies. R Ph S: Roger Sandall (F, 16 mm). Ethn: Stephen Wild.
Inhalt: *Eine Gruppe von Walbiri-Männern reist zu Ahnenschreinen, um mythische Ereignisse aus der Traumzeit nachzuvollziehen. Larwari und Walkara sind zwei der heiligsten Ritualorte.*
Die Filmemacher sind bei ihrer Arbeit zu sehen. Der Film gibt ein klares Bild von dem Verhältnis, das sie zu den Aborigines haben, und verweist auf ihren Anteil an dem Unternehmen, das Thema des Films ist. Der Film ist ohne Kommentar, weshalb er für Nichtspezialisten eine Reihe von Fragen aufwerfen dürfte.

THE LAST OF THE CUIVA
siehe DISAPPEARING WORLD.

LEARNING TO DANCE IN BALI
USA 1936–38, 1978/1980. L: 13 min.
P: Gregory Bateson, Margaret Mead. Komm: Margaret Mead. Ph: Gregory Bateson (16 mm).
Inhalt: *Mario, ein Meistertänzer, gibt einem Jungen, der keinen formalen Tanzunterricht hat, eine spontane Unterrichtsstunde am Strand von Sanur. Die erstaunliche körperliche Gewandtheit und Lernfähigkeit des Jungen wird im Kommentar auf die Körperschulung zurückgeführt, die die Balinesen vom Säuglingsalter an erfahren. Darauf das bewegende Bild: ein Baby, das die Gesten seines Vaters nachzuahmen versucht.*

LION GAME
siehe THE SAN.

LORANG'S WAY
siehe TURKANA CONVERSATIONS.

LUA DA SECA MENOR
siehe PRESENTE ANGOLANO, TEMPO MUMUILA.

MADARRPA FUNERAL AT GURKA'WUY
Australien 1976/1979. L: 87 min.
P: Film Australia. R Ph: Ian Dunlop (F, 16 mm). B: Dean Semler. S: Gunnar Isaacson.
Inhalt: *Gurka'wuy (NO-Arnhemland) wurde Anfang der 70er Jahre von Angehörigen der Marrakulu- u. Madarrpa-Clane als aboriginale Stätte wiederbesiedelt. Der Film dokumentiert die erste größere Zeremonie, die von den Clanen in Gurka'wuy abgehalten wurde: die Begräbniszeremonie für ein Kind.*
Die Besiedlung von Gurka'wuy war der Beginn des Clan Homeland Movement, das mittlerweile ganz Nord- u. Zentralaustralien erfaßt hat – die Rückgewinnung und Wiederbesiedlung des Landes. Die australischen Aborigines mögen äußerlich Teil der modernen Welt sein. Ihre Zeremonien bleiben traditionell. Sie sind der lebende Ausdruck für ihre Bindung ans Land.

MAGICAL DEATH
siehe THE YANOMAMO.

LES MAÎTRES FOUS
Frankreich 1954/1955. L: 36 min.
P: Les Films de la Pléiade – Centre National de la Recherche Scientifique (Paris). R Komm Ph: Jean Rouch (F, 16 mm/35 mm). S: Suzanne Baron. T: Damouré Zika, André Cotin.
Inhalt: *Die jährlichen Besessenheitszeremonien des Hauka-Kultes in Accra (Ghana, damals noch Goldküste). Während der Zeremonien ergreifen die Hauka-Geister von den Initiierten Besitz – in der Form von kolonialen Autoritäten wie dem Wachoffizier, dem General, Admiral, aber auch der Lokomotive, deren Rollen von den Besessenen gespielt werden. Ein Hund wird geopfert und verspeist. Eine kurze Sequenz zeigt öffentliche Auftritte weißer Autoritäten. Zum Schluß erleben wir die Hauka-Priester bei der Arbeit auf den Straßen Accras.*
Ein Schlüsselwerk im filmischen Schaffen Rouchs. Der Hauka-Kult war Ende der 20er Jahre in der Nigerregion entstanden. In den 30er Jahren zogen viele seiner Anhänger, von der französischen Kolonialregierung verfolgt, von den orthodoxen Moslems geächtet, an die Küste, wo sie als Wanderarbeiter lebten. Rouchs Kommentar versucht den Kult als eine Art Adaptionstherapie einer marginalisierten Bevölkerungsgruppe zu deuten. Der Film selbst hat von seiner erstaunlichen Kraft, die einer intensiven Sogwirkung gleichkommt, mit der einen das Unbekannte anzieht, nichts verloren.

Making A Wira
siehe People Of The Australian Western Desert Parts 11–19.

Makumukas
siehe Presente Angolano, Tempo Mumuila.

Malagan Labadama (A Tribute To Bukbuk)
Papua Niugini 1982. L: 130 min.
P: Institue of Papua New Guinea Studies (Port Moresby). R Ph S: Chris Owen (F, 16 mm).
Ethn: Elizabeth Brouwer.
Inhalt: *Ein malagan ist ein bemaltes Schnitzwerk, das auf New Ireland zu Ehren eines verstorbenen Menschen als letzte Totengabe zeremoniell präsentiert wird. Der Name bezieht sich zudem auf den von dem Schnitzwerk repräsentierten Totengeist, und auf die Festlichkeiten, die die Präsentation begleiten. Der Film ist ein vollständiger Bericht über ein solches malagan in dem Dorf Pinatgin (südliche Mandak). Das malagan Labadaa gehört drei Brüdern, die den ganzen Film hindurch die ›Hauptrolle‹ spielen: Sie organisieren, halten Reden und leiten Zeremonien, und einer von ihnen ist der malagan-Schnitzer.*
Ein technisch und ästhetisch beeindruckendes Zeugnis von der lebendigen Kultur der Bewohner New Irelands. Das Traditionelle und das Moderne gehen Hand in Hand, etwa wenn die Melanesier ihre Musik und Tänze methodisch auf Tonband aufnehmen oder Instant-Kaffee serviert wird.

Mamu
siehe People Of The Australian Western Desert Parts 11–19.

A Man And His Wife Weave A Hammock
siehe The Yanomamo.

A Man Called »Bee«: Studying The Yanomamo
siehe The Yanomamo.

Les Mangeurs D'hommes
Frankreich 1927–28/1930. Stf. L: 70 min.
R Ph: André-Paul Antoine, Robert Lugeon (35 mm).
Inhalt: *Ein Film über die Big Namba von Malekula, mit einer indigenen Romanze und einem Kriegszug gegen ein Nachbardorf.*
Der Film wurde auf den Inseln Vao und Atchin und in der Küstenregion von Nordost-Malekula mit den Small Namba (!) gedreht. In der Absicht, den Film ›wirksamer‹ zu machen, kommt es zu großsprecherischen, künstlichen bis lächerlichen Szenen, doch ließen sich solche von dokumentarischen (ethnographischem) Interesse nicht ganz vermeiden.

Man Och Kvinna
siehe En Handfull Ris.

Man Of Aran
Großbritannien 1932–34/1934. L: 76 min.
P: Gainsborough Pictures für Gaumont-British Picture Corporation. R Ph (35 mm): Robert J. Flaherty. Mitarbeit: John Goldman, Frances H. Flaherty. B S: John Goldman. M: John Greenwood. T: H. Hand.
D: Colman »Tiger« King (*»Tiger«, ein Mann von Aran*), Maggie Dirrane (*Maggie, seine Frau*), Michael Dillane (*Mikeleen, ihr Sohn*), Pat Mullin, Patch »Red Beard« Ruadh, Patcheen Flaherty, Tommy O'Rourke (*Die Haijäger*), Patcheen Conneely, Stephen Dirrane, Mac McDonough (*Die Curragh-Fahrer*).
Inhalt: *Der Film schildert das Leben auf den Aran-Inseln vor der Westküste Irlands – wie es einmal war: das Fahren mit dem* curragh *(einem aus Häuten gefertigten Rundboot), der ewige Kampf gegen den Wind, der spärliche Ackerbau auf unfruchtbarem, steinübersätem Land. So gering ist die Erdkrume, daß sich die Menschen aus Tang, Sand und Mist ihre eigene Krume machen müssen. Der Junge entdeckt beim Fischen auf dem Kliff einen riesigen Hai. Die Männer gehen auf Haifang und werden von der Dorfbevölkerung triumphierend empfangen, als sie erfolgreich zurückkehren. Ein Sturm kommt auf. Einige Fischer haben Schwierigkeiten, an Land zu kommen. Sie können sich, als ihr Boot kentert, gerade noch retten.*
Flahertys europäische Variante zu Nanook. Er bleibt seiner Absicht treu, die Überlebensqualitäten des Menschen, ihre Würde und Humanität, die sie unter den ungünstigsten Bedingungen bewahren, zu rühmen. Dazu entwickelt er auch dieses Mal einen idealtypischen Kontext, der weniger der einer außerfilmischen Lebensweise als der einer filmischen Repräsentationsform ist.

Masai Manhood
siehe Disappearing World.

Masai Women
siehe Disappearing World.

The Meat Fight
siehe The San.

The Mehinacu
siehe Disappearing World.

The Melon Tossing Game
siehe The San.

Men Bathing
siehe The San.

The Meo
siehe Disappearing World.

Moana: A Romance Of The Golden Age
USA 1923–25/1926. L: 1869 m/85 min.
P: Robert J. und Frances H. Flaherty für Famous Players-Lasky. R B Ph (35 mm): Robert Flaherty. Titel S: Julian Johnson, Robert und Frances H. Flaherty.
D: Ta'avale (*Moana*). Pe'a, Fa'angase, Tu'ungaita, Tafunga.
Inhalt: *Die Geschichte eines jungen Polynesiers, Moana, seiner Familie, Freunde und ihres Alltagslebens. Der Film beginnt mit Szenen der Nahrungsbeschaffung: das Einsammeln von Tarowurzeln, Früchten, Blättern und Rinde; Moana, der eine Schlinge auslegt, in der sich ein Wildschwein fängt; Moana geht mit dem Speer fischen. Tu'ungaita, die Mutter, fertigt ein Kleidungsstück aus der Rinde des Maulbeerbaumes an: der ganze Prozeß wird gezeigt, vom Klopfen der Rinde, bis zum Färben und Verzieren, bis das lavala fertig ist. Pe'a holt Kokosnüsse von den Palmen. Seeszenen. Pe'a macht Feuer. Ein großes Fest wird vorbereitet. Fa'angase ölt Moana für den siva-Tanz ein. Moana tanzt. All dies ist Vorbereitung auf die Mannbarkeitsriten, Vorbereitung auf die schmerzhafte Prozedur der Tatauierung, die Moana besteht. Die Dorfbewohner tanzen vor der Tatauierungshütte. Zum Schluß tanzen Moana und Fa'angase gemeinsam den siva.*
Gefilmt auf der Insel Savai'i (Western Samoa). War schon Nanook keine intendierte ethnographische Untersuchung, hat Moana umso mehr von einer Vision des edlen Wilden. Samoa erscheint wie die westliche Vorstellung von einem irdischen Paradies, in dem auch einige subsistentielle Tätigkeiten wie Ackerbau und Fischfang anfallen und das sich durch Riten und Zeremonien seinen nicht-materialistischen Sinn gibt.

Moi, Un Noir
Frankreich 1957. L: 80 min.
P: Les Films de la Pleïade – Centre National de la Recherche Scientifique (Paris). R Ph: Jean Rouch (F, 35 mm/16 mm). Komm: Oumarou Ganda. Beratung: Ibrahim Dia. Ld: Myriam Touré, N'Daye Yéro, Amadou Demba. S: Marie-Josèphe Yoyotte, Catherine Dourgnant. T: André Lubin.
D: Oumarou Ganda (*Edward G. Robinson*), Touré Mohammed (*Eddie Constantine-Lemmy Caution*), Alassane Maiga (*Tarzan*), Mlle. Gambi (*Dorothy Lamour*), Seydou Guède, Karidyo Faoudou.
Inhalt: *Das Leben afrikanischer Arbeiter in der Vorstadt von Abidjan, Treichville, während der Woche und am Wochenende. Die drei jungen Männer kommen aus Niger und agieren unter den Namen berühmter Filmstars.*
Rouchs erster Langfilm, zugleich sein erster Versuch, Fiktion und Realität zu vermischen, wie er sagte. Thematisch besonders Les Maîtres Fous und Jaguar verwandt: Immigration in die Küstenstädte, Kolonisierte und Kolonialisten, Proletarisierung in den Städten. Die Charaktere spielen nicht nur vor der Kamera, sie leben bereits ein fiktionales Leben in Treichville, das sich von der Realität in ihren Heimatdörfern stark unterscheidet. Die Übernahme von Filmstarnamen und -rollen wird als ein Weg gesehen, mit dem Stadtleben fertigzuwerden – hier ist der Film Les Maîtres Fous besonders nahe. Rouch: »Ich zögerte nicht, die Dimensionen des Imaginären, des Unwirklichen einzuführen – wenn eine Figur träumt, er würde boxen, so boxt er ... das ganze Problem besteht darin, dem Betrachter eine gewisse Ernsthaftigkeit zu bewahren, nie die Tatsache zu verbergen zu suchen, daß dies ein Film ist ...«

Mokil
USA 1947–48/1949. L: 59 min.
P: Weckler, Sloan and Bentzen. R: Conrad Bentzen, Melvin Sloan. Ph: Conrad Bentzen, J. E. Weckler (F, 16 mm).
Inhalt: *Alltagsleben und Probleme der mikronesischen Bewohner des Atolls Mokil (Karolinen): Wirtschaftsleben, Mangel an Ackerboden, Mangel an Resourcen, Technologie, Sozialorganisation, rituelles und religiöses Leben.*
Eine traditionelle Monographie, aber in ihrer Art vorbildlich.

Moonblood: A Yanomamo Creation Myth As Told By Dedeheiwa
siehe The Yanomamo.

Mulga Seed Ceremony
Australien 1967/1969. L: 25 min.
P: Australian Institute of Aboriginal Studies. R Ph S: Roger Sandall (F, 16 mm). Ethn: Nicolas Peterson.
Inhalt: *Der Film zeigt eine Fruchtbarkeits- und Vermehrungszeremonie der Pitjantjara (Northern Territory).*
Der Film darf nur außerhalb Australiens und auch nur eingeschränkt gezeigt werden, da er ein geheimes Ritual festhält. Visuell faszinierend.

The Mursi
siehe Disappearing World.

My Country Djarrakpi
Australien 1978/1981. L: 16 min.
P: Film Australia R: Ian Dunlop Ph: Ian Dunlop, Dean Semler (F, 16 mm) S: Gunnar Isaacson.
Inhalt: *Narritjin (vgl. Narritjin at Djarrakpi) spricht über Djarrakpi, einen der heiligsten Plätze seines Clans: Auf einer Ausstellung seiner Rindenmalereien in Canberra erklärt er die Bedeutungen eines Bildes von Djarrakpi; auf den Dünen von Djarrakpi selbst erklärt er die Bedeutung einiger Landschaftscharakteristika.*

Myth Of Naro As Told By Dedeheiwa
siehe The Yanomamo.

Myth Of Naro As Told By Kaobawa
siehe The Yanomamo.

N!ai, The Story Of A !Kung Woman
siehe The San.

Nanook Of The North
USA 1920–21/1922 L: 75 m.
P: Revillon Frères R B Ph (35 mm) S: Robert Flaherty Titel: Carl Stearns Clancy, Robert Flaherty.
D: Nanook, Nyla, Allee, Cunayou, Comock.
Inhalt: *Nanook und seine Familie leben das typische Leben der arktischen Eskimo, das durch die ständige Suche nach Nahrung bestimmt ist. Der Film beginnt mit Großaufnahmen der Hauptpersonen. Es folgen Szenen aus dem Sommerleben (insbesondere das Herstellen und Reparieren der Kayaks). Nanook zieht wie jedes Jahr zum Handelsposten, um dort seine Häute und Felle zu verkaufen. Der Händler führt ihm ein Grammophon vor. Leben im Winter: Nanook beim Fischen am Eisloch. Das Harpunieren eines Walrosses ist ein großes Ereignis. Am Abend wird ein Iglu errichtet. Am nächsten Tag erlegt Nanook einen Seehund. Schließlich zieht die Familie weiter.*
Ein Film der Rekonstruktion, gedreht mit Itivimiut-Eskimo in der Gegend von Cape Dufferin (Ungava-Halbinsel, an der Hudson Bay). Nanook ist *der* Klassiker des Dokumentarfilms, aber noch nach 60 Jahren dient er als Beleg für den Streit um die Bedeutung des Authentischen: Werden die Bilder des auf Beute wartenden Nanook dadurch weniger wahr, weil man mittlerweile weiß, daß die Fische schon tot im Wasser hingen?

Narritjin At Djarrakpi Parts 1–2
Australien ca. 1978/1981. L: 50 min (1), 30 min (2).
P: Film Australia R: Ian Dunlop Ph: Ian Dunlop, Dean Semler (F, 16 mm) S: Gunnar Isaacson.
Inhalt: *1. Narritjin und seine Familie lassen sich in Djarrakpi (einer bedeutenden Stätte des Manggalili-Clans, der zum Stamm der Yolngu gehört) in Nordost-Arnhemland nieder. Sie leben von dem, was das Land und das Meer ihnen geben. Narritjin und seine Familie stellen Rindenmalereien und Handwerksprodukte her, die sie auf der Missionsstation Yirrkala verkaufen. Durch die Malereien erfahren Narritjins Söhne vom Clanland und von der Geschichte ihrer Vorfahren. 2. Die Familie ist durch Zuwanderung größer geworden. Narritjin malt. Die jungen Männer speeren Fische. Narritjin erzählt von seinen Empfindungen und Gefühlen, die er dem Ort Djarrakpi gegenüber hat, und von seinen Hoffnungen für die Zukunft.*

Navajo Film Themselves
Eine Reihe von 7 Filmen. Angeregt durch den Semiotiker Sol Worth und den Ethnologen John Adair erlernten sechs junge Navajo den Umgang mit der Kamera und die Techniken des Filmemachens.
USA 1966/1968. Stf.
P und Beratung: Sol Worth, John Adair (16 mm).
1. A Navajo Weaver L: 22 min Real: Susie Benally

2. SECOND WEAVER L: 9 min Real: Alta Kahn
3. THE SPIRIT OF THE NAVAJO L: 21 min Real: Maxine und Mary Jane Tsosie
4. OLD ANTELOPE LAKE L: 11 min Real: Mike Anderson
5. THE NAVAJO SILVERSMITH L: 20 min Real: Johnny Nelson
6. INTREPID SHADOWS L: 18 min Real: Alfred Clah
7. THE SHALLOW WELL PROJECT L: 14 min Real: Johnny Nelson

Inhalt: *Filme über Handwerke, über Glaubensvorstellungen und Mythologie und über das Verhältnis der Navajo zur Natur.*

Absicht des Projekts war es (nach Worth und Adair), »herauszubekommen, ob der Film, wenn er von Menschen wie den Navajo konzipiert, photographiert und gehandhabt wird, Aspekte der Wahrnehmung und der Wertvorstellungen aufzeigen würde, die zurückgehalten werden mögen oder vielleicht nicht zu beobachten oder zu analysieren sind, falls die Untersuchung auf verbaler Kommunikation beruht, insbesondere wenn dies in der Sprache des Untersuchenden geschieht.«

THE NAVAJO SILVERSMITH
siehe NAVAJO FILM THEMSELVES.

A NAVAJO WEAVER
siehe NAVAJO FILM THEMSELVES.

NAWI
USA 1968/1970. L: 22 min.
P R Ph: David MacDougall (F, 16 mm). S: David MacDougall, Judith MacDougall. T: Judith MacDougall.
Inhalt: *Während der Trockenzeit bringen die Jie (Nordost-Uganda) ihre Rinderherden in die nawi genannten Viehcamps, auf noch frische Weiden. Der Film zeigt die Mitglieder eines homestead, wie sie beschließen, ins nawi zu gehen, die Vorbereitungen, das Packen. Im nawi machen die Frauen Käse.*

Der visuell schöne Filme vermittelt ganz leicht und einfach viele der hervorstechendsten Aspekte des Hirtenlebens, insbesondere der gegenseitigen Abhängigkeit von Menschen, Rindern und Umwelt.

NETSILIK ESKIMO
Serie von 21 Filmen.
USA/Canada 1963–65/1969.
P: Educational Development Center (Cambridge) in Zusammenarbeit mit National Film Board of Canada (finanzielle Unterstützung: National Science Foundation – Ford Foundation of the United States). P R: Quentin Brown. Ph: Richard Bergman, Ken Campbell, Ken Post, Doug Wilkinson, Robert Young (F, 16 mm). S: Elvin Carini, Michel Chalufour, William Gaddis, Jack Hirschfield, Bill Tannebring. T: Jacques Drouin (Re-recording: Ron Alexander, Michel Descombes, Roger Lamoureux).
Ethn: Asen Balikci, Guy Mary-Rousselière.

1. AT THE CARIBOU CROSSING PLACE Part 1. L: 30 min 15 sek.
Inhalt: *Frühherbst. Eine Eskimofrau erwacht und kleidet einen Jungen an. Sie breitet eine Karibuhaut zum Trocknen aus. Der Junge sammelt Beeren. Dann kommen die Männer in ihrem Kayak mit einem weiteren Karibu, das abgezogen wird. Die Nacht bricht ein. Ein Mann verläßt das Lager mit seinem Bogen, ein anderer bereitet einen Fischköder aus Karibufleisch vor. Die Frau bearbeitet die Felle. Der Mann repariert seinen Bogen. Dann legt er eine Schlinge aus für eine Möwe. Das Kind tötet die gefangene Möwe mit einem Stein und spielt dann Jäger. Sein Vater fertigt ihm einen Kreisel an.*

2. AT THE CARIBOU CROSSING PLACE Part 2. L: 29 min 21 sek.
Inhalt: *Zwei Männer kommen im Lager an. Alle vier errichten dann zusammen eine lange Reihe menschenähnlicher Figuren aus Steinen (inukshuit) in Richtung auf das Wasser. Sie warten auf die Karibus und jagen sie dann auf die Steinfiguren zu und somit ins Wasser, wo andere Männer in Kayaks warten und die Tiere speeren. Die toten Tiere werden an Land gehäutet. Der Junge spielt mit den Besuchern, die Frau kocht Fleisch, die Männer zerbrechen die Knochen und essen das Mark. Festessen.*

3. AT THE AUTUMN RIVER CAMP Part 1. L: 26 min 18 sek.
Inhalt: *Spätherbst. Neuschnee. Die Eskimos bauen karmak, das sind Schutzhütten aus Schneewänden mit einem Dach aus Häuten. Der Mann macht einen Spielzeugschlitten aus den Kieferknochen eines Karibu und bindet einen jungen Hund davor. Am nächsten Tag sammeln die Frauen Moosvorräte als Brennmaterial. Die Männer fischen an Eislöchern mit Speeren. Die Frau macht Feuer im Freien und kocht Fisch, während die Männer aus dem Fangüberschuß ein Vorratslager anlegen. Dann ißt die Familie im karmak.*

4. AT THE AUTUMN RIVER CAMP Part 2. L: 33 min 6 sek.
Inhalt: *Die Männer errichten ein Iglu, das die Haushaltsgegenstände aufnimmt. Sie beginnen mit der Anfertigung eines Schlittens. Dazu verwenden sie Zelthäute, gefrorene Fische, Karibugeweihstangen und Lederriemen aus Seehundshaut. Die Frau arbeitet an einem Parka. Die Kinder spielen. Sobald der Schlitten fertig ist, wird er beladen, und die Familie bricht flußabwärts zur Küste auf.*

5. AT THE WINTER SEA ICE CAMP Part 1. L: 35 min 40 sek.
Inhalt: *Spätwinter. Es ist sehr kalt, und alle sind froh, Lager zu machen. Die Männer prüfen den Schnee und schneiden dann große Blöcke heraus, während die Frauen einen Platz freischaufeln. Sobald das Iglu fertig ist, gehen alle schlafen. Am nächsten Tag überprüfen die Männer ihre Speere, schirren die Hunde an und fahren auf das zugefrorene Meer hinaus. Jeder einzelne, mit einem oder zwei Hunden, erkundet die weiße Ödnis, auf der Suche nach den Atemlöchern von Seehunden. Ein Hund schnüffelt im Schnee, und der Mann findet ein Atemloch und hängt eine Haarschlinge hinein, die ihm anzeigt, wenn ein Seehund zum Atemholen an die Oberfläche kommt. Dann wartet er bewegungslos. Er tötet den Seehund. Alle kommen zusammen, um die noch warme Leber zu essen.*

6. AT THE WINTER SEA ICE CAMP Part 2. L: 36 min 16 sek.
Inhalt: *Am Morgen breiten die Frauen die Felle auf dem Iglu zum Lüften aus. Die Kinder spielen: sie schlagen einen Fellball mit einem Knochenschläger. Die Männer sind wieder auf dem Eis und warten auf Seehunde. Die Frauen spielen mit den Babies, nähen, reparieren die Iglus. Eine alte Frau singt, sich wiegend. Eine Frau unterweist ein Mädchen in der Zubereitung eines Fells, aus dem ein Anorak werden soll. Die Männer sind bei der Jagd erfolgreich. Die Seehunde werden von den Frauen ausgenommen, die während der Arbeit essen. Nach der Jagd sind alle im Iglu beschäftigt, und ein alter Mann beginnt eine Geschichte zu erzählen. Ein Mann und eine Frau spielen ein Fadenspiel.*

7. AT THE WINTER SEA ICE CAMP Part 3. L: 30 min 16 sek.
Inhalt: *Die Arbeit an einem großen Gemeinschaftsiglu beginnt: alle sind daran beteiligt. Die Kinder machen die Erwachsenen nach. Danach*

nehmen die Männer die Seehundjagd wieder auf, die Frauen ihre Alltagsarbeit. Frauen und Kinder spielen Blindekuh. Man versucht mit kleinen Speeren ein aufgehängtes Ziel zu treffen. Fisch wird zerteilt und gegessen. Die Männer kommen zurück. Ein Mann zieht einen Seehund ins Iglu. Eine Frau saugt am Eis und sprüht Wasser in das Maul des toten Tieres. Dann wird das Fleisch verteilt. Die Hunde kriegen, was übrig bleibt. Die Männer messen ihre Kraft im Spiel.

8. AT THE WINTER SEA ICE CAMP Part 4. L: 34 min 40 sek.
   Inhalt: Die Hunde suchen zusammengekauert Schutz vor dem eisigen Wind. Ein Mann höhlt mit einem Bogenbohrer einen Steintrog aus. Kinder spielen mit einem Hündchen. Eine Frau preßt Speck in die Öllampe, und ein Kind bringt dem Mann, der mit der Steinarbeit beschäftigt ist, einen Wetzstein. Draußen tummeln sich die Jungen im Schnee, machen Kopfstände und Purzelbäume. Einer Frau wird ein Steinsplitter durch Saugen aus dem Auge entfernt. Männer und Frauen versuchen sich im Werf- und Treffspiel. Einige Männer sind weiterhin auf Seehundjagd. Der Tag endet mit Trommeln, das die Frauen mit ihrem Gesang begleiten. Am nächsten Morgen ist das große Iglu verlassen. Die Eskimo sind wieder auf dem zugefrorenen Meer unterwegs.

9. JIGGING FOR LAKE TROUT. L: 31 min 56 sek.
   Inhalt: Anzeichen für das Ende des Winters: immer mehr Wildtiere kommen zurück. Die Familie bricht zum Fischfang an einen See auf. Ein karmak wird gebaut und ausgerüstet. Der Mann hackt ein Loch in das See-Eis. Er hängt einen Köder aus und zupft an der Angelschnur, um die Fische anzulocken. Seine Frau schließt sich ihm an, und sie fangen einige Fische. Beide bleiben auch während eines schweren Schneesturms am Fischloch.

10. AT THE SPRING SEA ICE CAMP Part 1. L: 26 min 40 sek.
    Inhalt: Zwei Eskimofamilien unterwegs auf dem zugefrorenen Meer. Vor Anbruch der Nacht errichten sie kleine Iglus. Am nächsten Morgen entzündet eine Frau ihre Lampe mit einem Docht aus Moos und Seehundtran. Der Mann repariert seine Schneebrille. Ein anderer Mann kommt an, ein Eisbärenfell hinter sich herziehend. Der Junge hat aus festem Schnee einen Eisbären nachgebildet und übt sich im Speerwerfen darauf. Dann probiert er es mit dem Bogen. Die Frau macht mit ihren Zähnen die Sohle für einen Stiefel aus Seehundhaut zurecht.

11. AT THE SPRING SEA ICE CAMP Part 2. L: 26 min 36 sek.
    Inhalt: Die Männer jagen Seehunde im Eis. Der heftige Wind bringt die ›Kennzeichen‹ in Unordnung, die das Auftauchen der Tiere signalisieren. Ein Jäger tötet einen Seehund. Am Iglu schabt die Frau ein Eisbärenfell ab, und ein Mann repariert einen Schlitten. Bei dem warmen Wetter legt han Felle auf das Iglu. Der Schlitten wird vor der Sonne unter einem Schneeschutz geborgen. Ein Seehund wird abgezogen, das Eisbärenfell zum Trocknen ausgespannt, und die Menschen unterbrechen ihre Tätigkeit für eine Fischmahlzeit.

12. AT THE SPRING SEA ICE CAMP Part 3. L: 26 min 35 sek.
    Inhalt: Der Jäger ist allein unterwegs mit dem Hundeschlitten. Er entdeckt ein Erdhörnchen, legt eine Schlinge aus, und schon bald hat er es gefangen. Er tötet es, indem er seinen Schädel mit dem Fuß zerdrückt, damit das Fell unbeschädigt bleibt. Er kommt zu einem Fischvorrat und belädt seinen Schlitten. Im Lager ist eine Frau am Nähen, ein Mädchen hängt Fische zum Trocknen auf. Alle essen. Der Schlitten, der Anzeichen des Zerfalls zeigt, wird auseinandergenommen, statt seiner das Eisbärenfell zur Beförderung verwendet. Das Lager wird aufgegeben, um an die Küste aufzubrechen, wo die Sommerzelte aufgeschlagen werden.

13. GROUP HUNTING ON THE SPRING ICE Part 1. L: 34 min 13 sek.
    Inhalt: Ende Juni. Der Schnee ist fast verschwunden. Die Frau trägt Heidekraut und Moos ins Lager, und der Mann fertigt dem Jungen einen Schwirrkreisel an. Ein anderes Kind gibt vor, einen Hundeschlitten zu fahren. Eine Frau macht Bogensehnen, wieder eine andere ist mit einer Seehundhaut beschäftigt. Eine Frau bereitet ein Essen vor, während ein Mann aus Knochen und Sehnen einen Bogen herstellt. Der Mann ist mit dem Ergebnis zufrieden. Am nächsten Tag gehen die Männer mit einem Hund auf das Eis, um nach jungen Seehunden Ausschau zu halten.

14. GROUP HUNTING ON THE SPRING ICE Part 2. L: 27 min 55 sek.
    Inhalt: Die Männer sind auf dem Eis, die Frauen gehen im Lager ihren Aufgaben nach. Seehundhäute werden zum Trocknen ausgespannt, Möwen werden abgebalgt und kommen mit Schmelzwasser in den Kochtopf. Es wird gegessen. Die Frauen besuchen einen alten Mann in seinem Zelt. Frauen sammeln Moos, eine zieht einen jungen Seehund ab, eine andere näht Häute für ein Zelt zusammen. Die Kinder spielen Lagermachen, ältere Mädchen tun so, als würden sie stillen – junge Hunde geben die Babies ab. Dann kommen die Erwachsenen hinzu und vergnügen sich mit Jonglierkunststückchen.

15. GROUP HUNTING ON THE SPRING ICE Part 3. L: 33 min 1 sek.
    Inhalt: Die Männer sind auf dem Eis unterwegs, prüfen die Dicke des Eises und halten nach Seehunden Ausschau. Sie sitzen an den Atemlöchern und warten. Ein Seehund wird harpuniert. Sie genießen das warme Blut und die frische Leber. Ein anderer Jäger ist erfolgreich, dem dritten entkommt der Seehund, da der Harpunenriemen reißt. Als sie zurückkommen, haben sie doch noch einen weiteren Seehund im Schlepptau. Alle essen. Der Speck wird in Taschen aus Seehundhaut verpackt, und die Männer bringen ihn in ein Vorratslager.

16. STALKING SEAL ON SPRING ICE Part 1. L: 24 min 31 sek.
    Inhalt: Die Familie ist an der Küste der Pelly Bay (Mai-Juni). Der Jäger erlegt einen Seehund und bringt ihn ins Lager. Mann und Frau ziehen ihn ab und schneiden die Haut in ringförmige Streifen, die dann spiralig zu langen Riemen zurechtgeschnitten werden. Der Junge macht die Möwen nach, während der Mann die Riemen zwischen den Felsen ausspannt und die Behaarung abschabt. Die Frau zerlegt den Seehund.

17. STALKING SEAL ON SPRING ICE Part 2. L: 33 min 45 sek.
    Inhalt: Der Jäger schärft eine neue Knochenspitze für seine Harpune. Die Frau näht im Zelt einen Fausthandschuh. Sie essen etwas gefrorenen Fisch. Dann geht der Jäger mit der fertigen Harpune auf Jagd. Geduldig schleicht er sich an, in seinen Bewegungen den Seehund imitierend, doch schreckt eine zu frühe Bewegung das Tier auf, und die Harpune verfehlt ihr Ziel. Im Lager enthäutet die Frau eine Seehundflosse; der Junge spielt am Ufer. Am nächsten Morgen schabt die Frau ein Seehundfell ab. Der Jäger hat die Nacht auf dem Eis verbracht, doch hat er auch diesmal kein Glück und sammelt Möweneier am Felsenufer ein. Schließlich packt die Familie

ihr Hab und Gut in einer Bärenhaut zusammen und zieht an der Küste entlang weiter.

18. BUILDUNG A KAYAK Part 1.: L: 32 min 20 sek.
Inhalt: *Es ist Juli – Sommer. Zeit ein Kayak zu bauen; in die Aufgabe teilen sich zwei Männer. Sie sammeln Material: brauchbares Holz, Knochen, Seehundhäute und -sehnen. Sie schneiden zurecht, passen ein und an, verbinden und binden zusammen. Die Frau schneidet weitere Riemen, schabt Häute ab, sorgt für Essen. Und sie muß das Kind unterhalten, dem die Männer ausnahmsweise keine Beachtung schenken. Die Arbeit wird unterbrochen. Ein Mann speert einen Fisch, und alle goutieren die frische Nahrung.*

19. BUILDING A KAYAK Part 2. L: 32 mm 46 sek.
Inhalt: *Langsam nimmt das Kayak Form an, doch noch mehr Rippen müssen gespalten und angepaßt werden, noch mehr Einweichen, Biegen und Binden und Abschaben und Einweichen, bevor alles zusammengenäht werden kann. Dann testen die Männer ihr neues Kayak in der Bucht mit offensichtlichem Vergnügen an ihrem gelungenem Werk.*

20. FISHING AT THE STONE WEIR Part 1. L: 30 min 20 sek.
Inhalt: *Hochsommer. Es ist Fischfangzeit, da die Fische flußaufwärts ziehen. Die Männer errichten mit Steinen im Fluß Wehre, um die Fische darin einzuschließen. Eine Frau balgt eine Ente ab. Danach flicht sie ihr Haar auf traditionelle Weise in Zöpfe. Aus einer Blase macht sie für das Kind einen Ballon. Die Männer fischen mit dreizackigen Fischspeeren und fädeln die Fische einen nach dem anderen an Riemen auf, bis ein Mann sie gerade noch aus dem Wasser ziehen kann. Die Frau säubert die Fische und nimmt sie aus, bevor sie etwas rohen Fisch verspeist.*

21. FISHING AT THE STONE WEIR Part 2. L: 26 min 52 sek.
Inhalt: *Viele Männer sind beim Fischen, und die Kinder machen ihre Bewegungen nach. Der Fang ist groß. Einer entfacht mit seinem Bogenbohrer Feuer, und die Fische werden in einem Topf langsam gekocht und dann gegessen, wobei die Männer zusammenbleiben. Man spielt das Fadenspiel, während Geschichten erzählt werden, dann machen die Frauen mit dem Säubern der Fische weiter. Die Männer bauen steinerne ›Speicher‹, in denen die große Beute für magere Tage aufbewahrt wird.*

In den Filmen hört man nur die Netsilik-Sprache. Es gibt keine Untertitel. Die Reihe war für den Einsatz an Grundschulen (Oberstufe) geplant worden, im Rahmen eines Programms, Man: A Course of Study, als abschließender Teil eines einjährigen Kurses in Humanwissenschaften. »Das Thema des Kurses ist der Mensch als Spezies, sind die Kräfte, die seine Humanität herausbildeten und weiterformen ... Wir suchen Übungen und Stoffe, in denen die unterschiedliche Anpassung des Menschen an seine Umwelt gezeigt wird, ...« (Jerome S. Bruner, einer der drei beratenden Wissenschaftler). Die Devise erklärt, warum das filmische Unternehmen in erster Linie auf Technologie, Subsistenz und Verhalten ausgerichtet war.

NEW TRIBES MISSION
siehe THE YANOMAMO.

THE NUER
USA 1968/1970. L: 75 min.
P: Robert Gardner, Hilary Harris für Film Study Center (Peabody Museum, Harvard University). R Ph: Hilary Harris, George Breidenbach. Ass: Robert Gardner (F, 16 mm).
Inhalt: *Ein Film über die Nuer von Lara, einem Dorf der Gaajak-Sektion auf äthiopischem Boden. Starke, nachdrückliche Szenen von den Menschen, ihrem Vieh, ihren Sachen und dem Land.*
Kein Film, der auf die Kraft der Beobachtung setzt. Ein Film vielmehr, der mithilfe ausgezeichnet photographierter Szenen, die er assoziativ (im Gegensatz zu konsekutiv) montiert, ein eindrucksvolles Bild zusammensetzt, in dem sich Evans-Pritchard (*der Nuer-Ethnologe*) ohne weiteres zurechtfand, mit dem andere jedoch ihre Schwierigkeiten haben, da der Film keine monographische Darstellung ist. Der Kommentar greift klärend ein etwa bei einem Disput um einen Brautpreis, bei einer revitalistischen Zeremonie gegen die Pocken und bei der *gar*-Initiation, die den Höhepunkt des Films darstellt und wobei zwei Jungen die Einschnitte auf der Stirn erhalten, die ihren Übergang in den Mannesstatus markieren.

NUESTRA VOZ DE TIERRA, MEMORIA Y FUTURO
Kolumbien 1976–81/1982. L: 100 min.
P: Marta Rodríguez, Jorge Silva. R B: Marta Rodríguez, Jorge Silva zusammen mit Indios aus Coconuco (Cauca-Region). Ph: Jorge Silva (16 mm). M: Jorge López. S: Marta Rodríguez, Jorge Silva, Caita Villalon. T: Ignacio Jiménez, Eduardo Burgos, Nora Drufovka.
D: Fernando Velez, Eulogio Gurute, Julián Avirama.
Inhalt: *Der Film ist auf zwei Ebenen angelegt: In die dokumentarische Schilderung des Kampfes der Gemeinde Coconuco und der Indios der Cauca-Region sind inszenierte Szenen eingefügt, das mythische Schauspiel vom Großgrundbesitzer, der wie der Teufel eine ewige Existenz zu haben scheint, der aber am Ende doch fallen muß.*
Der Film bricht ganz bewußt mit dem Naturalismus traditioneller Dokumentarfilme. Vor allem geht es ihm um die »Aufhebung der Trennung von Realität und Fantasie, von Ideologie und Magie, die in einer bestimmten Wirklichkeit miteinander koexistieren« (J. Silva), wo sich politischer Kampf und mythische, magische Vorstellungen und Praktiken nicht ausschließen, mehr noch: einander notwendig ergänzen.

N/UM TCHAI: THE CEREMONIAL DANCE OF THE !KUNG BUSHMEN
siehe THE SAN (6. THE !KUNG BUSHMEN).

NYANGATOM: LES FUSILS JAUNES
Frankreich 1975–77/1978. L: 90 min.
P: Centre National de la Recherche Scientifique – Awa Films Awa. R: Jean Arlaud, Philippe Sénéchal, Benedictine Mallet. Ph: Jean Arlaud (F, 16 mm). S: Charlotte Boigeol, Bernard Favre, Simone Jouse. T: Philippe Sénéchal. Ethn: Serge Tornay.
Inhalt: *Szenen täglichen Lebens, der Subsistenz, der sozialen Interaktion. Kinder spielen und holen Wasser, Frauen pflegen einander, Ziegen und Rinder werden versorgt, Sorghum geerntet, Feuer angelegt, Lieder gesungen. Eine Männerrunde. Sie sprechen von den Wanderungen, dem Land, den Rindern, Frauen, Gewehren und den Feinden. Die Männer drücken ihren Wunsch nach Wohlstand und Kindern, nach Kaffee zum Trinken und nach der Vernichtung ihrer Feinde aus.*
Die Nyangatom sind ein Hirtenvolk im unteren Omo-Tal (Südwestäthiopien) und im südöstlichen Sudan. Ihr Name bedeutet »Gelbe Gewehre«, und sie legten sich ihn im letzten Jahrhundert zu, als sie von Swahili-Händlern die ersten Gewehre erstanden. Zwischen 1971 und 1976 waren die Nyangatom in eine schwere Krise geraten, da mehr als 400 Männer in kriegerischen Auseinandersetzungen mit Nachbar-

gruppen (Hamar, Mursi, Dasanec) getötet worden waren. Eine ernste Dürre verschlimmerte die Situation. Im Film selbst ist in den Gesprächen der Männer viel davon zu spüren: das Bemühen, sich nach den vergangenen Katastrophen wiederzufinden, ein neues Selbstwertgefühl zu entwickeln. In ruhigen, sich und dem Betrachter Zeit und Raum lassenden Bildern breitet der Film ein Panorama der Nyangatom-Gesellschaft im Frieden aus. Älteste erzählen, von einem anderen Nyangatom befragt. Zum Schluß befragt der Seher noch einmal das Sandalenorakel, diesmal über das »cinéma«: »Was macht das cinéma? – Es geht nach Addis Ababa. Es schläft.«

OCAMO IS MY TOWN
siehe THE YANOMAMO.

OFICIOS
siehe PRESENTE ANGOLANO, TEMPO MUMUILA.

OLD ANTELOPE LAKE
siehe NAVAJO FILM THEMSELVES.

OLD CAMP SITES AT TIKA TIKA. MENDING A CRACKED DISH. QUANDONG MEDICAL
siehe PEOPLE OF THE AUSTRALIAN WESTERN DESERT Parts 1–10.

ONDYELWA, FESTA DO BOI SAGRADO
siehe PRESENTE ANGOLANO, TEMPO MUMUILA.

PALOS BRUDEFAERD
Dänemark 1933/1937. L: 75 min.
P: Palladium Film. R: Friedrich Dalsheim. B Ethn: Knud Rasmussen. Ph: Hans Scheib, Walter Traut (35 mm). M: Emil Reesen. S: Georg Stilly. T: Poul Bang.
D: Eskimo aus Angmagssalik (Ostgrönland).
Inhalt: *Im Sommerlager werben Samo, der tapfere, aber etwas ungeschlachte Bärenjäger, und der junge Palo um das Mädchen Navarana, das mit ihren drei Brüdern lebt. Beim Lachsfang macht sich Samo zum Gespött, als er tolpatschig ins Wasser fällt. Palo will ihm heraushelfen, für Samo eine zusätzliche Beleidigung. In seinem Zorn will er Palo angreifen, wird aber von den anderen zurückgehalten. Ein Sängerwettstreit zwischen den beiden wird vereinbart, bei dem jeder den anderen mit Spottliedern lächerlich zu machen versucht. Der Sieger wird auch Navaranas Hand gewinnen. Das wissen auch ihre Brüder, die deshalb vorzeitig ins Winterlager aufbrechen – und Navarana muß mitkommen. Palo ist viel schlagfertiger als Samo, sein Spott trifft. Als Samo erkennt, daß er verlieren wird, greift er zum Messer und verletzt Palo schwer. So bleibt Palo auf dem Krankenlager zurück, während Samo Navarana und ihren Brüdern ins Winterlager folgt. Die Winterstürme toben bereits, als Palo wieder gesund ist. Und er erinnert sich des alten Brauches, daß niemand die Tochter oder Schwester verweigern kann, wenn der Freier bei schwerem Sturm übers Meer kommt, sie zu holen. Palo unternimmt das Wagnis und hat Erfolg. Navarana, die auf dem Kajak festgebunden wird, in dem ja nur einer Platz hat, nimmt er mit zurück. Doch Samo hat noch immer nicht aufgesteckt. Er folgt den beiden, mit der Absicht zu töten. Blind vor Wut schleudert er seinen Speer – der das Ziel verfehlt. Aber Samos Kayak schlägt um und er kann sich nicht mehr befreien. Palo führt Navarana heim in die ruhige Bucht, seine Brautfahrt ist zu Ende.*

Ein Eskimo-Western, heißt es. Nichts könnte falscher sein als diese Charakterisierung, die auf den Plot abzielt, um ihn sogleich zu verwerfen. Doch die Geschichte ist eine Eskimogeschichte, und sie setzt die Ethnographie ins Bild, erlaubt den Darstellern, uns ihr Leben so vor Augen zu führen, daß wir daran teilhaben können. Der Film wurde fürs Kinopublikum gedreht. Er legt demnach größeren Wert auf menschliche Universalien als auf kulturelle Unterschiede, die er einfach zeigt.

THE PATHANS
siehe DISAPPEARING WORLD.

PEARLS AND SAVAGES
Australien 1920–21/1922.
P R Ph: Frank Hurley (35 mm).
Inhalt: *Eine Erkundung Neuguineas mit dem Wasserflugzeug. Das Eindringen der Kamera in die Welt der Primitiven. Szenen von der Insel Mailu.*
Bemerkenswert in seiner Art, das unvermittelte Zusammentreffen des weißen Abenteurers mit den Indigenen festzuhalten, die Reaktionen, die sein Erscheinen auslöst. Die rein ethnographischen Szenen wurden als Extrakt in Kurzfilmlänge zu wissenschaftlichen Zwecken zusammengestellt.

PEDRA SOZINHA NÃO SUSTEM PANELA
siehe PRESENTE ANGOLANO, TEMPO MUMUILA.

PEOPLE OF THE AUSTRALIAN WESTERN DESERT
Eine Reihe von insgesamt 19 Filmen, von denen vier wiederum zu einem eigenen Film, DESERT PEOPLE, zusammengefaßt wurden.
Australien 1965/1966 (Parts 1–10), 1967/1969 (Parts 11–19).
P: Australian Commonwealth Film Unit. R S: Ian Dunlop. Ph: Richard Howe Tucker (35 mm – Parts 1–10; F, 16 mm – Parts 11–19). Ethn: Robert Tonkinson.

1. SEED CAKE MAKING AND GENERAL CAMP ACTIVITY. L: 21 min.
2. GUM PREPARATION. STONE FLAKING. DJAGAMARA LEAVES BADJAR. L: 20 min.
3. SACRED BOARDS AND AN ANCESTRAL SITE. L: 8 min.
4. A FAMILY MOVES CAMP AND GATHERS FOOD. L: 48 min.
5. OLD CAMP SITES AT TIKA TIKA. MENDING A CRACKED DISH. QUANDONG MEDICAL. L: 11 min.
6. SPEAR MAKING. BOYS' SPEAR FIGHT. L: 10 min.
7. SPEAR-THROWER MAKING, INCLUDING STONE FLAKING AND GUM PREPARATION. L: 33 min.
8. FIRE MAKING. L: 7 min.
9. SPINNING HAIR-STRING. GETTING WATER FROM A WELL. BINDING GIRL'S HAIR. L: 12 min.
10. COOKING KANGAROO. L: 17 min.

Inhalt: *Die Filme konzentrieren sich auf Subsistenzwirtschaft und -technologie bei den Mandjindjara und Ngadadjara der australischen Westwüste. Ein sorgfältiger Kommentar gibt die nötigen Informationen.*

Die Teile 1, 2, 4 und 9 ergaben, neu montiert, den Film DESERT PEOPLE, 1965–66/1966. L: 51 min.

Inhalt: *Ein Tag im Leben zweier Aborigines-Familien der Mandjindjara und Ngadadjara. Im Lager und unterwegs zu neuen Wasserstellen. Nahrungssuche.*

Der Film besticht durch seine hervorragenden Aufnahmen und einen sparsamen, aber präzisen Kommentar. DESERT PEOPLE wurde zu einem der bekanntesten ethnographischen Filme der 60 Jahre und ist nach wie vor zweifellos sehenswert. Ein Manko ist technischer Natur: der Film wurde ohne Synchronton gedreht.

11. WATER SNAKE STORY AND STONE QUARRY AT PATANTJA
12. AT PATANTJA CLAY PAN. L: 55 min.
13. STONE AND GUM WORKING
14. MAKING A WIRA

15. Mamu
16. Headache
17. Feather Boots And Manguri
18. Quandong Cake
19. Kangaroo Cooking At Kunapurul

Inhalt: *Weitere technologische Aktivitäten werden gezeigt, aber auch Alltagsleben, Medizin, Religion.*

Petit À Petit
Frankreich/Niger 1968–69/1971. L: 96 min (35 mm), 250 min (16 mm).
P: Les Films de la Pléiade (Paris) – Centre Nigérien de Recherche des Sciences Humaines (Niamey). R Ph: Jean Rouch (F, 16 mm). Ass: Philippe Luzuy. M: Enos Amelolon, Alan Helly, Amicale de Niamey. S: Josée Matarasse, Dominique Villain. T: Moustapha Hamidou.
D: Damouré Zika, Lam Ibrahim Dia, Illo Gaoudel, Safi Faye, Ariane Bruneton, Philippe Luzuy, Tallou Mouzourane, Moustapha Alassane, Idrissa Maiga, Marie, Alborah Maiga, Charles Chaboud, Michel Delahaye, Sylvie Pierre, Patricia Finaly, Noëlle de Champrun, Sophie Vaneck, Zomo und seine Brüder.

Inhalt: *Eine Fortsetzung von* Jaguar, *an dessen Ende Damouré und Lam eine Firma namens ›Petit à Petit‹ gegründet hatten. Nun wird Damouré, aufgrund des Erfolgs der Firma, nach Paris geschickt, um zu sehen, wie die Menschen dort leben, und um Geschäfte abzuschließen. Die Rückkehr nach Afrika ist ohne Illusionen.*

Ein Versuch der umgekehrten Ethnologie. Rouch: »Die Idee war, die Anthropologie, die älteste Tochter des Kolonialismus, zu transformieren – eine Disziplin, denen vorbehalten, die die Macht haben, Leute ohne Macht auszufragen. Ich will an ihre Stelle eine geteilte Anthropologie setzen. D. h., einen anthropologischen Dialog zwischen Menschen verschiedener Kulturen, der für mich die Disziplin der Wissenschaften vom Menschen künftig repräsentiert«.

Playing With Scorpions
siehe The San.

Presente Angolano, Tempo Mumuila
Eine Serie von 10 Filmen.
Angola 1977–1981/1981.
P: Televisão Popular de Angola. R B: Ruy Duarte de Carvalho. Ph: Victor Henriques, Oscar Gil, Alexandre Graca, Estevão Sebastião, João Silva (16 mm). S: Cris Altan, Ruy Duarte, Gina Fontes. T: Orlando Martins, Jorge Baptista.

1. A Huila E Os Mumuilas. L: 19 min.
   Inhalt: *Allgemeine Darstellung der Geographie und Ethnographie der Mumuila, die zur Nyaneka-Humbe-Sprach- und Volksgruppe in Südostangola gehören.*
2. Lua De Seca Menor. L: 59 min.
   Inhalt: *Der ›Mond der kleinen Trockenzeit‹, das sind die Monate Juni und Juli. Wir verfolgen einen Tag im Leben der Leute von Chongorola.*
3. Hayndongo, O Valor De Um Homem. L: 45 min.
   Inhalt: *Ein Neugeborener wird rituell vorgestellt. In der Familie leben Angehörige aus fünf Generationen. Mögliche Beziehungen zwischen der Kultur der Mumuila und dem Sozialismus.*
4. Pedra Sozinha Não Sustem Panela. L: 36 min.
   Inhalt: *Die Gegenüberstellung zweier Weltanschauungen: Studenten der Philosophischen Fakultät von Luanda und Älteste aus der Stammeskultur.*
5. O Kimbanda Kambia. L: 41 min.
   Inhalt: *Der Film stellt einen Medizinmann und Heiler vor und zeigt seine Begegnung mit einem Psychiater aus der Hauptstadt.*
6. Oficios. L: 29 min.
   Inhalt: *Traditionelle Berufe der Mumuila: Töpfer, Schmied, Friseur u. a.*
7. Ekwenge. L: 25 min.
   Inhalt: *Das Initiationsfest der jungen Männer.*
8. Makumukas L: 27 min.
   Inhalt: *Eine Kranke ist von einem Geist besessen. Die Zeremonie dieser Verbindung.*
9. Kimbanda. L: 21 min, F.
   Inhalt: *Die Behandlungsmethoden des Heilers Tchiakokwa Kambia.*
10. Ondyelwa, Festa Do Boi Sagrado. L: 42 min, F.
    Inhalt: *Das Fest des heiligen Ochsen. Eine unvollständige Sammlung von Notizen über dieses komplexe Schauspiel.*

Eine junge Frau widerspricht mit Bestimmtheit der Behauptung ihres Vaters, daß die Rolle der Frau sich seit der Unabhängigkeit verändert habe. So wie sie es sieht, wird es zutreffen. Daß sie es sagt, widerlegt sie zugleich. Man kann diese Szene als Schlüsselszene für die ganze Reihe begreifen: die Traditionen sind stark (und werden weitgehend staatlicherseits auch respektiert), aber die Veränderungen sind bereits strukturell vorbereitet.

Primitive Love
USA 1926/27. L: 1646 m.
P R Ph (35 mm): Frank E. Kleinschmidt.
D: Ok-Ba-Ok (*Ein Steinzeitmensch der Gegenwart*), Sloca Bruna (*seine Frau*), Wenga (*ihre Tochter*).

Inhalt: *Darstellung des Eskimolebens, konzentriert auf eine Familie mit Vater, Mutter und Tochter sowie mehreren kleinen Kindern und zwei Fallensteller. Die rivalisierenden Jäger werben um die Tochter, was dem Film offensichtlich zu einer gewissen Kontinuität verhelfen soll. Die Betonung liegt aber auf dem täglichen Überlebenskampf in den arktischen Eiswüsten. Zu sehen sind u. a. die Jagd auf einen Bären auf Eisschollen und eine Walroßjagd (entsprechend der in* Nanook*).*

Film in der Nachfolge von Nanook, eher kommerziell ausgerichtet.

La Pyramide Humaine
Frankreich 1959–60/1961. L: 80 min.
P: Les Films de la Pléiade (Paris). R Ph: Jean Rouch (F, 35 mm/16 mm). T: Michel Fano.
D: Nadine, Denise, Alain, Jean-Claude und andere Schüler des Lycée d'Abidjan.

Inhalt: *Probleme zwischen weißen und afrikanischen Lyzeumsschülern in Abidjan. Rouch erfand den Plot: Nadine, eine neue Schülerin, eine Weiße, kommt an die Schule und will mit den schwarzen Schülern in Kontakt kommen.*

Der Großteil der Tonspur entstand erst, als die Dreharbeiten abgeschlossen waren. Rouch wollte wie in Moi, Un Noir die Akteure ihren eigenen Kommentar sprechen lassen, aber in den 9 Monaten der Dreharbeiten hatten sich die Beziehungen zwischen den Schülern so verändert, daß es ihnen nicht mehr gelang, die sichtbare Spontaneität der Ereignisse auf der Leinwand im Kommentar zu wiederholen. So kommt einem der Film häufig vor »wie ein Dokumentarfilm darüber, in einem Rouch-Film zu sein« (Eaton).

Quandong Cake
siehe People Of The Australien Western Desert Parts 11–19.

The Quechua
siehe Disappearing World.

Que Viva México!
USA 1930–32/Sowjetunion 1979. L: 100 min (1979).

P: Mexican Film Trust (Upton Sinclair) (1930–32)/Mosfil'm (1979). R: Sergej M. Ejzenštejn. CoR: Grigorij Aleksandrov. B: Sergej M. Ejzenštejn, Grigorij Aleksandrov. Ph: Eduard Tissé, Grigorij Aleksandrov. Beratung: Adolfo Best-Maugard, Julio Saldivar, Agustín Aragón-Leiva.
D: David Liceaga (*Matador*), Isabel Villaseñor (*Maria*), Martín Hernandez (*Sebastián*), Felix Balderas (*Sein Bruder*), Julio Saldivar (*Der junge Haciendero*), Liceaga Jr. (*Zweiter Matador*), Baranito (*Flirtender Picador*).
Rekonstruktion (1979 abgeschlossen) unter Leitung von Grigorij Aleksandrov. R: Nikita Orlov. B: Jurij Sobolev. Ph: Nikolaj Olonovskij. M: Jurij Jakušev.
Der Film war in 5 Episoden geplant, von denen vier in etwa abgedreht waren:
1. Sandunga
2. Fiesta
3. Maguey
4. Soldadera (nicht gefilmt)
5. Calavera

Inhalt: *1. Die matriarchalische Indianerkultur von Tehuantepec. Im Mittelpunkt steht das Mädchen Concepción, das sich eine Aussteuer (in Form einer Halskette aus Goldmünzen) erarbeitet, was ihm das Recht gibt, sich den Bräutigam selbst zu erwählen. Liebesszenen und Hochzeitsbräuche.*
2. Der Karneval der Fiesta. Aztekengötter verneigen sich vor Christus. Eine Pilgerschar rutscht auf den Knieen zu den Kreuzen des Kalvarienbergs. Eine Corrida.
3. Eine Geschichte aus der Zeit des Diktators Porfirio Diaz. Sebastián will Maria heiraten; dazu braucht er als Peon die Erlaubnis des Hacienderos. Als sie deswegen auf die Hacienda kommen, findet gerade ein Empfang statt, in dessen Verlauf Maria vergewaltigt wird. Die Landarbeiter revoltieren, werden aber zur Flucht gezwungen. Menschenjagd. Die überlebenden Peones werden bis zum Hals eingegraben; über ihre Köpfe reitet die Kavalkade hinweg.
4. (Sollte eine Erzählung aus dem Volksaufstand sein, der Diaz hinwegfegte, und vor allem über die Frauen, die Soldaderas, dabei.)
5. Mexikanischer Totentanz. Das Leben im Tod.
Die rekonstruierte Fassung hat Prolog und Epilog, in dem Grigorij Aleksandrov über die Geschichte von Ejzenštejns Mexico-Film berichtet sowie über die Schwierigkeiten und Prinzipien der Rekonstruktion.
Das berühmteste »unvollendete« Werk der Filmgeschichte. Das abgedrehte Material wurde von Upton Sinclair einbehalten, als das russische Team in die Sowjetunion zurückmußte, und »meterweise« verkauft. So entstand im Laufe der Zeit eine ganze Reihe von kurzen und längeren Schnittfassungen, die mit Ejzenštejns Konzept nur entfernt etwas zu tun hatten. QUE VIVA MÉXICO! sollte ein Film werden über »Die große mexikanische Weisheit vom Tod. Die Einheit von Leben und Tod. Das Dahingehen des einen und die Geburt des nächsten. Der ewige Kreis. Und die noch größere Einheit Mexicos: die Freude an diesem ewigen Kreis . . .« (Marie Seton).

RAPT DANS LA JUNGLE
siehe VISIONS AUSTRALES.

RED MAJESTY
USA 1928/1929. Stf. L: 1615 m.
P R Titel Ph S: Harald Noice (35 mm).
Inhalt: *Eine Reise den Amazonas hinauf bis Manaos, dann weiter auf dem Rio Negro und Rio Vaupes zu den Tariano-Indianern, von denen der Film eine ernsthafte Darstellung gibt.*

THE RENDILLE
siehe DISAPPEARING WORLD.

A RITE OF PASSAGE
siehe THE SAN.

RIVERS OF SAND
USA 1974. L: 83 min.
P: Film Study Center of the Peabody Museum (Harvard University). R B Ph S: Robert Gardner. T: Stewart Gardner, Ivo Strecker, Clark Worswick. Ethn/Übersetzung: Aike Berinas, Ivo Strecker, Jean Lydall Strecker.
Inhalt: *Ein Film, der die Kultur der Hamar (Südwestäthiopien) zum Thema hat und versucht, über die Welt der Frauen, die er der Welt der Männer kontrastiert, ein persönliches (sprich: kontroverses) Bild zu vermitteln. In einem Interview kommt besonders das Verhältnis der Frauen zu ihren Ehemännern zum Ausdruck. Ansonsten konzentriert der Film sich darauf, Alltägliches neben Besonderem (Tod, Initiation) zu zeigen.*
Die rituelle Auspeitschung einer jungen Frau wurde zum Stein des Anstoßes, da Gardner es versäumte, die nötigen Informationen zu geben, etwa über die sozialen und psychologischen Zusammenhänge zwischen einer rituellen Auspeitschung (die Frau wird von den Männern des Clans geschlagen, in den sie einheiratet, was die Frauen offensichtlich – d. h. im Bild sichtbar – mit Stolz annehmen) und der ›Gewohnheit‹ der Hamar-Männer, ihre Frauen zu verprügeln. Im Grunde genommen sind die Vorwürfe, die gegen Gardner erhoben werden, im großen und ganzen die gleichen geblieben. Es verwundert, daß man (= die Ethnologen) nicht verstehen will oder kann, daß Gardner noch nie ›Ethnographie‹ im Sinn hatte, wenn er filmte, sondern Reflexionen über menschliche Existenz, Leben und Tod, Männer und Frauen, Schönheit und Ruhm etc. Der Blickwinkel, auf den der Film den Betrachter einengt, ruft allerdings Widerspruch hervor.

SACRED BOARDS AND AN ANCESTRAL SITE
siehe PEOPLE OF THE AUSTRALIAN WESTERN DESERT Parts 1–10.

THE SAKUDDEI
siehe DISAPPEARING WORLD.

THE SAN (BUSHMEN)
Unter diesem Titel sind bislang 19 Filme zusammengefaßt, die aus dem von John Marshall gedrehten Filmmaterial fertiggestellt wurden. Darunter sind 6 Filme unter einem eigenen Sammeltitel – THE !KUNG BUSHMEN – zu finden.
P: Documentary Educational Resources (Watertown, Massachusetts); Laurence und John Marshall. R Ph: John Marshall Ethn: Lorna Marshall.
  1. AN ARGUMENT ABOUT MARRIAGE. USA 1957–58/1969. L: 18 min.
  (F, 16mm). S: Frank Galvin. T: Robert Gesteland, Nicholas England.
  Inhalt: */Qui und Tsamgao beanspruchen beide Baou als Ehefrau. Die verzwickte Situation kam zustande, als Baou mehr oder weniger als Gefangene auf einer Burenfarm lebte. Sie war mit Tsamgao verheiratet, aber der war mit anderen Männern geflohen. /Qui, der zum Schutz seiner eigenen Frau auf die Burenfarm zurückgekehrt war, begann dort, mit Baou zusammenzuleben. Nach der von den Marshalls bewirkten Freilassung der !Kung-Frauen war auch Tsamgao wieder da.*
  Der Einfluß der europäischen Farmer auch auf die Sozialstrukturen der !Kung steht zur Frage. Es geht um komplizierte Heiratsregeln und Verpflichtungen, die durch geleistete Brautpreise bestehen, vor allem

aber um das Wesen von Konflikten und die Lösungssuche.
2. BAOBAB PLAY. 1957–58/1974. L: 8 min. (F, 16 mm). S: Frank Galvin. T: Robert Gesteland, Nicholas England.
Inhalt: Kinder und Jugendliche bewerfen sich von Sitzplätzen in einem großen Baobab-Baum gegenseitig mit Stöcken, Beeren und Blättern.
3. BITTER MELONS. 1955/1971. L: 30 min. (F, 16 mm). S: Frank Galvin. T: Daniel Blitz.
Inhalt: Ein Film über eine kleine Gruppe von G/wi San. Unter ihnen ist ein blinder Musiker, Ukxone. Ukxone spielt auf seinem Musikbogen eigene Musik: Lieder zum Lobpreis der Bittermelonen, über die Fallenjagd auf Antilopen und über die Gefahr, in der Wildnis ›verlorenzugehen.‹ Sein Lieblingslied ist ›Bittere Melonen‹, ein Lied über eine Frau, die von ihren Bantu-Nachbarn lernte, Melonensamen anzusäen.

Ukxones Lieder lassen die Landschaft, ihre Fauna und Flora erstehen, aber auch Alltagsleben: Sammeln und Jagen.
4. CHILDREN THROW TOY ASSEGAIS. 1957–58/1974. L: 4 min. (F, 16 mm). S: Frank Galvin. T: Robert Gesteland, Nicholas England.
Inhalt: Kleine Jungen werfen Spielzeugspeere gegen einen Baum, in dem sie steckenbleiben sollen. Ein Mädchen schaut ihnen zu.
5. A GROUP OF WOMEN. 1957–58/1961. L: 5 min. (16 mm) S: John Marshall. T: Robert Gesteland, Nicholas England.
Inhalt: Der Film zeigt die Rast von !Kung-Frauen, wie sie sich unterhalten und ihre Babies versorgen.

Der Film ist eine gute Veranschaulichung des ›kollektiven Bemutterns‹, wobei mehrere Frauen einander helfen und die Nährerinrolle miteinander teilen.
6. THE !KUNG BUSHMEN
   1. A CURING CEREMONY. 1957–58/1969. L: 8 min. (16 mm). S: Frank Galvin, John Marshall. T: Robert Gesteland, Nicholas England.
   Inhalt: Sha//ge, eine sehr junge Frau, die ihr erstes Kind erwartet, wird krank. /Ti!kay, ein mit ihr verwandter Heiler, versetzt sich in eine leichte Trance, um sie zu kurieren. Sha//ge bringt ihr Kind tot zur Welt.
   2. DEBE'S TANTRUM. 1957–58/1972. L: 9 min. (F, 16 mm). S: Frank Galvin. T: Robert Gesteland, Nicholas England.
   Inhalt: In diesem Film weigert sich der fünfjährige Debe, daß seine Mutter ohne ihn sammeln geht. Di!ai, die Mutter, bittet ihre Tochter N!ai, sich um das Kind zu kümmern, aber Debe widerstrebt. Am Schluß geht Di!ai mit Debe auf dem Rücken.

   Der Film geht THE WASP NEST voraus, der Di!ai, Debe und andere Frauen und Kinder beim anschließenden Sammeln zeigt.
   3. A JOKING RELATIONSHIP. 1957–58/1962. L: 13 min. (16 mm). S: John Marshall. T: Robert Gesteland, Nicholas England.
   Inhalt: Der Film zeigt einen Flirt zwischen N!ai, einer jungen Frau, und ihrem Großonkel /Ti!kay, die zueinander in einer Scherzbeziehung stehen. Diese Art von Beziehung ist bei den San sehr wichtig, da sie Gelegenheit bietet für gelegentliche Intimitäten, das Äußern von Emotionen und für Hilfeleistungen zwischen Personen, denen ihr verwandtschaftliches Verhältnis zueinander bestimmte Restriktionen auferlegt.
   4. !KUNG BUSHMEN HUNTING EQUIPMENT. 1952–53/1972. L: 37 min. (F, 16 mm). S: Frank Galvin. T: Hans Ernst, Frank Hesse.
   Inhalt: Der Film zeigt detailliert alle Teile einer !Kung-Jagdausrüstung, wie jedes Stück angefertigt und verwendet wird, von der Besorgung des Rohmaterials bis zur Fertigstellung.
   5. N/UM TCHAI: THE CEREMONIAL DANCE OF THE !KUNG BUSHMEN. 1957–58/1969. L: 20 min. (16 mm). S: Frank Galvin. T: Robert Gesteland, Nicholas England.
   Inhalt: n/um tchai: »Zusammenkommen (Tanzen und Singen), um Kraft wirken zu lassen (zu heilen, u. ä.)«. Der Film beginnt mit einer kurzen Einführung in die Bedeutung des n/um tchai. Darauf folgen Szenen eines die Nacht hindurch andauernden Tanzes, der sich in seiner Intensität steigert, je länger er währt, mit dem Tagesanbruch aber zu Ende ist.

   Die meisten !Kung-Männer betätigen sich irgendwann einmal als Heiler. In diesem Film sieht man mehrere Männer in verschiedenen Trance-Stadien. Die Männer tanzen und stampfen den Rhythmus mit den Füßen, die Frauen klatschen und singen, sitzend, manchmal auch tanzend. Gesungen wird ohne Worte, aber die ›Lieder‹ haben Namen wie ›Regen‹, ›Sonne‹, ›Honig‹, ›Giraffe‹. Die Kraft der ›Lieder‹ ist ihr n/um.
   6. THE WASP NEST. 1957–58/1972. L: 20 min. (F, 16 mm). S: Frank Galvin. T: Robert Gesteland, Nicholas England.
   Inhalt: Eine Gruppe von Frauen und Kindern sammelt frische ≠oley-Beeren und sha-Wurzeln. Die jüngeren Frauen unter N!ais Führung stöbern ein Wespennest auf. Im Laufe des Tages wird Debe, Di!ais Sohn, unruhig. Di!ai bittet N!ai, Debe ins Lager mitzunehmen, aber N!ai lehnt ab und schließt sich den jüngeren Frauen an.

   Der Film erkundet die Interaktion zwischen den Frauen, während sie ihrer täglichen Nahrungsbesorgung nachgehen.
   7. LION GAME. 1957–58/1970. L: 4 min. (F, 16 mm). S: Frank Galvin. T: Robert Gesteland, Nicholas England.
   Inhalt: / Gunda, ein junger Mann, gibt vor, ein Löwe zu sein. Er wird von einer Gruppe von Jungen ›gejagt‹ und ›getötet‹.
   8. THE MEAT FIGHT. 1957–58/1974. L: 14 min. (F, 16 mm). S: Frank Glavin. T: Robert Gesteland, Nicholas England.
   Inhalt: Zwischen zwei Subsistenzgruppen kommt es zur Auseinandersetzung, als eine Antilope, die von einem Jäger der einen Gruppe getötet wurde, von einem Angehörigen der anderen Gruppe gefunden und verteilt wird.

   Der Film veranschaulicht die Rolle von Führern innerhalb der !Kung-Gesellschaft sowie ihr Vermögen, Streitigkeiten gewaltlos zu lösen.
   9. THE MELON TOSSING GAME. 1957–58/1970. L: 15 min. (F, 16 mm). S: Frank Galvin, John Marshall, Carolyn Carr. T: Robert Gesteland, Nicholas England.
   Inhalt: Frauen aus verschiedenen !Kung-Gruppen haben sich zu einem Spiel zusammengefunden. Dabei bilden sie einen Halbkreis, der entgegen dem Uhrzeigersinn vorrückt, wobei eine Frau nach der anderen zur Mitte hinläuft, dort mehrere Schritte tanzt und im passenden Augenblick (der durch das Tanzlied gegeben wird)

eine Melone der nach ihr kommenden Frau zuwirft. Männer dringen in den Halbkreis ein und tanzen spektakulär. N/aoka, eine alte Frau, verfällt in einen tranceähnlichen Zustand.
In dem Spiel werden Untertöne sozialer und persönlicher Spannungen offenkundig.

10. MEN BATHING. 1957–58/1973. L: 14 min.
    (F, 16 mm). S: Frank Galvin, John Marshall. T: Robert Gesteland, Nicholas England.
    Inhalt: Fünf !Kung-Männer besuchen die Nama-Pfanne, wo nach schweren Regenfällen immer Wasser zurückbleibt. /Ti!kay kommt zum Kleiderwaschen, die anderen zum Baden. Die Männer nutzen die Gelegenheit herumzualbern, vor allem werden sexuell anzügliche Späße gemacht.
    Der Film gibt ein interessantes Vergleichsstück ab zu A GROUP OF WOMEN.

11. N!AI, THE STORY OF A !KUNG WOMAN. 1952–53, 1957–58, 1978/1980. L: 59 min.
    P: John Marshall, Sue Marshall Cabezas. R: John Marshall, Adrienne Miesmer. Ph: John Marshall, Ross McElwee, Mark Erder (F, 16 mm). S: John Marshall, Adrienne Miesmer T: Anne Fischel, Adrienne Miesmer, Stan Level. Ethn.: Patricia Draper. Beratung/Übersetzung: Marjorie Shostak, Patricia Draper, Megan Biesele, Lorna Marshall.
    D: N!ai Short Face, /Gunda, Gao Lame, /Wi Crooked, ≠Toma Word, !U, Tsamko.
    Inhalt: Das ist die Geschichte der !Kung-Frau N!ai, beginnend 1952, als sie ein junges Mädchen war, bis 1978. N!ai erzählt ihre Lebensgeschichte und damit zugleich die Geschichte des Wandels, dem die Gesellschaft der !Kung in diesem Zeitraum unterlag.
    Die Ungewöhnlichkeit dieses Films beruht auf der überzeugenden Integration von Ethnographie und Geschichte. Durch das individuelle Porträt wird die Geschichte der !Kung zugänglicher, persönlicher und letztlich auch prägnanter.

12. PLAYING WITH SCORPIONS. 1957–58/1972. L: 4 min.
    (F, 16 mm). S: Frank Galvin. T: Robert Gesteland, Nicholas England.
    Inhalt: Kinder fordern das Schicksal heraus, indem sie mit Skorpionen spielen.

13. A RITE OF PASSAGE. 1957–58/1972. L: 14 min.
    (F, 16 mm). S: Frank Galvin, Joyce Chopra, Tim Asch. T: Robert Gesteland, Nicholas England.
    Inhalt: /Ti!kay, ein dreizehnjähriger Junge, erlegt seine erste Antilope mit einem Pfeilschuß. Sein Vater Kan//a und Crooked /Qui helfen dem Jungen bei der Jagd. Nachdem die Beute ins Dorf gebracht ist, findet eine kleine Zeremonie statt, bei der /Ti!kay eine ›Markierung‹ (Skarifikation) erhält, die die Bedeutung der Jagd symbolisiert und den Übertritt in den Mannesstatus.
    Die erfolgreiche Jagd eines jungen Mannes bedeutet für seinen künftigen Schwiegervater eine soziale Verpflichtung; dieser muß das Fleisch, das er erhält, an das ganze Dorf verteilen.

14. TUG-OF-WAR, BUSHMEN. 1957–58. L: 6 min.
    (F, 16 mm). S: Frank Galvin. T: Robert Gesteland, Nicholas England.
    Inhalt: !Kung-Jungen kämpfen in zwei ›Mannschaften‹ ein Tauziehen um einen Gummischlauch aus.

SCAFFOLDING
siehe TOWARDS BARUYA MANHOOD.

SCHAMANEN IM BLINDEN LAND
Bundesrepublik Deutschland/USA 1978–80/1981. L: 223 min.
P: Wieland Schulz-Keil Productions (New York)/Westdeutscher Rundfunk (Köln) R: Michael Oppitz. Ph: Rudi Palla (1. Expedition), Jörg Jeshel (2. und 3. Expedition) (F, 16 mm). S: Hella Vietzke. T: Barbara Becker. Ethn: Charlotte Bosanquet. Beratung: Rana Prasad, Ram Kumar, Lal Muni, Vishnu.
Inhalt: Ein epischer Film über schamanistische Heilverfahren bei den nördlichen Magar in Westnepal. Teil 1 stellt die aufwendigen Rituale in den Mittelpunkt, die von den Schamanen in nächtelangen Séancen durchgeführt werden. Methoden der Diagnose und Behandlung, Besessenheitstechniken; die rituellen Reisen der Schamanen, auf denen sie die flüchtigen Seelen der Patienten wieder einfangen. Im 2. Teil geht es um Berufung zum Schamanen und die Initiation, wobei der Initiand / die Initiandin auf einer Konifere, dem Lebensbaum, als Schamane geboren wird – im Laufe einer drei Tage dauernden Zeremonie.
Zweifellos der bedeutendste deutsche ethnographische Film überhaupt. Er zeigt nicht nur, sondern reflektiert dieses Zeigen auch als die Arbeit des ethnologischen Feldforschers, als werdende Erfahrung und allmähliche Entdeckung von Bedeutung.

SEASON OF THUNDER
USA 1982/1983. L: 59 min.
P R: Charles Drucker, Jeffrey Chester. Mitarbeit: Joel Rocamora. Ph: Scott Robinson (F, 16 mm). S: Scott Robinson, Ismael Saavedra. T: Ismael Saavedra. Ethn: Charles Drucker.
Inhalt: Der Film zeigt die Igorot, eine Stammesgruppe auf der nördlichen Philippinen-Insel Luzón, wobei ihre einzigartige Adaption an die Umwelt besondere Aufmerksamkeit erfährt, da Umwelt und traditionelle Kultur der Igorot durch internationale Entwicklungs- und wirtschaftliche Nutzungsprojekte bedroht sind. Eigentliches Thema des Films ist der Kampf der Igorot gegen die philippinischen Machthaber, das Bündnis mit der New People's Army und die Bedeutung des Widerstandes der Stammesbevölkerung innerhalb des generellen Widerstandes gegen die Marcos-Diktatur.

SECOND WEAVER
siehe NAVAJO FILM THEMSELVES.

SEED CAKE MAKING AND GENERAL CAMP ACTIVITY
siehe PEOPLE OF THE AUSTRALIAN WESTERN DESERT Parts 1–10.

THE SHALLOW WELL PROJECT
siehe NAVAJO FILM THEMSELVES.

THE SHERPAS OF NEPAL
siehe DISAPPEARING WORLD.

THE SHILLUK OF SOUTHERN SUDAN
siehe DISAPPEARING WORLD.

SIGUI
Eine Reihe von acht Filmen, entstanden in den Jahren 1966–1974.
P: Centre National de la Recherche Scientifique – Comité du Film Ethnographique (Paris). Ph: Jean Rouch (F, 16 mm).
1. SIGUI ANNÉE ZÉRO. 1966. L: 50 min.
   R: Jean Rouch, Germaine Dieterlen.
   Inhalt: Das religiöse Oberhaupt der Dogon von Mandiagara (Mali) verkündet den Beginn der sich über sieben Jahre erstreckenden Sigui-Zeremonien für das nächste Jahr. In dem Dorf You – wo die Zeremonien ihren Anfang nehmen wer-

den – besprechen die Alten die Vorzeichen und die Botschaften, die an die jungen Leute gehen sollen, die außerhalb des Mandiagara-Massivs in der Ebene leben oder in Ghana und der Elfenbeinküste arbeiten.

2. SIGUI: L'ENCLUME DE YOUGO. 1967.
L: 50 min.
R: Jean Rouch.
Inhalt: *Beginn der nur alle 60 Jahre stattfindenden Sigui-Zeremonien. Die Frauen brauen das Hirsebier, Dekorationen und Kostüme werden vorbereitet. Danach betreten die Männer, kahlgeschoren und in ritueller Kleidung, den Tanzplatz, wo sie den Schlangentanz aufführen. Den Terrassen der prominenten Toten der letzten 60 Jahre wird Ehre erwiesen. Die Männer trinken das Opferbier. Schließlich bilden sie eine Prozession, um das Sigui (d. i. eines der bedeutendsten ursprungsmythischen Embleme) in andere Dörfer zu bringen.*

3. SIGUI 1968 – LES DANSEURS DE TYOGOU. 1968. L: 16 min.
R: Jean Rouch mit Germaine Dieterlen.
Inhalt: *Im Dorf Tyogou bereiten die Männer den Kopfschmuck und die Dekorationen für das Sigui vor. Dann ziehen sie in feierlicher Prozession zu den Stätten früherer Dörfer. Nach ihrer Rückkehr tanzen sie und trinken Hirsebier. Am nächsten Morgen schmücken sie die Höhle der Masken, wohin zum Abschluß der Zeremonien die neuen großen Masken gebracht werden sollen.*

4. SIGUI 1969 – LA CAVERNE DE BONGO. 1969.
L: 40 min.
R: Jean Rouch mit Germaine Dieterlen.
Inhalt: *Die Olou Barou-Würdenträger beenden ihren Aufenthalt in der Bongo-Höhle. Die Männer rasieren sich und verteilen Salz und Sesam. Sie haben sich um den alten Anai geschart, der sein drittes Sigui erlebt – er ist demnach älter als 120 Jahre. Sie bemalen den Altar, der zum Mittelpunkt der Zeremonie werden wird, mit roter und schwarzer Farbe. Mit Kauri-Gürteln um die Schultern schreiten sie das Lineage-Territorium ab, bevor sie sich zum Trinken des Opferbiers niederlassen.*

5. SIGUI 1970 – LES CLAMEURS D'AMANI. 1970.
L: 50 min.
R: Jean Rouch mit Germaine Dieterlen.
Inhalt: *Der Dorfchef von Bongo befragt den ›Bleichen Fuchs‹ (mythisches Wesen der Ursprungszeit) und zeigt ihm den Weg, den das Sigui von Amani genommen hat. Von den Ältesten und den Trommeln angeführt tanzen die Männer einen verschlungenen Weg entlang durch das Dorf, bis sie an dem Platz ankommen, wo das Ritual abgehalten wird.*

6. SIGUI 1971 – LA DUNE D'IDYELI. 1971.
L: 50 min.
R: Jean Rouch mit Germaine Dieterlen.
Inhalt: *Die Ankunft des Sigui im Dorf Idyeli. In der Nacht vor dem Fest werden die Männer zu einer Düne gerufen, auf der sie sich, der großen Felswand gegenüber, in eine Art Bau einmauern und dort bis zum Nachmittag des nächsten Tages bleiben und fasten. Dann steigen sie herab, reinigen sich an einer Quelle, ziehen Frauenkleidung an und tanzen auf dem Dorfplatz den Schlangentanz. Sie trinken Hirsebier. Das Tanzen und Singen hält zwei Tage an, bevor sie daran gehen, das Sigui den Dörfern in der Ebene zu überbringen.*

7. SIGUI 1972 – LES PAGNES DE IAMÉ. 1972.
L: 50 min.
R: Jean Rouch mit Germaine Dieterlen.
Inhalt: *Das Dorf Iamé ist Schauplatz im sechsten Jahr der Sigui-Zeremonien. Bereitung der rituellen ›Kanonen-Sitze‹. Im Busch legen die Männer ihre rituellen Kostüme an. Sie kommen ins Dorf zurück und trinken Hirsebier. Die Würdenträger tragen das Sigui symbolisch nach Westen, wo es im nächsten Jahr stattfinden soll.*

8. SIGUI 1973 – L'AUVENT DE LA CIRCONCISION. 1974. L: 15 min.
R: Jean Rouch.
Inhalt: *Die schlichte Abschlußzeremonie, die das Sigui im Jahre 1973 beendete.*

Da wegen der Dürrekatastrophe im Sahel 1973 das Filmen in Mali verboten war, wurde die Zeremonie 1974 von den Dogon für Jean Rouchs Kamera wiederholt.
Anm: Die Längenangaben der einzelnen Filme sind nicht gesichert. Die filmographischen Quellen widersprechen sich z. T. erheblich. Zweifellos stellt die filmische Dokumentation der Sigui-Zeremonien der Dogon ein ethnographisches Ereignis ersten Ranges dar. Rouch überführt hier die punktuelle filmische und auch ethnologische Arbeit in die Kontinuität einer Langzeituntersuchung.

THE SILENT ENEMY
USA 1929/1930. L: 2302 m.
P: Burden-Chanler Productions (Douglas W. Burden, William C. Chanler). R: H. P. Carver. Titel: Richard Carver. Ph: Marcel Le Picard sowie Frank M. Broda, Horace D. Ashton, William Casel, Otto Durkoltz. M: Massard Zur Khene. T: L. A. Bonn (gesprochener Prolog). D: Chief Yellow Robe (Chetoga, der Stammesführer), Chief Long Lance (Baluk, großer Jäger), Chief Akawanush (Dagwan, der Medizinmann), Spotted Elk (Neewa, Chetogas Tochter), Cheeka (Cheeka, Chetogas Sohn).
Inhalt: *Chetoga beruft den Stammesrat ein: Der Winter steht vor der Tür, und es soll beschlossen werden, wohin der Stamm ziehen soll. Man schließt sich der Meinung Baluks an, der für den Süden spricht. Doch als der Winter kommt, sind die Jäger ohne Beute. Baluk entscheidet sich erst jetzt für den Norden, für die Wanderwege der Karibus. Dagwan, der Medizinmann, ist Baluks Feind, nicht zuletzt wegen Neewa, um die beide werben, die aber deutlich den Jäger bevorzugt. Nach Tagen ohne Essen gelingt es Baluk, einen Elchbullen zu töten. Als Chetoga, der Anführer, unterwegs stirbt, beschließt Dagwan zu handeln. Er beweist bei einem Medizintanz seine übernatürlichen Kräfte und verkündet, der Große Geist fordere ein Opfer – Baluk. Baluk fügt sich in sein Schicksal und wählt den Feuertod. Als er den Scheiterhaufen besteigt, kommt die Nachricht von den Karibus. Im Nu ist alles vergessen. Baluk übernimmt wieder die Führung der Jäger. Sie machen große Beute. Dagwan wird ohne Nahrung, Wasser und Waffen des Lagers verwiesen, und Baluk kann Neewa endlich zur Frau nehmen.*
Der Film wurde im Temagami Forest Reserve im nördlichen Ontario gedreht. Ein ehrlich gemeinter, aber leider etwas unbeholfener Versuch, dem weißen Kinopublikum etwas über die Indianer zu erzählen, ›wie sie wirklich waren‹; das Dokumentarische bleibt in den Klischees der Handlung gefangen.

SOME WOMEN OF MARRAKECH
siehe DISAPPEARING WORLD.

SOUS LES MASQUES NOIRS
Frankreich 1936–38/1938. L: 15 min.
P: Sirius. R Ph: Marcel Griaule (35 mm).
Inhalt: *Eine Bestattung bei den Dogon. Die Masken und ihre religiöse Bedeutung.*
Wie bei AU PAYS DOGON verdirbt die miserable Musik und die Bildbeschleunigung den visuellen Eindruck.

SPEAR MAKING. BOYS' SPEAR FIGHT
siehe PEOPLE OF THE AUSTRALIAN WESTERN DESERT Parts 1–10.

Spear-Thrower Making, Including Stone Flaking And Gum Preparation
siehe People Of The Australian Western Desert Parts 1–10.

Spinning Hair-String. Getting Water From A Well. Binding Girl's Hair
siehe People Of The Australian Western Desert Parts 1–10.

The Spirit Of The Navajo
siehe Navajo Film Themselves.

The Spirit World of Tidikawa
siehe Tidikawa And Friend.

Der Sprung über die Rinder – Ein Initiationsritus der Hamar in Südäthiopien
Bundesrepublik Deutschland 1975–76/1979. L: 46 min.
P: Ivo Strecker – Institut für den Wissenschaftlichen Film (Göttingen). R B Ph: Ivo Strecker (F, 16 mm). Erklärungen (Komm): Aike Berinas.
Inhalt: *Berhane, der Initiant, durchläuft eine Reihe von Initiationszeremonien und -stationen, deren Höhepunkt der Sprung über die Rinder ist. Dann ist er ein* maz, *ein Mann, der heiraten kann.*
Die Bilder des Films sind getragen, einfach, ohne Anspruch auf eine ästhetisierende Gestaltung, genau so wie der Schnitt zweckdienlich ist: Den Ablauf des Geschehens ausführlich wiederzugeben. Wenn man weiß, daß der Film mit einer Blech-Bolex gedreht wurde, die nur Aufnahmen bis zu 24 Sekunden (!) Länge erlaubt, so überzeugt er durch Professionalität, die Beschränkung wurde zur Qualität. Was ihm allerdings fehlt, ist Ausstrahlung. Und die gewinnt er auch nicht über den Kommentar, der aus den Erklärungen des Bruders des Initianten besteht, denn: für den Nicht-Hamar wird eigentlich gar nichts erklärt, was zur Folge hat, daß der beschreibende Text oft nur die Verdoppelung des zu Sehenden ist.

Stalking Seal On The Spring Ice Parts 1–2
siehe Netsilik Eskimo.

Les Statues Meurent Aussi
Frankreich 1950/1953. L: 30 min.
P: Présence Africaine – Tadié Cinéma (Boulogne-Bittancourt). R Komm: Alain Resnais, Chris. Marker. Ph: Ghislain Cloquet (16 mm). M: Guy Bernard. S: Alain Resnais.
Inhalt: *Die Filmemacher sind in die Museen gegangen; was sie sehen, ist der Verfall der afrikanischen Kunst durch den Impakt der europäischen Kolonisation und Zivilisation. Erst als die Statuen gestorben waren, konnten sie in Europa Kunst werden.*
Der Film ist eine bemerkenswerte Montage von Archivdokumenten, verbunden mit einem parteiischen Kommentar, der dem Film Schwierigkeiten mit der französischen Zensur verschaffte.

Stone And Gum Working
siehe People Of The Australian Western Desert Parts 11–19.

The Sucking Doctor
USA 1963/1964. L: 45 min.
P R: William Heick, Gordon Mueller, David Peri, Robert Wharton. Ph: William Heick, Gordon Mueller (16 mm).
Inhalt: *Essie Parrish, eine Kashia Pomo-Schamanin, behandelt ihren schmerzleidenden Mann. Die Heilzeremonie dauert zwei Nächte. Im Film sind nur die Geschehnisse der zweiten Nacht zu sehen.*
Dies ist der weitaus bekannteste und beste Film einer von der University of California unter Leitung des Anthropologen Samuel Barrett in die Wege geleiteten und produzierten Filmreihe über die nordamerikanischen Indianer, der American Indian Film Series. Kaum ein anderer Film gibt einem so sehr das Gefühl, selbst an dem, was man sieht, teilzunehmen.

Tabu: A Story Of The South Seas
USA 1929–30/1931. L: 2311 m/82 min.
P: Murnau-Flaherty Production für Paramount. R: Friedrich Wilhelm Murnau. B: Robert Flaherty, F. W. Murnau nach einer Idee/Story von Robert Flaherty. Ph: Floyd Crosby, Robert Flaherty (35 mm). M: Hugo Riesenfeld (von Murnau aufgenommene polynesische Musik fand keine Verwendung).
D: Reri (= Anne Chevalier) *(Das Mädchen)*, Matahi *(Der Jüngling)*, Hitu *(Der alte Häuptling)*, Jean *(Der Polizist)*, Jules *(Der Kapitän)*, Kong Ah *(Der Chinese)* und Eingeborene von Tahiti.
Inhalt: *Der auf Tahiti spielende Film ist die Geschichte einer verbotenen Liebe. Matahi, ein junger Mann, verliebt sich in Reri, die jedoch schon bald den Status einer heiligen Jungfrau erhält – sie wird damit tabu. Matahi ist verzweifelt. Er schließt sich Reri bei einem rituellen Tanz an, worauf der Priester Hitu das Ritual abbricht und Reri fortschickt. In der Nacht entführt Matahi seine Geliebte. Gemeinsam fliehen sie auf eine Insel des Perlenhandels, wo sich Matahi prompt bei den chinesischen Händlern verschuldet. Ein Polizist kommt mit einem Haftbefehl für die beiden – er wird von Reri mit einer Perle bestochen. Hitu bedroht Matahi mit dem Tod, falls er Reri nicht verläßt. Matahi, der bei den Händlern seine Schulden begleichen muß, taucht an einer Stelle im Meer, die wegen ihrer Gefährlichkeit für tabu erklärt worden ist. Er wehrt einen Hai ab und findet eine Perle. Doch in der Zwischenzeit hat Hitu Reri fortgeholt. Matahi folgt ihnen, erreicht aber Hitus Boot nur schwimmend. Als er sich an einem von Bord hängenden Seil festhält, schneidet Hitu das Seil durch. Matahi hat keine Kraft mehr. Schweigend versinkt er im Meer.*
Der europäische Künstler und die Südsee. Murnau hat keinerlei dokumentarisches Interesse. Er gestaltet die Wirklichkeit unter ästhetischen Gesichtspunkten. Licht und Schatten, das Meer, die Natur, die Menschen, das sind die Materialien, aus denen Murnau mithilfe seiner Kameramänner Flaherty und besonders Crosby eine visuelle Sinfonie komponiert.

Takeover
Australien 1978/1980. L: 90 min.
P: Australian Institute of Aboriginal Studies. R S: David und Judith MacDougall. Ph: David MacDougall (F, 16 mm). T: Judith MacDougall.
Inhalt: *Der Film beschreibt eine bittere Auseinandersetzung zwischen der australischen Bundesregierung und der Aurukun Aboriginal Preserve auf der einen und der Regierung von Queensland, die auf dem Reservatsgebiet Bauxit abbauen will, auf der anderen Seite.*
Ein Film, der sich beredt und leidenschaftlich die Sache der Aborigines von Aurukun zu eigen macht, bezwingend, von großer Menschlichkeit, obwohl er auch wie ein Stück unerbittlichen Journalismus funktioniert, der die Regierung von Queensland als doppelzüngige Geschäftemacher entlarvt. Den Kommentar spricht ein Aurukun-Führer.

Tapir Distribution
siehe The Yanomamo.

Three Horsemen
Australien 1980/1982. L: 54 min.
P: Australian Institute of Aboriginal Studies. R S: David und Judith MacDougall. Ph: David MacDougall (F, 16 mm). T: Judith MacDougall.

Inhalt: *Drei Aborigine-Stockmen (berittene Viehhirten), die eine rein aboriginale Rinderstation auf der Cape-York-Halbinsel aufbauen wollen; sie repräsentieren, 75 Jahre, 46 Jahre, 13 Jahre alt, drei Generationen dieses Berufsstandes, der noch zu Beginn des Jahrhunderts für die australische Viehindustrie unentbehrlich war.*
Ein Film über die Dauerhaftigkeit von Idealen, die in der Aborigine-Geschichte dieses Jahrhunderts wurzeln, und über die enormen Schwierigkeiten bei dem Versuch der drei Männer, sie heute zu verwirklichen.

TIDIKAWA AND FRIENDS
Australien 1971/1972. L: 82 min.
P R: Jef und Su Doring. Ph: Michael Edols, Jack Bellamy (F, 16 mm). S: Rod Adamson. T: Jef Doring.
Inhalt: *Ein Film über die Bedamini, einen Papuastamm auf dem Great Papuan Plateau von Neuguinea. Er erzählt die Ereignisse, wie sie sich um die Langhäuser von Obemi und Bosabi abspielen, wo Tidikawa und sein Freund Haifi die meiste Zeit verbringen. Am Ende steht eine Initiationszeremonie (goylagi).*
Die Filmemacher versuchen nicht, etwas zu interpretieren oder vorzugeben, was sie nicht kennen. Doch ist der Film alles andere als eine oberflächliche Behandlung. Seine Stärke liegt gerade in solchen Beobachtungen, die in ethnographischen Monographien gewöhnlich fehlen: in der visuellen Erforschung intimer Alltagskontinuität, den Interaktionen zwischen Freunden und Verwandten, Eltern und Kindern, eingebettet in Aktivitäten wie Jagen, Pflanzen, Sagobereitung, Hausbau. Der Kommentar ist klar und sparsam eingesetzt, auf die ersten 12 Minuten des Films beschränkt. Es reicht aus, daß wir verstehen, was geschieht.
Es gibt von dem Film auch eine vergleichsweise ziemlich schlechte Kurzfassung, THE SPIRIT WORLD OF TIDIKAWA (1973, L: 50 min, P: BBC).

TIGHTEN THE DRUMS (SELF-DECORATION AMONG THE ENGA)
Papua Niugini 1975. L: 58 min.
P: Institute of Papua New Guinea Studies (Port Moresby). R Ph S: Chris Owen (F, 16 mm).
Inhalt: *Der Film beginnt mit einer Einführung in die Kultur der Enga im Hochland von Papua Neuguinea. Es folgen an die 15 Abschnitte, die die Kunst des Körperschmucks vorführen. Vorbereitungen zu einem Fest im Rahmen des Tauschwettbewerbssystems, wie es für weite Teile Neuguineas typisch ist. Der Film hat seinen Höhepunkt in einer dramatischen Prozession von faszinierend ›dekorierten‹ Tänzern und Trommlern.*
Ein Film über ›lebende Kunstwerke‹, wie alle Werke Chris Owens von visueller Schönheit. Hier erweist sich der Film als das einzige ›Medium‹, das der visuellen ›Sprache‹ des Körperschmucks der Enga wirklich angemessen erscheint.

TO FIND THE BARUYA STORY – AN ANTHROPOLOGIST AT WORK WITH A NEW GUINEA TRIBE
USA 1969 u. 1981/1982. L: 64 min.
P: Cultural and Educational Media. R B: Allison Jablonko, Stephen Olson. Ph: Marek Jablonko, Jérôme Blumberg (F, 16 mm). S: Stephen Olson. T: Allison Jablonko.
Inhalt: *Ein Porträt des französischen Ethnologen Maurice Godelier – als Feldforscher bei den Baruya im östlichen Hochland von Papua Neuguinea (1969); ein Interview mit ihm in Paris (1981).*
Im Wechsel von Feldforschungsszenen (im Zentrum von Godeliers Arbeit steht die auf dem Salzhandel aufbauende Ökonomie der Baruya) und Interview wird die Methode Godeliers sichtbar, aber auch sein Verhältnis zu den Baruya. Der Feldforscher erscheint als Eindringling und Außenseiter, auch wenn Godelier nicht das Bild eines neutral beobachtenden, distanzierten Wissenschaftlers bietet.

TO LIVE WITH HERDS
USA 1968/1972. L: 90 min.
P R Ph: David MacDougall (16 mm). S: David MacDougall, Judith MacDougall. T: Judith MacDougall.
Inhalt: *Ein Film über die halbnomadischen Jie in Nordost-Uganda, ihre Viehherden, die Landschaft und die Ökologie, aber auch die Verständnislosigkeit der nationalstaatlichen Politik. Einzelne Jie äußern sich zu verschiedenen Themen und Problemen.*
Ein Film bemerkenswerter Vertrautheit mit den Menschen, die er zeigt; die als Individuen lebendig werden, und zugleich ein politisches Statement. Mehrere Themen werden aufgegriffen, miteinander verknüpft: die Dürre, der Wandel, der Nationalstaat. Dadurch erhält der Film seine Struktur und legt die historischen und sozialen Bedingungen offen, mit denen die Jie fertigwerden müssen (s. a. NAWI und UNDER THE MEN'S TREE).

TOUROU ET BITTI
Frankreich 1967/1971. L: 8 min.
P: Centre National de la Recherche Scientifique – Comité du Film Ethnographique (Paris). R Ph: Jean Rouch (F, 16 mm). Ass: Lam Ibrahim Dia, Tallou Mouzourane. T: Moussa Hamidou.
Inhalt: *In einer einzigen Plansequenz, die das Spiel der beiden Ahnentrommeln (Titel) während der vorbereitenden Tänze zu einem Besessenheitsritual festhalten soll, löst die Kamera praktisch die Besessenheit aus: der Priester Sambou Albeidou wird von Kuré, dem Hyänengott, ergriffen.*
Der Film entstand in dem Songhai-Dorf Simiri (Niger). »Dieses bemerkenswerte Dokument macht uns deutlich, daß die Leute Jean Rouch (und seine Kamera) nicht nur soweit akzeptieren, daß sie seine Anwesenheit ignorieren; er wird von ihnen sogar, weil er die Menschen vom Niger seit mehr als 25 Jahren kennt, in einer Weise angenommen, die ihn während einer Zeremonie den Offizianten (Priestern) gleichstellt und in gewisser Hinsicht Einfluß auf den Ablauf nehmen läßt« (Marsolais).

TOWARDS BARUYA MANHOOD
Eine Serie von 9 Filmen
Australien 1969/1972. L: 465 min.
P: Film Australia. R: Ian Dunlop. Ph: Bruce Hillyard (F, 16 mm). S: Ian Dunlop, Philip Robertson. Ethn: Maurice Godelier.
1. VILLAGE LIFE I
2. VILLAGE LIFE II
   Inhalt: *Allgemeiner Überblick über das Leben der Baruya und den kulturellen Kontext der männlichen Initiationszeremonien, von denen die restlichen Filme handeln.*
3. SCAFFOLDING. L: 57 min.
   Inhalt: *Der Bau des Zeremonialhauses (chimya) hat begonnen. Baumaterial wird aus dem Wald geholt. Eine vorbereitende Zeremonie. Am nächsten Tag werden den yivupmbwaya (den Initianden der 1. Stufe) die heiligen Flöten gezeigt.*
4. CEREMONIAL HOUSE. L: 49 min.
   Inhalt: *Der rituelle Bau des Zeremonialhauses beginnt in der Morgendämmerung. Männer aus dem ganzen Tal haben sich auf dem Höhenrücken eingefunden. Jeder Mann hat eine Stange, die Teil (›Knochen‹) des chimya werden wird. Die Stangen werden ›gepflanzt‹. Der Höhepunkt des Baus ist erreicht, wenn die Frauen Gras zum Dachdecken bringen.*

5. DECORATIONS. L: 46 min.
   Inhalt: Vor den eigentlichen Zeremonien treffen die Menschen in ihren Heimatdörfern Vorbereitungen. Männer und Frauen fertigen die Grasröcke für die Initianden an. Das chimya wird ›geöffnet‹. Initiierte Männer machen Federkopfschmuck. Junge Männer holen Holz für die Zeremonialfeuer. Die Baruya aus dem Marawaka-Tal treffen ein.
6. THE CEREMONIES BEGIN. L: 47 min.
   Inhalt: Die Nacht hindurch und auch tagsüber wird vor dem chimya getanzt. Die letzten Dekorationen werden angebracht. Gegen Mitternacht betreten die künftigen kalave (Initianden der 4. und letzten Stufe) das chimya für die Weißfedernzeremonie; anschließend findet die Schwarzfedernzeremonie statt für die künftigen chuwanya (Initianden 3. Stufe). In der Zwischenzeit gehen die künftigen kawetnya (Initianden 2. Stufe) in den Wald, um zu beten. Die kalave kehren zum chimya zurück und tanzen.
7. THE CEREMONIES CONTINUE. L: 60 min.
   Inhalt: Die künftigen yivupmbwaya werden ihren Müttern weggenomen und geschlagen. Die chuwanya bekommen ihren Kopfschmuck aus Nashornvogelfedern und Schweinehauern gezeigt. Man traktiert sie mit Brennesseln und beginnt mit der rituellen Einkleidung. Die Nasen der yivupmbwaya werden durchbohrt. Alle Initianden erhalten ihre neuen Insignien. Die Frauen schmücken den Tanzplatz vor dem Zeremonialhaus. Gruppentänze. Die Initianden betreten das chimya, wo weitere Prüfungen ihrer harren.
8. THE CEREMONIES END
   Inhalt: Der Kopfschmuck wird abgenommen. Ein abschließendes Fest. Ein Baruya hält eine Rede über Kriegführung und Gastfreundschaft. Auch Godelier spricht kurz. Ein Reinigungsritual.
9. FEAST AT YANYI
   Inhalt: Ein weiteres Abschlußfest. Zerstörung des Zeremonialhauses.

Die Baruya gehören zur Enga-Stammesgruppe im östlichen Hochland von Neuguinea. Alle 2 Jahre etwa kommen sie zusammen, um eine neue Generation von Kriegern in den Status der Männer zu initiieren. Als filmische Dokumentation eines komplexen soziorituellen, institutionalisierten Geschehens ist diese Serie in ihrem Ausmaß eine Herausforderung, ihre Verwirklichung eine wahrhaft bemerkenswerte Leistung. Die Baruya gestatteten die Dreharbeiten nur unter der Bedingung, daß die Filme auf Neuguinea selbst nicht gezeigt würden.

TRANCE AND DANCE IN BALI
USA 1936–38/1951. L: 20 min.
P: Gregory Bateson, Margaret Mead. Komm: Margaret Mead. Ph: Gregory Bateson (16 mm).
Inhalt: Eine rituelle Aufführung mit zwei Protagonisten, der Hexe und dem Drachen, Verkörperungen des Bösen und des Guten, der Prinzipien des Lebens und des Todes. Viele der Anwesenden verfallen in tiefe Trance. Männer richten ihre Dolche gegen sich, aber sie verletzten sich nicht.

TROBRIAND CRICKET: AN INGENIOUS RESPONSE TO COLONIALISM
Australien 1973–74/1976. L: 50 min.
R und Ethn: Jerry Leach. Ph T: Gary Kildea (F, 16 mm).
Inhalt: Der Film zeigt, wie die Trobriander sich das ihnen von den australischen Kolonialherren bekannte Cricketspiel angeeignet haben. Zu Anfang werden wir mit den Veränderungen vertraut gemacht (Kleidung, Spielablauf, Mannschaftsformation, Spielregeln), die mit dem Spiel verbundenen Absichten werden klar. In der zweiten Hälfte wohnen wir einem Spiel zwischen zwei Dörfern und dem darauffolgenden Austausch bei.

Das Cricketspiel ist für die heutigen Trobriander ein *kayasa*, d. h. ein Verdienstfest mit Wettbewerbscharakter, wie es Malinowski in anderer Form beschrieben hat. Der Film vermittelt sehr spannend eine ›Botschaft‹, nämlich daß es sich in keiner Weise um ein ›primitives‹ Spiel handelt oder um eine mißverstandene Sportart, die man den Weißen abgeguckt hat. Trobriand-Cricket erscheint vielmehr als eine gelungene Adaption, eine soziale Aktivität, die ausgeklügelten Prinzipien und Regeln folgt.

THE TUAREG
siehe DISAPPEARING WORLD.

TUG-OF-WAR, BUSHMEN
siehe THE SAN.

TUG-OF-WAR, YANOMAMO
siehe THE YANOMAMO.

TURKANA CONVERSATIONS
Eine Trilogie
P R S: David und Judith MacDougall. Ph: David MacDougall (F, 16 mm). T: Judith MacDougall.
1. LORANG'S WAY. USA/Australien 1973/4–77/1980. L: 69 min.
   Inhalt: Ein Porträt des Ältesten Lorang in Gesprächen mit anderen Männern, seiner Familie und jüngeren Turkana. Lorangs Sicht der Welt wird einsichtig. Anders als manche seiner Stammesbrüder weiß er, wie verletzlich die Kultur der Turkana geworden ist.
   Ein ›philosophischer Essay‹, der sich einer Beschreibung widersetzt, so reich und detailliert sind seine Bilder und Aussagen. Wir lernen Lorang kennen und über ihn etwas von den häuslichen, sozialen und psychologischen Dimensionen des Lebens der Turkana.
2. THE WEDDING CAMELS. 1973/4–76/1980. L: 108 min.
   Inhalt: Ein Mädchen, Akai, soll Kongu, einen alten Freund und Altersgenossen ihres Vaters Lorang heiraten. Eigentlich sollte alles gut gehen, aber die Spannungen in den beiden Familien sind so groß, daß die Heiratsverhandlungen sich komplizieren und fast schiefgehen. Die Anzahl und den Typ der Tiere, die als Brautgabe gegeben werden sollen, richtig festzulegen, verlangt ein genaues Gleichgewicht von psychologischen und wirtschaftlichen Überlegungen. Kongu muß ausreichend viele Tiere anbieten, um Lorang und seine Verwandten zufriedenzustellen, aber auch wiederum nicht so viele, daß er als Schwächling oder Narr dasteht oder seine eigenen Angehörigen schädigt. Der Film zeigt auch, welchen Einfluß Lorangs Frauen auf die Angelegenheit haben und wie Lorang schließlich eine Lösung aus dem Dilemma findet.
   Der Film konzentriert sich auf ein Thema, wodurch er die Ansichten der Beteiligten, aber auch ihre Wertbegriffe, Haltungen und Erwartungen vermitteln kann. »Wir Turkana sind keine Ackerbauern und deshalb sind die Kinder unsere Gärten.« Der Film erweist sich in seiner einfachen, aber gescheiten Struktur als den meisten anderen ethnographischen Filmen der Gegenwart überlegen.
3. A WIFE AMONG WIVES. 1973/4–81/1981. L: 72 min.
   Inhalt: Eine Untersuchung darüber, wie die Turkana und insbesondere die Turkana-Frauen die Ehe sehen. Zuerst erfahren wir die Ansichten dreier Schwestern (darunter ist Arwoto, die Seniorfrau Lorangs). Dann verfolgen wir den allmählich sich entwickelnden Plan für eine Heirat in einem Nachbarhaushalt. Wir erfahren, warum eine Frau für ihren Mann eine zweite Frau wünscht und wie das System der Polygynie die

Basis von Solidarität unter den Frauen sein kann, während es gleichzeitig individuelle Empfindungen brutal zerstört. Die Turkana sind sich der Widersprüche und Probleme wohl bewußt, die sich aus dem Gegensatz von gemeinschaftlichem Überleben und individueller Freiheit ergeben. Der Film zeigt auf bewundernswerte Weise die Turkana-Kultur als etwas Lebendiges, das von den Menschen, die sie tragen, geformt wird. Er gewinnt damit über sein spezifisches Thema hinaus universell gültige Züge. Der Film beginnt damit, daß die Filmemacher zwei Schwestern fragen, was sie filmen würden, wenn sie die Weißen filmen könnten. Wir sehen dann, worauf sie die Kamera gerichtet haben.

UMBANDA – THE PROBLEM SOLVER
siehe DISAPPEARING WORLD.

UNDER THE MEN'S TREE
USA 1968/1974. L: 15 min.
R Ph: David MacDougall (16 mm). P S: David MacDougall, Judith MacDougall. T: Judith MacDougall.
Inhalt: *Oft kommen die Jie-Männer in den Viehcamps unter einem besonderen Baum zusammen, wo sie sich mit kleineren Tätigkeiten beschäftigen, reden und entspannen. Die Unterhaltung, die im Film aufgenommen wurde, kreist in einer Art umgekehrter Ethnographie um sehr Europäisches, nämlich das Auto.*
Dies ist ein einnehmender Film, in dem der Humor der Jie genauso zum Tragen kommt wie implizit die Ironie der Filmemacher (s. a. NAWI und TO LIVE WITH HERDS).

UNDER THE SOUTHERN CROSS (als Tonfilm THE DEVIL'S PIT)
USA 1929 (1930, Tf.). L: 1823 m (Stf.), 2054 m/75 min (Tf.).
P: Universal Pictures. R B: Lew Collins. Titel: Walter Anthony. Ph: Wilfred Cline, Howard Smith (35 mm). M-Arrangement: Bathie Stuart. S: Hugh Hoffman.
D: Patiti Warbrick (*Patiti*), Witarina Mitchell (*Miro*), Hoana Keeha (*Rangi*), Ani Warbrick (*Anu*), Apirihana Wiari (*Te Kahu*), Te Paiaha (*Paiaka*), Paora Tomati (*Tamanui, der dicke Schnitzer*), Ewa Tapiri (*Wura, seine Frau*).
Inhalt: *Der Maoristamm der Ariki ist von seinen feindlichen Nachbarn, den Watee, durch einen Vulkan getrennt, der den Namen ›Drachenloch‹ hat. Zwischen den beiden Stämmen herrscht seit Jahrhunderten Krieg. Häuptling Pakura von den Ariki will diesen Zustand beenden und bietet seine Tochter Miro dem Häuptlingssohn der Watee, Patiti, zur Frau an – wenn er den Speerwettstreit gewinnt. Andernfalls würde sie einem anderen Bewerber, Rangi, einem Ariki, zufallen. Der eitle Rangi macht mit seiner Geliebten Anu Schluß, um Miro zu gewinnen – und er schafft es durch einen unfairen Trick im Wettkampf. Miro geht in das Tabuhaus, wo sie sich bis zur Hochzeitszeremonie aufhalten muß und wo ihr kein Mann nahekommen darf. Doch sie trifft sich heimlich mit Patiti in den Höhlen am Meer. Eines Nachts folgt Rangi ihnen. Patiti bemerkt ihn. Um zu verhindern, daß er sie verrät, wirft er Rangi in den Vulkankrater. Doch die Geschichte kommt auf, der Krieg droht wieder aufzuflammen – da bricht der Vulkan aus. Der Häuptling der Watee wird getötet, Patiti tritt seines Vaters Nachfolge an und schließt mit den Ariki Frieden. Er findet sein Glück zusammen mit Miro.*
Ein ethnographischer Spielfilm aus Hollywood, der in dieser Form – es spielen nur Maori – sicherlich nicht ohne die Filme Flahertys denkbar gewesen wäre.

UP THE CONGO
USA 1929. Tf. L: 1668 m.
P R: Alice O'Brien. B: Harry Chandlee nach einer Story/Idee von Grace Flandreau. Ph: Charles Bell (35 mm).
D: Alice O'Brien, Grace Flandreau, Ben Burbridge.
Inhalt: *Eine Durchquerung Afrikas. Die Reise geht kongoaufwärts bis Stanleyville. Ein Abstecher zu den Bambuti im Ituri-Wald und zu den Mangbetu. Über den Tanganyika-See quer durch Ostafrika, bis Mombasa erreicht ist.*

VILLAGE LIFE I UND II
siehe TOWARDS BARUYA MANHOOD.

VISIONS AUSTRALES (1933: RAPT DANS LA JUNGLE)
Frankreich 1930–31/1932. L: 1100 m.
Real: Jean Mugeli (35 mm und 120 mm – Parvo Debrie). T: 1931 nachsynchronisiert.
Inhalt: *Zwei Männer lieben dieselbe Frau. Der eine entführt sie, der andere verfolgt ihn. Drei Tote. Ein großes Fest.*
Der Film entstand im wesentlichen auf den Loyalitäts-Inseln (Lifou). Die Geschichte ist in den Alltag eingebettet, so daß sie einiges an ethnographischen Informationen ›mitliefert‹.

WALBIRI RITUAL AT GUNADJARI
Australien 1966/1969. L: 30 min.
P: Australian Institute of Aboriginal Studies. R Ph S: Roger Sandall (F, 16 mm). Ethn: Nicolas Peterson.
Inhalt: *In Gunadjari, wo die Territorien der Walbiri und Pintubi aufeinandertreffen, ist ein bedeutender Ritualort mit Felsmalereien; er ›gehört‹ einem älteren Führer, der an der gefilmten Zeremonie teilnimmt. Während des dreitägigen Rituals wird der Felsen neu bemalt.*
Ein lebendiges und einfühlsames Zeugnis traditioneller Aborigine-Religion.

WALBIRI RITUAL AT NGAMA
Australien 1966. L: 23 min.
P: Australian Institute of Aboriginal Studies. R Ph S: Roger Sandall (F, 16 mm). Ethn: Nicolas Peterson, T. D. Campbell.
Inhalt: *Ngama ist eine Ritualstätte des Walbiri-Stammes mehr als 300 Kilometer nordwestlich von Alice Springs in Zentralaustralien und berühmt wegen der spektakulären Felsmalerei einer Pythonschlange. Der Film hält eine Vermehrungszeremonie fest, die die Fruchtbarkeit der Pythons und aller Mitglieder des Python-Clans fördern soll. Wir verfolgen die Initiation eines Jugendlichen, dem die älteren Männer die heiligen Lieder und Erzählungen beibringen, der in die Geheimnisse des Schlangenbilds eingeweiht wird und die churinga, die Sakralhölzer, kennenlernt, deren Bemalung die Reisen der Vorväter in der Traumzeit markiert. Körperdekoration. Tänze.*
Anders als WALBIRI RITUAL AT GUNADJURI und EMU RITUAL AT RUGURI weniger gelungen. Der Film hat etwas Gestelztes, Aufgesetztes an sich.

WARBURTON RANGE EXPEDITION
Australien 1935. Stf. L: 32 min.
P: Board for Anthropological Research, University of Adelaide. R Ph: E. O. Stocker, Norman B. Tindale (16 mm).
Inhalt: *Initiationsriten der Ngadjadjara (Westwüste).*
Ein gut photographierter Film für Spezialisten, von hohem Dokumentationswert.

WAR OF THE GODS
siehe DISAPPEARING WORLD.

THE WASP NEST
siehe THE SAN (6. THE !KUNG BUSHMEN).

Water Snake Story And Stone Quarry At Patantja
siehe People Of The Australian Western Desert Parts 11–19.

The Wedding Camels
siehe Turkana Conversations.

Weeding The Garden
siehe The Yanomamo.

White Shadows In The South Seas
USA 1927–28/1928. L: 2429 m. Stf. mit Tonsequenzen.
P: Cosmopolitan Productions für MGM. R: W. S. Van Dyke (und Robert Flaherty). B: Jack Cunningham (Adaption: Ray Doyle) nach dem gleichnamigen Roman von Frederick O'Brien. Titel/Dialoge: John Colton. Ph: Clyde DeVinna, George Nagle, Bob Roberts (35 mm). Ld: »Flower of Love« von William Axt und David Mendoza. S: Ben Lewis.
D: Monte Blue *(Lloyd)*, Raquel Torres *(Faraway)*, Robert Anderson *(Sebastian)* und Eingeborene der Marquesas-Inseln.
Inhalt: *Lloyd, ein ständig betrunkener, demoralisierter weißer Arzt auf den Marquesas-Inseln, der die Eingeborenen vor der Ausbeutung und Korruption durch seine Landsleute bewahren will, wird auf Befehl des rücksichtslosen Händlers Sebastian auf einem Schiff ausgesetzt, dessen Besatzung an der Pest gestorben ist. Das Schiff gerät in einen Taifun. Lloyd wird auf einer unbekannten Insel an Land geschwemmt, deren Bewohner noch keinen Kontakt mit Europäern hatten und ihn mehr oder weniger für einen Gott halten. Lloyd verliebt sich in das Mädchen Faraway und führt ein glückliches Leben bei diesen unverdorbenen Menschen. Doch angesichts der Perlen, die von den Eingeborenen achtlos weggeworfen werden, ergreift ihn die Gier des weißen Mannes nach Reichtum und er entzündet ein Feuer, das vorbeifahrende Schiffe aufmerksam machen soll. Zu spät überkommt ihn die Einsicht; er wirft die Perlen weg und löscht das Feuer – aber Sebastians Schiff liegt bereits vor der Insel. Die Eingeborenen verstehen Lloyd nicht, der sie davon abhalten will, die Fremden zu empfangen. In der Auseinandersetzung, die daraus entsteht, wird Lloyd von einem von Sebastians Männern erschossen. Sebastian kann seinen neuen Handelsposten errichten. Die letzten Szenen des Films zeigen den Erfolg der Zivilisation: verarmte, in Lohnarbeit gedrängte, heruntergekommene Menschen, Opfer von Alkohol und Prostitution, Vertriebene aus dem Paradies.*
Dies ist in seiner strikt antikolonialistischen, antizivilisatorischen Haltung ein erstaunlicher Film. Die Wilden sind eindeutig die besseren Menschen. Natürlich ist dieses Paradies eine westliche Utopie. Aber dem Film gelingt es ganz ohne Anstrengung, ethnographische Realität im Rahmen der Geschichte, die er erzählt, anschaulich zu machen.

Wie andere Neger auch
Bundesrepublik Deutschland 1982–83/1983. L: 80 min.
P: Filmkraft, P. Heller Filmproduktion. R B: Peter Heller, Diana Bonnelame. Ph: Klaus Lautenbacher, Franz König (F, 16 mm). S: Beate Köster. T: Otto Wymann. Mitarbeit: Hanne Appel.
Inhalt: *Ein Film, der von der Umkehrung der sonst üblichen Rollenverteilung lebt: die kenianische Ethnologin Diana Bonnelame auf Feldforschung in der BRD.*
Eine Afrikanerin macht einen Film über Deutsche, Europäer, und bedient sich dabei eines ethnographischen Blicks, den sonst meist nur Afrikaner und andere Nicht-Europäer zu ertragen haben. Verunsicherung und Abwehrreaktionen sind die Folge. Dabei versucht der Film nicht, nur bestimmte Thesen zu bebildern, Zusammenhänge stellen sich über Bild und Ton her. Die Filmemacher haben dabei einige technische Unzulänglichkeiten bewußt in Kauf genommen.

A Wife Among Wives
siehe Turkana Conversations.

Xunan (The Lady)
Schweiz/Bundesrepublik Deutschland 1980–82/1983. L: 108 min und 90 min.
P: Peter von Gunten Filmproduktion/Westdeutscher Rundfunk. R: Peter von Gunten, Margrit Keller. B: Margrit Keller. Ph: Peter von Gunten (F, 16 mm). S: Fredi M. Murer. Ethn/Übersetzung: Robert Bruce.
Inhalt: *In Verbindung mit biographischen Notizen zum Leben der Schweizer Photographin Gertrude Duby-Blom in Chiapas werden die Probleme des Lebens in der Selva Lacandona für ihre ursprünglichen Bewohner, die Lacandonen, und für die indianischen und mexikanischen Neusiedler untersucht.*
Der Film schwankt zwischen zwei Polen: einem individuellen Porträt und der Schilderung der ›traurigen Tropen‹ hin und her.

Die deutsche Fernsehfassung trägt den Titel Xunan – Mutter Der Lakandonen und hat eine Länge von 45 Minuten.

Yagua
USA 1940–41. L: 65 min.
Real: Paul Fejos (d. i. Pál Fejös).
Inhalt: *Die Yagua sind ein Indianerstamm am Amazonas in Peru. Der Film zeigt eine Begräbniszeremonie. In einer Ratsversammlung beschließen die Männer des Clans, daß das Haus nicht länger bewohnbar sei. Der Häuptling schickt zwei Kundschafter aus, sich flußabwärts nach einer neuen Wohnstätte umzusehen. Der Medizinmann erfleht die Hilfe der Geister. Die Kundschafter unterwegs. Sie finden einen guten Platz und kehren zurück. Sie erstatten Bericht. Der Häuptling gibt Anweisung zum Aufbruch. Vorbereitende Aktivitäten: Männer jagen, Frauen räuchern Fleisch, Hängematten werden hergestellt oder repariert, neue Blasrohre werden angefertigt, ein Floß aus Balsastämmen wird gebaut und beladen. In einer offiziellen Zeremonie erbittet der Medizinmann den Segen für die Toten im Haus. Die Reise flußabwärts. Das Leben auf dem Floß. An der von den Kundschaftern angegebenen Stelle wird der Wald gerodet. Der Medizinmann verjagt die bösen Geister. Das neue Gemeinschaftshaus wird errichtet. Ein Jaguar fällt über die Hühner her und macht erfolgreich Beute. Die Jäger bauen Jaguarfallen, doch der Jaguar ist zu schlau, um hineinzugehen. Es bedarf einer magischen Falle, zu deren Herstellung der Medizinmann jedes einzelne Stück weiht. Der Jaguar geht in die Falle und wird vom Häuptling mit dem Blasrohr getötet. Es gibt ein großes Freudenfest. Die Frauen machen* massato*-Bier. Das Fell des Jaguars wird auf einen Rahmen gespannt. Das Herz des Tieres wird in kleine Stücke geschnitten, und jeder Knabe erhält ein Stück davon zum Essen, damit sie erfüllt werden vom Mut des Tieres. Massato-Trinken. Es wird getrommelt, gesungen und getanzt bis tief in die Nacht hinein.*
Der Film ist ohne Kommentar. Die Begleitmusik ist ungarisch (!).

The Yanomamo
Eine Reihe von insgesamt 37 Filmen, von denen 21 für die Veröffentlichung bestimmt sind, 16 nur in Arbeitskopien vorliegen. In dieser Filmographie sind nur die ersteren erfaßt.
P: Documentary Educational Resources (Watertown, Massachusetts) – Pennsylvania State University (Timothy Asch, Napoleon Chagnon). R: Timothy Asch, Napoleon Chagnon.

Ph: Timothy Asch (F, 16 mm). T: Craig Johnson.

1. ARROWS. 1971/1974. L: 10 min.
   S: Lorenzo Salzmann, Anne Fischel.
   Inhalt: Eine Gruppe von Jungen trägt einen Kampf mit Pfeil und Bogen auf dem Dorfplatz aus. Sie schießen mit stumpfen Pfeilen, üben das Zielen und wie man den Geschossen ausweicht.

2. THE AX FIGHT. 1971/1975. L: 30 min.
   S: Paul Bugos.
   Inhalt: Am zweiten Tag des Aufenthaltes von Chagnon und Asch in dem Dorf Mishimishimabowei-teri brach ein Kampf aus zwischen den Einheimischen und Besuchern aus einem anderen Dorf. Ein Besucher schlug eine Frau, die sich weigerte, ihm eine Kochbanane zu geben. Ihr Bruder, ihr Mann und einige Verwandte griffen zu den Waffen – erst Keulen, dann Äxten und Macheten. Als ein Mann verwundet war, kühlte der Streit wieder ab, andere stellten sich zwischen die beiden Parteien und die Frauen warfen sich Beleidigungen an den Kopf. Der Film selbst umfaßt 10 Minuten von dem etwa eine halbe Stunde währenden Disput und Kampf. Er besteht aus vier Teilen. Zuerst sehen und hören wir eine ungeschnittene Version des aufgenommenen Bild- und Tonmaterials, einschließlich der Kommentare der Filmemacher. Im zweiten Teil erklärt Chagnon den Ablauf der Ereignisse, die Beziehungen zwischen den Beteiligten und wie sich für die Filmemacher nach anfänglicher Konfusion eine zusammenhängende Interpretation ergab. Der dritte Abschnitt zeigt in Diagrammen die in den Kampf verwickelten Lineages der beiden Dörfer, um zu veranschaulichen, wie dieser Kampf in langbestehende Konflikt- und Allianzstrukturen eingeordnet werden kann. Zum Schluß erleben wir eine Schnittfassung des Kampfes.
   THE AX FIGHT ist ein Metafilm, er reflektiert den Prozeß seines Entstehens gleich mit und verweist dabei auf die bestehende Spannung, die sich aus der Notwendigkeit ergibt, einerseits einen Film zu machen, der als Film überzeugt und informativ ist, andererseits aber auch die Integrität des gefilmten Geschehens zu erhalten. THE AX FIGHT funktioniert also auf verschiedenen Ebenen, auf einer ethnographischen: der Zuschauer wird in die Verwandtschafts- und Allianzverhältnisse hineingezogen, erfährt von Fraktionen im Dorf, erlebt das Austragen und Auflösen von Konflikten; und auf einer reflektiven Ebene, da Filmemacher und Ethnologe ihr Erleben in bedeutungsvermittelnde Wörter und bewegende Bilder umsetzen.

3. BRIDE SERVICE. 1971/1975. L: 10 min.
   S: Jean Carroll, Paul Bugos, Peter Spier.
   Inhalt: Dedeheiwas Sohn kehrt von der Jagd zurück und bringt seinem Schwiegervater einen wilden Truthahn und einen Korb voller Früchte. Er stellt die Sachen einfach ab, da die Meidungsvorschriften es ihm verbieten, sie direkt abzuliefern. Dedeheiwa ruft, damit jemand die Sachen entgegennimmt. Die jüngste Frau des Schwiegervaters holt die Nahrung.

4. CHILDREN'S MAGICAL DEATH. 1971/1974. L: 7 min.
   S: Lorenzo Salzmann, Anne Fischel.
   Inhalt: Eine Gruppe von Jungen: Sie geben vor, Schamanen zu sein und machen ihre Väter nach, indem sie sich gegenseitig Asche in die Nase blasen und zu den hekura-Geistern singen (vgl. MAGICAL DEATH).

5. CLIMBING THE PEACH PALM. 1971/1974. L: 9 min.
   S: Anne Fischel.
   Inhalt: Ein erstaunliches Beispiel der Yanomamö-Technologie ist der Kletterrahmen, mit dessen Hilfe sie die stachligen Stämme der Pfirsichpalmen ersteigen. Ein junger Mann sammelt Früchte für seine Schwiegereltern ein.

6. A FATHER WASHES HIS CHILDREN. 1971/1974. L: 15 min.
   S: Anne Fischel.
   Inhalt: Dedeheiwa, Schamane und Anführer in seinem Dorf, nimmt neun seiner Kinder und Enkel mit an den Fluß, wo er sie sorgsam und geduldig wäscht.
   Der Film läßt die Wärme und Sanftheit sehen, die typisch ist für viele Formen menschlichen Zusammenlebens bei den Yanomamö.

7. THE FEAST. 1968/1970. L: 29 min.
   Ph: Timothy Asch, Napoleon Chagnon. S: Anne Fischel.
   Inhalt: Die Patanowa-teri haben die Mahekodo-teri eingeladen. Die beiden Gruppen waren bis wenige Jahre vor diesem Fest Verbündete gewesen, hatten sich dann allerdings wegen der Entführung einer Frau bekriegt. Mit diesem Fest erneuern sie das alte Bündnis erfolgreich.
   Yanomamö-Feste sind zeremonielle, soziale, wirtschaftliche und politische Ereignisse. Sie bieten den Männern Gelegenheit, ihre Körper mit Farbe und Federn zu schmücken, und in Tanz und ritualisierter Aggression ihre Stärke vorzuführen. Während Festen werden Handelspartnerschaften begründet oder bestärkt und es werden Bündnisse geschlossen oder auf die Probe gestellt. Um das im Film festgehaltene Fest geht es detailliert im 4. Kapitel von Chagnons Monographie *Yanomamö: The Fierce People*.

8. FIREWOOD. 1971/1974. L: 10 min.
   S: Anne Fischel.
   Inhalt: Alltägliche Arbeit der Frauen am Beispiel einer Frau, die geduldig einen großen Holzklotz zerhackt. Ihre zwei Kinder spielen in der Nähe. Sie lädt das gehackte Holz in einen Korb und geht zum Dorf zurück, die schwere Last auf dem Rücken, das Kleinkind im Arm.

9. JAGUAR: A YANOMAMO TWIN CYCLE MYTH AS TOLD BY DARAMASIWA. 1971/1976. L: 22 min.
   S: Paul Bugos.
   Inhalt: Daramasiwa erzählt die Mythe, die ganze Zeit über auf derselben Stelle hockend, doch vermitteln seine dramatischen Körperbewegungen und seine ausdrucksvariable Stimme einen physischen Eindruck von dem, was er erzählt. Die Mythe: Vor langer Zeit verschmähte Jaguar es, Curare-Frau zu fressen, weil sie bitter schmeckte. Sie versteckte ihre schwangere Tochter im Dach über Jaguars Hängematte und schickte ihn weit weg zur Jagd, während ihre Tochter von Vögeln ernährt wurde, die sie beschützte. Eines Tages pißte die Tochter Jaguar über und über an. Er schleuderte die Tochter zu Boden und tötete sie. Curare-Frau nahm die Zwillingsföten und versteckte sie in einem Rindenbehälter, wo sie zu hekura-Geistern wurden. Als sie zu Männern herangewachsen waren und ein Bewußtsein von ihrer Existenz erlangten, sannen sie auf Rache. Durch ihre Schlauheit und mithilfe eines Pfeils, den sie vom Himmelsrand holten, gelang es ihnen, Jaguar zu töten.
   Der Film zeigt einen bemerkenswerten Erzähler. Der Mythenreichtum der Yanomamö wird in Verbindung mit Filmen wie MOONBLOOD und MYTH OF NARO ersichtlich. Jaguar ist eine herausragende Figur in der Mythologie der süd- und mittelamerikanischen Tieflandindianer.

10. MAGICAL DEATH. 1970/1973. L: 29 min.
    Ph: Napoleon Chagnon. S: Craig Johnson. T: Napoleon Chagnon, Craig Johnson.

Inhalt: *1970 kommen die Führer des Dorfes Bisaasi-teri in Dedeheiwas Dorf Mishimishimabowei-teri. Sie wünschen nach zwanzig Jahren gegenseitiger Feindseligkeiten, ein Bündnis abzuschließen und laden zu einem Fest ein. Zwei Tage lang wird ein ›schamanistisches Drama‹ abgehalten, unter Führung von Dedeheiwa. Dedeheiwa und andere Schamanen bereiten halluzinogene Drogen, die sie dazu befähigen, mit den Geistern zu sprechen und selber Geister zu werden. Dedeheiwa ruft einen »heißen, fleischhungrigen« hekura-Geist, er solle die Seelen der Kinder mit Feuer verschlingen. Dann werden die Schamanen die Opfer, winden sich wie sterbende Kinder auf einem Aschehaufen, wechseln erneut ihren Zustand in den von hekura-Geistern und verschlingen die Asche, die jetzt die toten Kinder repräsentiert. Das Drama des ersten Tages endet damit, daß Dedeheiwa bewußtlos zu Boden fällt, getroffen von einem magischen Haken, den ein Feind schickte. Am nächsten Tag wird das Ritual wiederaufgenommen, als Dedeheiwa zu einem jungen Mann aus dem feindlichen Dorf wird, der den Angriffen der Schamanen anfangs auszuweichen versteht, aber dann doch vernichtet wird.*

Drei Wochen nach diesem Ereignis besuchten Männer aus Dedeheiwas Dorf ihre neuen Verbündeten und überfielen mit ihnen zusammen die Mahekdodo-teri, ihre Feinde. Die Schamanen spielen in der Yanomö-Gesellschaft eine entscheidende, lebenswichtige Rolle, da sie die Geister rufen, kommandieren und von ihnen besessen werden. Der Körper ist ein Vehikel für die hekura, die von der schönen Körperbemalung angelockt werden, an den Füßen eintreten und sich schließlich in der Brust niederlassen. Der Film ist ein außerordentlich lebendiges Porträt schamanistischer Aktivitäten, zugleich aber eine eindringliche Erforschung der engen Verbindungen, die in der Yanomö-Gesellschaft zwischen Politik und Schamanismus bestehen.

11. A MAN AND HIS WIFE WEAVE A HAMMOCK. 1971/1975. L. 12 min.
    S: Anne Fischel.
    Inhalt: *Ein Dorfführer, Moawa, webt eine Baumwollhängematte, während seine Frau in ihrer Hängematte hin- und herschwingt, ihm zuschaut, ihn neckt und mit ihrem Baby spielt.*

12. A MAN CALLED »BEE«: STUDYING THE YANOMAMO. 1971/1974. L: 40 min.
    S: Frank Galvin, Anne Fischel.
    Inhalt: *Der Film zeigt den Ethnologen Napoleon Chagnon in verschiedenen Rollen als Feldforscher: wie er, mit Pfeilen bewaffnet und mit Federn geschmückt, ein Dorf betritt; wie er mit dem Schamanen Dedeheiwa, der die Feuermythe erzählt, Kaffee trinkt; wie er einem Baby Augentropfen einträufelt und für seine eigene Krankheit sich vom Schamanen behandeln läßt; wie er umfangreiche Genealogien aufnimmt, Karten zeichnet, Tonbänder aufnimmt, Polaroidfotos macht und versucht, gesellschaftliche Strukturen (Spaltungen innerhalb des Dorfes, Wanderbewegungen, Aggression) zu analysieren.*
    Der Kommentar verdeutlicht die Probleme einer Feldforschung. Der Film zeigt einiges von der zwiespältigen Rolle des Feldforschers, zum Beispiel in der Spannung zwischen gegenseitiger Ausnutzung und Reziprozität, und er zeigt das Verhältnis des Ethnologen zu den Subjekten/Objekten seiner Studie.

13. MOONBLOOD: A YANOMAMO CREATION MYTH AS TOLD BY DEDEHEIWA. 1971/1976. L: 40 min.
    S: Paul Bugos.
    Inhalt: *Die Mythe: Vor langer Zeit lebten »Menschen wie wir« in einem Dorf »dort drüben«. Auch Mond lebte dort und aß die Seelen von Kindern. Die Dorfbewohner wurden sehr zornig, besonders als Mond herabstieg, um die Asche der Kinder zu verzehren. Der Ahne Suhirina, ein schöner und großer Mann, tötete Mond deshalb mit einem Pfeil mit Bambusspitze, und Monds Blut verströmte über die ganze Erde. Aus diesem Blut gingen Menschenwesen hervor, starke und wilde Menschen aus dem Zentrum, wo das meiste Blut vergossen worden war, schwächere Menschen aus verspritzten Blutstropfen. Du bist vom echten Blut, sagt Dedeheiwa zu Chagnon, da es so viele von deiner Sorte gibt; mein eigenes Dorf ist schwach, da wir von den Spritzern abstammen.*

14. MYTH OF NARO AS TOLD BY DEDEHEIWA. 1971/1975. L: 22 m.
    S: Anne Fischel, Paul Bugos.

15. MYTH OF NARO AS TOLD BY KAOBAWA. 1971/1975. L: 22 min.
    S: Napoleon Chagnon, Timothy Asch, Craig Johnson, Paul Bugos.
    Inhalt: *In der Mythe geht es um die Eifersucht, die der häßliche Naro seinem Bruder Yamonama gegenüber hegt, der sehr schön ist und zwei Frauen hat. Naro, der die Frauen haben will, tötet seinen Bruder durch Zauber, wird aber schließlich selbst von einem dritten Bruder und einer Vielzahl von Ahnen getötet. Das ist der Ursprung der bösen Magie.*
    Aus den beiden Filmen werden nicht nur Varianten der Mythe deutlich, sondern auch die unterschiedlichen Erzählstile.

16. NEW TRIBES MISSION. 1971/1975. L: 12 min.
    S: Lorenzo Salzmann.
    Inhalt: *Die New Tribes Mission ist seit den frühen fünfziger Jahren in dem Gebiet. Ihr Ziel ist, wie die Missionarin und Lehrerin im Film erklärt, die Botschaft von Jesus zu bringen und damit den Indianern Heil und Erlösung, indem man sie lehrt, ihre falschen Götter, Dämonen und die Drogen aufzugeben. Die Lehrerin bringt den Yanomamö-Jungen ein spanisches Lied bei. Sie kann Yanomamö – weil es die Kommunikation mit den Indianern erleichtert. Szenen aus dem Yanomamö-Dorf in der Nähe der Mission spiegeln den Wandel wieder. Yanomamö in verschiedenen Stadien der Bekleidung sind mit anderen zusammen, die nackt in ihren Hängematten liegen.*

17. OCAMO IS MY TOWN. 1971/1974. L: 23 min.
    S: Michael Scott, Anne Fischel.
    Inhalt: *Der Film beschreibt die Arbeit eines außergewöhnlichen Salesianerpriesters, Padre Cocco, der seit 1957 eine Mission am Rio Ocamo leitet. Ihr Ziel ist es, wie er erklärt, die unvermeidliche Stoßkraft der ›Zivilisation‹ auf die Yanomamö der Region abzumildern. Taufe und Monogamie können warten, sagt der Priester, wichtiger ist, daß die Indianer nicht länger als Museumsstücke betrachtet werden, daß ihre indigene Kultur respektiert wird. Deshalb solle auch der Drogengebrauch nicht verboten werden. Der Film zeigt, daß auf der Mission der Wandel allerdings auch eine Realität ist: Vieh- und Geflügelzucht, Maniokmehl, neue Fischfangtechniken, Medizin gehören dazu.*

18. TAPIR DISTRIBUTION. 1971/1975. L: 15 min.
    S: Seth Reichlin, Paul Bugos.
    Inhalt: *Einige Tage nach dem in THE AX FIGHT gezeigten Kampf tötet Moawa, der angesehenste Führer im Dorf, einen Tapir und präsentiert ihn seinen Schwägern, die im Dorf eine bedeutende politische Fraktion darstellen. Das Geschenk dient dazu, die ins Wanken geratene*

Allianz mit ihnen zu stärken. Der Film zeigt, wie das Fleisch zubereitet, gekocht und verteilt wird.

19. Tug-Of-War, Yanomamo. 1971/1975.
    L: 9 min.
    S: Lorenzo Salzmann.
    Inhalt: *An einem Tag in der Regenzeit spielen Frauen und Kinder ›Tauziehen‹.*

20. Weeding The Garden. 1971/1974.
    L: 14 min.
    S: Lorenzo Salzmann, Anne Fischel.
    Inhalt: *Dedeheiwa jätet seinen Maniokgarten und säubert das Blattwerk rings um seine Kochbananen. Während einer Ruhepause wird er von seiner Frau und zahlreichen Kindern massiert und bemuttert, und spielt liebevoll mit ihnen.*

21. Yanomamo: A Multidisciplinary Study. 1968. L: 45 min.
    P R: James Neel, Timothy Asch, Napoleon Chagnon. Ph T: Timothy Asch, Napoleon Chagnon. S: Timothy Asch, Napoleon Chagnon, Craig Johnson.
    Inhalt: *Der Film illustriert die von enem multidisziplinären Team der University of Michigan in Zusammenarbeit mit venezolanischen Kollegen angewandten Feldforschungstechniken, die Ziele des Unternehmens – ein Verständnis der Bevölkerungsstruktur in genetischer und gesellschaftlicher Hinsicht zu erreichen – und die Methoden der Datengewinnung.*
    Der Film vermittelt Einsichten in die besonderen Beziehungen zwischen den Wissenschaftlern und den Yanomamö. Die Wissenschaftler nehmen Blutproben, photographieren Zahnmißbildungen und rühren in Proben menschlicher Fäzes, dies alles zum großen Erstaunen und Amüsement der Yanomamö.

Yanomamo: A Multidisciplinary Study siehe The Yanomamo.

Yesterday, Today: The Netsilik Eskimo
Canada 1972. L: 57 min.
P: National Film Board of Canada (Marc Beaudet). R: Gilles Blais. Ph: Roger Rochat (F, 16 mm). S: Marc Hébert. T: Richard Besse. Ethn: Asen Balikci.
Inhalt: *Das Leben der Netsilik heute, mit Rückblenden auf Subsistenztechniken und Bräuche, wie sie in den 20er Jahren noch üblich waren und in der* Netsilik Eskimo-*Serie rekonstruiert wurden. Ein sehr erfolgreicher Versuch vergleichender filmischer Ethnologie und eine herausragende Studie zum Prozeß der Akkulturation.*
Eine Kurzfassung ist unter dem Titel The Netsilik Eskimo Today erschienen:
P: National Film Board of Canada/Education Development Center. L: 18 min.

Wichtige Verleiher ethnographischer Filme

Australian Institute of Aboriginal Studies,
P.O. Box 553, Canberra City, A.C.T. 2601,
Australia

British Film Institute, Distribution Division
127 Charing Cross Road, London WC2H OEA,
England

Contemporary Films/McGraw-Hill
1221 Avenue of the Americas, New York,
NY 10020, USA

Curriculum Development Associates
1211 Connecticut Avenue, N. W., Washington,
D. C., 20036, USA

Documentary Educational Resources
5 Bridge Street, Watertown, Massachusetts
02172, USA

Freunde der Deutschen Kinemathek
Welserstraße 25, D-1000 Berlin 30

I.N.A., Service Commercial
4, av. de l'Europe, 94360 Bry-sur-Marne,
Frankreich

Institut für den Wissenschaftlichen Film (IWF)
Nonnenstieg 72, D-3400 Göttingen

IWALEWA-Haus
Universität Bayreuth, Postfach 3008/Münzgasse 9, D-8580 Bayreuth

Museum of Modern Art
11 West 53rd Street, New York, NY 10019,
USA

National Anthropological Film Center, Smithsonian Institution Washington, D. C., 20560,
USA

National Film Board of Canada/Office National du Film du Canada
P. O. Box/Case postale 6100, Montréal 101,
Quebec, Canada – für Europa: 15 rue de Berri,
Paris 8e, France/1 Grosvenor Square, London
W1, England.

Phoenix Films, Inc.
470 Park Avenue South, New York, NY 10016,
USA

Royal Anthropological Institue of Great Britain
and Ireland
56 Queen Anne Street, London W1M 9LA,
England

S.E.R.D.D.A.V. (Service audio-visuel du
C.N.R.S.)
27, rue P.-Bert, 94200 Ivry, Frankreich

University of California Extension Media
Center
2223 Fulton Street, Berkeley, California 94720,
USA

Für französische Filme sind in der Bundesrepublik die jeweiligen Instituts Français wichtig.
Das gilt in unterschiedlichem Maße auch für
andere ausländische Kulturinstitute.
Zahlreiche ethnographische Filme finden sich
im Besitz der Völkerkundemuseen (etwa Hamburg, Berlin, Wien).

Literaturverzeichnis

Regelmäßige Besprechungen ethnographischer und verwandter Filme finden sich im *American Anthropologist* und in *RAIN* (Royal Anthropological Institute News).

Adams, John W., 1979, Representation and Context in the Ethnographic Film, in *Film Criticism* 4,1 (Fall 1979), S. 89–100.
Arzt, Volker, 1982, Expedition: Noch immer sterben die Maya, in *Geo* 12 (Dezember 1982), S. 10–30.
Asch, Timothy, 1972, Ethnographic Filming and the Yanomamö Indians, in *Sightlines* 5,3, S. 6–17.
Asch, Timothy, John Marshall und Peter Spier, 1973, Ethnographic Film: Structure and Function, in *Annual Review of Anthropology* 2, S. 179–187.
Bailey, F. G., 1970, *Stratagems and Spoils*. Oxford.
Balikci, Asen, 1980, Besprechung der Filme GRASS und THE BAKHTIARI MIGRATION, in *American Anthropologist* 82, S. 229–230.
Barnouw, Erik, 1974, *Documentary. A History of the Non-Fiction Film*. New York.
Barth, Frederik, 1966, *Models of Social Organization*. London.
Bateson, Gregory und Margaret Mead, 1942, *Balinese Character: A Photographic Analysis*. New York Academy of Sciences, Special Publication No. 2. New York.
Baxter, John, 1970, *The Australian Cinema*. Sydney-London-Melbourne-Singapore.
Bender, Lionel, 1977, Besprechung von RIVERS OF SAND, in *American Anthropologist* 79, S. 196–197.
Blom, Frans und Gertrude Duby, 1955–57, La selva lacandona (2 Bde.). México, D. F.
Brauen, Martin, 1982, Vorwort zu Martin Brauen (Hrsg.), *Fremden-Bilder*. Ethnologische Schriften, Zürich, ESZ 1, Völkerkundemuseum der Universität Zürich.
Brownlow, Kevin, 1979, *The War, the West and the Wilderness*. London.
Bugler, J., 1978, TV's Industrial Relations Minefield, in *New Statesman* 96, S. 232–235.
Burzlaff, Werner, 1983, Eine Kultur zu erblicken. Das Schwarzafrika-Festival in Perpignan, in *medium* 9/83, S. 44–49.
Calder-Marshall, Arthur, 1963, *The Innocent Eye*. London.
Cambridge Anthropology, Special Issue Ethnographic Film o. J. (1977).
Cantrill, Arthur und Corinne, 1981, The 1901 Cinematography of Walter Baldwin Spencer, in *Cantrill's Filmnotes*, S. 26–43, 56.
Chanan, Michael, 1980, *The Dream That Kicks. The Prehistory and Early Years of Cinema in Britain*. London-Boston-Henley.
Cohen, Hart, 1979, The Ax Fight, Mapping Anthropology on Film, in *Cine-Tracts* 2,2 (Spring 1979), S. 62–73.
Cooper, Merian C., 1925, *Grass*. New York.
De Brigard, Emilie, 1975, The History of Ethnographic Film, in Paul Hockings (ed.), *Principles of Visual Anthropology*. The Hague-Paris, S. 13–43.
De Heusch, Luc, 1962, *The Cinema and Social Science: a Survey of Ethnographic and Sociological Films*. Reports and Papers in the Social Sciences 16, UNESCO Publication. Paris.
Diamond, Stanley, 1976, *Kritik der Zivilisation*. Frankfurt/Main.
Dickson, W. K. L., 1895, *History of the Kinetograph, Kinetoscope and Kinetophonograph*. New York.
Dodds, John W., 1973, *The Several Lives of Paul Fejos*. Wenner-Gren Foundation, New York.
Donaldson, Leonard, 1912, *The Cinematograph and Natural Science*. London.
Dubini, Fosco, 1983, Jean Rouch – Interview und Notizen, in *Zelluloid* (Köln) Nr. 16/17 (Juli), S. 69–86.
Duby-Blom, Gertrude (Fotos), Sigi Höhle und Ossi Urchs (Text), 1982, *Das Antlitz der Mayas*. Königstein
E., P., 1981, Ein Filmer erfährt die Wahrheit, in *Hamburger Abendblatt* (Mai 1981), S. 12.
Eaton, Mick, 1979, Chronicle, in Mick Eaton (ed.), *Anthropology – Reality – Cinema. The Films of Jean Rouch*. British Film Institute, London.
Eaton, Mick und I. Ward, 1976, Anthropology and Film, in *Screen* 17,3.
Epple, George, M., 1982, Besprechung von DIVINE HORSEMEN, in *American Anthropologist* 84, S. 979–980.
Evans-Pritchard, E. E., 1978, *Hexerei, Orakel und Magie bei den Zande*. Frankfurt/Main.
Favret-Saada, Jeanne, 1979, *Die Wörter, der Zauber, der Tod*. Frankfurt/Main.

Färber, Helmut, 1977, *Baukunst und Film. Aus der Geschichte des Sehens.* München.
Fischer, Hans, 1981, *Die Hamburger Südsee-Expedition. Über Ethnographie und Kolonialismus.* Frankfurt/Main.
— 1983, Anfänge, Abgrenzungen, Anwendungen, in Hans Fischer (Hrsg.), *Ethnologie. Eine Einführung.* Berlin.
Flaherty, Robert, 1924, *My Eskimo Friends.* London.
Freunde der Deutschen Kinemathek (Hrsg.), 1982, *Verleihkatalog 1982.* Berlin.
Fuchs, Peter, 1983, *Das Brot der Wüste.* Wiesbaden.
Geertz, Clifford, 1983, *Dichte Beschreibung.* Frankfurt/Main.
Geertz, Hildred, 1976, Besprechung der Filme TRANCE AND DANCE IN BALI, BATHING BABIES IN THREE CULTURES und KARBA'S FIRST YEARS, in *American Anthropologist* 78, S. 725–726.
Goldammer, Kurt, 1960, *Die Formenwelt des Religiösen.* Stuttgart.
Gordon, Robert, 1982, Besprechung von N!AI, THE STORY OF A !KUNG WOMAN, in *American Anthropologist* 84, S. 740–741.
Griaule, Marcel, 1957, *Méthode de l'ethnographie.* Paris.
Gyles, Anna Benson und Chloe Sayer, 1980, *Of Gods and Men.* London.
Hammond, Paul, 1974, *Marvellous Méliès.* London.
Hancock, David, 1975, Disappearing World, Anthropology on Television, in *Sight and Sound* (Spring), S. 103–107.
Hediger, H., 1958, *Kleine Tropenzoologie.* Suppl. 1, Acta Tropica. Basel.
Heider, Karl G., 1976, *Ethnographic Film.* Austin – London.
Hohenberger, Eva, 1983, Ein Blick auf das Fremde. Zum Vorverständnis des ethnographischen Films, in *Zelluloid* (Köln) Nr. 16/17 (Juli), S. 43–55.
Holm, Bill und George Irving Quimby, 1980, *Edward S. Curtis in the Land of the War Canoes. A Pioneer Cinematographer in the Pacific Northwest.* Vancouver.
Houwald, Götz Freiherr von (ed.), 1979, *Nicolás de Valenzuela: Conquista del Lacandón y conquista del Chol* (2 Bde.). Berlin.
Interaudiovisuel (ed.), 1980, *Film Ethnographiques Production Française/Ethnographic Films French Production.* Paris.
Jarvie, I. C., 1983, The Problem of the Ethnographic Real, in *American Anthropologist* 24, 3, S. 313–325.
Johnson, Osa, 1940, *I Married Adventure.* New York.
Keller, Margrit und Peter von Gunten, 1982, *Xunan (The Lady): Gertrude Düby-Blom in Mexiko 1980/82. Ein Film. Filmbegleitheft.* Bern.
Kelly, Peter, 1979, In Defence of TV Unions, in *New Statesman* 97, S. 212–213.
Kiefer, Thomas, M., 1974, Besprechung von THE WEDDING OF PALO, in *American Anthropologist* 76, S. 209–210.
Kiste, Robert C. und Paul D. Schaefer, 1974, Besprechung von MOKIL, in *American Anthropologist* 76, S. 715–716.
Koloß, Hans-Joachim, 1973, Der ethnologische Film als Dokumentationsmittel und Forschungsmethode. Ein Beitrag zur anthropologischen Methodik, in *Tribus* 22, S. 23–48.
Kramer, Fritz, 1981, *Verkehrte Welten.* Frankfurt.
Kreimeier, Klaus, 1983, Chronische Heimatlosigkeit. Der ethnographische Film und seine Probleme, in *Zelluloid* (Köln), Nr. 16/17 (Juli), S. 5–16.
Lajard, J. und Félix Regnault, 1895, Poterie crue et origine du tour, in *Bulletin de la Société d'Anthropologie de Paris* 6, S. 734–739.
Leach, J., 1975, Besprechung von ONGKA'S BIG MOKA, in *Rain* 7, S. 7–8.
Leahy, James, o. J. (1977), Some Notes on the Navajo Films, in *Cambridge Anthropology*, Special Issue Ethnographic Film, S. 1–21.
Leprohon, Pierre, 1960, *Chasseurs d'images.* Paris.
Leroi-Gourhan, André, 1948, Cinéma et sciences humaines – le film ethnologique existe-t-ils?, in *Revue de Géographie Humaine et d'Ethnologie* 3, S. 42–51.
Levin, G. R., 1971, *Documentary Explorations.* Garden City (New York).
Leyda, Jay, 1973, *Kino. A History of The Russian and Soviet Film.* London.

Lieber, Michael, 1980, Besprechung von DEEP HEARTS, in *American Anthropologist* 82, S. 224–225.
Lippman, Norman, 1979, *Grant Proposal Letter*. Guatemala City, March 20.
Loizos, Peter, 1980, Granada Television's Disappearing World Series: An Appraisal, in *American Anthropologist* 82, S. 573–594.
Lomax, Alan, 1972, Besprechung von BITTER MELONS, in *American Anthropologist* 74, S. 1018–1020.
Ma'ax, K'ayum und Christian Rätsch, 1984, *Ein Kosmos im Regenwald: Mythen und Visionen der Lakandon-Indianer*. Köln.
MacBean, James Roy, 1983, Two LAWS from Australia, One White, One Black, in *Film Quarterly* 36, 3 (Spring 1983), S. 30–43.
MacDougall, David, 1978, Ethnographic Film: Failure and Promise, in *Annual Review of Anthropology* 7, S. 405–425.
   1982, Jenseits des beobachtenden Films, in *Kinemathek* (Berlin) 60: Film und Ethnographie (Dezember), S. 14–27.
McGee, Jon, 1983, *Sacrifice and Cannibalism in Lacandone Maya Ritual: A Symbolic Analysis*. Ph.D.Ms. Houston.
Maler, Teobert, 1901, *Researches in the Central Portion of the Usumatsintla Valley*. Cambridge (Massachusetts).
Marcorelles, Louis und Eric Rohmer, 1963, Entretien avec Jean Rouch, in *Cahiers du Cinéma* 144 (Juni 1963), S. 1–22.
Marimón y Tudo, Sebastián, 1882, Fray Antonio Margil über die Lacandonen, in *Zeitschrift für Ethnologie* 14, S. 130–132.
Marsolais, Gilles, 1974, *L'aventure du cinéma direct*. Paris.
Mehta, Ved, 1980, *The Photographs of Chachaji*. New York – Oxford.
Mitchell, William E., 1975, Besprechung von TOWARDS BARUYA MANHOOD, in *American Anthropologist* 77, S. 707–709.
Munden, Kenneth W. (exec. ed.), 1971, *American Film Institute Catalog of Motion Pictures Produced in the United States*. Feature Films, 1921–1930, Vol. F 2. New York – London.
Nau, Peter, 1979, Paul Fejos (1897–1963), in *Filmkritik* 272, 8/79, S. 335–389.
Netsilik Eskimo Series, Filmheft, National Film Board of Canada. Montréal.
Nichols, B., 1981, *Ideology and the Image*. Bloomington.
   1983, The Voice of Documentary, in *Film Quarterly* 36,3 (Spring 1983), S. 17–29.
Oppitz, Michael, 1981, Informationsblatt Nr. 4 des Internationalen Forums des Jungen Films, Berlin.
Ortlepp, Gunar, 1979, Wir kamen die reißenden Flüsse herab, in *Der Spiegel* 32, S. 152–154.
O'Reilly, Patrick, 1970, Le ›documentaire‹ ethnographique en Océanie, in *Premier Catalogue Sélectif de Films Ethnographiques sur la Région du Pacifique*, hrsg. v. Comité International du Film Ethnographique et Sociologique, UNESCO Publication. Paris.
Paine, R. (ed.), 1971, *Patrons and Brokers in the East Arctic*.
Pöch, Rudolf, 1907, Reisen in Neu-Guinea in den Jahren 1904–1906, in *Zeitschrift für Ethnologie* 39, S. 382–400.
Redfield, Robert, 1936, The Coati and the Ceiba, in *Maya Research* 3 (3–4), S. 231–243.
Regnault, Félix-Louis, 1896, La locomotion chez l'homme, in *Cahiers de Recherche de l'Académie* 122, S. 401.
   1900, La chronophotographie dans l'ethnographie, in *Bulletins et Mémoires de la Société d'Anthropologie de Paris*, 5e série, t. 1, S. 421–422.
   1912, Les musées des films, in *Biologica* 2, 16 (Supplement 20).
   1923a, Films et musées d'ethnographie, in *Comptes Rendus de l'Association Française pour l'Avancement des Sciences* 11, S. 880–881.
   1923b, L'histoire du cinéma, son rôle en anthropologie, in *Bulletins et Mémoires de la Société d'Anthropologie de Paris* 7–8, S. 61–65.
   1931, Le rôle du cinéma en ethnographie, in *La Nature* (2866), S. 304–306.
Reisz, Karel, 1953, *The Technique of Film Editing*. London – New York 1953.
Riese, Berthold und Marie-Luise Heimann, 1977, Nicolás de Valenzuelas ›Relación‹ über die Lacandón-Expedition von 1695, in *Indiana* 4, S. 105–110.

Rouch, Jean, 1975, The Camera and Man, in Paul Hockings (ed.), *Principles of Visual Anthropology*. The Hague-Paris, S. 83–102.
    1978, Jean Rouch erzählt, in *Filmkritik* 253, 1/78, S. 5–32.
Ruby, Jay, 1980, Exposing Yourself: Reflexivity, Film, and Anthropology, in *Semiotica* 30 (1–2), S. 153–179.
    1983, An Early Attempt at Studying Human Behavior With a Camera: Franz Boas and the Kwakiutl – 1930, in Nico C. R. Bogaart & Henk W. E. R. Ketelaar (eds.), *Methodology in Anthropological Filmmaking*. Papers of the IUAES-Intercongress Amsterdam 1981. Göttingen, S. 25–38.
Ruby, Jay, (ed.) 1982, *A Crack in the Mirror. Reflexive Perspectives in Anthropology*. Philadelphia.
Schlesier, Erhard, 1972, *Ethnologisches Filmen und ethnologische Feldforschung*. Göttingen.
Slide, Anthony, 1978, *Aspects of American Film History Prior to 1920*. Metuchen – London.
Spindler, P., 1975, Die Filmkamera von Rudolf Pöch. Von den Anfängen der kinematographischen Dokumentation in der Anthropologie, in *Mitteil. der Anthropologischen Gesellschaft in Wien*, Nr. 105.
Stein, Guillermo, 1979, Ein Felsrelief am Lago Miramar, Chiapas, Mexiko in *Mexicon* 1 (5), S. 61–62.
Strathern, Andrew, J., 1971, *The Rope of Moka*. Cambridge.
    1972, *One Father, One Blood*. Canberra.
    1976, Transactional Continuity in Mount Hagen, in B. Kapferer (ed.), *Transaction and Meaning: Directions in the Anthropology of Exchange and Symbolic Behaviour*. Philadelphia.
Strathern, Andrew. J. und Marilyn, 1971, *Self-Decoration in Mount Hagen*. London.
Strathern, Marilyn, 1972, *Women in Between*. London.
Suber, Howard, 1971, Jorge Preloran, in *Film Comment* 7, 1, S. 43–51.
Taureg, Martin, 1983, Wissenschaftlicher Film und Ethnographie. Die Entwicklung von Standards, in *Zelluloid* (Köln) Nr. 16/17 (Juli), S. 26–42.
Tischner, H., 1941, Völkerkundliche Filmdokumente aus der Südsee aus den Jahren 1908–1910. Reichsanstalt für Film und Bild in Wissenschaft und Unterricht. Archivfilm B 524.
Tozzer, Alfred M., 1907, *A Comparative Study of the Mayas and the Lacandones*. New York.
    1913, A Spanish Manuscript Letter on the Lacandones, in the Archives of the Indies at Sevilla, in *18th International Congress of Americanists*, London, S. 497–509.
Turner, George E. und Michael H. Price, 1979, *Forgotten Horrors*. Cranbury – London.
Valdiosera Berman, Ramón, 1981, *Bonampak*. México, D. F.
24' Festival dei Popoli, Firenze 2–10 dicembre 1983, Programmkatalog. Firenze.
Volkman, Toby Alice, 1982a, Kiepja and Truganini: The Last Voices, in *Dialectical Anthropology* 7, S. 191–194.
    1982b, *Films from D.E.R.* Watertown (Massachusetts).
    1983, Besprechung von Learning To Dance In Bali, in *American Anthropologist* 85, S. 226–227.
Weatherford, Elizabeth (ed.), 1981, *Native Americans on Film and Video*. New York.
Weiner, Annette, B., 1978, Epistemology and Ethnographic Reality: A Trobriand Island Case Study, in *American Anthropologist* 80, 3, S. 752–757.
Wolf, G., 1975, *Der wissenschaftliche Film in der Bundesrepublik Deutschland*. Bad Godesberg.
Woodburn, James (ed.), 1982, *The RAI Film Library Catalogue*. Royal Anthropological Institute. London.
Worth, Sol, 1969, The Development of a Semiotic in Film, in *Semiotica* 1, S. 282–321.
    1972, Toward the Development of a Semiotic of Ethnographic Film, in *PIEF Newsletter* 3, 3, S. 8–12.
    1974, Toward an Anthropological Politics of Symbolic Forms, in Dell Hymes, *Reinventing Anthropology*. New York.
Worth, Sol und John Adair, 1970, Navajo Filmmakers, in *American Anthropologist* 72, S. 9–34.
    1972, *Through Navajo Eyes: An Exploration in Film Communication and Anthropology*. Bloomington – London.
Yakir, Dan, 1978, *Ciné-transe:* The Vision of Jean Rouch. An Interview, in *Film Quarterly* 31, 3 (Spring 1978) S. 2–11.
Young, Colin, 1975, Observational Cinema, in Paul Hockings (ed.) *Principles of Visual Anthropology*. The Hague-Paris, S. 65–79.
    1982, MacDougall Conversations, in *RAIN* 50, S. 5–7.
Zuzan, Walter, 1979, *Mexiko*. Köln.

Quellennachweis

Ethnologie und Film. Von den Herausgebern. *Originalbeitrag.*

Geschichte des ethnographischen Films. Ein Überblick. Von Werner Petermann. *Originalbeitrag.*

Die Stärke der visuellen Anthropologie. Ein Interview mit Jean Rouch. Von Dan Georgakas, Udayan Gupta und Judy Janda. Erschien zuerst unter dem Titel *The Politics of Visual Anthropology: An Interview with Jean Rouch* in *Cineaste,* vol. VIII, no. 4, Summer 1978. Übersetzung ins Deutsche: Christian Quartman. © des Originals bei *Cineaste.*

Ein nichtprivilegierter Kamerastil. Von David MacDougall. Erschien zuerst unter dem Titel *Unprivileged Camera Style* in RAIN (Royal Anthropological Institute News) 50, 1982, S. 8–10. Übersetzung ins Deutsche: Christian Quartman. © des Originals bei *Royal Anthropological Institute of Great Britain and Ireland.*

Die kurze Einstellung. Von Ivo Strecker. Erschien zuerst als *The Short Take* in RAIN 50, 1982, S. 10–12. Übersetzung ins Deutsche: Christian Quartman. © des Originals bei *Royal Anthropological Institute of Great Britain and Ireland.*

Über den ›wissenschaftlichen‹ Film. Ein Gespräch mit Peter Fuchs. Von Reinhard Kapfer und Ralph Thoms. *Originalbeitrag.*

Anschein von Wirklichkeit: Die ›Disappearing World‹-Serie und der Film aus Pond Inlet. Von Hugh Brody. Erschien zuerst unter dem Titel *Seeming to Be Real: ›Disappearing World‹ and the Film in Pond Inlet* in *Cambridge Anthropology,* Special Issue Ethnographic Film, o. J., S. 22–31. Übersetzung ins Deutsche: Margarete Friedrich. © des Originals bei Hugh Brody.

Der ethnographische Film als Forschungsmittel. Ein Interview mit David MacDougall. Von Daniel Bickley. Erschien zuerst unter dem Titel *The Ethnographic Film as Inquiry: An Interview with David MacDougall.* in EMC-One-81, Newsletter of the University of California Extension Media Center (Berkeley, Cal.), S. 2–3, 5. Übersetzung ins Deutsche: Christian Quartman. © des Originals bei *EMC.*

Wie ONGKA'S BIG MOKA entstand. Von Andrew Strathern. Erschien zuerst unter dem Titel *Making ›Ongka's Big Moka‹* in *Cambridge Anthropology,* Special Issue Ethnographic Film, o. J., S. 32–46. Übersetzung ins Deutsche: Margarete Friedrich. © des Originals bei Andrew Strathern.

FIRST CONTACT. Von Bob Connolly. Übersetzung ins Deutsche: Margarete Friedrich. *Originalbeitrag.*

Neue Entwicklungen des ethnographischen Films in Großbritannien. Von Paul Henley. Originaltitel: *Recent Developments in Ethnographic Film-Making in Britain.* Übersetzung ins Deutsche: Maria Quartman. *Originalbeitrag.*

Die bewegten Schatten – Lakandonen im Film. Von Sigi Höhle, Ossi Urchs und Christian Rätsch. *Originalbeitrag.*

»One small word – great big meaning!« Ian Dunlops Filme über Schwarzaustralier und Melanesier. Von Martin Taureg. *Originalbeitrag.*

Fotonachweis

IWF: S. 11, 17, 32; D.E.R.: S. 12, 42; David MacDougall: S. 15, 71, 107, 108, 109, 110, 111, 115; Museum of Modern Art: S. 35, 48, 49; Peabody Museum, Harvard University: S. 44, 45; National Film Board of Canada: S. 46; Cineaste: S. 57, 60, 63; Gary Kildea: S. 79; Arnold & Richter: S. 83; Ivo Strecker: S. 85, 86; Peter Fuchs: S. 93, 95, 96, 97; Bob Connolly und Gebrüder Leahy: S. 133, 137; RAIN: S. 146; Granada TV: S. 149, 153; Christian Rätsch: S. 169; Ian Dunlop: S. 173, 175, 179. Von Gerhard Ullmann direkt den Filmen entnommen wurden die Fotos auf den Seiten 11, 12, 17, 28, 29, 32, 33, 35, 42, 44, 45, 46, 48, 49.

Zu den Autoren

Hugh Brody studierte am Trinity College in Oxford, lehrte Sozialphilosophie in Belfast und hatte eine Gastprofessur an der McGill University in Montréal inne. Er ist Mitglied des Scott Pole Research Institute der University of Cambridge. Zwischen 1971 und 1975 lebte und forschte er in der östlichen Arktis Canadas. Sein Augenmerk galt während der letzten Jahre insbesondere den ökonomischen und spirituellen Beziehungen der Beaver-Indianer und der Inuit (Eskimo) zu ihrem Land. Bücher: Eskimos and Whites in the Eastern Arctic. Middlesex 1975; Maps and Dreams. Indians and the British-Columbia Frontier. Vancouver 1981.

Bob Connolly besuchte das Riverview College und die Sydney University und hat während der letzten 15 Jahre als Journalist, Fernsehkorrespondent und Filmemacher gearbeitet. Zusammen mit Robin Anderson bringt er das Buch ›First Contact‹ heraus, das die im gleichnamigen Film angesprochenen Themen erweitert.

Peter Fuchs studierte Ethnologie in Wien. Seit den 50er Jahren unternahm er eine Reihe von Feldforschungen bei verschiedenen Bevölkerungsgruppen in der Sahara und im östlichen Sudan (Tschad und Republik Sudan). Von diesen Reisen brachte er in Zusammenarbeit mit dem IWF zahlreiche ethnographische Filme mit. Peter Fuchs lehrt an der Universität Göttingen.

Paul Henley studierte Anthropologie. In seiner Doktorarbeit behandelte er das Thema ›Tradition und Wandel bei den Panare (Venezuela)‹. Bei dem in seinem Artikel erwähnten Film der ›Worlds Apart‹-Reihe über die Panare war er aufgrund seiner Feldforschung als ethnologischer Berater tätig. Seit einigen Jahren ist er im Vorstand der Unterstützungsorganisation Survival International, London.

Sigi Höhle und Ossi Urchs arbeiten als freie Journalisten in München. Sie haben über Mexico diverse Dokumentarfilme gedreht und Artikel geschrieben und sind die Autoren des 1982 erschienenen Buches ›Das Antlitz der Mayas‹, das sich mit der Situation der Lacandonen und der Hochlandindianer von Chiapas beschäftigt.
Christian Rätsch, Ethnologe aus Hamburg, lebte seit 1980 für insgesamt etwa eineinhalb Jahre in Naha', Chiapas, zu Feldforschungszwecken. Verschiedene Veröffentlichungen über guatemaltekische Mayas und die Lacandonen von Naha'. Herausgeber und gemeinsam mit Chan K'in Ma'ax und K'ayum Ma'ax Autor des Buches ›Ein Kosmos im Regenwald‹, über Mythen, Legenden und Prophezeiungen der Lacandonen (1984). Z. Zt. arbeitet er an einer Dissertation über die Ethno-Medizin der Lacandonen.

David MacDougall ist seit 1975 Director der Film Unit am Australian Institute of Aboriginal Studies in Canberra. Ausgebildet wurde er an der University of California, Los Angeles. Unter Colin Young und Walter Goldschmidt begann er zusammen mit seiner Frau Judith bei ostafrikanischen Hirtengesellschaften (1968 bei den Jie, 1972 bei den Boran, 1973/4 bei den Turkana) zu filmen. Ihre neueren australischen Filme beschäftigen sich mit dem Kampf der Aborigines um den Erhalt ihrer Kultur und den Wiedergewinn ihres Landes.

Werner Petermann stammt aus Passau. Er studierte Ethnologie in München und hat mittlerweile mit einer Arbeit über Regenmacher und Regenkulte in Ost- und Südafrika promoviert. Er gehört der Redaktion der ethnologischen Zeitschrift Trickster an und ist Mitarbeiter des Trickster-Verlages. 1984 erschien sein Gedichtband »Pistolenfalter und Märchenkopf« im Anton W. Weber Verlag, München.

Jean Rouch, französischer Ethnologe und Filmemacher, hat wie kaum ein anderer den ethnographischen Film nach dem 2. Weltkrieg beeinflußt und einer größeren Öffentlichkeit bekannt gemacht.

Andrew Strathern studierte in Cambridge und an der Australian National University. Nach einer Professur für Anthropologie an der University of Papua New Guinea folgte er einem Ruf an das University College, London. Dort ist er zur Zeit beurlaubt für die Leitung des Institute of Papua New Guinea Studies.

Ivo Strecker studierte in Göttingen Ethnologie. Seine Publikationen über die Hamar (The Hamar of Southern Ethiopia. 3 Bde., Göttingen 1979, zusammen mit Jean Lydall) beruhen auf mehreren Forschungsaufenthalten seit 1970. Nach der Mitarbeit an Robert Gardners Hamar-Film RIVERS OF SAND drehte er mit DER SPRUNG ÜBER DIE RINDER 1975/6 seinen ersten Film. Weitere Filme stehen vor der Fertigstellung.

Martin Taureg studiert in Hamburg Ethnologie und arbeitet an der Fertigstellung seiner Dissertation über den ethnographischen Film in Deutschland. Eine umfassende annotierte Bibliographie ist in Vorbereitung.

Die Herausgeber dieses Buches, Margarete Friedrich, Almut Hagemann-Doumbia, Reinhard Kapfer, Werner Petermann, Ralph Thoms, Marie-José van de Loo, lernten sich während ihres Ethnologiestudiums in München kennen und haben zusammen mit dem Filmmuseum das Programm der Filmreihe »Die Fremden sehen« gestaltet.

Aus unserem Programm

John H. Bodley
Der Weg der Zerstörung
Stammesgesellschaften und die industrielle Zivilisation
320 Seiten, 10 Abbildungen, DM 34,–

John H. Bodley beschreibt die Ausbreitungsstrategien der Industrienationen in den vergangenen 150 Jahren. Durch die Auswertung von kolonialer Literatur, Prozeßberichten, Ausschußprotokollen und zahlreichen anthropologischen und entwicklungspolitischen Studien weist der Autor nach, daß dieser »Weg der Zerstörung« dem Wesen der industriellen Zivilisation entspricht.
Das Buch zeigt auch, daß Stammesvölker, wo sie unbehelligt blieben, es vorzogen, ihr eigenes Leben zu leben und auf die Segnungen der Zivilisation zu verzichten.

Jaime de Angulo
Indianer im Overall
112 Seiten, DM 19,80

In dieser Erzählung schildert Jaime de Angulo, Anthropologe und Schriftsteller, seine Begegnung mit Pit-River-Indianern in den 20er Jahren.
Eine der besten Erzählungen über nordamerikanische Indianer; ihren Rang verdankt sie de Angulo's authentischer Kenntnis dieser Menschen und seinem schriftstellerischen Vermögen, unaufdringlich aber beeindruckend eine andere Lebensweise vor dem Leser erstehen zu lassen. Für Ezra Pound und Marianne Moore war er einer der Großen der amerikanischen Literatur; W. C. Williams sagte von ihm: »One of the most outstanding writers that I have ever encountered.«

Manfred Schäfer (Hrsg.)
»Weil wir in Wirklichkeit vergessen sind«
Gespräche mit Indianern im Tiefland von Peru
131 Seiten, 22 Abbildungen, DM 16,–

– Indianer der peruanischen Selva erzählen von Siedlern, Patrones, Missionaren, Holzfällern, Filmgesellschaften – sie erzählen, wie sie jagen, roden, die Chacra bestellen, vom Wald, von den Tieren, vom Regen.
– Siedler und Missionare reden über die Wilden und den Fortschritt.
– Tom Moore, ein Anthropologe, faßt die zerstörerischen Eingriffe von einzelnen Siedlern bis zu großen Film- und Ölgesellschaften zusammen.
Das Buch ist aus Gesprächen zusammengestellt, die Manfred Schäfer anläßlich der Dreharbeiten zu Werner Herzogs Film »Fitzcarraldo« 1980–81 in Peru führte.

Gary Snyder
Landschaften des Bewußtseins
Gespräche und Reden
ca. 280 Seiten, ca. DM 24,–

»Obwohl offenkundig ist, daß wir weder eine primitive, nahtlos mit der Umwelt verbundene Kultur noch die Reinheit des Archaischen wieder haben können, so sind doch Nachbarschaft und Gemeinschaft möglich, die sich bis zu einem gewissen Grad ihre eigenen kulturellen Formen schaffen, Formen, die sich vor ›hochkulturellen‹, übersubventionierten Kunstformen und den dazugehörigen Wertvorstellungen nicht verstecken müssen.«
                                                                                                    Gary Snyder

Gary Snyders Themen sind umfassend. Er spricht über die Notwendigkeit genetischer Vielfalt wie über die Gefahren petrochemischer Sucht, läßt sich aber genauso darüber aus, was es für eine Landgemeinde bedeutet, zusammenzurücken und ein Schulhaus zu bauen.
Gary Snyder, amerikanischer Dichter und Ethnologe, gab das Vorbild ab für die Figur des Japhy Ryder in Jack Kerouacs *The Dharma Bums* (dt. »Gammler, Zen und hohe Berge«). Zahlreiche Veröffentlichungen, für *Turtle Island* erhielt er den Pulitzer-Preis.

Zeitschrift TRICKSTER
erscheint unregelmäßig, meist halbjährlich
TRICKSTER wird von Ethnologen herausgegeben für Leser, die sich im weitesten Sinn für Völkerkunde interessieren.
Anläßlich der Themenhefte 9/10 und 11 schrieb Michael Frank in der *Süddeutschen Zeitung*: »... Die Ethnologie verstand sich traditionell als Wissenschaft von der schriftlosen Kultur, bezog also ihre ›Berechtigung‹ aus einem angenommenen Mangel, einem Defizit der ›anderen‹. Kultur ohne Schrift, ohne Literatur – ist das überhaupt Kultur? Ganz sicher ein Dasein ohne Geschichte! Der Zivilisationsglaube an geschichts- und bewußt(seins)lose Völker stirbt nur langsam. TRICKSTER will ein Gegenbild dokumentieren, läßt die Schriftlosen sprechen, erzählen, sich selbst deuten ... Eine gleichermaßen kurzweilige, spannende wie wissenschaftlich profunde und provokative Zeitschrift.«

TRICKSTER VERLAG
Schmied-Kochel-Straße 6
D–8000 München 70